Erfolgschancen der Geschäftsmodelle von Start-ups im E-Commerce

Europäische Hochschulschriften
Publications Universitaires Européennes
European University Studies

Reihe V
Volks- und Betriebswirtschaft

Série V   Series V
Sciences économiques, gestion d'entreprise
Economics and Management

Bd./Vol. 3099

PETER LANG
Frankfurt am Main · Berlin · Bern · Bruxelles · New York · Oxford · Wien

Thomas Kowallik

Erfolgschancen der Geschäftsmodelle von Start-ups im E-Commerce

Analyse von Erfolgsfaktoren

PETER LANG
Europäischer Verlag der Wissenschaften

Bibliografische Information Der Deutschen Bibliothek
Die Deutsche Bibliothek verzeichnet diese Publikation in der
Deutschen Nationalbibliografie; detaillierte bibliografische
Daten sind im Internet über <http://dnb.ddb.de> abrufbar.

Zugl.: Vallendar, Wiss. Hochsch. für Unternehmensführung,
Koblenz, Univ., Diss., 2004

Gedruckt auf alterungsbeständigem,
säurefreiem Papier.

ISSN 0531-7339
ISBN 3-631-52977-5

© Peter Lang GmbH
Europäischer Verlag der Wissenschaften
Frankfurt am Main 2004
Alle Rechte vorbehalten.

Printed in Germany 1 2   4 5 6 7

www.peterlang.de

Excellence in Management Education

Dissertation

zur Erlangung des akademischen Grades Doctor rerum politicarum (Dr. rer. pol.)
an der Wissenschaftlichen Hochschule für Unternehmensführung

Titel der Arbeit:

Erfolgschancen der Geschäftsmodelle von Start-ups im
E-Commerce — Analyse von Erfolgsfaktoren

vorgelegt von

Thomas Kowallik

Erstbetreuer: Prof. Dr. Peter Witt

Zweitbetreuer: Prof. Dr. Detlef Schoder

Meinen Eltern für ihre Liebe und Unterstützung,

meiner Partnerin für ihre Geduld,

meinen Kindern für alles Schöne, das wir zukünftig

noch gemeinsam erleben werden.

Abbildungsverzeichnis **13**

Tabellenverzeichnis **15**

Abbildungsverzeichnis

Tabellenverzeichnis

1. Einleitung

1.1 Zielsetzung der Arbeit

Die Arbeit verfolgt das Ziel, einen Beitrag zur Schließung des Forschungsdefizits im Bereich Business-to-Consumer Electronic Commerce zu leisten.

Im Sinne eines quantitativ-konfirmatorischen Forschungsansatzes sollen basierend auf theoretischen Konstrukten und vorangegangenen empirischen Studien Erfolgsfaktoren auf ihre Gültigkeit hin überprüft werden. Diese potenziellen Erfolgsfaktoren wurden zuvor in Form von Forschungshypothesen formuliert. Somit ist diese Arbeit dem Bereich der Erfolgsfaktorenforschung zuzuordnen.

Beobachtungsobjekt dieser Arbeit sind junge, börsennotierte Unternehmen aus dem Bereich Business-to-Consumer Electronic Commerce. Vom geographischen Fokus her stammen diese Unternehmen aus den USA sowie aus Europa (Deutschland, Frankreich und Großbritannien). Zudem wird vom Untersuchungsschwerpunkt zwischen physischen Produkten und Informationsgütern (Content) sowie direkten und indirekten Erlösmodellen unterschieden. Diese Forschungsarbeit ist die erste, die einen internationalen geographischen Fokus und eine Unterscheidung von direkten und indirekten Erlösmodellen wählt.

Neben dem Hauptziel der Überprüfung der Hypothesen bezüglich potenzieller Erfolgsfaktoren und einer dadurch erfolgenden Weiterführung der Erfolgsfaktorenforschung sollen weitere **Teilziele** verfolgt werden:

- Ein Teilziel der Arbeit ist der Vergleich zwischen Geschäftsmodellen mit überwiegend direkten und indirekten Erlösmodellen erfolgen. Hierdurch wird ein höheres Maß an Spezifität der Aussagen je nach Geschäftsmodell gewährleistet.

- Als weiteres Teilziel soll ein Vergleich des Electronic Commerce von physischen Produkten und Content sowie die Ableitung der Besonderheiten und Unterschiede dieser Geschäftsmodelle erfolgen.

- Ein Teilziel ist zudem die Überprüfung, ob die in vorangegangenen Studien gewonnen Erkenntnisse zum Business-to-Consumer Electronic Commerce sowohl für nicht-börsennotierte Unternehmen als auch für börsennotierte Unternehmen äquivalent gelten. Eine analoge Überlegung gilt auch hinsichtlich der Aussagen in bezug auf deutsche Electronic Commerce Unternehmen im Vergleich zu dem in dieser Untersuchung gewählten geographischen Fokus Europa/USA.

- Des weiteren soll diese Arbeit Handlungsempfehlungen für die Managementpraxis ableiten, die bei der Herleitung von strategischen Schwerpunkten helfen sollen. Außerdem sollen aus wissenschaftlicher Sicht weitere Ansatzpunkte für zukünftige Forschungsvorhaben aufgezeigt werden.

1.2 Gang der Untersuchung

Mit der beschriebenen Zielsetzung ist der Gang der Untersuchung bereits vorgezeichnet (vgl. Abbildung 1).

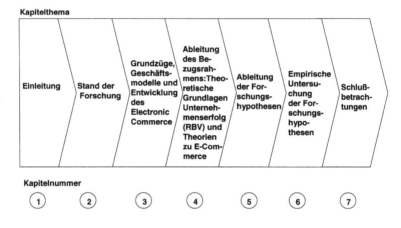

Abbildung 1: Gang der Untersuchung

Als Ausgangspunkt der Betrachtung wird im **zweiten Kapitel** zunächst der Stand der Forschung dargestellt. Nach dem Überblick über den Stand der Erfolgsfaktorenforschung schließt sich ein Überblick über den bisherigen Stand der Forschung zu dem Themengebiet Electronic Commerce an.

Im **dritten Kapitel** werden die konzeptionellen Grundlagen von Geschäftätigkeiten im Electronic Commerce dargestellt. Es erfolgt eine Systematisierung und Abgrenzung der Geschäftsmodelle sowie ein Überblick über Motive und Ziele der Akteure im Business-to-Consumer Electronic Commerce (Unternehmen, Nutzer/Käufer).

Im **vierten Kapitel** wird mit dem Resource-Based View ein Wettbewerbsstrategie-Konzept dargestellt, das gerade bei dienstleistungsorientierten Geschäftskonzepten wie dem Internet mit teilweise nicht-anfassbaren Produkten und hohem Servicecharakter zur theoretischen Basis für die Erklärung von Wettbewerbsvorteilen herangezogen werden kann. In der strategischen Betrachtung stehen v.a. die Möglichkeiten zur Verbesserung der Wettbewerbsposition durch Ressourcennutzung sowie der Aufbau strategischer Wettbewerbsvorteile im Vordergrund. Der Resource-Based View stellt in diesem Zusammenhang den allgemeinen Bezugsrahmen dieser Arbeit dar.

Nach der Darstellung des Resource-Based View werden die bestehenden theoretischen Grundlagen des Business-to-Consumer Electronic Commerce diskutiert und hinterfragt. Hierdurch wird der allgemeine Bezugsrahmen für die Internet-Tätigkeit weiter eingeengt und präzisiert.

Im **fünften Kapitel** werden ausgehend von der Theorie des Resource-Based Views und basierend auf theoretischen und empirischen Studien Forschungshypothesen ausformuliert.

Im **sechsten Kapitel** wird der Gang der statistischen Untersuchung beschrieben, wobei insbesondere auf die Operationalisierung des Konstrukts „Erfolg im Electronic Commerce" und die Wahl der Erfolgsindikatoren eingegangen wird. Außerdem wird beschrieben, wie die verwendeten Daten erhoben wurden. Basierend auf den Forschungshypothesen des fünften Kapitels werden die Untersuchungsergebnisse dargestellt.

Das abschließende **siebte Kapitel** fasst die wichtigsten Untersuchungsergebnisse zusammen. Aus den Ergebnissen werden Implikationen für die Praxis und die weitere Forschung abgeleitet.

2. Stand der Forschung

2.1 Überblick über die Erfolgsfaktorenforschung

2.1.1 Definition der Erfolgsfaktorenforschung

Es besteht in der Literatur keine einheitliche Definition des Begriffs **Erfolgsfaktor**, was sich auch durch die Verwendung zahlreicher Synonyme ausdrückt (z.b. Einflussfaktor, Erfolgsdeterminante, Wettbewerbsfaktor, Erfolgsposition, Erfolgspotenzial etc.[1]).

Als gemeinsames Ziel der Erfolgsfaktorenforschung ist jedoch die Identifikation des übergeordneten **unternehmerischen Erfolgs** festzustellen. In diesem Sinne sind strategische Erfolgsfaktoren die „wesentlichen, langfristig gültigen Determinanten des Unternehmenserfolges"[2]. Vorläufer der betrieblichen Erfolgsfaktorenforschung waren Überlegungen im Informationsmanagement in den sechziger Jahren, die Komplexität vorhandener Daten auf die für einen Markt entscheidenden Einflussgrößen zu reduzieren[3]. Dabei ging *Daniel* von drei bis sechs Faktoren pro Branche aus, die den Unternehmenserfolg maßgeblich bestimmen. Ausgehend von diesen ersten Überlegungen sind Ansätze, die v.a. das Ziel der Informationsreduktion durch Erfolgsfaktoren von denen, die strategische Erfolgsfaktorenforschung verfolgen, zu unterscheiden.

Die **strategische Erfolgsfaktorenforschung** begann sich ab Mitte der siebziger Jahre zu entwickeln und rückte gezielt die Untersuchung von zentralen Einflussfaktoren auf den Unternehmenserfolg in den Vordergrund[4]. Es wird insbesondere der positive Unternehmenserfolg und seine Ursachen untersucht, was das Konzept der kritischen oder strategischen Erfolgsfaktoren begründet[5].

Dabei wird davon ausgegangen, dass „trotz der Mehrdimensionalität und Multikausalität des Unternehmenserfolges einige wenige Einflussfaktoren über Erfolg und Misserfolg entscheiden"[6]. Im Blickpunkt steht dabei v.a. die Art der Wirkung der Erfolgsfaktoren auf den Unternehmenserfolg[7]. Ziel ist die Aufdeckung der kausalen Struktur des Unternehmenserfolgs[8], also das Feststellen eines Ursache-Wirkung-Zusammenhangs. Um diese Abhängigkeiten messen zu können, ist die Operationalisierung der Variablen „Erfolg" nötig. Als Erfolgsindikatoren werden in der bestehenden Literatur **quantitative Indikatoren** wie „Umsatz", „Umsatzwachstum", „Gewinn"

---

[1] Vgl. hierzu u.a. Apitz, K., 1989 und Haedrich, G., Jenner, T., 1996, S. 13.

[2] Vgl. Fritz, W., 1990, S. 92.

[3] Vgl. Daniel, R.D., 1961, S. 116.

[4] Vgl. Steinle, C., Kirschbaum, J., Kirschbaum, V., 1996, S. 9 und Boynton, A.C., Zmud, R.W., 1984, S. 17.

[5] Vgl. Fritz, W., 1990, S. 92 und Grabner-Kräuter, S., 1993, S. 278.

[6] Hoffmann, F., 1986, S. 832f.

[7] Weiterführende Literatur: Fritz, W., 1995, S. 593-607; Hoffmann, F., 1986, S. 831-843; Krüger, W., 1998, S. 2-43 und Schröder, H., 1994, S. 89-105.

[8] Vgl. Fritz, W., 1990, S. 92.

oder andere Unternehmenskennzahlen („harte" Variablen) oder **qualitative Faktoren** („weiche" Variablen) wie „Mitarbeiterzufriedenheit", „Know-how" etc. verwendet, die sich nicht so leicht messen lassen[9].

Bei dieser Betrachtung wird deutlich, dass der Begriff der **Kausalität** eine wichtige Bedeutung in der Erfolgsfaktorenforschung aufweist. Charakteristisch für die Kausalität ist, dass sich diese nicht direkt messen lässt und sie sich nach den Prinzipien des kritischen Rationalismus weder verifizieren noch beweisen lässt. Akzeptiert werden können Hypothesen bestenfalls, wenn sie durch eine Überprüfung an der Realität mit zunehmender Zahl misslungener Falsifikationsversuche als bewährt angesehen werden müssen[10].

In der Forschungspraxis haben sich inzwischen Bedingungen herausgebildet, die an den Nachweis eines **kausalen Zusammenhangs** gestellt werden[11]:

- *Empirische Korrelation:* gemeinsame Variation der Variablen.
- *Zeitliche Asymmetrie:* zwischen der Variation von Ursache- und Wirkungsvariablen herrscht eine Zeitverzögerung.
- *Keine Drittvariableneffekte:* die Beziehung zwischen den Variablen wird nicht durch Dritt- oder Hintergrundvariablen verursacht.
- *Theoretische Begründung:* die Kausalhypothese muss theoretisch begründet sein.

Wenn diese Bedingungen erfüllt sind, ist eine Kausalität zwischen den betrachteten Variablen anzunehmen. Als Konsequenz bedeutet dies für die Erfolgsfaktorenforschung, dass erst durch ein mehrfaches Überprüfen der Ergebnisse potenzielle Erfolgsfaktoren akzeptiert werden können.

Je nachdem, wo bzw. wie die Erfolgsfaktoren wirken, können sie nach dem untersuchtem Schwerpunkt eingeteilt werden, wobei die **Spezifität** der Erfolgsfaktoren zunimmt und der Grad der Allgemeingültigkeit sinkt[12]:

- Branchenübergreifende generelle Erfolgsfaktoren
- Erfolgsfaktoren der Branche
- Erfolgsfaktoren spezifischer strategischer Gruppen innerhalb einer Branche
- Unternehmensspezifische Erfolgsfaktoren
- Geschäftsfeldspezifische Erfolgsfaktoren

Es ist also zwischen Untersuchungen zu unterscheiden, die über Branchen- und Größenklassen hinweg nach **generellen Gesetzmäßigkeiten** des Unternehmenserfolges suchen und solchen, die nur einen auf bestimmte Art von Unternehmen bezogenen

---

[9] Vgl. Fritz, W., 1990, S. S. 92ff. und Lingenfelder, M., 1990, S. 59.
[10] Vgl. Kube, C., 1991, S. 46 und Haenecke, H., 2002, S. 171.
[11] Vgl. Haenecke, H., 2002, S. 171 und Kube, C., 1991, S. 46.
[12] Vgl. Kube, C., 1991, S. 3f.; Schröder, H., 1994, S. 93f.

Erfolg messen (höhere Spezifität). Je höher die Spezifität ist, desto konkretere Handlungsempfehlungen lassen sich für die jeweiligen Unternehmen daraus ableiten[13].

2.1.2 Überblick über ausgewählte Erfolgsfaktorenstudien

Nachfolgend wird zunächst auf die **PIMS-Studie** (*PIMS: „Profit Impact of Market Strategies"*) detailliert eingegangen, die als erster großer empirischer Beitrag zur Erfolgsfaktorenforschung einzustufen ist[14]. Anschließend werden drei weitere Erfolgs faktorenstudien zusammengefasst, um exemplarisch die in der Literatur geäußerte Kritik an der Erfolgsfaktorenforschung zu diskutieren.

2.1.2.1 Übersicht über die PIMS-Studie

Die PIMS-Studie ist als empirischer Beitrag zur **Erfolgsfaktorenforschung** zu sehen, die Gestaltungsfaktoren bzw. -objekte strategischer Führung untersucht[15].

Die PIMS-Studien stellten den ersten Versuch dar, auf **empirischer Basis** einen Zusammenhang zwischen Unternehmensstrategie und Unternehmenserfolg nachzu-weisen.[16] Kern der PIMS-Untersuchungen sind die strategischen Geschäftseinheiten (SGE) von Unternehmen. So wurden über Zeiträume von zwei bis zwölf Jahren insgesamt 3.000 strategische Geschäftseinheiten von 450 Unternehmen verschiedener Größe und aus diversen Branchen untersucht, woraus eine breite Datenbasis für die Analyse der Erfolgsfaktoren entstand.

Dabei wurden sowohl interne als auch externe Kenngrößen des Unternehmenserfolgs gemessen[17]:

- Marktbedingungen
- Wettbewerbsposition
- Indikatoren der Rentabilität und Betriebseffizienz

Hauptmerkmal ist dabei die Vielfalt der untersuchten Kriterien, die als Indikatoren für den Unternehmenserfolg gemessen werden. Im Vergleich zu älteren Strategiekonzep-ten aus den siebziger Jahren, die sich auf nur wenige Kriterien beschränkten (z.B. Marktwachstums/Marktanteilsmatrix der Boston Consulting Group, Attraktivitäts-/ Geschäftspositionsmatrix von GE/McKinsey), war der PIMS-Ansatz der erste breit angelegte Versuch, die Gründe für erfolgreiche und weniger erfolgreiche Unternehmen zu analysieren. Hierzu wurde ein Portfolio aus Einflussfaktoren untersucht, um daraus **strategische Gesetzmäßigkeiten** („Laws of the Marketplace") abzuleiten. Die stark in der Komplexität reduzierte Welt der zweidimensionalen Portfolio-Systeme, die einzig auf Basis von zwei Merkmalen die Attraktivität eines Geschäfts beurteilte, wurde

---

[13] Vgl. Kube, C., 1991, S. 4f. und Schröder, H., 1994, S. 93f.

[14] Vgl. Haenecke, H., 2002, S. 166.

[15] Vgl. Hahn, D., 1999, S. 1042.

[16] Vgl. Buzzel, R., Gale, B., 1989, S. 3 und Lange, B., 1982, S. 27f.

[17] Vgl. Buzzel, R., Gale, B., 1989, S. 3.

erweitert und dadurch für weitere, bisher unbeachtete potenzielle Einflussfaktoren geöffnet[18].

Unter dem Begriff „**Strategie**" werden dabei die „vom Management getroffenen Maßnahmen und Schlüsselentscheidungen verstanden, die den größten Einfluss auf den finanziellen Erfolg haben"[19]. Großer Wert wurde darauf gelegt, dass die Kriterien **allgemeine Relevanz** (d.h. Anwendbarkeit auf alle Branchen) und **Messbarkeit** (d.h. Quantifizierbarkeit und Bewertbarkeit) erfüllt werden[20].

Dabei beeinflussen sich Wettbewerbsposition und Strategie gegenseitig. Zum einen werden die Freiheitsgrade der möglichen Strategien durch die gegenwärtige Marktposition bestimmt. So kann ein marktführendes Unternehmen taktisch anders agieren als ein Unternehmen, das nicht marktführend ist. Oft hängen die zur Verfügung stehenden Ressourcen mit dem Marktanteil eines Unternehmens zusammen. Des weiteren ist die gegenwärtige Wettbewerbsposition der Maßstab zur Bewertung des späteren Erfolgs[21].

Im PIMS-Programm wurde untersucht, wie Gewinn und Cash-Flow von verschiedenen Einflussfaktoren abhängen, wobei positive oder negative Korrelationen mittels multipler Regressionsanalysen ermittelt wurden[22]. Dies geschah über verschiedene Branchen hinweg, wobei sich als Ergebnis herausstellte, dass alle Unternehmen, trotz ihrer Unterschiede, den gleichen Gesetzen des Marktes unterliegen[23].

2.1.2.2 Hauptergebnisse der PIMS-Studie

Insgesamt wurde im PIMS-Programm die Abhängigkeit der Rentabilität einer Geschäftseinheit (gemessen als Return-on-Investment, Cash-Flow) von insgesamt **37 Determinanten** untersucht. Gemessen wurde der Einfluss der unabhängigen Variablen (Einflussfaktoren der Rentabilität) auf die abhängigen Variablen (Return-on-Investment, Cash-Flow). Der Return-on-Investment wurde dabei als Gewinn vor Steuern/durchschnittliches Investment definiert. Untersucht wurden die einzelnen Geschäftsbereiche bzw. Produktgruppen eines Unternehmens (strategische Geschäftseinheit, SGE)[24].

Die höchsten Abhängigkeiten zeigten sich bei den folgenden **sieben** Einflussfaktoren[25]:

1. Investitionsintensität,
2. Produktivität,

---

[18] Vgl. Buzzel, R., Gale, B., 1989, S. 4ff. und Neubauer, F.F., 1999, S. 470f.

[19] Buzzel, R., Gale, B., 1989, S. 18.

[20] Vgl. Buzzel, R., Gale, B., 1989, S. 19.

[21] Vgl. Buzzel, R., Gale, B., 1989, S. 18ff.

[22] Vgl. Neubauer, F.F., 1999, S. 470.

[23] Vgl. Buzzel, R., Gale, B., 1989, S. 25f.

[24] Vgl. Neubauer, F.F., 1999, S. 472ff.; Lange, B., 1982 und Chrubasik, B., Zimmermann, H.J., 1987, S. 426-450.

[25] Vgl. Höfner, K., Schmeißer, F., 1984, S. 547 und Neubauer, F.F., 1999, S. 472ff.

3. Marktposition bzw. –anteil,
4. Marktwachstum,
5. Qualität von Produkten/Dienstleistungen,
6. Innovation/Differenzierung,
7. Vertikale Integration.

2.1.2.3 Kritische Würdigung der PIMS-Studien

Als **Verdienst** des PIMS-Programms ist festzuhalten, dass vorher intuitiv getroffene Entscheidungen eine **empirische Unterlegung** erhalten haben und den Unternehmen geholfen wird, **Prioritäten** zu setzen. Zudem erwies sich PIMS als ein Instrument zur Erklärung, warum einzelne Geschäftsbereiche profitabler waren als andere, indem es die Determinanten für Gewinn und Cash-Flow über Branchengrenzen hinweg bestimmte („Laws of the Marketplace")[26].

Kritiker[27] bemängeln an den PIMS-Studien u.a., dass die Erkenntnisse vorwiegend auf den Auswertungen von **US-amerikanischen Daten** beruhen (ca. 80%). Des weiteren wird der **branchenübergreifende Ansatz** bei der Auswertung („Cross-Sectoral Analysis"), der für alle Unternehmen generelle Erfolgsfaktoren ableitet, angegriffen[28]. In mehreren Untersuchungen auf Branchenebene konnte später gezeigt werden, dass die im PIMS-Programm ermittelten Erfolgsfaktoren für die betrachteten Branchen nicht relevant sind[29].

Zudem wird die **Repräsentativität** der Datenstichprobe kritisch betrachtet, ebenso wie die **geringe theoretische Fundierung**[30]. Kritisch ist in diesem Zusammenhang anzumerken, dass der PIMS-Ansatz im Gegensatz zu den Portfolio-Methoden, die theoriebasiert vorgingen, wenig Wert auf eine theoriebasierte Untermauerung seiner Thesen legt, sondern sich auf die Messung von empirischen Korrelationen zur Identifikation von Zusammenhängen zwischen Variablen beschränkte.

Ein weiterer Kritikpunkt ist die Folgerung von hohen Korrelationen auf die zugrunde liegenden **Kausalitäten**. Kritisiert wurde die Wahl der unabhängigen Variablen (Erfolgsfaktoren) und der abhängigen Variablen (Erfolgsdeterminanten), da beispielsweise der Marktanteil von vielen Kritikern des PIMS-Programms als abhängige Variable gesehen wird, im Programm jedoch als unabhängige Variable definiert wurde[31] (siehe Abbildung 2). Die Kausalität des Zusammenhangs zwischen Marktanteil und ROI bleibt unklar (ungeklärter Ursache-Wirkung-Zusammenhang)[32].

---

[26] Vgl. Neubauer, F.F., 1999, S. 492-495 und S. 469f.
[27] Vgl. Neubauer, F.F., 1999, S. 492-495 und S. 471f.
[28] Vgl. Chrubasik, B., Zimmermann, H.J., 1987, S. 443.
[29] Vgl. Chrubasik, B., Zimmermann, H.J., 1987, S. 441-444 und Fritz, W., 1990, S. 102
[30] Vgl. Fritz, W., 1990, S. 102.
[31] Vgl. Lange, B., 1982, S. 34f. und Kube, C., 1991, S. 61.
[32] Vgl. Simon, H., 1996, S. 29 und Haenecke, H., 2002, S. 166.

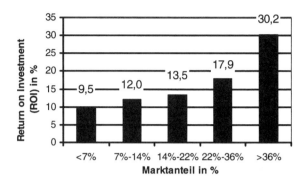

Abbildung 2: Zusammenhang zwischen ROI und Marktanteil beim PIMS-Projekt[33]

Da PIMS vergangenheitsorientierte Daten auswertete, wird zudem bemängelt, das Instrument leiste kaum Hilfe, um neue, erfolgversprechende Tätigkeitsfelder zu identifizieren.

Aus heutiger Sicht lässt sich zudem anmerken, dass sich das PIMS-Programm vorwiegend auf das **produzierende Gewerbe** fokussierte. Es ist noch nicht untersucht worden, ob diese Zusammenhänge auch im Dienstleistungsbereich anzuwenden sind.

2.1.3 Übersicht über weitere Erfolgsfaktorenstudien und Kritik an der Erfolgsfaktorenforschung

2.1.3.1 Übersicht über weitere Erfolgsfaktorenstudien
Die spezifische Kritik an den PIMS-Studien als Beispiel einer Erfolgsfaktoren-Studie hat bereits erste **Kritikpunkte an der Erfolgsfaktorenforschung im allgemeinen** aufgezeigt. Anhand drei weiterer Studien (siehe Tabelle 1) sollen nun weitere Kritikpunkte an der Erfolgsfaktorenforschung abgeleitet werden.

Peters und Waterman[34] haben ihre Erfahrungen und Beobachtungen als Unternehmensberater qualitativ systematisiert und ein Gerüst aus **acht Erfolgsfaktoren** abgeleitet. Ihre Untersuchung beruht vorwiegend auf ihren Beobachtungen, Erfahrungen aus dem Berateralltag und fallstudienartigem Sekundärmaterial[35].

Nagel[36] greift in seinem Buch **„Die sechs Erfolgsfaktoren des Unternehmens"** auf Ergebnisse vorangegangener Studien zurück und nutzt diese, um seine eigenen

---

[33] Vgl. Neubauer, F.F., 1999, S. 475.
[34] Vgl. Peters, T.J., Waterman, R.H., 1982.
[35] Vgl. Kube, C., 1991, S. 5.
[36] Vgl. Nagel, K., 1986.

Hypothesen zu erläutern (qualitativ) und die aus seiner Sicht bestehenden Gemeinsamkeiten der vorangegangenen Studien herauszuarbeiten.

Im deutschsprachigen Raum untersuchte *Simon*[37], „**heimliche Gewinner**" („Hidden Champions"), die er als die unbekannten Weltmarktführer beschreibt, da diese kleinen oder mittelständischen Unternehmen mit ihren Produkten führend sind, ohne dass viel über sie geredet wird. In der Untersuchung wurden neben Fragebögen, Interviews und externem Material auch quantitative Daten genutzt.

Studie	Untersuchungsobjekt/Methodik	Ermittelte Erfolgsfaktoren
Peters, Waterman (1982): „In Search of Excellence"[38]	Qualitativer Ansatz, Betrachtung von 62 amerikanischen Unternehmen	Primat des Handelns, Nähe zum Kunden, Freiraum für Unternehmertum, Produktivität durch den Menschen, sichtbar gelebtes Wertesystem, Bindung an das angestammte Geschäft, einfacher, flexibler Aufbau, straff-lockere Führung
Buzzel/Gale (1987): „PIMS-Programm"[39]	Quantitativ-exploratorisch, multiple lineare Re-gression, SGEs mit Schwerpunkt USA (n> 3.000)	Investitionsintensität, Produktivität, Marktposition bzw. -anteil, Marktwachstum, Qualität von Produkten/ Dienstleistungen, Innovation/ Differenzierung, Vertikale Integration
Nagel (1986): „Die Sechs Erfolgsfaktoren des Unternehmens"[40]	Qualitativer Ansatz, Ableitung allgemeiner Erfolgsfaktoren aus vorhergegangenen Untersuchungen und Fallbeispielen	Geschäftsgrundsätze und Ziel-/ Kontrollsysteme, Strategieorientierte Organisationsgestaltung, Verstärkte Nutzung des Mitarbeiter-Potenzials, Effizientes Führungssystem, Marktnahes Informations- und Kommunikationssystem

---

[37] Vgl. Simon, H., 1996.
[38] Peters, T.J., Waterman, R.H., 1982.
[39] Buzzel, R., Gale, B., 1989.
[40] Nagel, K., 1986.

Simon (1992): „Hidden Champions"[41]	Qualitativer und Quantitativer Ansatz, Fragebogen (n=122), Interviews (n>100), externe Datenquellen, kleinere und mittlere deutsche Unternehmen, die Nr. 1 oder 2 auf dem Weltmarkt sind	Ziele und Visionen, Marktdefinition, Globalisierung, Kundennähe, Innovationen, Wettbewerbsvorteile, Strategische Allianzen/Outsourcing, Mitarbeiter, Führungspersönlichkeiten

Tabelle 1: Überblick über vier Erfolgsfaktorenstudien

2.1.3.2 Kritik an der Erfolgsfaktorenforschung

Zu der Studie „In Search of Excellence" von *Peters und Waterman* vertritt *Rudolph*[42] die Auffassung, bei der Untersuchung von *Peters und Waterman* handele es sich nicht um eine methodisch fundierte Arbeit, sondern um populäre Managementliteratur. *Preis*[43] vertritt die Meinung, dem Modell fehle die dynamische Komponente und *Krüger*[44] wirft dem Modell „Eindimensionalität", „Undifferenziertheit", „Unschärfe" und „Einseitigkeit" vor. *Frese*[45] beobachtet „methodische Mängel" und hält viele der als Grundlagen herangezogenen Quellen für „unseriös". *Fritz*[46] fasst als Defizite die „Unvollständigkeit der analysierten Erfolgsfaktoren", „fehlende Repräsentativität der Stichprobe exzellenter Unternehmen" und das Fehlen einer „statistisch vergleichbaren Kontrollgruppe nicht erfolgreicher Unternehmen" zusammen.

Weil *Nagel* in seinem Buch „Die sechs Erfolgsfaktoren des Unternehmens" auf Ergebnisse vorangegangener Studien zurückgreift und die Gemeinsamkeiten der Studien herausarbeitet, loben *Steinle et al.*[47] die hohe Praxistauglichkeit, stellen aber auch fest, dass der Ansatz „nicht mehr als erste, selektiv hervorgehobene Bereiche zur Erfolgsinduzierung" schafft. Es fehlt aus ihrer Sicht nicht nur ein Konzept zur Ableitung der Erfolgsfaktoren, sondern sie sehen auch ein „subjektives Herausfiltern" gewisser Komponenten aus verschiedenen Ansätzen.

An den Untersuchungen von *Simons* „heimlichen Gewinnern" wird bemängelt, dass die Datenbasis meist nur nach Häufigkeitsverteilungen ausgewertet wurde und der Autor dem Postulat der theoriegeleiteten Forschung nicht folgt. Zudem erfolgt keine

---

[41] Simon, H., 1996.
[42] Vgl. Rudolph, H., 1996, S. 34.
[43] Vgl. Preis, A., 1994, S. 32.
[44] Vgl. Krüger, W., 1989, S. 13ff.
[45] Frese, E., 1985, S. 604-606.
[46] Fritz, W., 1990, S. 93.
[47] Steinle, C., Kirschbaum, J., Kirschbaum, V., 1996, S. 31f.

ausreichende Abgrenzung hinsichtlich der Unternehmensgröße, und die Einstufung von „Wichtigkeit des Leistungsparameters aus Kundensicht" erfolgt nicht durch den Kunden, sondern durch die Unternehmen selbst[48].

Die Ergebnisse der vier vorgestellten Studien zeigen bereits den sehr **heterogenen Charakter** der Erfolgsfaktorenstudien hinsichtlich der **Methodik** und der **ermittelten Erfolgsfaktoren**. Zu einer ähnlichen Analyse kam im Jahre 1990 *Fritz*, was ihn zu folgender Einschätzung des Stands der Erfolgsfaktorenforschung brachte: „Die Erfolgsfaktorenforschung stellt sich als eine bunte Mischung von oberflächlicher Geschichtenerzählerei, Folklore, Rezeptverkauf, Jagen und Sammeln sowie einigen wenigen Bemühungen um ernst zu nehmende Forschung dar"[49]. Im Jahre 1996 kam *Göttgens* zu einer ähnlichen Bewertung und stellte fest, dass die empirische Erfolgsfaktorenforschung sich noch in einem Anfangsstadium befände[50].

Die **Untersuchungsansätze** in der Erfolgsfaktorenforschung **unterscheiden sich** stark hinsichtlich der Methodik, den Stichprobenumfängen, Erhebungsverfahren, der Auswahl der Einflussgrößen und Analysemethoden. Das Konstrukt „Unternehmenserfolg" wird sehr heterogen operationalisiert. In der Folge unterscheiden sich auch die Ergebnisse der einzelnen Erfolgsfaktorenstudien stark hinsichtlich der Art und Anzahl der ermittelten Erfolgsfaktoren (mangelnde Kongruenz der verschiedenen Untersuchungen)[51].

Der Erfolgsfaktorenforschung wird entgegengehalten, dass der betriebswirtschaftliche Erfolg sich nicht auf einige wenige Erfolgsfaktoren zurückführen lässt, sondern durch eine Vielzahl interdependenter interner und externer Variablen beeinflusst wird, deren Erfolgseinfluss nicht isoliert werden kann („**Prinzip der multiplen Kausalität**")[52]. Da viele Studien wenig theoretisch fundiert sind und nur wenige Arbeiten bereits vorliegende Ergebnisse vorheriger Untersuchungen nutzen, wird auch von einem „**Theoriedefizit**" der Erfolgsfaktorenforschung gesprochen[53].

Dies führt dazu, dass häufig ein Katalog potenzieller Einflussgrößen als Ausgangspunkt der Untersuchungen zusammengestellt wird, der auf Plausibilitätsüberlegungen bzw. Expertengesprächen beruht[54]. Ein **theoriegeleiteter Ansatz** geht dagegen von theoretischen Überlegungen aus, die zu **Hypothesen** verdichtet und anschließend mit statistischen Auswertungsmethoden getestet werden. Dabei ist von Bedeutung, dass die wichtigsten relevanten theoretischen Erkenntnisse die Grundlage der Untersuchung

---

[48] Vgl. Bürkner, S., 1996, S. 53.
[49] Fritz, W., 1990, S. 103.
[50] Vgl. Göttgens, O., 1996, S. 91.
[51] Vgl. Fritz, W., 1990, S. 103.
[52] Vgl. Haenecke, H., 2002, S. 166.
[53] Vgl. Haenecke, H., 2002, S. 166-167.
[54] Vgl. Kube, C., 1991, S. 36.

bilden, damit diese am aktuellen Wissensstand der Forschung anknüpft[55]. Somit ist auch vom „**Postulat der theoriegeleiteten Forschung**" die Rede[56].

Schröder[57] kommt zu dem Ergebnis, dass in der Erfolgsfaktorenforschung ein Missverhältnis zwischen Spezifität der Untersuchungsobjekte und Reichweite der Erkenntnisgewinnung besteht. Zur Gelangung von konkreten Aussagen ist seiner Auffassung nach eine Betrachtung der **unternehmensspezifischen Ebene** erforderlich.

2.1.4 Systematisierung der Erfolgsfaktorenforschung

Eine **Systematisierung** der anzuwendenden Erfolgsfaktorenmethodiken in verschiedenen Forschungssituationen wurde durch *Grünig, Heckner und Zeus* vorgenommen[58] (vgl. Abbildung 3).

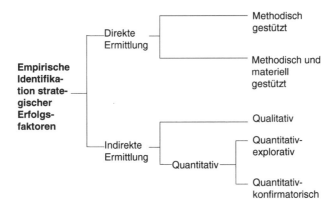

Abbildung 3: Identifikation empirischer Erfolgsfaktoren[59]

Hinsichtlich der **Ermittlungsmethode** lassen sich **direkte** und **indirekte** Ermittlungsmethoden unterscheiden.

Kennzeichnend für die **direkte** Ermittlung der Erfolgsfaktoren sind direktes Nachfragen nach den erfolgsbeeinflussenden Variablen (z.B. Expertenbefragungen). Bei der indirekten Auswertungsmethode wird ein Zusammenhang zwischen abhängigen und unabhängigen Variablen gesucht (z.B. durch statistische Auswertungen, gedankliche Konstrukte).

---

[55] Vgl. Grünig, R., Heckner, R., Zeus, A., 1996, S. 10.
[56] Schröder, H., 1994, S. 95.
[57] Vgl. Schröder, H., 1994, S. 93ff.
[58] Vgl. Grünig, R., Heckner, R., Zeus, A., 1996, S. 6ff.
[59] Vgl. Haenecke, H., 2002, S. 168.

Die direkte Ermittlungsmethode kann methodisch gestützt (z.B. durch Kreativitätstechniken, heuristische Verfahren) oder zusätzlich noch materiell gestützt werden (z.b. durch Checklisten mit potenziellen Erfolgsfaktoren).

Die Untersuchungen mit **indirekten** Auswertungsmethoden werden nach der Art ihrer Erhebung weiter in **qualitative** und **quantitative** Untersuchungen unterschieden[60].

Bei den **qualitativen** Untersuchungen werden keine Unternehmenszahlen untersucht, sondern rein qualitative Aussagen über Unternehmen gemacht. Dazu wird häufig zwischen erfolgreichen und nicht-erfolgreichen Unternehmen unterschieden, die anhand von Grundeigenschaften einer der beiden Gruppen zugeordnet werden (z.b. Fallstudien, Verallgemeinerungen).

Ziel der **quantitativen** Erhebungen ist die Auswertung von Unternehmensdaten, um ihren Einfluss auf den Unternehmenserfolg abzuleiten (mathematisches/statistisches Vorgehen)[61].

Die quantitativen Forschungsarbeiten lassen sich je nach gewählter **Theorieleitung** in exploratorische (Kausalstruktur-entdeckende) und konfirmatorische (Kausalstruktur-überprüfende) einteilen.

Ziel der **quantitativ-explorativen Ansätze** ist die Ermittlung der Einflussfaktoren mit dem größten Einflussniveau auf den Unternehmenserfolg. Dabei wird eine breite Anzahl von potenziellen Erfolgsfaktoren betrachtet, unter denen die tatsächlich maßgeblichen Erfolgsdeterminanten ermittelt werden sollen.

Die **quantitativ-konfirmatorischen Ansätze** unterscheiden sich von den quantitativ-exploratorischen Vorgehensweisen in der Bildung von Hypothesen über die Erfolgsdeterminanten, die den Unternehmenserfolg maßgeblich beeinflussen. Diese aus der Theorie abgeleiteten Hypothesen werden anschließend empirisch überprüft, was zur Verifizierung oder Falsifizierung der gebildeten Forschungshypothesen führt.

2.1.5 Auswahlkriterien für Methoden der Erfolgsfaktoren-Ermittlung in Forschungssituationen

Anhand von sechs **Bewertungskriterien** wird von *Grünig/Heckner/Zeus* die Güte der zur Verfügung stehenden Forschungsmethoden überprüft[62]:

- Objektivität,
- Reliabilität,
- Theorieleitung,
- Berücksichtigung der wichtigsten Perspektiven,

---

[60] Vgl. Grünig, R., Heckner, F., Zeus, A., 1996, S. 7ff.; Patt, P.J., 1988, S. 6ff. und Kube, C., 1991, S. 5f.

[61] Vgl. hierzu auch Tomczak, T., 1992, S. 81f. und Schröder, H., 1994, S. 89.

[62] Vgl. Grünig, R., Heckner, R., Zeus, A., 1996, S. 10ff.

- Nutzen für die Strategieformulierung,
- Zeitlicher und finanzieller Aufwand der Untersuchung.

Anhand dieses Gütekriteriumkatalogs werden indirekte, quantitativ-explorative Vorgehensweisen und indirekte, quantitativ-konfirmatorische Untersuchungsansätze als überlegen ermittelt, da sie bei allen sechs Kriterien vergleichsweise am besten abschneiden. Im Sinne theoriegeleiteter Forschung ist ein quantitativ-konfirmatorisches Vorgehen zu bevorzugen. **Quantitativ-explorative** Vorgehensweisen werden hingegen für die Forschung als **besonders geeignet** empfohlen, da sie nicht von der Qualität der vorangegangenen Studien abhängen, die in Forschungssituationen häufig nicht vorhanden sind. Quantitativ-konfirmatorische Vorgehensweisen werden aus diesem Grund in dieser Forschungssituation teilweise abgelehnt, weil die Gefahr der Nichtberücksichtigung wichtiger (noch unbekannter) Einflussfaktoren besteht. Allerdings wird bei den quantitativ-explorativen Ansätzen die Theorieleitung der Forschung nicht ausreichend berücksichtigt, was aus wissenschaftlicher Sichtweise als Nachteil dieses Ansatzes einzuschätzen ist.

Zu einem vergleichbaren Ergebnis bezüglich der Vorzüge der **quantitativ-konfirmatorischen** Methoden kommt *Haenecke*[63], der einige Kriterien von *Grünig/Heckner/Zeus* abändert und durch eigene ergänzt. Er kritisiert, dass in der Ausarbeitung von *Grünig/Heckner/Zeus* die von anderen Autoren als wichtig eingestuften Kriterien „Berücksichtigung qualitativer und quantitativer Erfolgsfaktoren" und „Überprüfen der zeitlichen Stabilität" unberücksichtigt bleiben.

Da er in seiner Bewertung der Güte der einzelnen Forschungsansätze anhand der in dieser Hinsicht modifizierter Kriterien zu demselben Ergebnis kommt wie *Grünig/Heckner/Zeus*, darf die Arbeit als eine Bestätigung der Aussagen von *Grünig/Heckner/Zeus* gewertet werden.

Haenecke[64] gibt des weiteren zu bedenken, dass bei der Anwendung von quantitativen Methoden zu beachten ist, dass diese durch erforderliche Voraussetzungen eingeschränkt sein können. Zwar erscheint ein quantitativ-konfirmatorischer Ansatz als besonders attraktiv, allerdings sind hierfür auch **Mindestanforderungen** bezüglich theoretischem Fundament und Stichprobengrößen einzuhalten. Wenn diese Anforderungen nicht erfüllt werden, muss auf andere Methoden, z.B. die quantitativ-explorative Methode, zurückgegriffen werden.

Für den Einsatz einer quantitativ-konfirmatorischen Methode ist ein ausreichendes Maß an Literatur erforderlich, denn ein **dokumentierter Entwicklungsstand** ist Voraussetzung zur Ableitung von Forschungshypothesen. Wenn kein ausreichender Forschungsstand zur Bildung der Forschungshypothesen gegeben ist, empfiehlt sich ein exploratives Vorgehen[65].

---

[63] Vgl. Haenecke, H., 2002, S. 172-175.
[64] Vgl. Haenecke, H., 2002, S. 172-175.
[65] Vgl. Kube, C., 1991, S. 55 und Schröder, H., 1994, S. 95.

Da die Auswertungsmethoden der quantitativen Ansätze auf statistischen Methoden beruhen, sind gewisse **Mindestanforderungen, etwa an die Stichprobengröße,** gegeben. Wenn eine gewisse Mindestanzahl an Beobachtungen nicht vorhanden ist, lassen sich diese Methoden nicht anwenden[66].

- Beim **LISREL-Modell** wird teilweise von einer **Stichprobengröße** von mindestens 200 ausgegangen[67], bei anderen Autoren die Faustregel „Stichprobengröße minus Anzahl der zu schätzenden Parameter größer als 50" genannt[68].

- Bei der **Regressionsanalyse** ist eine wesentliche Modellannahme, dass die Regressoren **statistisch unabhängig** sind. Es wird vorgeschlagen, ein Verhältnis von **Stichprobengröße** und Anzahl der Regressoren einzuhalten, wobei die Vorschläge dafür zwischen einem Verhältnis von 2:1 bis zu 10:1 liegen[69].

- Auch an die **Faktorenanalyse** werden Mindeststichprobengrößen-Forderungen gestellt. Ein **Stichprobenumfang** von 150 ist demnach ausreichend, wenn auf jeden Faktor zehn oder mehr Variablen entfallen, auf jeden Faktor mindestens vier Variablen Ladungen von über 0,6 aufweisen bzw. wenigstens 10 Variablen Ladungen über 0,4 aufweisen. In Fällen, wo wenige Variablen geringfügig laden, ist eine Stichprobe von mindestens 300 erforderlich[70].

Haenecke ergänzt vorhandene theoretische Klassifizierungen hierdurch also noch mit einem relevanten praktischen Aspekt, indem er auf statistische Restriktionen bei der Untersuchung der Forschungsfrage hinweist. Demnach ist zunächst die zur Forschungsfrage passende Methode zu wählen. Anhand der statistischen Restriktionen muss anschließend untersucht werden, inwiefern Stichprobengröße und Datenqualität gewährleistet sind[71].

Nachfolgend werden abschließend einige der Spannungsfelder der Erfolgsfaktorenforschung zusammengefasst[72]:
- **Forschungsmethodik:** Exploratives vs. konfirmatorisches Vorgehen der Forschung, Gefahr der Verletzung von Prämissen der verwendeten statistischen Verfahren.
- **Theoriedefizit:** Qualitatives und exploratives Vorgehen ist quantitativ-konfirmatorischem Vorgehen unterlegen, da vorausgehende Forschungserkennt-

---

[66] Vgl. Haenecke, H., 2002, S. 175f.
[67] Vgl. Backhaus, K., et al., 2000, S. 493.
[68] Vgl. Bagozzi, R.P., 1981, S. 380.
[69] Vgl. Kube., C., 1991, S. 62 ff.
[70] Vgl. Bortz, J., 1999, S. 507f.
[71] Vgl. Haenecke, H., 2002.
[72] Vgl. Seibert, S., 1987, S. 10ff.; Wohlgemuth, A.C., 1989, S. 94 ff.; Kube, C., 1991, S. 4 ff. und 41; Patt, P.J., 1988, S. 6ff.; Trommsdorf, V., 1993, S. 20ff.; Schröder, H., 1994, S. 93ff.; Müller-Hagedorn, L., Greune, M., 1992, S. 124ff. und Bürkner, S., 1996, S. 66f.

nisse vernachlässigt werden und nicht hypothesenorientiert vorgegangen wird („Postulat theoriegeleiteter Forschung"[73]).
- **Kausalitäts- bzw. Methodendefizit**: Eignung der Ansätze zur Erklärung der multidimensionalen Erfolgsstruktur ist häufig nicht gegeben.
- **Spezifitätsproblematik**: Betrachtung von allgemeinen vs. branchen-/ unternehmensspezifischen Erfolgsfaktoren und Aussagekraft der Ergebnisse.
- **Zeitproblematik**: Wandel der Erfolgsdeterminanten im Zeitablauf.
- **Vergleichbarkeitsproblematik**: Verschiedene methodische Ansätze verhindern eine Vergleichbarkeit der gewonnenen Erkenntnisse.
- **Auswahlbias**: Vollständigkeit der in die Untersuchung einbezogenen Daten nicht immer gegeben. Gefahr, wichtige Einflussgrößen nicht zu beachten.

Diese Problemfelder können die Aussagekraft von Erfolgsfaktoren-Untersuchungen stark einschränken. Aus den genannten Herleitungen ergibt sich, dass in der nachfolgenden Untersuchung ein quantitativ-konfirmatorisches Vorgehen zu bevorzugen ist, da es aufgrund der Forschungsmethodik und Aussagekraft gegenüber anderen Vorgehensweisen überlegen ist. Auf die Voraussetzungen hinsichtlich statistischer Anforderungen bei dieser Untersuchung wird später noch eingegangen.

2.2 Erfolgsfaktorenforschung im Business-to-Consumer Electronic Commerce

2.2.1 Stand der Forschung zu Erfolgsfaktoren im Business-to-Consumer Electronic Commerce

Bei der Sichtung der zum Themenkomplex Electronic Commerce vorhandenen Literatur ist eine starke Zunahme der Anzahl der Veröffentlichungen in den Jahren 1999 und 2000 festzustellen. Bei der Betrachtung der einzelnen Beiträge zu diesem Forschungsbereich stellt sich allerdings heraus, dass ein Großteil der Publikationen einen **populärwissenschaftlichen Charakter** und **keine theoretische- und/oder empirische Fundierung** aufweisen.

Eine Auswertung von **Zeitschriftenartikeln** in deutschen Fachzeitschriften[74] ergab, dass der Anteil der Fachpublikationen an der Gesamtzahl aller Publikationen sehr gering ist. So wurden von den Autoren im Jahr 2000 nur 34 von 664 Publikationen als Fachpublikationen eingeschätzt. Ebenso wurde eine große methodische, inhaltliche und qualitative Heterogenität festgestellt.

Aus wissenschaftlicher Sicht sind dabei die empirischen Untersuchungen, die theoretische Konzepte auf ihre Validität hin überprüfen können, als besonders wertvoll einzustufen. In diesem Bereich fanden die Autoren im Zeitraum ab dem Jahr 1997 im deutschsprachigem Raum lediglich 18 Arbeiten, die sich mit dem Forschungsbereich Electronic Commerce befassten. Wird die Anzahl der Arbeiten nun auf den für diese

---

[73] Schröder, H., 1994, S. 95
[74] Vgl. Wirtz, B.W., Krol, B., 2001, S. 333ff.

Arbeit relevanten Forschungsbereich Business-to-Consumer Electronic Commerce eingeschränkt, bleiben 12 Studien, die sich mit diesem Thema befassen[75].

Eine genauere Betrachtung der einzelnen Forschungsarbeiten zeigt, dass nur sechs Arbeiten über eine theoretische Fundierung verfügen und sehr unterschiedliche, zum Teil sehr kleine Stichprobenumfänge aufweisen (siehe Tabelle 2).

Untersuchung	Untersuchungs-schwerpunkt	Forschungs-methodik	Empirische Datenbasis
Bauer, Grether, Leach (1998)	Beitrag des Internet zum Relationship-Management	explikativ-konfirmatorisch	Vollerhebung von Unternehmen aus Zielsegment, n=3.012 Internetnutzer
Fantapié Altobelli, Groskopf (1998)	Online-Distribution	deskriptiv-exploratorisch	n=1.196 Internet-Nutzer
Fritz, Kerner, Könnecke (1998)	Marketingaktivitäten der Computerbranche	deskriptiv-exploratorisch	n=66
Hermanns, Wiß-meier, Sauter (1998)	Werbewirkung im Internet	deskriptiv-exploratorisch	n=1.236 Internet-Nutzer
Kollmann (1998)	Elektronische Marktplätze	deskriptiv-exploratorisch	n=37
Kurz (1998)	Firmenauftritte im Internet	explikativ-exploratorisch	n=13 Websites, n= 27 Internet-Nutzer
Lehner, Lanwes (1998)	Interneteinsatz bei mittelständischen Unternehmen	deskriptiv-exploratorisch	n=40
Piller, Schoder (1999)	Mass Customization und Wettbewerbsstrategien	deskriptiv-exploratorisch	n=914
Bauer, Fischer, Sauer (2000)	Kaufverhalten im Internet	explikativ-konfirmatorisch	n=316 Internet-Nutzer
Hermanns, Riedmüller (2000)	Marketing im Internet	deskriptiv-exploratorisch	n=288
Bresser, Eschen, Millonig (2001)	Internet-Banking	deskriptiv-exploratorisch	n=38
Wirtz, Lihotzky (2001)	Kundenbindung bei Portalen	explikativ-exploratorisch	n=4

Tabelle 2: Übersicht über ausgewählte Untersuchungen zu Electronic Commerce (Aufsätze)[76]

[75] Vgl. Wirtz, B.W., Krol, B., 2001, S. 333ff.
[76] Eigene Darstellung in Anlehnung an Wirtz, B.W., Krol, B., 2001; Quellen werden im Quellenverzeichnis aufgelistet

Des weiteren ergibt sich ein sehr **heterogenes Bild der Untersuchungsschwerpunkte.** Entsprechend verschieden sind die Ergebnisse der Untersuchungen (Auswahl):

- Das Internet bietet durch sein Interaktionspotenzial gute Möglichkeiten zur Schaffung von **Kundenzufriedenheit**; das Individualisierungspotenzial des Internets zeigt nur geringe Auswirkungen auf Zufriedenheit, Commitment und Vertrauen der Nutzer[77].

- Das Online-Angebot sollte möglichst **zielgruppenspezifisch** ausgelegt sein; eine zunehmende **Disintermediation** (Umgehung von Zwischenhändlern) würde von den Internet-Nutzern begrüßt[78].

- Markenhersteller sehen Nutzen des Internets v.a. in der **Warenpräsentation** sowie im Bereich des **Kundenkontakts**[79].

- Für die Erlangung von Wettbewerbsvorteilen durch **Massenindividualisierung** sind hybride Wettbewerbsstrategien (Kostenführerschaft bei gleichzeitiger Differenzierungsstrategie) von hoher Bedeutung, sie werden in der Praxis jedoch unzureichend genutzt; eine individuelle Leistungserstellung und ein langfristig ausgerichtetes Beziehungsmanagement scheitern oft an einem unzureichenden Informationsmanagement der Unternehmen; während die Theorie der Massenindividualisierung ausreichend verstanden wurde, besteht Forschungsbedarf zur Umsetzung der Massenindividualisierung in der Praxis (Vorgehensmodelle) und deren Erfolgsfaktoren[80].

- Die Mehrheit der Unternehmen sieht in der Nutzung des Internets eine Möglichkeit, sich einen **Wettbewerbsvorteil** zu schaffen; Banner und Einträge in Suchmaschinen sind die vorwiegenden **Werbeformen,** deren Werbewirkung überwiegend durch „Ad-Click-Raten"[81] gemessen wird[82].

- Zielsetzung der **Kundenbindung** unterscheidet sich je nach Geschäfts- bzw. Erlösmodell; vier Hypothesen werden abgeleitet:
  1. Dauerhafte Kundenbindung wird über **Lock-In Effekte** erreicht.
  2. Hohe Bedeutung der **Marke** zur Nutzengenerierung.
  3. Nutzungshäufigkeit kann durch **Aktualität** gesteigert werden.
  4. Nutzungsdauer kann durch **Inhalte** erhöht werden[83].

---

[77] Vgl. Bauer, H.H., Grether, M., Leach, L., 1998.

[78] Vgl. Fantapié Altobelli, C., Grosskopf, A.K., 1998.

[79] Vgl. Fritz, W., Kerner, M., Könnecke, S., 1998.

[80] Vgl. Piller, F., Schoder, D., 1999.

[81] Häufigkeit, mit der von den Internet-Nutzern auf Werbeeinblendungen geklickt wird.

[82] Vgl. Hermanns, A., Riedmüller, F., 2000.

[83] Vgl. Wirtz, B.W., Lihotzky, N., 2001.

Bei der Klassifizierung der Untersuchungen ist zwischen **deskriptiv** (d.h. rein beschreibend) und **explikativ** (d.h. auf Erklärungsversuche von Zusammenhängen) ausgerichteten Studien zu unterscheiden[84].

Die hohe Anzahl von **exploratorischen** Forschungsarbeiten weist auf einen noch geringen theoretischen Unterbau aufgrund eines unzureichenden Wissensstands hin, der sich infolge des relativ jungen Alters der Forschungsrichtung Electronic Commerce erklären lässt. In solchen Forschungssituationen werden deshalb häufig explorative Untersuchungen angewendet[85], die versuchen neue Strukturen und Zusammenhänge zu identifizieren. **Konfirmatorische Untersuchungen**, die theoriegeleitet vorgehen und das Ziel verfolgen, theoretisch hergeleitete Hypothesen entweder zu validieren oder zu falsifizieren, liegen kaum vor. Dieser konfirmatorische Untersuchungsansatz ist, wie im vorangegangenen Kapitel gezeigt, der explorativen Vorgehensweise vorzuziehen.

Ein ähnlich heterogenes Bild bezüglich Untersuchungsschwerpunkt, Forschungs-methoden und Stichprobenumfang ergibt sich bei der Betrachtung von publizierten **Büchern und Studien** zu dem Bereich Electronic Commerce, weshalb nachfolgend nur eine Auswahl dargestellt wird (siehe Tabelle 3). Es ist des Weiteren festzustellen, dass viele quantitative Untersuchungen in diesem Bereich von Unternehmensberatun-gen bzw. Marktforschungsinstituten stammen, was sich mit der allgemeinen Popularität des Themas Electronic Commerce erklären lässt[86].

Allgemein lässt sich bei den Büchern und Studien ein überwiegend **explorativer Charakter** feststellen, wobei die Studie von *Böing*[87], die einen hypothesenbasierten Ansatz nutzt und die Hypothesen empirisch prüft, eine Ausnahme bildet. Unter wissenschaftlichen Gesichtspunkten ist bei der Mehrheit der Studien ein geringes theoretisches Fundament der ermittelten Erfolgsfaktoren zu beobachten.

---

[84] Vgl. Fritz, W., 1995, S. 60.
[85] Vgl. Bortz, J., Döring, N., Berlin 1995, S. 327ff.; Lechler, T., Gemünden, H.G., 1998, S. 436f. und Schröder, H., 1994, S. 95.
[86] Für eine weitere Übersicht über Publikationen zur Erfolgsfaktorenforschung beim Electronic Commerce vgl. Böing, C., 2001, S. 26-29.
[87] Böing, C., 2001.

Untersuchung	Untersuchungs-schwerpunkt	Forschungs-methodik	Empirische Datenbasis
Boston Consulting Group (1999)[88]	10 Erfolgsfaktoren	explikativ und deskriptiv exploratorisch	n=120 (Interviews), n=10 (Fallstudien)
Preißl, Haas (1999)[89]	Generelle Erfolgs-faktoren, Übertrag-barkeit USA auf Deutschland	explikativ-exploratorisch	Konzeptionelles Vor-gehen und Fallstudien
Booz, Allen & Hamilton (2000)[90]	10 generelle Erfolgsfaktoren des E-Business	explikativ-exploratorisch	n=10 (Fallstudien)
Strauß, Schoder (2000)[91]	Einsatz von Electro-nic Commerce im Unternehmen sowie Themenbereiche wie E-Procurement, Content Manage-ment, Branding, eCRM und Organisations-veränderungen	deskriptiv-exploratorisch	n=1.308
Bain (2001)[92]	Umfeld von Start-up Unternehmen, insbes. Region, Wachstum, Finanzierung und Internationalisierung	deskriptiv-exploratorisch	n=72
Böing (2001)[93]	Business-to-Con-sumer Electronic Commerce von Unternehmen aus Deutschland	explikativ-konfirmatorisch, Kausalmodell, bivariate Korrelations-analysen, t-Tests	Expertenbefragung (n=24), Befragung von Electronic Commerce Anbietern (n=125)

Tabelle 3: Ausgewählte Untersuchungen zu Electronic Commerce (Studien)

Mei-Pochtler/Rasch[94] von der *Boston Consulting Group* nutzen die Ergebnisse von **120 persönlichen Interviews** mit deutschen Online-Händlern zur Erörterung der von

[88] Mei-Pochtler, A., Rasch, S., 1999.
[89] Preißl, B., Haas, H., 1999.
[90] Booz, Allen & Hamilton, 2000.
[91] Strauß, R.E., Schoder, D., 2000a.
[92] Bain & Company, 2001.
[93] Böing, C., 2001.
[94] Vgl. Mei-Pochtler, A., Rasch, S., 1999.

ihnen ausgewählten Erfolgsfaktoren. **10 kurze Fallstudien** ergänzen selektiv die Befragungsergebnisse[95]. Die Auswertung der Befragung erfolgt durch **Häufigkeits-auszählungen**. Dabei ergaben sich **folgende Ergebnisse** (Auswahl):

- Starke Konzentration des Internet-Geschäfts nach Branchen (Top 5 Unternehmen dominieren mit jeweils 50% Marktanteil).
- Dominanz von Multikanal-Anbietern bei den meisten Produkten (Ausnahme: Bücher, CDs, Autos und Auktionen).
- Vorsprung der USA beim Electronic Commerce, allerdings holt Deutschland auf.
- Reine Internet-Anbieter machen mehr Gebrauch von Outsourcing als Multikanal-Anbieter und investieren mehr in Werbung.
- Online- und Offline-Welt bewegen sich aufeinander zu, da die Kunden sowohl online als auch offline einkaufen möchten[96].
- Kundendaten werden unzureichend erfasst und ausgewertet.

Basierend auf den Auswertungen der Daten werden 10 Erfolgsfaktoren vorgestellt, wobei jedoch häufig keine Herleitung und theoretische Untermauerung der ausgewählten Erfolgsfaktoren erfolgt. Im einzelnen sind die **10 vorgestellten Erfolgsfaktoren**: „klare Definition von Zielgruppe und Nutzenversprechen", „lokale Anpassung der Inhalte", „Schaffung eines Einkaufserlebnisses", „Kundenbindung", „Individualisierung", „Generierung von Zusatzumsätzen", „Multikanal-Angebot", „Aufbau von Partnerschaften", „Ausbau des „First Mover" Vorteils in einen „Continuous Mover" Vorteil" und „Marke als Vertrauensstifter und Orientierungspunkt"[97].

Preißl/Haas basieren ihre Ausführungen auf dem Studium veröffentlichter und unveröffentlichter Schriften in Deutschland und den USA, und legen Wert auf die qualitative Darstellung von Problemen und deren Lösungen in Deutschland und den USA[98]. Ergänzend wurden Experteninterviews[99] geführt, zunächst in den USA und anschließend in Deutschland und der Schweiz. Auf Basis der Interviews in den USA wurden die relevanten Themengebiete identifiziert. Die Experten in Deutschland wurden in den späteren Befragungen zu ihrer Einschätzung dieser Themen für den deutschen Markt befragt.

Preißl/Haas führen eine Vielzahl von potenziellen Erfolgsfaktoren an, wobei sie **allgemeine und unternehmensspezifische Erfolgsfaktoren** unterscheiden. Allgemeine Erfolgsfaktoren sind z.B. „Effizienz der Systeme" (Netz, Zahlung), „Akzeptanz beim Kunden", „vorhandenes Angebot" und „politische Rahmenbedingungen". Zu den unternehmensspezifischen Erfolgsfaktoren zählen sie: „Absorptions-

---

[95] Vgl. Mei-Pochtler, A., Rasch, S., 1999, S. 3.
[96] Vgl. Mei-Pochtler, A., Rasch, S., 1999, S. 5.
[97] Vgl. Mei-Pochtler, A., Rasch, S., 1999, S. 27ff.
[98] Vgl. Preißl, B., Haas, H., 1999, S. 9.
[99] Experten aus der Wisenschaft, von Regierungseinrichtungen, Verbraucherschutzbehörden, Einzelhandelsverbänden und der Regulierungsbehörde für Telekommunikation; 12 Einrichtungen in den USA, 8 Einrichtungen im deutschsprachigen Raum.

möglichkeiten des Marktes für die verkauften Produkte", „Marke", „positive Skalenerträge", „schnelle Abwicklung und Lieferung", „moderne Technik", „Aufbau eines Community-Gefühls" und „Bedienungsfreundlichkeit"[100]. Da die Arbeit **keine empirische Prüfung** der Erfolgsfaktoren vornimmt, beruht die Auswahl der Erfolgsfaktoren einzig auf Plausibilitätsüberlegungen und den Ergebnissen der Experteninterviews. Außerdem fehlt eine theoretische Untermauerung der Erfolgsfaktoren.

Die Studie von *Booz, Allen & Hamilton* interpretiert **10 Erfolgsfaktoren**, die zunächst erörtert werden und anschließend anhand von Fallstudien über Unternehmen illustriert werden, die von den Autoren als erfolgreich eingestuft werden (z.B. Dell, AOL, Amazon.com, Yahoo). Die Auswahl der Erfolgsfaktoren und Beispiele beruht auf der Projekterfahrung der Autoren im Bereich des Electronic Commerce, auf Fallstudien und auf selektiven Experteninterviews[101]. Zu den ermittelten Erfolgsfaktoren gehören vielfältige Faktoren wie „Vision und Engagement des Top-Managements", „strategische Partnerschaften", „Branding", „Pricing", „individualisierte Angebote", „Prozessdesign", „One-to-One Marketing", „Aufbau einer Community", „Personalsstrategie" und „strategischer Einsatz von IT".

Die Arbeit identifiziert somit potenzielle Erfolgsfaktoren, die jedoch nicht hergeleitet, sondern **selektiv ausgewählt** werden. Die **Verallgemeinerung** der Erfolgsfaktoren —basierend auf jeweils einer Fallstudie— führt zu keiner gesicherten Erkenntnis. Es wird nicht differenziert, welche der Faktoren den größten Beitrag zum Erfolg eines Online-Unternehmens aufweisen. Ebenso **verzichten** die Autoren vollständig **auf eine empirische Prüfung** der Erfolgsfaktoren, was die Aussagekraft stark einschränkt.

Die Untersuchung „One-Economy 2" von *Bain & Company*[102] basiert auf einer Befragung von 221 vorbörslichen Internet Start-up Unternehmen in Deutschland, von denen 72 aufgrund einer Bewertung ihrer Geschäftsmodelle als besonders erfolgversprechend eingestuft wurden. Bei diesen 72 Unternehmen wurden zusätzlich über 200 Vorstände bzw. Geschäftsführungsmitglieder detailliert befragt.

Die Studie identifiziert insgesamt **5 Erfolgsfaktoren**[103]:
- Beherrschung des Wachstumstempos,
- Gewinnung kompetenter Mitarbeiter,
- Produktive Partnerschaften mit Unternehmen, die über komplementäre Fähigkeiten verfügen,
- Effizientes Marketing,
- Optimierte Unternehmensorganisation.

Die Untersuchung kommt zu dem Ergebnis, dass strategische Partnerschaften mit der Old-Economy für das Überleben der Internet Start-ups besonders wichtig sind, da zum

---

[100] Vgl. Preißl, B., Haas, H., 1999, S. 90ff.
[101] Vgl. Booz, Allen & Hamilton, 2000, S. 7f. und 16.
[102] Vgl. Bain & Company, 2001.
[103] Vgl. Bain & Company, 2001, S. 5 und 38-53.

Untersuchungszeitpunkt weniger als jedes zwanzigste E-Business Unternehmen profitabel arbeitete. Im Bereich Business-to-Consumer Electronic Commerce waren nur 2% der befragten Unternehmen profitabel.

Darüber hinaus wurde festgestellt, dass die Geschäftskonzepte der Internet Start-ups erweitert werden und eine zunehmende Internationalisierung der Unternehmen zu beobachten ist. Die Förderung durch Beteiligungsinvestitionen ging stark zurück. Insgesamt werden zunehmend Tugenden der Old-Economy wie Kostenkontrolle und Produktivitätsorientierung, effiziente Organisation sowie Branchen- und Managementerfahrung geschätzt. So hat beispielsweise der Anteil der Start-up Unternehmer mit höchstens vier Jahren Berufspraxis gegenüber der Untersuchung im Jahre 2000 von 45% auf 29% abgenommen[104].

Die Auswertung der Befragungsdaten erfolgt durch **Häufigkeitsauszählungen**, die zur empirischen Untermauerung der 5 Erfolgsfaktoren eingesetzt werden. Insgesamt ist die Studie allerdings als **explorativ** einzustufen, da die Interpretation erst nach der Messung der Daten erfolgt (kein theoriegeleitetes Vorgehen).

Die „*e-Reality 2000-Studie*" von *Strauß/Schoder*[105] hat als Erhebungsziel die Erfassung des betriebswirtschaftlichen Nutzens des Web-basierten Electronic Commerce. Die Studie verfügt über eine **sehr gute empirische Grundlage**, da über 1.308 Entscheidungsträger in Unternehmen im deutschsprachigen Raum im Zeitraum von Mai bis Juni 2000 in persönlichen Interviews befragt wurden. Der Umfang der erhobenen Daten ist mit 204 Fragen in 44 Frageabschnitten sehr umfangreich und stellte zum Erhebungszeitpunkt die größte empirische Erhebung in Europa zu Electronic Commerce dar[106]. Die Fragen untersuchen u.a.:

- Strategische Auswirkungen von Electronic Commerce (z.B. Konkurrenzzunahme, Disintermediation, Fokussierung auf Kernkompetenzen),
- Bedarf an unabhängigen, vertrauenswürdigen dritten Parteien („Trusted Third Parties"),
- Risikowahrnehmung im Electronic Commerce,
- Nutzung und Potentiale des e-Procurement,
- Unternehmensstrategien und Electronic Commerce (z.B. Differenzierungsstrategien, Veränderungen des Marktumfeldes, Differenzierungsmerkmale des Web-Angebots),
- Content-Management,
- Potenziale des Electronic Commerce gegenüber herkömmlicher Produktpräsentation und herkömmlichem Vertrieb,
- Markenführung im Electronic Commerce,
- Unternehmensorganisation,

---

[104] Vgl. Bain & Company, 2001, S. 14-53.
[105] Vgl. Strauß, R.E., Schoder, D., 2000a.
[106] Vgl. Strauß, R.E., Schoder, D., 2000a, S. 18ff.

- Elektronisches Customer Relationship Management (e-CRM) und Individualisierung,
- One-to-One Marketing,
- Mass Customization,
- Bisheriger Erfolg im Internet.

Ergebnis der Auswertung ist, dass die Unternehmen im Allgemeinen **zu wenig Gebrauch von den Potenzialen des Internets machen** (z.b. Differenzierung, Möglichkeiten des CRM, Personalisierung, Kundenbindung und Kundendatenmanagement) und keine geeignete Organisationen für die Anforderungen des Electronic Commerce aufweisen, so dass insgesamt große Chancen zur Verbesserung bei den Unternehmen bestehen[107]. Außerdem ergab eine Clusteranalyse der Daten nach erfolgreichen- und nicht-erfolgreichen Unternehmen (beruhend auf einer Selbsteinschätzung der Unternehmen), dass die erfolgreichen Unternehmen eher die Kundenzufriedenheit steigern können, neue Dienstleistungen anbieten, neue Märkte erschließen, e-Procurement nutzen, One-to-One Marketing und Kundenbindungsmaßnahmen nutzen und den Umsatz steigern.

Unternehmen aus dem Bereich Dienstleistungen (Reise-, Transport-, Logistikdienstleister, Telekommunikations- und Medienhäuser, Banken) waren im Vergleich zum produzierenden Gewerbe eher unter den erfolgreichen Unternehmen zu finden. Die erfolgreichen Unternehmen besitzen eine eigene **Internet-Strategie**, wohingegen bei den erfolglosen Unternehmen strategische Konzeptionslosigkeit vorherrscht[108]. Basierend auf der empirischen Analyse werden von den Autoren einzelne Aufgabenfelder und Problemstellungen der Unternehmen aufgegriffen und dafür 13 Management-Implikationen abgeleitet[109].

Aufgrund der Breite der erhobenen Daten gibt die e-Reality 2000-Studie einen sehr guten Überblick über den **Status des Electronic Commerce** im deutschsprachigen Raum zum Erhebungszeitpunkt. Insgesamt weist die Studie einen explorativen Charakter auf, d.h. das Vorgehen ist **nicht hypothesenbasiert**. Da die Auswertung der Daten zumeist durch eine **Häufigkeitsauszählung** erfolgt, werden keine kausalen Zusammenhänge zwischen den betrachteten Variablen aufgedeckt. Die Clusteranalyse, die unterscheidende Merkmale von erfolgreichen und nicht-erfolgreichen Unternehmen aufdeckt, vollzieht einen ersten Schritt in diese Richtung. Die Studie ist die umfangreichste explorative Untersuchung zu Electronic Commerce und leistet durch ihre Breite und die Qualität der Datenbasis einen großen Beitrag zur Fortschreibung des Entwicklungsstands der Forschung zum Electronic Commerce. Sie legt damit eine Grundlage zur Ableitung von Forschungshypothesen in zukünftigen Studien.

---

[107] Vgl. Strauß, R.E., Schoder, D., 2000a S. 10-13.
[108] Vgl. Strauß, R.E., Schoder, D., 2000a, S. 132ff.
[109] Vgl. Strauß, R.E., Schoder, D., 2000a, S. 142-182.

2.2.2 Diskussion der Forschungsarbeit von Böing

Bei den als Buch erschienenen Forschungsarbeiten im deutschsprachigen Raum ragt aufgrund des wissenschaftlichen Ansatzes zu diesem Themenkomplex die Arbeit von *Böing*[110] heraus. Sie entspricht dem Postulat der **theoriegeleiteten Forschung**, da sie einen quantitativ-konfirmatorischen Ansatz verwendet. Aus diesem Grund wird diese Arbeit hier nachfolgend detaillierter dargestellt.

2.2.2.1 Untersuchungsgegenstand und Vorgehen

Zur Eingrenzung potenzieller Erfolgsfaktoren im E-Commerce leitet *Böing* ausgehend von verschiedenen Theorien, theoretischen Ansätzen bzw. Forschungsbereichen einen **allgemeinen Bezugsrahmen** zur Erklärung des Unternehmenserfolges her. Dies sind v.a. die Industrial-Organization-Forschung, der ressourcenorientierte Ansatz sowie der situative Ansatz. Der allgemeine Bezugsrahmen wird anschließend konkretisiert, indem Besonderheiten der Internet-Ökonomie erläutert werden und ein für den Kontext des E-Commerce angepasster Management-Prozess entworfen wird. Schließlich wird auf der Grundlage transaktionskostentheoretischer Überlegungen eine Spezifizierung des Bezugsrahmens vorgenommen.

Böing führt eine **empirische Analyse von Zielen** im E-Commerce durch, wofür Unternehmen hinsichtlich ihrer Ziele befragt wurden. Durch den Einsatz einer explorativen Faktorenanalyse werden die einzelnen Ziele zu insgesamt fünf übergreifenden Zieldimensionen verdichtet. Im Rahmen der theoretisch-konzeptionellen Analyse wird der Einfluss verschiedener Konstrukte auf den Unternehmenserfolg analysiert, und es werden einzelne Untersuchungshypothesen formuliert. Als Argumentationsbasis zieht *Böing* dabei Ergebnisse der allgemeinen empirischen Erfolgsfaktorenforschung, Ergebnisse von speziellen Erfolgsfaktorenstudien zum E-Commerce und die Besonderheiten der Internet-Ökonomie heran.

Untersuchungsobjekt der Arbeit sind **Business-to-Consumer Unternehmen** in der Bundesrepublik Deutschland. Als Datenbasis wird eine Expertenbefragung vom März 2000 (n=24) sowie eine Online-Fragebogenerhebung mit Unterstützung der GfK-Nürnberg im Zeitraum April/Mai 2000 (n=125) verwendet. Die Stichprobe für die Online-Fragebogenerhebung beruhte auf einer Auswahl von 1.612 Unternehmen durch die GfK, denen insgesamt 50 Fragen mit 210 abgefragten Variablen gestellt wurden[111].

Das Kriterium „Erfolg" beruhte dabei auf einer **Selbsteinschätzung** der Unternehmen hinsichtlich der Zielerreichung des Unternehmens, wobei 15 verschiedene Unternehmensziele abgefragt wurden. Die wichtigsten waren hierbei die ökonomischen Ziele („Gewinnerzielung", „Umsatzwachstum", „Marke", „Unternehmenswertsteigerung", „Kostendeckung", „Marktanteilsteigerung"), die den höchsten Erklärungsbeitrag der Variablen „Unternehmenserfolg" aufwiesen. Aufgrund der erklärten Varianz der Zieldimensionen im Electronic Commerce und der Höhe der Faktorladungen

---

[110] Vgl. Böing, C., 2001.

[111] Vgl. Böing, C., 2001, S. 86ff.

einzelner Ziele wurden die als Zielkriterien zur Messung des Erfolgs herangezogenen Variablen ermittelt.

Zur Identifizierung der potenziellen Erfolgsfaktoren wurden insgesamt 34 Hypothesen formuliert, die sich auf **sieben Hauptthemen** verteilen. Die Betrachtung beginnt bei der Eintrittsstrategie in den Electronic Commerce und bezieht weitere Handlungsweisen des Unternehmens bei der Gestaltung und Strategie bezüglich Electronic Commerce mit ein:

- Situation des Unternehmens,
- Planung des Markteintritts in den E-Commerce,
- Wettbewerbsstrategische Grundhaltung im E-Commerce,
- Strategiedimensionen im E-Commerce,
- Absatzmittler-gerichtete Strategie,
- Marketing-Mix im E-Commerce (Angebotspolitik, Kommunikationspolitik, Websitegestaltung),
- Implementierung und Kontrolle im E-Commerce.

2.2.2.2 Ergebnisse der Untersuchung von Böing

Aus der methodischen Prüfung des Hypothesengerüsts ergaben sich folgende (allgemeine) **Erfolgsfaktoren**[112]:

- Technologie- und Innovationsorientierung (wichtigster Faktor),
- Planungsgenauigkeit beim Eintritt in den Electronic Commerce,
- Liefergeschwindigkeit,
- Kundenorientierung,
- Absatzmittler-gerichtete Strategieoptionen,
- Nutzung der Onlinekommunikation,
- Kontrollintensität,
- Marke (Ergebnis aus Expertenbefragung).

Zudem wurden noch Erfolgsfaktoren pro **Geschäftstyp** ermittelt, wobei zwischen den Geschäftstypen Hersteller, Handel und Internet Start-up Unternehmen unterschieden wird. Der Vergleich der einzelnen Gruppen erfolgte durch t-Tests[113].

- Bei *Herstellern* sind v.a. „Marke", „Technologieführerschaft bei Software und Tools", „absatzmittlergerichtete Strategieoptionen" und „Kontrolle" wichtig.
- Bei *Handelsunternehmen* sind v.a. „innovative Produkte und Angebote", „Markteintrittszeitpunkt", „Preisniveau", „Tage bis zur Lieferung", „Kommunikationspolitik" und „Kontrolle" relevant.
- Bei *Internet Start-up Unternehmen* wurde die „Erstellung eines detaillierten Businessplans", „Kundenzufriedenheit/Service", „Markteintrittszeitpunkt", „Kooperationspartner", „Angebotspolitik" (Anzahl Zahlungsmethoden, Sorti-

---

[112] Vgl. Böing, C., 2001, S. 212ff.
[113] Vgl. Böing, C., 2001, S. 216ff.

mentstiefe), „Kommunikationspolitik", „Websitegestaltung" und „Kontrolle"
als Haupt-Erfolgsfaktoren ermittelt.

2.2.2.3 Kritische Würdigung der Forschungsarbeit von Böing

An der Arbeit ist als **Verdienst** hervorzuheben, dass sie die bisher umfangreichste
deutsche Studie mit dem Fokus Electronic Commerce ist. Zudem zeichnet sie sich
durch ihre **wissenschaftliche Vorgehensweise** (Theorieleitung, Hypothesenbildung,
Empirie) aus, womit sie einen besonderen Platz in den bisher zum Thema Electronic
Commerce erschienenen deutschen Arbeiten einnimmt (vgl. Übersicht über bisherige
Erfolgsfaktorenstudien).

Dennoch gibt es auch einige **Kritikpunkte:**

- Als Kriterium für den Unternehmenserfolg wird eine **Selbsteinschätzung** des
  Erfolgs/der Zielerreichung durch die Unternehmen vorgenommen. Dieses Vorgehen könnte unter Umständen problematisch hinsichtlich des Kriteriums Ob-
  jektivität/Vergleichbarkeit sein, da Unternehmen in der Arbeit sehr unterschiedliche Ansprüche und Schwerpunkte hinsichtlich des Kriteriums „Erfolg" stellen
  (z.b. Steigerung Markenimage, zusätzlicher Vertriebskanal, Wertsteigerung des
  Unternehmens, Konkurrenzabwehr, Gewinnerzielung). Eine objektive Vergleichbarkeit des Kriteriums „Erfolg" wird hierdurch erschwert, da es von den
  Unternehmen unterschiedlich definiert wird.

- Des weiteren betrachtet die Studie ausschließlich **deutsche Unternehmen**, d.h.
  es fehlt der Einbezug von Anbietern aus den USA, die als Vorreiter bei der Entwicklung des E-Commerce zu betrachten und weltweit für 80% der Electronic
  Commerce-Umsätze verantwortlich sind[114]. Somit bleibt die Frage unbeantwor-
  tet, ob die ermittelten Erfolgsfaktoren lediglich spezifisch für den deutschen
  Internet-Markt gelten oder auch auf anderen Märkten eine Gültigkeit aufweisen.
  Die Erfassung dieser in seiner Forschungsarbeit fehlenden Dimension zeigt *Böing* selbst als Ansatz für weiterführende Forschungsarbeiten auf[115].

- In der Arbeit von *Böing* wird lediglich zwischen den **drei „Geschäftstypen"**
  Hersteller, Handel und Internet Start-up Unternehmen unterschieden[116]. Die Be-
  zeichnung „Geschäftstypen" ist allerdings irreführend, da diese Kriterien vielmehr den Ursprung des Unternehmens bezeichnen. Das Geschäftsmodell, das
  die Unternehmen nutzen, ist jedoch unabhängig von dem Ursprung des Unternehmens. Es werden außerdem ausschließlich transaktionsorientierte Geschäftsmodelle (direkte Erlösformen, physische Güter) betrachtet. Es findet keine Beachtung des ebenfalls Business-to-Consumer fokussierten Bereiches
  „Content" (vorwiegend indirekte Erlösmodelle, digitale Güter) statt. Somit lässt
  sich die Untersuchung von *Böing* als branchenspezifischer Ansatz einstufen,

---

[114] Vgl. Hermanns, A., Sauter, M., 1999b, S. 20.
[115] Vgl. Böing, C., 2001, S. 241.
[116] Vgl. Böing, C., 2001, S. 237.

wobei die Unterschiede in den Erlösmodellen und verkauften Produkten der Geschäftsmodelle nicht betrachtet werden. Somit wäre eine Unterscheidung der Unternehmen hinsichtlich der Erlösmodelle und des Charakters der verkauften Produkte ein weiterer Untersuchungsschritt zur Ableitung genauer Geschäftsmodell-spezifischer Erkenntnisse.

- Das genutzte **Kausalmodell** erweist sich bei einigen Teilmodellen als nicht zielführend, da Faktorladungen und durchschnittlich erfasste Varianz deutlich unter den Mindestanforderungen liegen.

- Eine **Repräsentativität** der Daten ist nicht gegeben, da keine Angaben zur Grundgesamtheit der E-Commerce Anbieter vorliegen, was eine Verallgemeinerung der Ergebnisse erschwert[117]. Zudem ergeben sich teilweise erhebliche Unterschiede in den Erfolgsfaktoren bei der Expertenbefragung im Vergleich zur Unternehmensbefragung (z.B. bei Marke, Webdesign, technischer Infrastruktur).

2.2.3 Zusammenfassung des Forschungsstands zu Erfolgsfaktoren des Business-to-Consumer Electronic Commerce

Zusammenfassend können über den Stand der Erfolgsfaktorenforschung zum Electronic Commerce folgende Aussagen getroffen werden:

- Ein Forschungsdefizit lässt sich in der **Forschungsmethodik** feststellen. Ein Großteil der vorliegenden Studien nutzt ein exploratives Vorgehen, so dass eine theoretische Herleitung der Aussagen zumeist nicht vorhanden ist. Es lässt sich somit eine fehlende theoretische Fundierung der Forschungsergebnisse feststellen, die zukünftig durch konfirmatorische Vorgehensweisen verbessert werden kann.

- Die **Stichprobenumfänge** sind sehr gering, was eine Verallgemeinerung der Forschungsergebnisse erschwert. Zudem ist die Auswahl der Stichproben hinsichtlich des Kriteriums der **Repräsentativität** zu bemängeln, da hinsichtlich der betrachteten Grundgesamtheit der Electronic Commerce Unternehmen i.d.R. keine Angaben gemacht werden. Problematisch ist, dass bisher in noch keiner Forschungsarbeit Angaben zur Grundgesamtheit aller in Deutschland im Electronic Commerce Bereich tätigen Unternehmen gemacht wurden, so dass zunächst eine Definition der Grundgesamtheit erforderlich wäre.

- Eine Unterscheidung nach **Geschäftsmodellen** findet nur in eingeschränktem Maße statt.

---

[117] Vgl. Böing, C., 2001, S. 87.

- Das Kriterium „Überprüfen einer zeitlichen Stabilität"[118] ist von hoher Bedeutung, kann aber aufgrund der noch recht jungen Beschaffenheit der Forschungsmaterie „Electronic Commerce" zur Zeit noch nicht ausreichend berücksichtigt werden (fehlende Datengrundlage). Daher ist nur ein Querschnittscharakter der verwendeten Datenbasis zu beobachten. Mit zunehmender Zeit wäre die Anwendung von Längsschnittuntersuchungen erstrebenswert, um die Konstanz der Erfolgskriterien abzuleiten.

Anhand dieser Übersicht wird deutlich, dass die Forschungsrichtung über Erfolgsfaktoren des Electronic Commerce sich zur Zeit noch in einer **frühen Entwicklungsphase** befindet und noch nicht dem idealtypischen Vorgehen der Erfolgsfaktorenforschung entspricht. Im Sinne des Konstruktes Kausalität, welches sich nicht direkt nachweisen lässt, ist es zudem erforderlich, die Aussagen und Forschungsergebnisse in weiteren Studien zu überprüfen, um einen anzustrebenden, gesicherten Forschungsstand der Erfolgsfaktorenforschung im Business-to-Consumer Electronic Commerce zu erreichen, welcher erst nach mehrfacher Validierung als gegeben angesehen werden kann.

---

[118] Vgl. Müller-Hagedorn, L., Greune, M., 1992, S. 124.

3. Das Internet und Electronic Commerce

Um erfolgreich Electronic Commerce zu betreiben, ist es erforderlich, die im Electronic Commerce tätigen Unternehmen zu klassifizieren und zu verstehen, aus welchen Motiven sie im Electronic Commerce tätig sind. Da der Transaktionspartner der Unternehmen die Kunden sind, muss untersucht werden, welche **Motive und Erwartungen** sie an den Electronic Commerce stellen und welche Produkte und Dienstleistungen die Kunden im Netz kaufen wollen (vgl. Abbildung 4). Das Zusammentreffen von Unternehmen und Kunde und die Abwicklung von Transaktionen mit Produkten und Dienstleistungen wird dabei von den grundlegenden Regeln in der Netzwerk-Ökonomie bestimmt, die besonders von den Autoren *Shapiro und Varian*[119] thematisiert worden sind. Zudem ist zu identifizieren, wie ein Unternehmen Wettbewerbsvorteile erlangen kann.

Dieser Aspekt wurde in der Arbeit von *Keeney*[120] untersucht, der über 100 Leute befragte, welchen Wert sie bei dem Einkauf verschiedener Güter über das Internet sehen. Basierend auf den genannten Faktoren, die den Wert aus Kundensicht beeinflussen, wurden 16 Kategorien („Means Objectives") gebildet. Diese behandeln beispielsweise Sicherheitsaspekte, Zugangsmöglichkeiten zu Informationen, Art und Umfang der Produktinformationen, Produktauswahl und Einfachheit der Nutzung. Darüber hinaus wurden in 10 Kategorien „fundamentale" Ziele beim Handel über das Internet zusammengefasst, so z.B. Kostenminimierung, maximale Bequemlichkeit, maximales Einkaufserlebnis und Minimierung der Zeit zum Durchführen der Transaktion. Diese beschriebenen Kategorien sind für den Nutzen aus Kundensicht sehr bedeutend, wobei die Bedeutung je nach Zielkundengruppe verschieden sein kann. Aus diesem Grund sollten die einzelnen Kategorien vor dem Beginn eines Online-Angebotes je nach angesprochener Zielkundengruppe evaluiert werden, so dass eine weitgehende Abdeckung der relevanten Kriterien durch das Online-Angebot erfolgen kann.

---

[119] Vgl. Shapiro, C., Varian, H., 1998.
[120] Vgl. Keeney, R.L., 1999, S. 533ff.

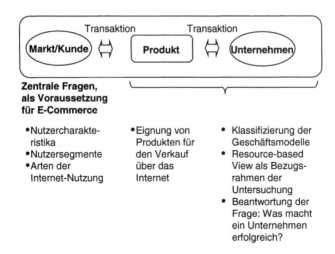

Abbildung 4: Fragestellungen für den Erfolg beim Electronic Commerce

3.1 Entwicklung des Internets

3.1.1 Wachstum des Internets

Das Internet hat bereits viele Strukturen nachhaltig verändert. Beim Internet handelt es sich um das in der Geschichte am **schnellsten wachsende Medium** überhaupt. Um in den USA 50 Millionen Nutzer zu erreichen, benötigte das Radio 38 Jahre, das Fernsehen dreizehn Jahre, das Kabelfernsehen zehn Jahre, hingegen das Internet nur fünf Jahre[121]. Auffallend im Unterschied zu den anderen drei Technologien ist die hohe Diffusionsgeschwindigkeit. Zudem handelt es sich beim Internet nicht um ein reines Medienprodukt, sondern es kann sehr vielfältig eingesetzt werden. Gerade die vielfältigen Anwendungsmöglichkeiten in verschiedensten Industrien machen das Medium Internet so attraktiv[122] und fördern sein Wachstum.

Unabhängig von den Marktschätzungen für die kommenden Jahre wird v.a. eins klar: Der Markt ist gegenwärtig verglichen mit etablierten Kanälen noch relativ klein, wächst aber schnell (vgl. Abbildung 5). Insofern trifft die Aussage von *Morgan Stanley* „pick a number, any number" zur Vorhersage des zukünftigen Marktvolumens zu[123].

---

[121] Vgl. Kleindl, M., Theobald, A., 2000, S. 261.

[122] Vgl. Zerdick, A. et al., 2000, S. 142; Wamser, C., 2000, S. 5 und Hermanns, A., Sauter, M., 1999b, S. 14.

[123] Vgl. Preißl, B., Haas, H., 1999, S. 17 und Hermanns, A., Sauter, M., 1999b, S. 20f.

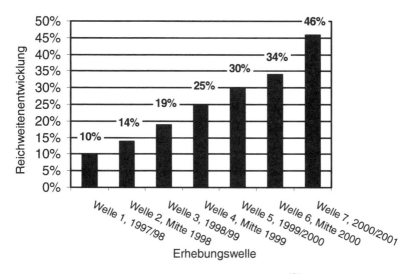

Abbildung 5: Wachstum der Internetnutzung in Deutschland[124]

3.1.2 Definition des Begriffs Electronic Commerce

Das E-Business lässt sich grundsätzlich in **vier** Geschäftssegmente[125] unterteilen

- *E-Commerce*: elektronischer Handel mit Waren und Dienstleistungen über das Internet (z.b. Auktionen, Shop-Konzepte, Internet-Brokerage)
- *Infrastruktur*: elektronische Infrastruktur für das Internet (z.b. Internet Service Provider, Front-End Design, Internet Back-End, Internet Back-Bone)
- *Equipment*: elektronische Endgeräte (z.b. PC, Modem, Handy)
- *E-Services*: E-Business orientierte Dienstleistungen (z.b. Werbeagenturen, Marktforschung, Beratung)

In dieser Arbeit soll schwerpunktmäßig aus dem E-Business nur das Segment des „Electronic Commerce" näher betrachtet werden. **Electronic Commerce** ist als Begriff bisher nicht einheitlich definiert[126].
Eine frühe **Definition** stammt von *Schmid*[127], der unter elektronischen Märkten elektronische Systeme, die alle Phasen des marktmäßigen Tausches von Gütern und Dienstleistungen unterstützen, versteht.

---

[124] Vgl. GfK Medienforschung, Auftraggebergemeinschaft GfK Online-Monitor, 1. bis 7. Welle, deutschsprachige Bevölkerung, 2001.
[125] Vgl. Ringlstetter, M.J., Oelert, J., 2001, S. 8ff.
[126] Vgl. Bliemel, F., Fassot, G., Theobald, A., 2000, S. 2ff. und Mehler-Bicher, A., Borgman, H., 1999, S. 53f.; Müller-Hagedorn, L., 2000, S. 54f. und Hermanns, A., Sauter, M., 1999b, S. 15, für eine Übersicht verschiedener Definition vgl. auch Wirtz, B., 2000c, S. 28 und Picot, A., Reichwald, R.,Wigand, R., 2001, S. 337f.

Clement, Peters und Preiß[128] bezeichnen E-Commerce als „die digitale Anbahnung, Aushandlung und/oder Abwicklung von Transaktionen zwischen Wirtschaftssubjekten".

Picot, Reichwald und Wigand[129] verstehen unter E-Commerce „jede Art wirtschaftlicher Tätigkeit auf der Basis elektronischer Verbindungen".

Thome/Schinzer[130] definieren Electronic Commerce so: „Electronic Commerce ermöglicht die umfassende, digitale Abwicklung der Geschäftsprozesse zwischen Unternehmen zu deren Kunden über globale öffentliche und private Netze".

Holler[131] unterscheidet zwischen Electronic Commerce **im engeren und weiteren Sinne.** Electronic Commerce im engeren Sinne „befasst sich mit dem Kauf und Verkauf von Produkten und Dienstleistungen über elektronische Netze", während Electronic Commerce im weiteren Sinne „alle geschäftlich relevanten Vorgänge, die über Telekommunikationsnetze abgewickelt werden" umfasst.

Bei der in dieser Arbeit zugrundeliegenden Betrachtungsweise soll der **Transaktionsaspekt** des Electronic Commerce betont werden. Demnach ist in dieser Arbeit unter Electronic Commerce die „elektronisch realisierte Anbahnung, Vereinbarung und Abwicklung von ökonomischen Transaktionen zwischen Wirtschaftssubjekten über Computernetzwerke" zu verstehen[132].

3.1.3 Entwicklungsphasen des Electronic Commerce

Beim Internet handelt es sich um einen dynamischen Markt im Anfangstadium. Die Pionierunternehmen des elektronischen Handels wachsen zur Zeit nach wie vor schnell. Dieses Wachstum beruht zumeist auf technologischem Know-how, denn über etablierte Infrastrukturen verfügen diese jungen Start-up Unternehmen in der Regel nicht[133]. In dieser Arbeit sollen Start-ups jedoch nicht nur im Sinne von Unternehmensneugründungen verstanden werden, sondern können auch neue Geschäftsbereiche im E-Commerce von Old-Economy Unternehmen (sog. „Incumbents") bezeichnen (z.B. T-Online: Deutsche Telekom, Comdirect Bank: Commerzbank).

Bereits von Beginn an gab es bei der Geschäftstätigkeit im Internet neben den häufig zitierten Gewinnern viele Unternehmen, die versuchten, sich im Netz zu etablieren, aber scheiterten[134]. Auch Unternehmen mit einem hohen, schnell wachsenden Online-Umsatz wie Amazon.com gelang es aufgrund ihrer aggressiven Preispolitik und daraus resultierenden geringen oder negativen Margen lange Zeit nicht, profitabel zu werden.

---

[127] Vgl. Schmid, B., 1993 S. 467f.

[128] Vgl. Clement, M., Peters, K., Preiß, F.J., 1999, S. 12.

[129] Vgl. Picot, A., Reichwald, R.,Wigand, R., 2001, S. 337.

[130] Thome, R., Schinzer, H., 2000, S. 1.

[131] Vgl. Holler, E., 2001, S. 229.

[132] Vgl. auch verschiedene weitere Definitionen in Wamser, C., 2000, S. 6 und Hermanns, A., Sauter, M., 1999b, S. 14f.

[133] Vgl. Krause, J., 2000, S. 203.

[134] Vgl. Preißl, B., Haas, H., 1999, S. 17.

Das Internet kann in **mehrere Entwicklungsphasen** eingeteilt werden, die durch das Wachstum und die Anbieterstruktur geprägt werden (siehe Abbildung 6). Die erste Phase kann als ein **Testfeld** (Phase I) bzw. eine Experimentierphase betrachtet werden, in der zahlreiche neue Geschäftsideen „ausprobiert" wurden[135]. Dies ist die Zeit vor 1995, in der das Internet nur wenigen Nutzern bekannt war und erste Gründungen von Unternehmen erfolgten.

Die **Massen-Testfeld-Phase** (Phase II) in der Verbreitung des Internets begann nach dem erfolgreichen Börsengang von Netscape im Jahr 1995[136]. In der Wirtschaftswelt bekam das neue Medium zunehmend Aufmerksamkeit, und vermehrt gründeten sich Unternehmen mit Internet-orientierten Geschäftsmodellen. Begünstigt wurde diese Phase kapitalseitig durch ausreichend zur Verfügung stehendes Wagniskapital[137] und nutzerseitig durch eine hohe Adoptionsgeschwindigkeit. Es bestand zunächst eine typische „Window of Opportunity"-Situation, d.h. am Anfang des Lebenszyklus kann eine gewisse Anzahl von neuen Unternehmen Fuß fassen[138]. Angelockt durch die guten Erfolgsaussichten und hohen Wachstumsprognosen nahm die Zahl der Unternehmen ständig zu, wobei sich pro Angebotskategorie bald eine Übersättigung einstellte. Die Vielzahl der Unternehmen, die in diese Marktsegmente eingetreten waren, führte zu einer hohen Konkurrenz und verhinderte deshalb die Profitabilität aller Marktteilnehmer[139]. Die Einfachheit und Schnelligkeit, mit der sich Internet-Geschäfte aufbauen ließen (niedrige Wettbewerbsbarrieren)[140], verstärkten den Konkurrenzdruck. Zudem kämpften viele Internet-Unternehmen mit hohen minimalen effizienten Betriebsgrößen ihrer Geschäftsmodelle, die hohe Kundenzahlen zur Auslastung benötigten. Zudem waren bei vielen Unternehmen die Möglichkeiten zur Umsatzgenerierung nicht ausreichend, so dass die Umsatzerwartungen enttäuscht wurden[141]. Zudem wurden viele Geschäftsmodelle vorher niemals kommerziell umgesetzt[142].

In der **Selektionsphase** (Phase III) kommt es zu ersten Konsolidierungen im Markt. Die ersten Anbieter scheiden aus dem Markt aus, die Zahl der Anbieter sinkt[143]. Einige der experimentellen Geschäftsmodelle verschwinden vollständig, da sie sich in der Praxis nicht als ökonomisch tragfähig erwiesen haben. Die Konsolidierung erfolgt zum einen durch Insolvenzen[144], Unternehmenszusammenschlüsse[145] zwischen Internet Start-up Unternehmen (wobei dies häufig die Insolvenz nur um einige Monate nach hinten verschiebt) und Aufkäufe durch Unternehmen aus der Old-Economy[146].

---

[135] Vgl. Timmers, P., 2000, S. 35.

[136] Vgl. Booz, Allen & Hamilton, 2000, S. 141 und Holler, E., 2001, S. 186.

[137] Vgl. Ringlstetter, M.J., Oelert, J., 2001, S. 27; Seidensticker, F.J., 2001, S. 2 und Lammerskötter, D., Klein, S., 2001, S. 49.

[138] Vgl. Ringlstetter, M.J., Oelert, J., 2001, S. 27.

[139] Vgl. Porter, M.E., 2001, S. 63 und Schnetkamp, G., 2000, S. 34.

[140] Vgl. Sauter, M., 1999, S. 106.

[141] Bain & Company, 2001, S. 14f. und 20f.

[142] Vgl. Timmers, P., 2000, S. 35 und Hermanns, A., Sauter, M., 1999a, S. 4.

[143] Vgl. Bain & Company, 2001, S. 4.

[144] Z.B. bei Pets.com, Etoys.

[145] Z.B. Webvan und Netgrocer, Booxtra und Mediantis.de.

[146] Z.B. wurde Peapod von Ahold aufgekauft vgl. DG Bank Research, 2000, S. 13.

Letztendlich wird nur ein kleiner Teil der Unternehmen überleben und sich dauerhaft als Marken **etablieren** (Phase IV). Diese Auffassung hat sich inzwischen bei den meisten Internetanalysten durchgesetzt: „Bis zu 75% der amerikanischen Business-to-Consumer Unternehmen werden fehlschlagen, sie müssen ganz aufgeben oder sich nach einem Partner umsehen"[147] bzw. „in den kommenden zwei Jahren werden 95% der Dotcoms vom Markt verschwinden"[148]. Dieser Entwicklungsprozess scheint für Industrien sehr typisch zu sein. So gab es in der US Autoindustrie um 1920 ungefähr 2.000 Hersteller, heute jedoch nur noch drei große Anbieter[149]. Eine Untersuchung durch die Investment-Bank *Morgan Stanley* ergab, dass von 1.243 Technologie-Unternehmen nur fünf Prozent für 86% des geschaffenen Wertes verantwortlich waren[150].

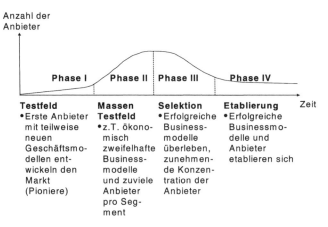

Abbildung 6: Entwicklung der Anzahl an Internet Start-up Unternehmen[151]

3.2 Electronic Commerce-Geschäftsmodelle

3.2.1 Definition des Begriffs Geschäftsmodell

Ebenso wie in allen anderen Industrien gilt auch beim Internet, dass langfristig erfolgreiche Strategien entwickelt werden müssen. Es ist zu beachten, dass es sich bei einigen Internet-Geschäftsmodellen weniger um ausgereifte Geschäftssysteme, als um gedankliche Konstrukte handelt[152].

---

[147] Vgl. Saracevic, A.T., Riepl, L., 2001, S. 109.

[148] Vgl. Saracevic, A.T., Riepl, L., 2001, S. 109 und Eggers, B., 2001, S. 6.

[149] Vgl. Glotz, P., 2001 und Thurow, L., 2001.

[150] Vgl. Desmet, D., Francis, T., Hu, A., Koller, T.M., Reidel, G.A., 2001, S. 157.

[151] Eigene, vereinfachende Darstellung, in Anlehnung an Meffert, H., 2000a, S. 75ff.

[152] Vgl. Tapscott, D., 2001, S. 8 und Schneider, D., 1999, S. 260.

Da in dieser Arbeit das Untersegment von Business-to-Consumer-orientierten Unternehmen betrachtet wird, die zudem noch hinsichtlich ihrer Geschäftsmodelle differenziert werden, ist zunächst die **grundlegende Definition des Begriffs „Geschäftsmodell"** erforderlich.

Timmers[153] definiert ein **Geschäftsmodell** über folgende Bestandteile

- Eine Architektur für Produkte, Dienstleistungen und Informationsflüsse einschließlich einer Beschreibung der verschiedenen Teilnehmer und ihrer Aufgaben,
- eine Beschreibung des potenziellen Nutzens für die verschiedenen Teilnehmer und
- eine Beschreibung des Ursprungs des Umsatzes.

Hinsichtlich dieser Definition lässt sich feststellen, dass es offensichtlich bei vielen Start-up Unternehmen Defizite gab, selbst die Tragfähigkeit ihres Geschäftsmodells einzuschätzen[154]. Insbesondere der zweite und dritte Punkt der Geschäftsmodell-Definition, der Nutzen für die Teilnehmer und die Umsatzquelle, sind teilweise nicht erfüllt worden[155]. Es waren teilweise Börsengänge von Unternehmen zu beobachten, die auf interessanten Konzepten beruhten und die —zumindest theoretisch— Aussicht auf hohe Gewinne besitzen bzw. besaßen[156]. Erst der wirkliche Wettbewerb wird zeigen, welche dieser Geschäftsmodelle dauerhaft bestehen werden[157].

Dies gilt insbesondere, weil zumeist relativ **hohen Eingangs-Investitionen** häufig kein kurzfristiger Return-on-Investment gegenübersteht. Vielmehr müssen erst Schwellenwerte beim Marktanteil und der Akzeptanz der Kunden überschritten werden[158]. Die Schnelligkeit bei der Umsetzung einer Geschäftsidee wurde zu einem entscheidenden Faktor für den Erfolg im Electronic Commerce stilisiert[159], was viele Unternehmen mit unfertigen Konzepten offenbar dazu bewegte, erst ihr Geschäft zu starten und sich erst später mit der Frage, wie Geld mit dem Konzept zu verdienen sei, zu beschäftigen[160]. Als ein Haupttreiber für diese Entwicklung kann angesehen werden, dass Venture Capital-Unternehmen solche Konzepte häufig nahezu ungeprüft in ihr Portfolio aufgenommen haben[161].

Da an den Kapitalmärkten v.a. die Wachstumsrate der entscheidende Faktor für die Bewertung von Unternehmen war, erschien es offenbar vielen Venture Capital-Unternehmen wichtiger, selbst unfertige Konzepte zu fördern, anstatt potenzielles

---

[153] Vgl. Timmers, P., 2000, S. 32.
[154] Vgl. Bain & Company, 2001, S. 20 und Herrmann, C., Sulzmaier, S., 2001, S. 35.
[155] Vgl. Bain & Company, 2001, S. 2114f.
[156] Vgl. Zerdick, A. et al., 2000, S. 21.
[157] Vgl. Zerdick, A. et al., 2000, S. 21.
[158] Vgl. Sauter, M., 1999, S. 105f.
[159] Z.B. durch Formeln wie "3 Monate = 1 Internetjahr" siehe Maiwaldt, F.C., 2000a, S. 55; Wirtz, B., 2000c, S. 137 und Rangan, S., Adner, R., 2001, S. 44.
[160] Vgl. Bain & Company, 2001, S. 15.
[161] Vgl. Porter, M.E., 2001, S. 65.

Wachstum —und somit Unternehmenswert bei einem Börsengang— zu opfern. Empirische Untersuchungen haben gezeigt, dass im Jahr 2000 rund 80% des Marktwertes eines am Neuen Markt notierten Unternehmens auf seinem **Wachstumspotential** beruhten[162].

Der Aufbau eines Internet-Unternehmens ist, entgegen vieler Meinungen, kostspielig und erfordert viel **Kapital**[163]. Ein durchschnittliches Unternehmen benötigte laut einer Erhebung im Jahr 2000 im Business-to-Consumer Bereich bis zur zweiten Finanzierungsrunde € 11 Mio., im Business-to-Business Bereich waren es sogar € 20.2 Mio. Rund 80% des Geldes stammten von Venture Capital Firmen, weitere rund 18% von strategischen Investoren (oft aus den Bereichen Industrie, Handel und Dienstleistung)[164].

3.2.2 Kundenfokus der Geschäftsmodelle

3.2.2.1 Business-to-Business Electronic Commerce

Unter **Business-to-Business Electronic Commerce** wird die Abwicklung von Leistungen zwischen verschiedenen Unternehmen mittels internetbasierten Anwendungen verstanden[165]. Gekennzeichnet ist dieser Bereich von häufig hohen Transaktionsvolumen und einer oft längerfristigen Zusammenarbeit der Transaktionspartner. Die drei Haupteinsatzfelder dabei sind E-Beschaffung, E-Marktplätze und E-Verkauf bzw. Service[166]. Das geschätzte Umsatzvolumen für 2003 liegt um den Faktor 15 bis 30 über dem für den Business-to-Consumer Markt[167].

Stehen für Privatpersonen bei der Nutzung des Internets vor allem die Kommunikations-, Unterhaltungs- und Einkaufsmöglichkeiten im Vordergrund, sind es für Unternehmen v.a. **drei** Aspekte, die potenziell attraktiv sind[168]:

- Kosteneinsparung,
- Umsatzgenerierung,
- Unternehmenskommunikation/-image.

Die drei Aspekte werden nachfolgend kurz erläutert.

3.2.2.1.1 Kosteneinsparungen durch effizientere Prozesse (unternehmensinterne Prozesse und Schnittstellen zu externen Vertragspartnern) und Umsatzgenerierung

---

[162] Vgl. Burmann, C. , 2000.

[163] Vgl. Porter, M.E., 2001, S. 65 und Sauter, M., 1999, S. 105f.

[164] Vgl. Bain & Company, Pressemitteilung zur Vorlage der Studie "One-Economy", München 26.7.2000.

[165] Vgl. Sculley, A.B., Woods, W.A., 2000, S. 6f.

[166] Vgl. Wörtler, M. Rasch, S., 2000, S. 12.

[167] Vgl. Wörtler, M. Rasch, S., 2000, S. 8.

[168] Vgl. u.a. Ringlstetter, M.J., Oelert, J., 2001, S. 27 und Mehler-Bicher, A., Borgman, H., 1999, S. 69.

Gerade das Thema **Kosteneinsparung** durch Electronic Commerce birgt für viele Unternehmen ein hohes Potenzial. Die Unternehmensberatung *Bain & Co.* fand heraus, dass allein die 30 Dax-Unternehmen im Jahr 2001 € 5,2 Mrd. für E-Business Projekte ausgeben wollten – 50% mehr als im Jahr 2000[169]. Für Industrieunternehmen stellte das Internet von Beginn an eine hervorragende Möglichkeit dar, Kosten v.a. bei den internen Prozessen und der Distribution einzusparen. So konnte beispielsweise die Firma Cisco bereits 1997 33% ihres Gesamtumsatzes mit 10.000 registrierten Kunden und Geschäftspartnern über das Internet abwickeln[170]. Im Jahr 2000 wurden bereits 80% des Umsatzes online abgewickelt, was einem Wert von US$ 12 Mrd. entsprach[171]

und jährlich Kosten von US$ 150 Millionen eingespart[172]. Der größte deutsche Pharmagroßhändler Gehe wickelt über 90% seines Umsatzes mit den Apotheken elektronisch ab. Dabei greifen 11.000 deutsche Apotheken elektronisch auf eine Datenbank mit Pharmaprodukten zu. Die Bestellungen und Abrechnungen erfolgen über ein persönliches Kundenkonto. Neunzehn Distributionszentren garantieren, dass innerhalb von zwei Stunden jeder Sortimentsartikel geliefert werden kann[173]. Oracle erklärt, das Unternehmen habe durch den Einsatz der eigenen Software US$ 1 Mrd. jährlich einsparen können, und der Supply-Chain Software Anbieter i2 behauptet, er hätte seinen Kunden bisher US$ 16 Milliarden an Kosten gespart[174].

Gerade bei Unternehmen mit hohen Beschaffungsvolumina spielt die Beschaffung über Internetplattformen eine wichtige Rolle. Durch **Volumenbündelung** und Nutzung der Marktmacht sollen so erhebliche Beträge eingespart werden. Zentrale Rolle dabei spielen Betreiber von Business-to-Business Marktplätzen, die diese Transaktionen abwickeln[175]. Diese können sowohl neutral als auch eine Gründung von Marktteilnehmern sein (käufer- bzw. verkäuferorientiert). Einkaufsvorteile will beispielsweise der Zusammenschluss Covisint (DaimlerChrysler, General Motors, Ford, Renault-Nissan) durch eine gemeinsame Beschaffungsplattform realisieren[176]. Angesichts eines Einkaufsvolumens von € 86 Mrd. bei General Motors und € 113 Mrd. bei Daimler-Chrysler besteht die Hoffnung auf erhebliche Einsparungen. Nutzungen anderer Plattformen durch DaimlerChrysler zeigten, dass die Einkaufspreise sich durchschnittlich um 17% senken ließen. Pro Auto können nach Angaben von General Motors um die US$ 800-2.000 eingespart werden.

Online-Aggregatoren gibt es inzwischen in beinahe allen Industrien, z.B. im Transportbereich (NTE: Rückladungen für Logistikunternehmen), und in der chemischen Industrie (Chemdex: Senkung der Marketingkosten, Verbesserung von

---

[169] Vgl. Knüwer, T., Müller, A., Storbeck, O., 2001.
[170] Vgl. Zerdick, A. et al., 2000, S. 152.
[171] Vgl. Cohan, P.S., 2000, S. 27.
[172] Vgl. Booz, Allen & Hamilton, 2000, S. 97.
[173] Vgl. Wörtler, M. Rasch, S., 2000, S. 10.
[174] Vgl. i2 Corporate Overview Broschüre, 2001, S. 1.
[175] Vgl. Sculley, A.B., Woods, W.A., 2000, S. 6f.
[176] Vgl. Reinking, G., 2001, S. 9.

Kundensuche und Kundenauswahl)[177]. Allerdings hat bei den meisten Business-to-Business Marktplätzen bereits die Konsolidierung begonnen, da pro Industriesegment zu viele Gründungen zu verzeichnen waren. So stieg die Zahl der Marktplatzgründungen in den USA von ungefähr 100 im Juni 1999 auf über 2.000 im Juni 2000 an[178]. Die Problematik der Konsolidierung ist analog zu den Business-to-Consumer Geschäftsmodellen und wird in dieser Arbeit für den Bereich Business-to-Business Electronic Commerce nicht näher behandelt.

Ein weiteres Beispiel für Kosteneinsparungen ist der Einsatz des E-Commerce v.a. im Bereich der **unternehmensinternen Beschaffung von Teilen mit niedrigen Beschaffungswerten** („C-Teile"). Die Transaktionskosten sind gerade bei den C-Teilen sehr hoch, denn i.d.R. besteht für sie kein standardisierter Beschaffungsprozess. Dies führt häufig dazu, dass die Kosten der Beschaffung aufgrund der Personalintensität ein Vielfaches des Wertes des zu beschaffenden C-Teils betragen. So kostet die Beschaffung eines Bleistifts in vielen Unternehmen bis zu € 92 bzw. ein Ordner im Wert von € 0,80 kostet das Unternehmen € 50[179]. Desktop-Purchasing Systeme für C-Teile können helfen, die Transaktionskosten bei der Beschaffung zu senken[180]. Hier lassen sich bis zu 60% der Kosten einsparen[181] und zudem die Durchlaufzeiten erheblich reduzieren.

Außerdem können durch die Verlagerung der Geschäftsprozesse auf das Internet neue Kunden angesprochen werden bzw. Geschäftsbeziehungen mit bestehenden Kunden auf das Medium Internet verlagert werden (Umsatzgenerierung).

3.2.2.1.2 Verbesserung der Unternehmenskommunikation bzw. Unternehmensimage

Die **Unternehmenskommunikation** zu Kunden, Geschäftspartnern und Anlegern kann im Sinne eines Dialogs über eine Internetplattform abgewickelt werden. Die Effekte dieser Maßnahmen lassen sich allerdings nur schwer monetär messen. Weitere relevante außerökonomische Kriterien für ein Internet-Engagement sind **Image, Kundenzufriedenheit sowie Bekanntheitsgrad**[182].

3.2.2.2 Business-to-Consumer Electronic Commerce

Business-to-Consumer Electronic Commerce ist die Verwendung des Internets zur Abwicklung von Leistungen zwischen **Unternehmen und Endverbrauchern**. Gekennzeichnet wird dieses Segment durch vergleichsweise geringe Transaktionsvolumina und eine im Vergleich zu Geschäftskunden-Märkten niedrige Bindung zwischen Kunden und Anbietern.

---

[177] Vgl. Bechek, B., Zook, C., 2000.
[178] Vgl. Wörtler, M. Rasch, S., 2000, S. 16.
[179] Vgl. Prussog, C., 2000.
[180] Vgl. Dörflein, M., Thome, R., 2000, S. 54f.
[181] Vgl. Wörtler, M. Rasch, S., 2000, S. 29.
[182] Vgl. Fritz, W., 2000, S. 97.

3.2.2.3 Peer-to-Peer Dienste

Bei den **Peer-to-Peer** Diensten tauschen private Endverbraucher gegenseitig entweder direkt (z.b. Gnutella) oder über ein zentrales Verzeichnis (z.b. Napster) Daten untereinander aus.

Außerdem bestehen weitere Sonderformen des Leistungsaustausches, z.b. Business-to-Administration und Consumer-to-Administration, wobei die Abwicklung der Geschäfte zwischen Staat und Unternehmen bzw. Einzelpersonen betrachtet wird[183].

Da der **Fokus dieser Arbeit der Business-to-Consumer Bereich** ist, wird nachfolgend auf die Geschäftsmodelle mit anderen Kundenschwerpunkten nicht weiter eingegangen.

3.2.3 Überblick über grundlegende Electronic Commerce-Geschäftsmodelle

In den nächsten Unterkapiteln werden, nachdem der mögliche Kundenfokus von Geschäftsmodellen abgegrenzt wurde, für den Bereich Business-to-Consumer Electronic Commerce die Unternehmen anhand der **Charakteristika ihres Geschäftsmodells** und ihrer **Umsatzgenerierung** weiter abgegrenzt[184].

3.2.3.1 Content Geschäftsmodelle

Das Geschäftsmodell **Content** lässt sich durch Sammlung, Auswahl, Systematisierung und Bereitstellung von Inhalten beschreiben[185]. In dieser Arbeit werden unter Content alle digitalisierbaren Inhalte verstanden, d.h. Texte, Musik oder auch Filmdateien, sofern diese digitalisiert über das Internet bezogen werden können. Auf die ökonomischen Besonderheiten von Informationsgütern wird später noch näher eingegangen (siehe Kapitel 4.7.2, Seite 119).

3.2.3.2 Context Geschäftsmodelle

In diesem Geschäftsbereich sind die Content-Aggregatoren tätig, die den Kunden meist strukturierte Informationen anbieten. Im Fall von Portalen werden die angebotenen Informationen vom Anbieter aufbereitet und strukturiert. Je nach Breite der Zielgruppe kann zwischen **horizontalen Portalen** (breite Inhaltsangebote) und **vertikalen Portalen** (Beschränkung des Inhalts auf selektive, für Zielgruppe interessante Angebote) unterschieden werden[186].

Eine spezielle Form der informationsorientierten Geschäftsmodelle stellen **virtuelle Communities** dar, bei denen, ähnlich wie bei den vertikalen Portalen, Nutzer mit

---

[183] Vgl. Becker, J., 2000, S. 80f.
[184] Die Logik der Einteilung in die 4 Geschäftsmodellbereiche erfolgt in Anlehnung an Wirtz, B., 2000c, S. 87-95.
[185] Vgl. Wirtz, B., 2000c, S. 89.
[186] Vgl. Lihotzky, N., Wirtz, B., 2001, S. 285-305 und Ringlstetter, M.J., Oelert, J., 2001, S. 8ff.

gleichen Interessen zusammengefasst werden[187]. Das Besondere an diesem Geschäftsmodell ist, dass die Nutzer die Inhalte selbst erstellen (z.b. Verfassung eigener Beiträge, Diskussionen in Chaträumen etc.). Diese Geschäftsmodelle machen sich die Vielfalt und Unübersichtlichkeit des Internets zunutze, indem sie es ordnen und thematisch aufbereiten, damit sich die Nutzer zurechtfinden[188].

Insgesamt wird diese Gruppe der Informationsaufbereiter unter dem Begriff **Infomediary bzw. Infomediär** zusammengefasst. Elektronische Märkte stellen den virtualisierten ökonomischen Ort des Aufeinandertreffens von Angebot und Nachfrage dar, der ferner durch einen zeit- und raumunabhängigen Zugang charakterisiert wird[189]. Infomediäre helfen in diesem Markt, durch Strukturierung und Vorauswahl bei der Erhöhung der Markttransparenz im Vergleich zu traditionellen Märkten[190].

Eine Unterform von Infomediären sind die Betreiber von **elektronischen Marktplätzen**, die durch Bündelung von Angebot bzw. Nachfrage zwischen Anbieter und Nachfrager bestimmter Produkte eine Informations- und Vermittlungsdienstleistung anbieten. Besonders geeignet ist dieses Geschäftsmodell bei stark fragmentierten Marktstrukturen, wobei es keine Rolle spielt, ob die Fragmentierung angebots- und/oder nachfrageseitig vorliegt. Diese Märkte weisen hohe Such- und Selektionskosten für den Abnehmer und hohe Werbekosten für den Anbieter auf. Generell ist den Infomediären gemein, dass sie helfen, diese Such- und Transaktionskosten zu reduzieren[191]. Dadurch wird der Markt effizienter und nähert sich an den vollkommenen Markt[192] neoklassischer Theorie an[193].

3.2.3.3 Commerce Geschäftsmodelle

Bei Commerce Geschäftsmodellen ist der Hauptzweck der **Austausch von Waren und Dienstleistungen**. Unterschieden werden können diese durch die Handelsbeziehungen der Marktteilnehmer. Im Fall einer Nachfragerhierarchie wird von **Shop-Konzepten** gesprochen, bei ungefähr gleicher Hierarchie von Anbietern und Nachfragern von **Marktplätzen** und bei Dominanz durch die Anbieterseite von **Einkaufsplattformen**[194].

3.2.3.4 Connection Geschäftsmodelle

Unter dem Geschäftsmodell Connection wird in dieser Arbeit das Anbieten von **Zugängen zum Internet** für private Nutzer durch Internet Service Provider verstanden.

---

[187] Vgl. Hagel, J., Armstrong, A., 1997a, S. 22ff. und Tomczak, T., Schögel, M., 2000, S. 233.
[188] Vgl. Zerdick, A. et al., 2000, S. 149.
[189] Vgl. Wamser, C., 2000, S. 20.
[190] Vgl. Hagel, J., Rayport, J.F., 1997b, S. 120ff. und Schögel, M., Birkhofer, B., Tomczak, T., 2000, S. 19.
[191] Vgl. Bliemel, F, Fassot, G., 2000, S. 17.
[192] Für eine vollständige Beschreibung des vollkommenen Marktes vgl. Schoppe, S.G., 1995, S. 135.
[193] Vgl. Sarkar, M., Butler, B., Steinfield, C., 1997, S. 215ff. und Krause, J., 2000, S. 207.
[194] Vgl. Ringlstetter, M.J., Oelert, J., 2001, S. 810f.

Bei der Betrachtung dieser Typisierung ist zu beachten, dass diese Einteilung **Geschäftsmodelle in ihrer „Reinform"** betrachtet. Zunehmend erweitern jedoch im Electronic Commerce tätige Unternehmen ihre Geschäftsmodelle hinsichtlich der angebotenen Leistungen, so dass sie Elemente von anderen Geschäftsmodell-Typen übernehmen[195]. Hierdurch kommt es zu einer Mischung der einzelnen Geschäftsmodell-Charakteristika, so dass auch von hybriden bzw. multifunktionalen Geschäftsmodellen gesprochen wird[196].

3.2.4 Erlösquellen von Electronic Commerce-Geschäftsmodellen

Die Erlösformen im Business-to-Consumer Electronic Commerce-Bereich lassen sich in **zwei** Formen einteilen[197]:

- **Direkte Erlöse**, die sich direkt aus der Transaktion zwischen Anbieter und Konsument ergeben.
- **Indirekte Erlöse**, bei denen der Geldstrom nicht zwischen Anbieter und Konsument, sondern zwischen Anbieter und einem Intermediär fließt.

Direkte und indirekte Erlösmodelle kommen häufig in **Mischformen** vor, wobei sie jedoch je nach Geschäftsmodell einen unterschiedlich hohen Anteil an den Erlösen ausmachen.

Des weiteren ist zu unterscheiden, ob die Generierung dieser Erlöse von einer Transaktion abhängig ist oder nicht, so dass sich **vier Kombinationsmöglichkeiten** ergeben:

1. *Transaktionsabhängige, direkte Erlöse:* Alle Umsätze aus Verkaufsprozessen, die über das Internet abgewickelt werden.
2. *Transaktionsabhängige, indirekte Erlöse:* Dies sind beispielsweise Provisionen.
3. *Transaktionsunabhängige, direkte Erlöse:* Ein Beispiel hierfür sind Nutzungs- und Grundgebühren.
4. *Transaktionsunabhängige, indirekte Erlöse:* Beispiele sind Bannerwerbung und die Vermarktung von Nutzerdaten.

Eine Übersicht über die einzelnen Geschäfts- und Erlösmodelle ergibt die nachfolgende Abbildung 7:

---

[195] Vgl. Strauß, R.E., Schoder, D., 2002, S. 60.
[196] Vgl. Wirtz, B., 2000c, S. 102.
[197] Vgl. Wirtz, B., 2000c, S. 85ff.

	Content	Commerce	Context	Connection
Definition	Sammlung, Selektion, Systematisie-rung, Kompilierung und Bereitstel-lung von Inhalten	Anbahnung, Aushandlung und/oder Abwick-lung von Geschäfts-transaktionen	Klassifikation und Systematisierung von im Internet verfügbaren Informationen	Herstellung der Möglichkeit eines Informationsaus-tausches in Netz-werken
Ziel	Online-Bereitstellung von konsumen-tenzentrierten, personalisierten Inhalten	Ergänzung bzw. Substitution tradi-tioneller Trans-aktionsphasen durch das Internet	Komplexitätsre-duktion, Navigati-on	Schaffung von technologischen, kommerziellen oder rein kommunikativen Verbindungen in Netzen
Erlösmo-	Indirekte Erlösmodelle	Transaktions-unabhängige, direkte und indirekte Erlös-modelle	Indirekte Erlösmo-delle	Direkte und indirekte Erlösmodelle

Abbildung 7: Electronic Commerce-Geschäftsmodelle und ihre Erlösmodelle[198]

3.2.4.1 Direkte Erlösmodelle: Gebühren

Einige Business-Modelle basieren darauf, den Kunden für die Nutzung der Inhalte **Nutzungsgebühren** in Rechnung zu stellen. In der Praxis hat sich aber bisher gezeigt, dass die direkte Bereitschaft von Kunden, Nutzungsgebühren zu zahlen, nicht vorhanden ist[199], wenn sie ein Angebot in ähnlicher Qualität bei Konkurrenzunternehmen gratis bekommen können (z.B. E-Mail, Nachrichten, Tourenplaner, Instant Messenger, Preisvergleiche etc.). Somit etabliert sich eine „Free-Rider"-Mentalität[200]. Ein Beispiel für die Ablehnung von Nutzungsgebühren durch die meisten Nutzer ist das Wall Street Journal Online, das bis 1996 kostenlos nutzbar war und 600.000 Nutzer aufwies. Nachdem Nutzungsgebühren eingeführt wurden, sank die Anzahl der Nutzer auf 30.000 ab[201].

Eine Analogie lässt sich zu dem europäischen Pay-TV Markt ziehen, der beispielswei-se in Deutschland trotz massiver Werbeaufwendungen und attraktiver Programminhal-te (Formel 1, Fußball Bundesliga) nur ein geringes Wachstum der Nutzerzahlen aufweist. Empirisch zeigt sich eine **negative Korrelation** zwischen Marktdurchdrin-

---

[198] Wirtz, B., 2000c, S. 95.
[199] Vgl. Picot, A., Neuburger, R., 2001, S. 35; Preißl, B., Haas, H., 1999, S. 79 und Agrawal, V., Arjona, L.D., Lemmens, R., 2001, S. 35.
[200] Vgl. Fritz, W., 2000, S. 117.
[201] Vgl. Booz, Allen & Hamilton, 2000, S. 31.

gung des Pay-TV und Anzahl der in einem Land frei empfangbaren Fernsehsender[202] (siehe Abbildung 8). Dieses kann mit dem hohen Maße an attraktiven Programmen der zahlreichen frei-empfangbaren Anbieter begründet werden. Für das Internet bedeutet dieses, dass, solange eine Vielzahl ähnlicher Inhalte kostenfrei verfügbar ist, nur eine vergleichsweise geringe Anzahl von Nutzern bereit sein wird, für Angebote Geld zu bezahlen. Die Möglichkeiten von Content-Anbietern, direkte Erlöse bei Privatpersonen zu generieren, sind deshalb eingeschränkt.

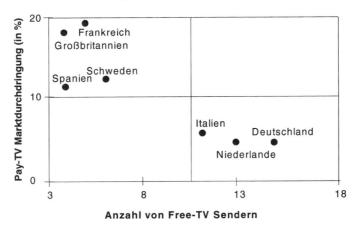

Abbildung 8: Korrelation zwischen Pay-TV Marktdurchdringung und Anzahl frei empfangbarer Fernsehsender[203]

3.2.4.2 Direkte Erlösmodelle: Transaktionen

Bei dieser Erlösform handelt es sich um eine **Transaktion im klassischen Sinn**, d.h. der Verkäufer verkauft ein Produkt oder eine Dienstleistung und der Käufer zahlt dafür[204].

3.2.4.3 Indirekte Erlösmodelle: Provisionen

Bei dieser Erlösform erhält ein Unternehmen für einen **Vermittlungsdienst** an ein Partnerunternehmen eine **Provision**. Dies kann beispielsweise ein Link sein, über den ein potenzieller Kunde zum Partnerunternehmen weitervermittelt wird. Wenn der potenzielle Kunde dann etwas beim Partnerunternehmen einkauft, wird eine prozentuale Umsatzbeteiligung an das ursprünglich vermittelnde Unternehmen gezahlt[205].

---

[202] Vgl. Zerdick, A. et al., 2000, S.42f.
[203] Vgl. Zerdick, A. et al., 2000, S. 42f.
[204] Vgl. Wirtz, B., 2000c, S. 86.
[205] Vgl. Wirtz, B., 2000c, S. 86.

Einen Sonderfall der indirekten Erlösmodelle mit Transaktionen stellen Kommissionen dar, die vom Nutzer an den Vermittler gezahlt werden. Ein klassisches Beispiel hierfür stellen online Auktions-Anbieter dar. Da die Kommission i.d.R. bei 2-5% des Umsatzes liegt, führen bei angenommenen 3% Kommission vermittelte Umsätze in Höhe von € 100 Millionen gerade einmal zu einem Kommissionsumsatz von € 3 Mio., aus dem zudem noch laufende Kosten zu bezahlen sind. Die Höhe der erforderlichen Umsätze zeigt, dass es in diesem Markt nur für wenige solcher Anbieter Platz geben kann, denn ein hohes Umsatzvolumen ist zur Generierung substanzieller Gewinne unerlässlich.

3.2.4.4 Indirekte Erlösmodelle: Werbung

Eine Form der Umsatzgenerierung beruht auf dem Verkauf von **Werbung**. In der Medienwelt liegt von der Form der Umsatzgenerierung der Vergleich zwischen Portalen und privaten, frei-empfangbaren TV-Anbietern nahe. Das Fernsehprogramm wird gebührenfrei angeboten, dafür werden dem Zuschauer in regelmäßigen Abständen Werbeblöcke gezeigt, die für den privaten Fernsehanbieter die wichtigste Einnahmequelle darstellen, mit der er sein Programmangebot finanziert. Selbstverständlich kann ein Fernsehsender seine Werbezeiten nur teuer verkaufen, wenn er dem Werbetreibenden Zugang zu möglichst vielen, in der richtigen Zielgruppe befindlichen Zuschauern (also potenziellen Konsumenten) ermöglicht. Dies verdeutlicht die indirekten Netzwerkeffekte bei diesem Erlösmodell[206]. Bisher werden allerdings in Deutschland nur ca. € 256 Millionen für Online-Werbung ausgegeben, was einem Anteil von 1,5% am gesamten Bruttowerbemarkt entspricht[207] (2001: € 200 Mio.[208]).

Online-Werbung als Einnahmequelle enttäuscht wegen der **geringen Click-Through Raten** bei Bannern. Im Durchschnitt klicken nur zwischen 0,4 bis 0,6 % aller Nutzer auf ein Werbebanner[209]. Im Vergleich zu Offline-Werbung wirkt sich außerdem die relativ genaue Messbarkeit des Banner-Erfolgs mit Bezahlung der Werbung nach tatsächlichen Bannerklicks aus[210]. Anders als bei klassischen Medien lässt sich die Werbestreuung vergleichsweise leicht und eindeutig ermitteln.

3.2.4.4.1 Beispiel für ein vorrangig werbefinanziertes Unternehmen: Das Internetportal Yahoo

Das **Internet-Portal Yahoo** gehört zu den wenigen Internetfirmen, die bisher einen Gewinn ausweisen konnten. Im Jahr 2000 waren dies 291 Millionen US Dollar bei einem Umsatz von 1,1 Milliarden Dollar. Noch im Jahr 1999 wurden 90% des Umsatzes mit Werbung erwirtschaftet, im Zuge der Strategie einer stärkeren Streuung der Umsätze auf andere Erlösquellen sank der Anteil der Werbeerlöse im Jahr 2000 auf

---

[206] Vgl. Zerdick, A. et al., 2000, S. 190.

[207] Vgl. Medien aktuell, 27.1.2003, S. 19.

[208] Vgl. Medien aktuell, 27.1.2003, S. 19 und von Reibnitz, A., 2002, S. 9.

[209] Vgl. von Reibnitz, A., 2002, S. 8.

[210] Vgl. Seidensticker, F.J., 2001, S. 3.

80% und soll in den kommenden Jahren im Sinne einer Diversifizierung der Einnahmequellen weiter sinken.

Problematisch ist die **konjunkturelle Abhängigkeit** der geschalteten Werbung. So ließ im Jahr 2000 die durch Start-up Unternehmen geschaltete Werbung infolge des Börsen-Crashs stark nach, und im Jahr 2001 litten im ersten Halbjahr alle werbefinanzierten Medien (u.a. auch TV und Print) unter Rückgängen bei der geschalteten Werbung. Kostenpflichtige Zusatzangebote sollen deshalb bei Yahoo zunehmen, beispielsweise der Austausch digitaler Bilder. Zudem findet eine verstärkte Fokussierung auf Geschäftskunden statt, für die beispielsweise die interne Firmenkommunikation über die Yahoo-Plattform abgewickelt werden kann und die virtuelle Läden bei Yahoo betreiben können. Derzeit verfügt Yahoo nach eigenen Angaben bereits über 13.000 Geschäftskunden[211].

3.2.5 Haupttreiber der Erlösquellen

Wie sich aus Abbildung 9 ergibt, sind zur positiven Beeinflussung des Umsatzes vor allem die Größen Kundenanzahl, Konversionsrate, Bestellungen pro Kunde und Umsatz pro Bestellung relevante Zielgrößen für direkte, transaktionsabhängige Erlösmodelle.

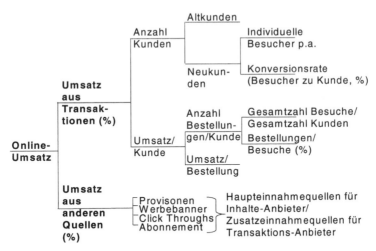

Abbildung 9: Haupterlösquellen von Electronic Commerce-Geschäftsmodellen[212]

Angesichts der sehr guten Möglichkeiten zur Erfassung von kundenbezogenen Daten im Internet sollte erwartet werden, dass alle Unternehmen die für ihr Geschäft entscheidenden Einflussgrößen erfassen. Tatsächlich werden relevante Zahlen wie die

---

[211] Vgl. Koogle, T., 2001.
[212] In Anlehnung an Mei-Pochtler, A., Rasch, S., 1999, S. 30.

Anzahl der Wiederholungskäufer nur von 23% der Unternehmen erfasst, die
individuellen Besucher pro Jahr (d.h. regelmäßig zur Seite zurückkehrende Nutzer)
erfassen 32% und die Konversionsrate von Besuchern zu Kunden erfassen nur 33% der
Unternehmen. Auch Daten wie die Verweildauer pro Besuch erfassen nur 46% der
Unternehmen[213]. Es **fehlt** an einem zielgerichteten **Reporting und Controlling** für die
wertreibenden Einflussgrößen, die Voraussetzung für ein erfolgreiches Unternehmen
sind. Dass die Unternehmen sich auf ungeeignete, nicht für den Geschäftserfolg
maßgebliche Einflussgrößen konzentrieren, lässt sich daran erkennen, dass die Anzahl
der Besucher pro Jahr (86%) und Besucher pro Tageszeit (75%) erfasst werden.

Ein Hauptproblem bei vielen Online-Shopping-Unternehmen ist der **zu geringe
Bestellwert.** Eine Studie von *Ernst & Young*[214] unter 7.200 Online-Kunden und
Unternehmen in zwölf Ländern kam zu dem Ergebnis, dass sich aufgrund der hohen
Versand- und Rücknahmekosten erst Bestellungen ab einem Bestellwert von € 77
rechnen. Bislang liegt dieser Wert allerdings erst bei € 56. Um trotz der Buchpreis-
bindung mit stationären Händlern konkurrenzfähig zu bleiben, verzichteten Online-
Buchversender wie Amazon.de, BOL und Booxtra zudem bis Beginn des Jahres 2002
gänzlich auf Versandkosten für dieses Produkt[215]. Insgesamt nehmen aber sowohl
Anzahl der Käufe als auch Wert des Einkaufs kontinuierlich zu. Für die Online-
Vorreiterprodukte Buch, Musik, Unterhaltungselektronik wird bis 2005 ein Anteil von
25% der Online-Verkäufe erwartet, für Kleidung, Accessoires und Spielwaren ein
Anteil von 12%.

Im Jahr 2000 arbeiteten nach Selbstauskunft ca. 15% der Electronic Commerce
Unternehmen profitabel und ca. 21% erwarteten, in ein bis zwei Jahren profitabel zu
werden[216]. Eine *McKinsey-Studie* mit 200 Online-Unternehmen aus vier Kontinenten
ergab, dass ca. 20% der Unternehmen profitabel arbeiteten[217]. Generell war zu
beobachten, dass Unternehmen mit **transaktionsorientierten Geschäftsmodellen
besser abschnitten als solche mit inhaltsorientierten Geschäftsmodellen.** Besonders
gut schnitten die Multikanal-Anbieter ab (traditionelle Händler mit Internetpräsenz),
die „sich doppelt so gut wie reine Internet-Anbieter rentieren"[218].

Inhalte-Anbieter haben oft Schwierigkeiten, attraktive Inhalte zu akquirieren,
außerdem ist das Kopierproblem nach wie vor ungelöst[219]. Gerade Inhalte-Anbieter tun
sich mit den Erlösquellen schwer, da Werbung häufig die vorwiegende Einnahmequelle ist, andererseits müssen sie für ihre Inhalte an Lizenzgeber zahlen. Bei den Inhalte-
Anbietern stiegen von 1999 auf 2000 die Kosten der Kundengewinnung von US$ 0,4
auf US$ 0,9, während die Werbeerlöse im selben Zeitraum von US$ 0,8 pro Kunde auf

[213] Vgl. Mei-Pochtler, A., Rasch, S., 1999, S. 30.
[214] Vgl. Ernst & Young, 2001 und Heckerott, B., 2001.
[215] Vgl. Humm, P., 2001.
[216] Vgl. Krause, J., 2000, S. 264f.
[217] Vgl. Die Welt, 16.5.2001.
[218] Sonntagszeitung, 13.5.2001.
[219] Vgl. Albers, S., 2001, S. 69ff.

US$ 0,5 pro Kunde sanken. Communities, bei denen ein Großteil der Inhalte von den Nutzern selbst generiert werden, geht es vergleichsweise besser[220].

Insgesamt flachen die Zuwachsraten des Online-Handels in den USA ab. Von 1999 auf 2000 stieg das Volumen um 66% (17,8 Mrd. US$) auf 44,5 Mrd. US$, für das Jahr 2001 wurde ein Zuwachs um 46% auf 65 Mrd. US$ erwartet[221]. Aus diesem Grund bleibt für die Internet-Anbieter die Frage, wie am besten Umsätze und Gewinne zu erzielen sind, höchst relevant.

3.3 Erfolgsstufen des Electronic Commerce

3.3.1 Innovationsgrad der Electronic Commerce-Geschäftsmodelle

Bei den bisherigen E-Commerce Businessmodellen gibt es kaum wirklich neuartige Ansätze: Amazon „ist ein Versandunternehmen, das sein Bestell-Interface auf das Internet verlagert hat"[222], Ebay hat mit Auktionen einen seit langer Zeit bekannten Marktmechanismus auf das Internet übertragen. Da die Auktionen bei Ebay mit vom Nutzer zur Verfügung gestellten Gütern erfolgt, Transport und Koordination zwischen Käufer und Verkäufer direkt untereinander ausgemacht werden, kann Ebay auch als Verlagerung des Kleinanzeigenmarktes, wie er von Zeitungen betrieben wird, auf das Internet betrachtet werden. Ebay beschränkt sich auf das Vermitteln gegen eine Provision und fasst selbst keine Ware an. Zahlreiche andere Anbieter bieten Dienstleistungen an, die aus der Offline-Welt bekannt sind (z.B. Mypropertygate: Immobilien). Diese Geschäftsmodelle sind nicht grundlegend neu. Das Internet verbessert allerdings die Möglichkeit, auf den Kunden einzugehen und mit ihm in Kontakt zu bleiben. Die Geschäftsmodelle wirken insofern eher evolutionär als revolutionär[223]. Unter Berücksichtigung des Bezugs zu bisherigen, klassischen Geschäftsmodellen können E-Commerce Geschäftsmodelle somit in die zwei Kategorien – **Offline-Adaption** (d.h. vergleichbar mit klassischen Geschäften) und **Online-Innovation** (d.h. internetspezifische Ausgestaltung von Geschäftsmodellen, die parziell schon vorher möglich waren) – eingeteilt werden[224]. Dementsprechend lassen sich die vorrangigen Geschäftsmodelle im Internet anhand des Innovationsgrades und des Grades, zu welchem Funktionen integriert werden (z.B. Shops: v.a. Vertriebsfunktion, Marktplätze: Übernahme mehrerer Funktionen entlang der Wertschöpfungskette), einteilen.

Eine Übersicht über die **Einordnung bestimmter Geschäftsmodelle** entlang dieser Dimension ergibt die folgende Abbildung (Abbildung 10):

---

[220] Vgl. Die Welt, 16.5.2001.

[221] Vgl. Silverstein, M., Stanger, P., Greenly, R., Rubin, E., 2001, S. 4 und Frankfurter Allgemeine Zeitung, 31.5.2001.

[222] Mehler-Bicher, A., Borgman, H., 1999, S. 52f. und Porter, M.E., 2001, S. 66.

[223] Analog zu Überlegungen bezüglich Evolution und Revolution in Shapiro, C., Varian, H., 1998, S. 191.

[224] Vgl. Ringlstetter, M.J., Oelert, J., 2001, S. 12ff.

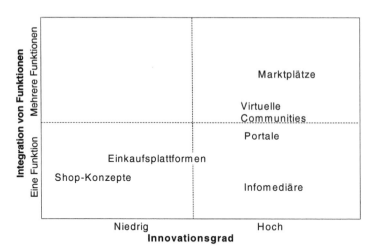

Abbildung 10: Einordnung von Electronic Commerce-Geschäftsmodellen[225]

3.3.2 Vier Tätigkeitsstufen im Electronic Commerce

Erfolgreiches Electronic Commerce kann am besten stattfinden, wenn es die bisherigen Geschäftsprozesse verändert und dadurch im Vergleich zum alten Geschäftssystem zusätzlichen Wert schafft. Analog zu dieser Überlegung, dass Electronic Commerce am besten funktioniert, wenn es grundlegende Prozesse verbessert, lassen sich **vier Stufen des Electronic Commerce** unterscheiden (vgl. Abbildung 11)[226]. Die vom Unternehmen gewählte Stufe der Internet-Tätigkeit hängt mit den Hauptzielen des Unternehmens zusammen, die meist Umsatzsteigerung, Kostenreduzierung und/oder Imagegewinn sind (s.o.). **Electronic Commerce** im Sinne eines transaktionsorientierten Leistungsaustausches kann es nur bei Modellen ab Stufe 3 geben, die komplette Geschäftsprozesse effizienter organisieren und die Spielregeln und Erfolgsfaktoren des Wettbewerbs verändern. Auf den vorgelagerten Stufen kommt E-Commerce v.a. eine Image- bzw. Supportfunktion für bestehende Kanäle zu. Denkbar ist, dass ein Unternehmen sukzessiv die einzelnen Stufen durchläuft, d.h. mit Stufe 1 beginnt und sich dann in Richtung von Stufe 4 bewegt. Nachfolgend werden die 4 Stufen an Beispielen diskutiert.

1. Stufe: Kommunikation - Unternehmensinformationen für die Kunden, allerdings ohne Interaktionsmöglichkeit
Auf dieser Stufe kann ein Unternehmen sich selbst im Internet **präsentieren**. Dieses kann ein Firmenportrait (Organisation, Unternehmensbereiche etc.) ebenso sein wie

---

[225] Darstellung in Anlehnung an Timmers, P., 2000, S. 41.
[226] Vgl. O'Connor, J., Eamonn, G., 1998, S. 37; Herrmann, C., Sulzmaier, S., S. 23; Schnetkamp, G., 2000, S. 43 und Fritz, W., 2000, S. 81.

Investor Relations-bezogene Daten (z.B. Bilanzdaten, Geschäftsbericht als Download), Unternehmensnachrichten, Anfahrtsskizzen etc.

Bei vielen produzierenden Unternehmen finden sich zusätzlich Produktinfos (z.B. Toro: Rasenmäher[227], Stollwerck: Schokolade[228]). Diese Stufe bietet einen guten Anfangspunkt für eine Präsenz im Internet, denn laut Erhebungen informieren sich 64% der Kunden im Netz, kaufen dann allerdings offline ein[229]. Für das Unternehmen ist in erster Linie relevant, dass der Kunde ein Produkt von ihm und nicht das eines Konkurrenten kauft. Gelingt es dem Unternehmen, durch eine professionell gestaltete Webpräsenz den Kunden auf den Offline-Vertriebskanal zu lenken, hat die Online-Präsenz bereits eine wichtige Rolle erfüllt und übt eine Push-Funktion aus. Dieses Verweisen auf andere Vertriebskanäle kann nötig sein, weil das Unternehmen noch kein Web-Angebot anbieten kann oder dies bewusst nicht tut. Dieses Vorgehen ist gegen das Risiko abzuwägen, dass der Kunde lieber bei einem Anbieter kauft, bei dem er das gewünschte Produkt sofort online bestellen kann.

2. Stufe: Interaktion - Interaktionsmöglichkeit zwischen Unternehmen und Kunden
Auf dieser Stufe wird das Bedürfnis des Kunden, selbst aktiv werden zu können, angesprochen. Neben der Möglichkeit, **Kontakt mit dem Unternehmen aufzunehmen**, gibt es zahlreiche **Produktinformationen und Serviceleistungen**. Auf der Audi-Webseite[230] erhält der Kunde neben Produktinfos u.a. auch die Möglichkeit, über den „Audi Car Configurator" sein Wunschauto selbst zusammenzustellen. Die zusammengestellte Kombination kann der Kunde ausdrucken oder per E-Mail an einen Händler weiterleiten, der den potenziellen Kunden dann bezüglich eines Angebots kontaktiert. Gekauft werden muss das Auto dann nach wie vor offline. Ähnlich gehen Versicherungen vor, bei denen sich der Nutzer passende Angebote selbst zusammenstellen kann (z.B. DKV[231]). Zudem bieten viele Firmen interaktive Online-Spiele und Grußkarten (Milka[232], Haribo[233], KLM[234]). Dies dient der Vertiefung des Markenbewusstseins beim Kunden und soll ihm die Marke und angebotene Produkte näher bringen. Häufig bestehen Möglichkeiten zur Kontaktaufnahme mit Ansprechpartnern für Rückfragen. Newsletter, die der Kunde regelmäßig per E-Mail zugeschickt bekommt, sind ebenfalls eine beliebte Methode, um regelmäßig mit dem Kunden im **Dialog** zu bleiben und kontinuierlich über Produkte und das Unternehmen zu informieren. Es wird das Erlebnis der Marke und der Service rund um das Produkt/Unternehmen verbessert, was bestehende Offline-Vertriebskanäle unterstützt.

---

[227] Internet-Adresse: http://www.roco.de/, Abruf vom 20. Juni 2001.
[228] Internet-Adresse: http://www.stollwerck.de/, Abruf vom 20. Juni 2001.
[229] Vgl. Preißl, B., Haas, H., 1999, S. 17.
[230] Internet-Adresse: http://www.audi.de/, Abruf vom 10. Februar 2001.
[231] Internet-Adresse: http://www.dkv.de/, Abruf vom 20. April 2001.
[232] Internet-Adresse: http://www.milka.de/, Abruf vom 10. Februar 2001.
[233] Internet-Adresse: http://www.haribo.de/, Abruf vom 10. Februar 2001.
[234] Internet-Adresse: http://www.klm.de/, Abruf vom 20. April 2001.

3. Stufe: Transaktion - Käufer- und Verkäufer von Waren/Dienstleistungen wickeln Online Transaktionen ab
Diese Stufe stellt E-Commerce im eigentlichen Sinne dar, denn der Kunde kann unmittelbar online ein Produkt kaufen.

Typische Vertreter dieser Stufe sind alle Internet-Händler (z.B. Amazon.com, CDNow, Lastminute.com, Land´s End) und auch Direkt-Broker (z.B. Consors, Comdirect-Bank). Der Kunde kann aus dem angebotenen Sortiment die **Produkte auswählen und kaufen**. Hierzu greift der Kunde über eine grafische Schnittstelle auf eine dahinterliegende Warendatenbank zu[235]. Viele Firmen beschreiben dazu die Produkte detailliert. Einzelne Firmen nutzen neue Methoden, um dem Kunden die Produkte näher zu bringen. So kann bei Land´s End über ein virtuelles Modell („My Virtual Model") angeschaut werden, wie Kleidungsstücke an einem Modell, das dem eigenen Aussehen entspricht, aussehen[236]. Bei allen Anbietern kann der Kunde typischerweise mehrere Produkte auswählen und in einem virtuellen Warenkorb ablegen. Am Ende erfolgt der eigentliche Kauf mit Angabe der Lieferdaten und Bezahlung (zumeist über Kreditkarte).

Eine Umfrage von CMG im Jahr 1999 ergab, dass sich ca. 17% der deutschen Firmen zum Zeitpunkt der Umfrage in dieser E-Commerce Phase befanden[237].

4. Stufe: Integration - Umstellung der internen Prozesse auf E-Commerce und Anbindung von Geschäftspartnern
Dieser Schritt stellt für ein Unternehmen eine große Herausforderung dar, denn für die Stufe 4 sind Umstellungen vieler betriebsinterner Abläufe nötig.

Die amerikanische PC-Direktvertriebsfirma Dell investierte früh in das Internet und konnte nach eigenen Angaben bereits 1997 US$ 1 Million pro Tag über das Internet umsetzen. Im Jahr 2000 lag dieser Wert bereits bei US$ 18 Millionen pro Tag[238]. Aus Kostengründen ist es oft für den Anbieter günstiger, wenn der Kunde überwiegend einen bestimmten Vertriebskanal nutzt. Gerade der Online-Kanal weist hier besondere Vorteile auf (Selbstbedienungscharakter, Automatisierung, hohe Anzahl von Kunden kann parallel bedient werden), was im Beispiel von Dell perfekt funktioniert, denn die Kunden können sich aus den Einzelkomponenten ihren PC selbst virtuell zusammenbauen (Selbstbedienung, gesparte Beratung). Die fertige Order wird dann direkt an die Produktionsplanung weitergeleitet, die auf der Basis des Auftrags die erforderlichen Informationen zur Fertigung des PCs erhält. Der Zukauf von Komponenten und die Lagerbestände werden elektronisch gesteuert und automatisch an die wichtigsten Lieferanten weitergeleitet. Zudem ist Dell ein Beispiel für ein ideales Mass Customizing. Der Kunde kann gezielt ein Produkt gemäß seinen individuellen Erfordernissen zusammenstellen und bekommt einen persönlichen PC (ähnlich wie bei der Automo-

---

[235] Vgl. Mehler-Bicher, A., Borgman, H., R., 1999, S. 55.
[236] Vgl. Mehler-Bicher, A., Borgman, H., 1999, S. 61 und Schneider, D., 1999, S. 160.
[237] Vgl. Krause, J., 2000, S. 248f.
[238] Vgl. Booz, Allen & Hamilton, 2000, S. 11.

bilproduktion, die für ihre Variantenvielfalt bekannt ist). Für Dell bedeutet dies die **Einsparung von Stufen in der Prozesskette** bei Angebotsannahme, Beratung sowie Angebotsweiterleitung und eine vereinfachte Fertigungsplanung.[239]

Die gewählten Markteintrittstrategien der Unternehmen in die Nutzung des Internets sind häufig verschieden. Während neugegründete Electronic Commerce Start-up Unternehmen zu Beginn meist ausschließlich über das **Internet als Vertriebsweg** verfügen und somit durch ihre Webseite zur Umsatzgenerierung sofort Transaktionen benötigen (Transaktions-Informations-Modell), können Unternehmen aus der Old-Economy mit ihren etablierten Kanälen wahlweise auch eine abwartende Haltung einnehmen und zunächst ihre Webpräsenz mit einer **Informationsseite** beginnen (Informations-Transaktions-Modell). Zunächst werden über den Webauftritt nur Informationen verbreitet und PR betrieben.

Tatsächlich gibt es nur wenige Old-Economy Unternehmen, die sofort mit eigenen Shop-Konzepten gestartet sind – dies war auch nicht erforderlich, denn aus ihrer etablierten Position konnten sich die angestammten Unternehmen anschauen, wie der Markt von den Start-up Unternehmen entwickelt wurde und welche Konzepte sich als praxistauglich herausstellten.[240] Old-Economy Unternehmen, die sofort mit eine eigenen Webauftritt gestartet sind, taten dies vorwiegend zur Verteidigung ihres Kerngeschäfts, um den Online-Markt nicht der neuen Konkurrenz zu überlassen (z.B. Otto-Versand, Barnes and Noble)[241].

---

[239] Vgl. Booz, Allen & Hamilton, 2000, S. 11f. und Dörffeldt, T., 1999, S. 406f.
[240] Vgl. Fritz, W., 2000, S. 98f.
[241] Vgl. Schmidt, I., Döbler, T., Schenk, M., 2000, S. 51.

Abbildung 11: Vier Stufen des Electronic Commerce [242]

3.4 Einteilung der Online-Retailer und strategische Motive für Online-Präsenz

Um die strategische Bedeutung von E-Commerce für ein Unternehmen einzuschätzen, muss verstanden werden, inwiefern sich durch seinen Einsatz Wettbewerbsvorteile erreichen lassen. Ansätze hierzu sind die Bewertung von Wettbewerbsstrategien nach *Porter*, der v.a. die Differenzierungs- und Kostensenkungspotenziale in den Mittelpunkt rückt[243] oder die Ansätze des Resource-Based Views. Neben diesen auf das jeweilige Unternehmen bezogenen Ansatzpunkten bieten sich noch die Möglichkeiten zum Erschließen neuer Märkte und Kundengruppen, die Veränderung der Industrie- und Wertschöpfungsstrukturen, der Aufbau von Kooperationen und die Entwicklung neuer Geschäftsfelder bzw. Geschäftsmodelle an[244].

Die Anbieter im Internet lassen sich grob in **vier Kategorien** einteilen[245]:

- Handelsunternehmen, die vorher traditionelle Warenhäuser betrieben (sog. „Brick-and-Mortar"-Unternehmen),
- Versandhandelsunternehmen,
- Reine Online-Händler, deren einziger Verkaufskanal das Internet ist (sog. „Pure-Plays", „E-Tailer"),
- Hersteller, die das Internet zum Direktvertrieb nutzen wollen.

---

[242] Vgl. O`Connor, J., Eamonn, G., 1998, S. 37ff.; Fritz, W., 2000, S. 81 und Herrmann, C., Sulzmaier, S., 2001, S. 37.
[243] Vgl. Porter, M.E., 1999, S. 70 ff.
[244] Vgl. Wamser, C., 2000, S. 5.
[245] Vgl. Schmidt, I., Döbler, T., Schenk, M., 2000, S. 49ff.

Der Grund für diese Unternehmen, online tätig zu werden, war, mit Ausnahme der reinen Online-Händler, häufig der Schutz des Kerngeschäfts und die Sorge, Umsätze an reine Internet-Retailer zu verlieren. Hierbei handelte es sich größtenteils um eine Defensiv-Strategie. Zusätzlich gab es die Hoffnung auf eine Ausdehnung der Umsätze durch Erschließung neuer Kundengruppen über den neuen Vertriebskanal. Für die reinen Online-Händler gab es die Chance, ein neues Unternehmen aufzubauen und die etablierten Unternehmen herauszufordern.

Die Ansoff´sche Produkt-Markt Matrix zeigt auf, welche Produkt- und Marktchancen sich in bestehenden bzw. neuen Umfeldern bieten[246]. Analog können die Motive der Online-Anbieter für ihre Online-Präsenz klassifiziert werden[247].

Die Produkt-Markt Matrix beruht dabei auf vier verschiedenen Strategien (siehe Abbildung 12)

1. Penetration
Die Ausdehnung des Marktanteils mit bestehenden Produkten in bestehenden Märkten, wobei der Marktanteil zu Lasten der Wettbewerber ausgebaut wird.

2. Neue Produkte
Neuartige Produkte, die in bestehende Märkte eingeführt werden.

3. Neue Märkte
Eintritt in neue Märkte mit bestehenden Produkten.

4. Diversifizierung
Neue Produkte zur Eroberung neuer Märkte, d.h. Erschließung von Geschäftsmöglichkeiten jenseits des bestehenden Stammgeschäfts.

---

[246] Vgl. Ansoff, H.I., 1959, S. 113ff.
[247] Vgl. Schmidt, I., Döbler, T., Schenk, M., 2000, S. 49ff.

Abbildung 12: Klassifizierung der Motive von im Electronic Commerce tätigen Unternehmen anhand der Ansoff-Matrix[248]

Schmidt/Döbler/Schenk versuchen anhand der Ansoff´schen Matrix die im Electronic Commerce tätigen Unternehmen einzuteilen. Eine ähnliche Einteilung existiert bei *Tomczak/Schögel/Birkhofer*[249].

Dabei beruhen die Betrachtungen auf vier Annahmen:
- Der Online-Handel ist eine Reaktion auf den neuen Vertriebsweg über das Internet,
- Das Internet dient als ein Instrument, um Zugang zum Markt zu erhalten,
- Produkte sind alle Güter, die ein Händler zum Kauf anbietet,
- Beim Markt handelt es sich um bestehende und potenzielle Kundengruppen, sowohl im geographischen Sinn als auch in bezug auf verschiedene Kundensegmente.

Traditionelle Handelsunternehmen
- Einer der Hauptgründe für traditionelle Handelsunternehmen, sich online zu engagieren, ist der Schutz ihres angestammten Geschäftsfelds vor konkurrierenden Online-Unternehmen, d.h. Sicherung der gegenwärtigen Marktpenetration. Hierbei versuchen die Unternehmen, ihre Marke und die aufgebaute Expertise im betreffenden Geschäftsfeld auf das Internet zu übertragen. So probieren sie, sich von reinen Online-Händlern abzuheben und können ihren Startvorteil, wie

---

[248] Darstellung in Anlehnung an Nieschlag, R., Dichtl, E., Hörschgen, H., 1994, S. 900 und Schmidt, I., Döbler, T., Schenk, M., 2000, S. 50.
[249] Vgl. Tomczak, T., Schögel, M., Birkhofer, B., 2000, S. 26-27.

die bereits etablierte Infrastruktur und den Markennamen, nutzen, um sich einen Wettbewerbsvorteil zu sichern. Zudem können neue Produktformen verkauft werden, z.b. Restbestände und Kombinationsangebote mehrerer Produkte.

Versandhandelsunternehmen

- Ähnlich wie die traditionellen Handelsunternehmen versuchen auch die Versandhändler, ihr Geschäft zu schützen (Marktpenetration) und potenzielle neue Konkurrenten abzuwehren. Hierbei wird bewusst in Kauf genommen, dass Teile des Offline-Kataloggeschäfts sich durch dieses Engagement auf den Online-Bereich verlagern werden.

Hersteller

- Für Hersteller eröffnet sich durch die Nutzung des Internets die Möglichkeit, die Produkte direkt an den Endkunden zu vertreiben, anstatt den Vertrieb über Zwischenhändler (Intermediäre) zu organisieren. Dies war vorher allein schon aufgrund der Kosten für den Aufbau einer eigenen Vertriebsinfrastruktur zumeist keine Option. Mit dem Direktvertrieb können die Hersteller ihre Produkte direkt an bisherige Kundengruppen vertreiben (Marktpenetration) und zugleich neue Kundengruppen und Märkte, die vorher nicht durch die Zwischenhändler bedient wurden, erreichen (Neue Märkte).

Reine Internet-Händler

- Da die Mehrzahl der reinen Internet-Händler neugegründete Start-up Unternehmen sind, besitzen sie keine angestammten Geschäftsfelder und Handelsbeziehungen, auf die sie Rücksicht nehmen müssen. Somit verfügen sie über alle Freiheitsgrade in der Wahl ihrer Strategie.

3.4.1 Charakterisierung des Business-to-Consumer Handels

Vorreiter für den Business-to-Consumer Handel sind Branchen mit Produkten, die einen hohen **Informationsgehalt** oder ein großes Maß an **Standardisierbarkeit** besitzen. Nach einer Analyse der Boston Consulting Group im Juni 1999 entfielen 70% des gesamten Internet-Umsatzes in Deutschland auf die vier Bereiche Reise (€ 152 Mio.), Wertpapierhandel (€ 48 Mio.), Bücher (€ 46,5 Mio.) und Computer (€ 45 Mio.). Dabei wurde festgestellt, dass 72% des Marktes von Old-Economy Unternehmen eingenommen wurden, die eine Multikanal-Strategie verfolgen[250]. Diese Unternehmen integrierten E-Commerce als einen zusätzlichen Vertriebsweg in ihre bisherige Vertriebsstruktur.

Auch weitere Studien kommen zu der Einschätzung, dass Bücher, CDs und Software, also **stark standardisierte Produkte**, über 80% des Umsatzes über das Internet ausmachen[251]. Hierzu gehören technisch anspruchsvolle Waren, die sich ausführlich beschreiben lassen. Bücher und CDs werden noch physisch ausgeliefert, wobei hier

---

[250] Vgl. Mei-Pochtler, A., Rasch, S., 1999, S. 8.
[251] Vgl. GfK Medienforschung, Auftraggebergemeinschaft GfK Online-Monitor 2001, Fritz, W., 2000, S. 79.

zukünftig eine Verschiebung zur Lieferung in digitaler Form möglich wäre. Begrenzendes Element dürfte zur Zeit zum einen das Fehlen entsprechender kommerzieller Angebote als auch die zur Zeit noch begrenzte Bandbreite zur Übertragung von Daten bei privaten Endverbrauchern sein. Häufig wird das Internet außerdem zur Kommunikation in Form von E-Mail genutzt[252].

Eine Erfolgskomponente für reine Online-Anbieter ist das „Rosinenpicken" im Vergleich zu etablierten Wettbewerbern[253]. Als Beispiel kann hier das Online-Brokerage genannt werden, dass sich in den vergangenen Jahren überwiegend auf die **profitablen Vielnutzer** (sog. „Heavy-Trader") fokussierte. Zudem können unprofitable Komponenten des alten Systems (Filialnetz, Personalintensivität) umgangen werden und wirken nicht mehr als Markteintrittsbarrieren[254]. Allerdings können etablierte Wettbewerber in begrenztem Umfang die neuen Möglichkeiten ebenfalls für sich ausnutzen. So erstattete beispielsweise die Citibank im Herbst 1999 jedem Kunden € 0,15[255] für jede online getätigte Überweisung. Lufthansa gewährte im Sommer 1999 Kunden, die ihren Meilenstand des Vielfliegerprogramms zukünftig nur noch online einsehen, 5.000 Extrameilen als Anreiz zur Annahme des Angebots[256].

Ungefähr 80% der Umsätze durch Internet-Händler wurden von **Kategorie- oder Segmentsspezialisten** (d.h. Anbietern, die sich im Sortiment auf artverwandte Produkte beschränken) abgewickelt[257]. Bemerkenswert hieran ist, dass 72% der Umsätze in dieser Kategorie auf Multikanal-Anbieter entfielen, also stationäre Anbieter (41%) und Versandhändler (31%), die ihr Angebot auf die Online-Welt übertragen haben. Dieses zeigt, dass sich, entgegen vieler Meinungen bereits in der Hochphase der E-Commerce-Euphorie im Jahre 1999 in Deutschland nicht nur Start-ups, sondern gerade viele Old-Economy Unternehmen sehr erfolgreich im Netz positionierten. Reine Internet-Anbieter („Pure-Plays") waren v.a. bei Büchern (54%), CDs/Videos/Tickets (59%), Reise (19%), Sport und Spiel (33%), Computer (25%) und Auktionen (nahe 100%) erfolgreich.

Online-Distribution kann in diesem Zusammenhang als eine Sonderform des Einzelhandels verstanden werden[258]. Stark im Internet sind die Direktanbieter bzw. Versender vertreten, deren ursprüngliches Geschäftsmodell mit direktem Zugang zum Endkunden nahe am Internet-Verkauf liegt (Direktmarketing, Angebotspräsentation, Logistik)[259]. Der Aufbau und die Pflege von Kundenkontakten über die Distanz ist ihr Kerngeschäft, ebenso wie die dahinterliegende Lager- und Lieferinfrastruktur. So entfielen von den Online-Umsätzen der Kategorie- und Sortimentsspezialisten 31% auf Versandhändler, die sich eine Internetpräsenz aufgebaut haben[260]. Der reine Versand-

---

[252] Vgl. Preißl, B., Haas, H., 1999, S. 20f.

[253] Vgl. Seidensticker, F.J., 2001, S. 3.

[254] Vgl. Fritz, W., 2000, S. 101.

[255] Vgl. Reichard, C., 2000, S. 42.

[256] Vgl. Mei-Pochtler, A., Rasch, S., 1999, S. 22.

[257] Vgl. Mei-Pochtler, A., Rasch, S., 1999, S. 13.

[258] Vgl. Tomczak, T., Schögel, T., Birkhofer, B., 2000, S. 223.

[259] Vgl. Palombo, P., Theobald, A., 2000, S. 391ff.

[260] Vgl. Mei-Pochtler, A., Rasch, S., 1999, S. 13.

handel in Deutschland erzielte 1996 einen Umsatz von € 20,5 Mrd. und hatte einen Marktanteil von 4,1% am institutionellen Einzelhandel[261] und kann somit seine Fähigkeiten zum Ausbau seines Marktanteils einsetzen.

Beispiel für das erfolgreiche Ausweiten des ursprünglichen Geschäftsmodells auf das Internet: Der Otto-Versand

Wie ein Old-Economy Unternehmen aus der Versandbranche seine bestehenden Fähigkeiten im Electronic Commerce einsetzen kann, zeigt der Otto-Versand (größter Versandhandelskonzern der Welt), der bereits 1999 im Online-Handel € 256 Mill. umsetzte (und dabei profitabel war)[262] und seinen Umsatz aus E-Commerce im Jahr 2000 auf € 1,1 Mrd. steigerte. Nach einer GfK-Erhebung[263] vom April 2001 belegte Amazon.de in Deutschland den Platz 1 im Online-Handel, gefolgt vom Otto-Versand und Quelle. Nach Amazon belegt der Otto-Versand auch weltweit den zweiten Platz im E-Commerce[264]. Zudem wurden Kooperationen und Beteiligungen eingegangen, z.B. mit dem Spielzeughändler Mytoys.de (ursprünglich 25% Anteil, der inzwischen auf einen 74.9 % Anteil aufgestockt wurde[265]) und weitere Präsenzen wie Discount24 (Otto erscheint als Co-Marke) aufgebaut. Ein Großteil des Erfolgs dürfte dabei auf die Kernkompetenz im Bereich Logistik zurückzuführen sein[266]. So war für Mytoys.de dieses einer der Hauptgründe für die anfängliche Kooperation mit Otto. Im Gegensatz zu Etoys, dem ursprünglichen Marktführer in den USA (und Vorbild für deutsche Gründungen wie Mytoys.de, Alltoys, etc.), der inzwischen in Konkurs gegangen ist, konnte Mytoys.de durch diese Kooperation seine Existenz sichern[267].

Die Entwicklung des Online-Handels ist in jüngster Zeit für viele Versandhandels-Unternehmen zunehmend positiv, nachdem viele Versandhändler mit hohen Erwartungen in den Online-Handel eingestiegen waren (z.B. Quelle im Jahr 1995), die sich zunächst nicht erfüllen ließen, da potenzielle Käufer das Medium Internet nicht im prognostizierten Masse nutzten. Auch gab es eine fehlende Affinität zwischen Käuferzielgruppe und Internet-Nutzer[268], die sich nun durch die allmähliche demographische Angleichung von Online- und Offline-Kunde nivelliert.

3.5 Segmentierung der Internetnutzergruppen

3.5.1 Nutzergruppen des Internets

In den vorangegangenen Kapiteln wurden die verschiedenen Arten von Online-Anbietern charakterisiert. Bevor das Internet erfolgreich kommerziell genutzt werden kann, ist es jedoch wichtig, auch die Bedürfnisse der Kunden zu verstehen. Ein klares Bild über die potenziellen Kunden und ihre Präferenzen erlaubt eine **Marktsegmentie-**

---

[261] Vgl. Mattmüller, R., Hauser, T., 1999, S. 24f.

[262] Vgl. Seidensticker, F.J., 2001, S. 3.

[263] Vgl. Humm, P., 2001.

[264] Vgl. Schaudwet, C., Holzner, M., 2001, S. 95ff.

[265] Vgl. Humm, P., 2001 und Schaudwet, C., Holzner, M., 2001, S. 95.

[266] Vgl. Fritz, W., 2000, S. 141.

[267] Vgl. Beste, O., 2001, S. 95.

[268] Vgl. Mehler-Bicher, A., Borgman, H., 1999, S. 71ff. und Palombo, P., Theobald, A., 2000, S. 390.

rung in relevante Kundengruppen. Diese Marktsegmentierung ist Voraussetzung, um diese Kunden gezielt anzusprechen und ihnen geeignete Produkte bzw. Serviceangebote zu unterbreiten. Eine gemeinsame Studie von *McKinsey und MMXI Europe*[269] fand heraus, dass sich die europäischen Internetnutzer anhand ihres Onlineverhaltens in die folgenden **sieben Segmente** gruppieren lassen[270]:

1. Surfer,
2. Schnupperer,
3. Convenience-Orientierte,
4. Kontakter,
5. Routiniers,
6. Schnäppchenjäger,
7. Entertainment-Orientierte.

Die Analyse beruhte auf Panel-Daten von *Jupiter MMXI* und *MMXI Europe* für das erste Quartal 2000 in den USA, Deutschland, Großbritannien und Frankreich und wurde durch Interviews mit Internetnutzern aus Deutschland, Großbritannien und Frankreich ergänzt. Insgesamt wurden so die Daten von über 8.000 Internetnutzern analysiert. Die Ergebnisse sind in Tabelle 4 dargestellt:

Nutzer-typ	Anteil an akti- ven Nut- zern	Charakterisierung	Relevanz für Electronic Commerce
Surfer	11%	• Wechseln schnell Domains • Zu 88% männlich • Technologieorientierte Early-Adopter • Monatlich 13,4 Stunden im Netz • Nur 11% der Nutzer, aber verantwortlich für 28% der online-verbrachten Zeit • Nur zu 57% der Online-Zeit auf Top 10 Sites vs. 82% beim Durch-schnittsnutzer	• Hoch, da offen für neue Technologien • Schwer Loyalität aufzubauen, da kaum Lieb-lings-Sites (nutzen breites Angebot)
Schnup-perer	26%	• Wechseln schnell Domains und Themengebiete • Relativ kurz im Netz • Monatlich 4,4 Stunden im Netz (entspricht Durchschnitt) • Kaum Lieblingsangebote, aber klare Orientierung an Offline-Marken	• Wegen Orientierung an Offline-Marken v.a. für Online-Shops etablier-ter Unterneh-men interessant

---

[269] McKinsey & Co./ MMXI Europe, 2000.
[270] Vgl. zu der Segmentierung auch Pauschert, T., 2000, S. 55ff.

Conve-nience-Orientierte	21%	• Weniger Zeit im Netz und weniger besuchte Domains als Durchschnitt • Nutzen praktische Sites, Internet als Erleichterung • Schon mehrere Jahre im Netz • Häufiges Nutzen von Transaktions-Sites	• Wegen der Transaktions-freudigkeit gute Zielgruppe für Online-Shops • Da wenig Zeit im Netz jedoch Werbung wichtig
Kontak-ter	22%	• Verbringt wenigste Zeit online (2 Stunden/Monat) • Zu 61% weiblich (Durchschnitt 33%) • Relativ kurz im Netz • 90% der Zeit wird zur Kommunikation genutzt • Nutzen rund 18 verschiedene Domains (Durchschnitt 49) • 94% der Zeit bei 10 Lieblings-Sites	• Kaum relevant für E-Commerce
Routi-niers	14%	• Verbringen wenig Zeit online • Informationen im Vordergrund (Nachrichten, Finanzangebote etc.)	• Kaum relevant für E-Commerce
Schnäpp-chenjäger	3%	• Suche von Angeboten steht im Vordergrund • Intensive Internet-Nutzung • 50% der Online-Zeit bei Auktionen • Nutzen häufig Shopping-Enabler • Kaufen gern online ein	• Sehr relevant für E-Commerce • Sehr preissensi-tive Zielgruppe
Enter-tain-ment-Orientierte	3%	• Unterhaltung steht im Vordergrund • Intensive Internet-Nutzung • Hobbies, Computerspiele und Sport Sites und gerne genutzt • Nutzen unterdurchschnittlich viele Domains, verbringen viel Zeit pro Seite	• Mittelmäßig relevant für E-Commerce

Tabelle 4: Übersicht über Internet-Nutzertypen und deren Relevanz für Electronic Commerce[271]

Bedeutsames Ergebnis der Studie für den Electronic Commerce ist v.a., dass die Hälfte aller Surfer sich im Netz erst noch zurecht finden muss und für ungefähr ein Viertel der Nutzer Offline-Marken zur Orientierung am wichtigsten sind. Werden die Segmente, die für E-Commerce als am relevantesten erscheinen, zusammengerechnet,

---

[271] McKinsey & Co./ MMXI Europe, 2000.

ergibt sich als Ergebnis, dass **ungefähr 30-40%** der Nutzer ein überdurchschnittliches **Interesse am Einkauf im Internet** zeigen. Diese Gruppen dürften demnach besonders attraktive Zielgruppen für Online-Shops sein.

Andere Untersuchungen kamen zu ähnlichen Einteilungen der Kundengruppen, wobei der Grad der Detaillierung zum Teil geringer ist. Typisch ist jedoch, dass es offensichtlich einen Teil der Nutzer gibt, der das praktische und zeitsparende Element schätzt, wohingegen für einen weiteren Teil der Nutzer die Unterhaltungskomponente im Vordergrund steht. So wurden in einer anderen Erhebung zwei Hauptnutzertypen gefunden[272]:

1. Gruppe: Schätzt den **Unterhaltungswert** des Mediums und möchte zur Avantgarde gehören.
2. Gruppe: Schätzt **Zeitersparnis**, 24-Stunden Verfügbarkeit und die Möglichkeit des Kaufs von zu Hause aus.

Insgesamt schätzen alle Nutzergruppen die **Interaktivität** des Internets[273], was für Online-Anbieter die Relevanz der interaktiven Gestaltung des Online-Angebots hervorhebt. Dies ist für Unternehmen ein wichtiges Indiz für die Gestaltung ihrer Webauftritte und die aus Kundensicht wichtigen Merkmale.

3.5.2 Internet-Nutzung

Die **Hauptnutzung des Internets** erfolgt gegenwärtig überwiegend zu Kommunikations- und Informationszwecken. So werden das Versenden von E-Mail und die Suche nach Informationen und Nachrichten vorrangig als Hauptnutzung genannt, erst weit danach kommen Transaktionen über das Internet (vgl. Abbildung 13)[274]. Dies zeigt, dass viele Internet-Nutzer sich an die regelmäßige Nutzung des Mediums Internet gewöhnt haben, offensichtlich jedoch der Online-Einkauf nur sehr wenig genutzt wird.

---

[272] Vgl. Preißl, B., Haas, H., 1999, S. 41f.
[273] Vgl. Preißl, B., Haas, H., 1999, S. 42.
[274] Vgl. Fritz, W., 2000, S. 79.

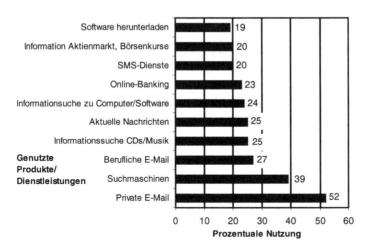

Abbildung 13: Hauptnutzung des Internets in Deutschland (Top 10 Aktivitäten)[275]

Zusätzlich hat sich gezeigt, dass die Kunden online ein anderes Such- und Kaufverhalten aufweisen als offline. Im Internet wird zumeist gezielt nach entweder bereits bekannten oder standardisierten Produkten gesucht. Das spontane Einkaufen, wie es oft beim Bummel in der Fußgängerzone zu beobachten ist, kommt dagegen wesentlich seltener vor[276]. Die frühen virtuellen Shopping-Malls, die versuchten, die Erlebniswelt von Kaufhäusern online abzubilden, können v.a. aufgrund dieses anderen Kaufverhaltens inzwischen als gescheitert angesehen werden[277]. Thematische Malls, die Problemlösungen rund um ein Thema anbieten (z.B. Reisen: umfassendes Angebot mit Ticketverkauf, Hotelbuchung, Reiseführer, Mietwagen), haben dagegen nach wie vor gute Chancen[278].

3.5.3 Geringer Marktanteil des Online-Handels

Im Jahr 2000 wurden in den USA nur **1,7% des gesamten Handelsvolumens** online abgewickelt und selbst bei Produkten mit einem hohen Online-Anteil wie dem Buchverkauf (11,1% in USA, 6% in Deutschland), Reise (10,5% in USA, US$ 13,8 Mrd.) oder Computer (17,7% in USA, US$ 8,2 Mrd.) bleiben die konventionellen Kanäle bei weitem die wichtigsten[279]. In Deutschland betrug der Anteil des Online-

---

[275] Vgl. GfK Online-Monitor, 7. Welle, 2000/20001, 14-69 jährige deutschsprachige Bevölkerung, 52,5 Mio., basierend auf 6.021 Interviews, 2001.
[276] Vgl. Mei-Pochtler, A., Rasch, S., 1999, S. 21f.
[277] Vgl. Preißl, B., Haas, H., 1999, S. 26.
[278] Vgl. Preißl, B., Haas, H., 1999, S. 70.
[279] Vgl. Silverstein, M., Stanger, P., Greenly, R., Rubin, E., 2001, S. 9 und Frankfurter Allgemeine Zeitung, 2001.

Handels im Jahr 2002 rund 1,6% des gesamten Handelsvolumen (€ 8,5 Mrd.), für 2003 wird ein Anteil von 2,1% erwartet[280].

3.6 Eignung von Electronic Commerce für den Verkauf verschiedener Produkte in den ökonomischen Transaktionsphasen

Eine Aussage über den potenziellen Erfolg von Electronic Commerce Geschäftsmodellen kann nicht erfolgen, ohne die **Eignung der zu vermittelnden Leistungen für das Online-Medium** zu überprüfen. Aus rein theoretischer Sicht ist zu erwarten, dass die am besten geeigneten Produkte besonders stark wachsen und besonders häufig in erfolgreichen Geschäftsmodellen verwendet werden.

Da die E-Commerce Geschäftmodelle größtenteils auf Transaktionen beruhen, bietet sich eine Analyse mittels des **Transaktionskostenansatzes** an.

3.6.1 Transaktionskosten

Bei der Abwicklung von Transaktionen entstehen **Transaktionskosten**, die wie folgt unterteilt werden können[281]:

- **Suchkosten:** Bevor es zur Transaktion kommen kann, müssen Käufer und Verkäufer im Markt zusammentreffen.
- **Informationskosten:** Der Käufer informiert sich über die Seriosität des Anbieters und sein Produktangebot, der Verkäufer über den Kunden (z.B. Bonität).
- **Entscheidungskosten:** Der Käufer muss die Angebote verschiedener Anbieter vergleichen.
- **Verhandlungskosten:** Die genauen Vertragsbestimmungen und Konditionen müssen gemeinsam von Käufer und Verkäufer ausgehandelt werden.
- **Überwachungskosten:** Die Vertragsbedingungen müssen von Käufer und Verkäufer eingehalten werden (z.B. pünktliche Lieferung und Zahlung).
- **Durchsetzungskosten:** Diese entstehen, wenn es bei der Abwicklung zu Mängeln kommt und eine Partei dagegen vorgehen will (z.B. Anwaltskosten, Prozesskosten).

3.6.2 Eignung von Electronic Commerce in den einzelnen Transaktionsphasen

In der Theorie des **Transaktionskostenansatzes** wird die Transaktion in die Phasen **Anbahnung, Vereinbarung und Abwicklung** untergliedert[282]. Electronic Commerce kann alle drei dieser Transaktionsphasen unterstützen. Nachfolgend wird die Eignung von E-Commerce in den einzelnen Transaktionsphasen geprüft.

---

[280] Pressemitteilung des Hauptverbandes des deutschen Einzelhandels, 11.11.2002; Bonin, F., 2003, S. 40 und Handelsblatt, 24.2.2003.
[281] Vgl. Downes, L., Mui, C., 1998, S. 37f.
[282] Beschreibung der drei Phasen vgl. Wamser, C., 2000, S. 7; Pölert, A., 2001, S. 50 ff.; Tomczak, T., Schögel, M., Birkhofer, B., 2000, S. 223; Becker, J., 2000, S. 84; Schögel, M., Birkhofer, B., Tomczak, T., 2000, S. 11, Eggs, H., 2001 S. 7ff. und Schmid, B.F., 1999, S. 37f.

1. Anbahnungsphase
In dieser Transaktionsphase steht für den potenziellen Kunden das **Informations-bedürfnis** im Vordergrund. In der **Wissensphase** erhält der potenzielle Kunde alle Informationen bezüglich des angebotenen Produkts, über den Anbieter, Preis und sonstige Konditionen des Geschäfts. Darauf folgt die **Absichtsphase**, in der beide Parteien ihre Tauschabsichten zum Ausdruck bringen. Die Anbahnungsphase ist vorwiegend auf die Bedürfnisse des Nutzers zugeschnitten, der sich gemäß seines individuellen Informationsbedarfes unterschiedlich viel Zeit für diese Phase nehmen wird.

Eignung für E-Commerce: Gerade der Selbstbedienungscharakter des Internets erlaubt in dieser Transaktionsphase eine gute Anpassung an den jeweiligen Kunden[283]. Besonders Massen- und Standardware, die auch durch sinnliche Wahrnehmung wie Anfassen, Riechen oder differenzierte Farbeindrücke nicht besser beurteilt werden könnte, ist bestens für den Webverkauf geeignet[284] und kann in der Anbahnungsphase leicht über das Internet beurteilt werden.

2. Vereinbarungsphase
In dieser Transaktionsphase sind die Interessen sowohl des Nutzers als auch des Anbieters gleichberechtigt. Das Medium Internet dient dazu, Kauf- bzw. Verkaufsabsicht von zwei räumlich entfernten Vertragspartnern zusammenzubringen und die **Rahmenbedingungen der Transaktion** auszuhandeln. Besteht Einigkeit, kommt es zum beiderseitig bindenden Kaufvertrag.
Eignung für E-Commerce: Nachteilig wirkt sich in dieser Transaktionsphase die räumliche Entfernung zwischen den Vertragspartnern aus. Dadurch werden die Möglichkeiten der Vertragsverhandlung und der Beeinflussung zwischen den Vertragspartnern sehr eingeschränkt. So können Produkt- und Transaktionsqualität nur schwer eingeschätzt werden, da eine optische Bewertung der Güter vor dem Kauf häufig nicht möglich ist, die Vertrauenswürdigkeit des Vertragspartners lässt sich nur schwer einschätzen und persönliche Fähigkeiten (Auftreten, Sympathie, Verhandlungsfähigkeit) können nur eingeschränkt genutzt werden. Hinzu kommt eine gewisse rechtliche Unsicherheit bezüglich der Transaktion, z.B. hinsichtlich der Vertragsdurchsetzung oder der rechtlichen Abdeckung von E-Commerce Transaktionen.

3. Abwicklungsphase
In dieser Transaktionsphase kommt es v.a. darauf an, dass der Anbieter dem Kunden die verkaufte **Leistung zugänglich macht**, wobei der Kunde seinerseits den Vertrag durch Zahlung des vereinbarten Preises erfüllt. Somit sind Interessen von Nutzer und Anbieter gleichberechtigt.

Eignung für E-Commerce: Erfahrungen zeigen, dass dieser Schritt vielen **E-Commerce Anbietern** am schwersten fällt (Probleme bei der Logistik, Bedenken der

---

[283] Vgl. Albers, S., Clement, M., Peters, 1999, S. 267 und Schneider, D., 1999, S. 244.
[284] Vgl. Preißl, B., Haas, H., 1999, S. 40f.; Peterson, R.A., Balasubramanian, S., Bronnenberg, B., 1997, S. 334f.; Picot, A., Reichwald, R., Wigand, R. 1998, S. 342f. und Fritz, W., 2000, S. 109.

Kunden bei Zahlung per Internet). Im Fall von digitalen Gütern kann die Übereignung der Ware durch den Anbieter direkt über das Internet abgewickelt werden. Viele Güter sind allerdings nicht digital, sondern müssen wie bei einem Versandhändler an den Kunden verschickt werden. Somit gewinnt die Logistik eine wichtige Bedeutung. Im Vergleich etwa zu Versandhändlern beherrschen offenbar viele reine Internet-Unternehmen die Kernkompetenz Logistik nicht ausreichend. So liegen die Kosten der Versandhändler 18% unter denen von reinen Online-Händlern und sogar 43% unter denen des stationären Handels. Bei der Lieferpünktlichkeit liegen Versandhändler mit 91 % vs. 86 % erneut vor den Online-Händlern und auch bei der Lieferzeit (1,5 vs. 1,8 Tage) zeigten sich die Versandhändler überlegen[285]. Außerdem können in dieser Phase gewisse gesetzliche Beschränkungen hinderlich sein. Beispielsweise dürfen Wertpapie-re erst nach Registrierung/Verifizierung des Kunden (erfolgt meistens postalisch) verkauft werden, und Güter wie Immobilien benötigen zur Übereignung der notariellen Beurkundung. Dies sind allerdings Ausnahmefälle und standardisierte Waren des Massengeschäfts lassen sich meist problemlos abwickeln.

Kundenseitig bestehen von allen Transaktionsphasen vor allem in dieser Transakti-onsphase die stärksten Bedenken (Übermittlung von persönlichen Daten, Zahlungs-transaktion, Seriosität des Anbieters oft unbekannt). Häufig führt dies dazu, dass Kunden die Transaktion in dieser Phase abbrechen[286]. Umfragen führten zu dem Ergebnis, dass über ein Viertel aller Einkäufe über das Internet scheitern und 80% der Nutzer bereits zumindest einmal eine Transaktion abbrachen. Häufigster angegebener Grund sind Sicherheitsbedenken und Unzufriedenheit mit dem Service. Folglich nutzen 57% der Internet-Nutzer das Internet vorwiegend zur Informationssuche[287].

Die Ergebnisse der Eignung einzelner Güter für den Electronic Commerce sind in Abbildung 14 **für verschiedene Produktarten zusammengefasst.**

Es wird deutlich, dass E-Commerce für die **Anbahnungsphase** bei allen Standard- und digitalen Gütern hervorragend geeignet ist, da die formale Beschreibung online zur Verfügung gestellt werden kann und der Kunde gewisse Vorstellungen von der Ware besitzt. Die **Vereinbarungsphase** weist im Vergleich zur physischen Geschäftsverein-barung gewisse Probleme auf, weil zunehmend Vertrauens-, Begutachtungs- und Kontrollaspekte in den Vordergrund treten. Dies gilt insbesondere bei nicht-standardisierten physischen Gütern und verstärkt bei Erlebnisprodukten, wohingegen bei digitalen Produkten die Möglichkeit besteht, online eine Probe zukommen zu lassen (z.B. Musikausschnitt, Textauszug, etc.), um die Qualität einzuschätzen. In der **Abwicklungsphase** zeigt sich, dass E-Commerce bei digitalen Gütern eine hohe Eignung aufweist, denn das gekaufte Produkt wird dem Kunden sofort zugänglich gemacht. Bei allen anderen Gütern in dieser Transaktionsphase bestehen im Vergleich zu konventionellen Versandhändlern nur geringe Vorteile (z.B. bei der Erfassung der

---

[285] Vgl. The Boston Consulting Group, 2000.

[286] Vgl. Krause, J., 2000, S. 246.

[287] Vgl. Pecaut, D., Silverstein, M., Stanger, P., 2000.

Kundendaten, keine Datenbrüche), zudem müssen die Güter noch ausgeliefert werden (zusätzliche Kosten, Zeitdauer), während sie im Geschäft sofort übereignet werden.

Produktart	Ökonomische Transaktionsphase		
	Anbahnung	Vereinbarung	Abwicklung
Physisches Standardprodukt z.B. CD, Bücher	+++	++	+
Physisches, nicht standardisiertes Produkt z.B. Agrarerzeugnisse	+	+	+
Erlebnisprodukt z.b. Parfüm	+	+	+
Digitales Produkt z.b. MP3 Musik, Software	+++	++	+++
Dienstleistungen z.b. Online-Banking, Reisebuchungen	+++	++	++

Erklärung:
+++ sehr gut geeignet
++   durchschnittlich geeignet
+   mäßig geeignet

Abbildung 14: Eignung von Electronic Commerce in den einzelnen ökonomischen Transaktionsphasen für verschiedene Produkte/Dienstleistungen

3.6.3 Meistgekaufte Produkte beim Electronic Commerce

Der **Vergleich** der theoretisch für den E-Commerce Handel vorrangig geeigneten Produkte mit den tatsächlich gekauften **Produkten bestätigt die theoretisch abgeleiteten Eignungen** (vgl. Abbildung 15). Gerade die standardisierten Produkte bzw. standardisierbaren Dienstleistungen weisen die stärkste Nutzung auf. Der Vertrieb von digitalen Gütern ist bisher noch gering, wobei dieser Markt gerade aufgrund der einsparbaren internen Produktions- und Vertriebskosten und der Möglichkeit der direkten Auslieferung an den Endkunden ideal für Electronic Commerce geeignet wäre. Dies erfordert allerdings von den Rechteinhabern an den Inhalten die Entwicklung neuer Geschäfts- und Vertriebsmodelle, die einen Teil der gesparten Kosten an den Kunden weitergeben. Für die Inhaber der Rechte ist zur Zeit v.a. problematisch, dass sie damit potenziell einen Teil der bestehenden Verkäufe über physische Medien substituieren und somit einen Kanalkonflikt zur bisherigen Vertriebsform aufbauen. Zudem ist das Problem eines sicheren Kopierschutzes von digitalen Gütern noch ungeklärt. Mittelfristig ist hier jedoch eine Änderung zu erwarten, die für die Rechteinhaber einen grundlegenden Umbau ihrer Wertschöpfungsketten bedeutet.

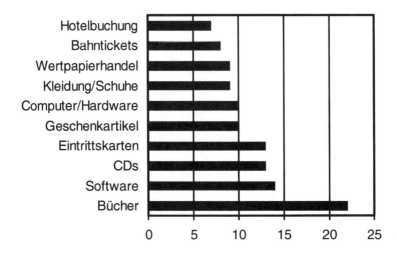

Nutzung des Einkaufs über das Internet (in %), GfK, 2000/2001

Abbildung 15: Meistgekaufte Produkte und Dienstleistungen beim Electronic Commerce[288]

---

[288] Vgl. GfK Medienforschung, Auftraggebergemeinschaft GfK Online-Monitor, 2001, 6. und 7. Welle, 2000/20001, 14-69jährige deutschsprachige Bevölkerung., 2001

4. Der Resource-Based View und die Ökonomie des Internets als Bezugsrahmen

Da im empirischen Teil dieser Arbeit **Ressourcen** und ihr Einsatz bei Electronic Commerce-Anbietern im Business-to-Consumer Bereich untersucht wird, ist es von Bedeutung zu verstehen, wie ein Unternehmen diese Ressourcen nutzen kann, um eine erfolgreiche Marktposition aufzubauen. Dazu ist ein Verständnis über die Herkunft und Beschaffenheit von Ressourcen, die einen Wettbewerbsvorteil bringen, sowie der Möglichkeit der Erlangung von solchen Ressourcen nötig[289]. Das zugrundeliegende theoretische Gerüst hierzu stellt der **Resource-Based View** dar, der nachfolgend beschrieben wird.

Die Theorie des Resource-Based Views beschäftigt sich mit der Beschreibung von Ursachen des unternehmerischen Erfolges, wobei im Rahmen dieser Untersuchung das Verhalten des Unternehmens im Vordergrund steht. Aus diesem Grund werden andere Theorien und Forschungsansätze, die sich mit der Erklärung des Unternehmenserfolges unter anderen Gesichtspunkten beschäftigen, in dieser Darstellung ausgespart[290].

Ziel ist die **Ableitung eines geeigneten Bezugsrahmens** für die empirische Untersuchung durch das Aufzeigen von Einflussgrößen auf den Unternehmenserfolg. *Kubicek* fasst den Begriff Bezugsrahmen in folgender Form zusammen: „Allgemein werden als theoretische, gedankliche oder konzeptionelle Bezugsrahmen („Conceptual Schemes", „Conceptual Frameworks", „Frames of Reference") Aussagesysteme bezeichnet, die von ihrer logischen Konsistenz und Operationalität her nicht den strengen Anforderungen an ein Hypothesensystem genügen. Zumeist werden sie als provisorische Erklärungsmodelle begriffen, die sowohl den weiteren Forschungsprozess steuern als auch unmittelbar Orientierungshilfen für die Lösung praktischer Probleme liefern sollen[291]."

In dieser Arbeit stellen neben dem Resource-Based View die Transaktionskostentheorie und die Theorie von Netzwerken weitere wichtige theoretische Grundlagen dar. Dies ist insbesondere relevant, da in einer Arbeit von *Amit/Zott*[292] gezeigt wurde, dass eine Theorie alleine nur für einen Teil des Wertschaffungspotenzials beim E-Business erklären kann, sondern verschiedene Theorien jeweils einzelne Aspekte des Wertschaffungspotenzials betrachten. Die Autoren betrachteten hierzu den Wertketten-Ansatz von Porter, Schumpeters Theorie der „kreativen Zerstörung", den Resource-Based View, die strategische Netzwerk-Theorie sowie den Transaktionskostenansatz. Allerdings werden in der Untersuchung von *Amit/Zott*[293] die beschriebenen Theorien nur zur Ableitung früher Hypothesen verwendet. Das endgültige Modell ergab sich

---

[289] Vgl. Haedrich, G., Jenner, T., 1996, S. 18f.
[290] Diese Theorien sind insbesondere der Market-Based View, der situative Ansatz und der entscheidungsorientierte Ansatz.
[291] Vgl. Kubicek, H., 1977, S. 17f. und Tomczak, T., 1992, S. 84.
[292] Vgl. Amit, R., Zott, C., 2001, S. 493ff.
[293] Vgl. Amit, R., Zott, C., 2001, S. 503

theorienübergreifend aus vier Faktoren, die aus Sicht von *Amit/Zott* den größten Erklärungsbeitrag zum Wertschaffungspotenzial im E-Business aufweisen (Effizienz, Komplementärgüter, Lock-In und Neuheit) und durch das Geschäftsmodell als passendes Analyseobjekt der Erzeugung des Wertes beim E-Business.

Es ist festzustellen, dass sich die Perspektive von *Amit und Zott*[294] vorwiegend auf interne Einflussfaktoren bezieht und externe Einflussfaktoren (z.B. den Market-Based View) ausklammert, was in dieser Arbeit analog geschieht. Basierend auf den Erkenntnissen aus der Untersuchung von *Amit/Zott* ist es erstrebenswert, die Forschungshypothesen auf einer möglichst breiten Theoriebasis abzuleiten, um die Erklärungsansätze der jeweiligen Theorie für Teilaspekte des Electronic Commerce zu nutzen. In dieser Arbeit werden deshalb neben dem Resource-Based View, der Transaktionskostentheorie und der Theorie von Netzwerken bei der Formulierung der jeweiligen Forschungshypothesen weitere, spezifisch zur theoretischen Ableitung der Forschungshypothese geeignete Theorien betrachtet.

4.1 Der Resource-Based View

4.1.1 Wechsel von der Markt- zur Ressourcenorientierung

Der Einfluss von **Unternehmensressourcen** auf den Unternehmenserfolg wurde bereits seit langer Zeit vermutet. So gehören frühe Überlegungen von *Ricardo*, *Schumpeter* und *Penrose* zu den bekannten Grundlagen, die jedoch lange Zeit nicht näher betrachtet wurden[295].

David Ricardo[296] formulierte bereits 1817 den „komparativen Vorteil", wonach Länder sich auf die Produktion der Güter und Dienstleistungen konzentrieren sollten, die sie am effizientesten produzieren können. Güter, die sie weniger effizient produzieren können, sollten sie in anderen Ländern kaufen. Das *Heckscher* (1919)-*Ohlin* (1933) Theorem[297] besagt Ähnliches: Es betrachtet die Faktoren Land, Arbeit und Kapital und besagt, dass Länder unterschiedliche Faktorenausstattungen aufweisen. Je häufiger ein Faktor verfügbar ist, desto niedriger sind die resultierenden Faktorkosten. So sollte ein Land Güter exportieren, die auf lokal ausreichend vorhandenen Faktoren beruhen, und solche Güter importieren, für die Faktoren benötigt werden, die örtlich selten vorhanden seien.

Sogar *Porter* als Vertreter des Market-Based Views betont in „Competitive Advantage", dass die Wettbewerbsvorteile eines Unternehmens erst verstanden werden können, wenn ein Unternehmen nicht als Ganzes betrachtet wird. Vielmehr entstehen die Wettbewerbsvorteile, wenn die vielen einzelnen Aktivitäten innerhalb eines Unternehmens betrachtet werden[298]. Dies drückt implizit aus, dass das Unternehmen über

---

[294] Vgl. Amit, R., Zott, C., 2001, S. 493ff.

[295] Vgl. Grant, R.M., 1991, S. 114 und Penrose, E.T., 1995, S. 63ff.

[296] Vgl. Cezanne, W., 1993, S. 555f.; Ricardo, D., 1817 und Porter Liebeskind, J., S. 94ff.

[297] Vgl. Heckscher, E.F., 1919 und Cezanne, W., 1993, S. 557ff.

[298] Vgl. Porter, M.E., 1999, S. 63.

bestimmte besondere Fähigkeiten verfügen muss, allerdings stehen diese bei der Betrachtungsweise des Market-Based View nicht im Vordergrund[299].

Der Resource-Based View entwickelte sich zu einem **Gegenpol zum Market-Based View**, denn Kernpunkt der Betrachtung sind die materiellen und immateriellen Vermögenswerte und Ressourcen eines Unternehmens, die für den Erfolg eines Unternehmens verantwortlich gemacht werden können, wobei sich diese Ressourcen nicht ohne weiteres transferieren oder kopieren lassen[300]. Der Market-Based View rückt die Branche in den Vordergrund, in der ein Unternehmen agiert. Gleichzeitig erfolgt eine Betrachtung und Analyse der Wettbewerbsstrategien, die in dieser Branche wirken und mit den Wettbewerbskräften interagieren. Diese Faktoren bedingen die Wettbewerbsposition eines Unternehmens. Der Resource-Based View betrachtet die Besonderheiten und Stärken jedes einzelnen Unternehmens und untersucht, wie aus diesen Faktoren ein Wettbewerbsvorteil erwachsen kann[301].

Nach dem Aggregationsniveau ist der Market-Based View ein **Makro-Ansatz auf Branchenebene**, während der Resource-Based View einen **Mikro-Ansatz auf Unternehmensebene** darstellt (siehe Abbildung 16)[302].

Somit wird der Schwerpunkt auf das Unternehmen selbst gesetzt und nicht auf äußere Faktoren wie Markteintrittsbarrieren zu der Branche. So lassen sich anhand des Resource-Based Views auch die teilweise hohen Rentabilitätsunterschiede innerhalb einer Branche erklären, die sich aus den **besonderen Fähigkeiten** des Unternehmens ergeben[303].

---

[299] Vgl. Collis, D.J., Montgomery, C.A., 1995, S. 121.
[300] Vgl. Brumagim, A.L., 1994, S. 82.
[301] Vgl. Wernerfelt, B., 1984, S. 171-180; Penrose unterscheidet „Resources" und „Services": Penrose, E.T., 1999, S. 63-67.
[302] Vgl. Lopes, A.B., Galletta, D., 2000, S. 594.
[303] Vgl. Teece, D.J., Pisano, G., Shuen, A., 1997, S. 511ff.

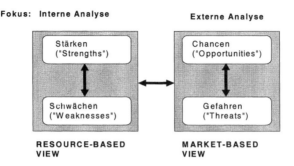

Abbildung 16: Betrachtungsschwerpunkte der Resource-Based Views und des Market-Based Views[304]

4.1.2 Kernaussagen des Resource-Based Views

Der Resource-Based View erklärt Unterschiede in der Profitabilität von Unternehmen, die sich nicht aus der Industriestruktur ableiten lassen[305]. Unternehmen erlangen einen strategischen Vorteil, indem sie ihre Ressourcen nutzen, um auf Chancen im Marktumfeld zu reagieren und gleichzeitig externe Bedrohungen und interne Schwächen vermeiden[306]. Somit ist der Resource-Based View als ökonomischer Ansatz zu verstehen, um den **Unternehmenserfolg** zu erklären.

Der Resource-Based View rückt die Ressourcen und Fähigkeiten in den Mittelpunkt, die ein Unternehmen entwickelt hat, um in seinem Umfeld am Wettbewerb teilzunehmen[307]. Es wird unterstellt, dass diese Ressourcen heterogen über die verschiedenen Unternehmen verteilt sind[308] und von den Unternehmen unter geringem Wettbewerb erworben wurden, bevor sie an Wert gewannen („Ex-ante Limits to Competition")[309]. Im Einzelnen handelt es sich hierbei um die Fähigkeiten eines Unternehmens sowie um ein gemeinschaftliches Lernen („**Collective Learning**") innerhalb einer Organisation und die Fähigkeiten des Managements, diese zu steuern[310]. Abgrenzungsmechanismen rücken („**Isolating Mechanisms**") in den Vordergrund, die Wettbewerbsvorteile über längere Zeiträume erhalten[311].

---

[304] Vgl. Barney, J.B., 1991, S. 100, eigene Darstellung und Übersetzung.

[305] Vgl. Lopes, A.B., Galletta, D., 2000, S. 601.

[306] Vgl. Lopes, A.B., Galletta, D., 2000, S. 601.

[307] Vgl. Miller, D., Shamsie, J., 1996, S. 519ff. und Lopes, A.B., Galletta, D., 2000, S. 594/601.

[308] Vgl. Barney, J.B., 1991, S. 99ff.

[309] Vgl. Peteraf, M.A., 1993, S. 185 und Lopes, A.B., Galletta, D., 2000, S. 601.

[310] Vgl. Collis, D.J., Montgomery, C.A., 1995, S. 128.

[311] Vgl. Teece, D.J., Pisano, G., Shuen, A., 1997, S. 510.

Jede Unternehmung wird als ein Bündel einzigartiger Ressourcen verstanden, über das nicht jeder verfügt und sich auch nicht ohne weiteres beschaffen kann (insbesondere nicht zu den gleichen Bedingungen). Durch diese heterogenen Ressourcen bekommt jedes Unternehmen einen eigenen unverwechselbaren Charakter. Seine Ressourcen kann das Unternehmen nutzen, um sich dauerhaft Wettbewerbsvorteile und ökonomischen Gewinn zu verschaffen[312].

Unter Ressourcen werden nicht die betrieblichen Einsatzfaktoren eines Unternehmens verstanden, sondern nur Faktoren mit einem **strategischen Wert**. In den Vordergrund der Betrachtung werden dabei die wissensbasierten, immateriellen Faktoren gerückt[313].

4.1.3 Definition des Begriffs Ressource

Der Begriff „Ressource" wird **nicht einheitlich definiert**, so dass es je nach Autor zu einer erheblichen Abweichung der Auslegung kommen kann. Insbesondere werden auch zahlreiche andere Ausdrücke, die eine besondere Stärke oder Fähigkeit eines Unternehmens beschreiben, verwendet, z.B. „(Strategic) Assets"[314], „(Core-) Competencies"[315], „Capabilities"[316] „Difficult-to-imitate Resources"[317]; „Routines"[318] bzw. „Kompetenzen", „Fähigkeiten" oder „Fertigkeiten" usw.

So wird bereits durch die Definition von *Barney* die Vielfältigkeit des Begriffs unterstrichen: „Resources include all of a firm´s assets, capabilities, organizational processes, firm attributes, information, knowledge etc., controlled by a firm that enable the firm to conceive of and implement their strategies"[319].

4.1.3.1 Verschiedene Ressourcen-Definitionen

Ressourcen sollten nach *Barney*[320] **vier** Eigenschaften aufweisen:

- Eine Ressource muss wertvoll sein,
- sie muss selten sein, sowohl bei den jetzigen als auch zukünftigen Wettbewerbern des Unternehmens,
- die Ressource kann nur unvollständig imitiert werden („Imperfectly Imitable") und
- es gibt keine gleichwertigen Substitutionsgüter für diese Ressource, die wertvoll, aber weder selten noch schwer zu imitieren sind.

---

[312] Vgl. Porter, M.E., 1994, S. 444f.
[313] Vgl. Hahn, D., Taylor, B., 1999, S. 994ff. und Hinterhuber, H.H., Friedrich, S.A., 1999, S. 990.
[314] Vgl. Dierickx, I., Cool, K., 1989 und Amit, R., Schoemaker, P., 1993.
[315] Z.B. Prahalad, C.K., Hamel, G., 1990, S. 79 und Collis, D.J., Montgomery, C.A., 1995.
[316] Vgl. Grant, R.M., 1991 und Mahoney, J., Pandian, J., 1992.
[317] Vgl. Teece, D.J., Pisano, G., Shuen, A., 1997, S. 515.
[318] Vgl. Foss, K., Foss, N., 2000, S. 63.
[319] Barney, J.B., 1991, S. 101.
[320] Vgl. Barney, J.B., 1991, S. 105ff.

Die **unvollständige Imitierbarkeit** ergibt sich hierbei potenziell aus **drei** Faktoren:

* Einzigartige historische Umstände,
* unklare Zusammenhänge zwischen Ursache und Wirkung („kausale Ambigui-tät") und
* komplexes soziales Umfeld.

Peteraf[321] definiert **vier** Bedingungen, die erfüllt werden müssen, damit ein Unterneh-men dauerhaft auf seinen Ressourcen beruhende Gewinne erwirtschaften kann:

* **Heterogenität** der Ressourcenverteilung stellt die grundlegende Voraussetzung dar, die als Quelle für ökonomische Renten betrachtet wird.
* **Wettbewerbshindernisse** („Ex-post Limits to Competition, Imperfect to Imitate and Substitute") dienen dazu, den einmal errungenen Vorteil langfristig zu erhalten und sorgen dafür, dass Wettbewerber sich dieser Position nicht an-nähern können.
* Das Unternehmen muss sich die Zuflüsse **dauerhaft aneignen** können, wobei Transaktionshemmnisse eine dauerhafte Ressourcennutzung des Unternehmens sicherstellen („Imperfect Mobility")[322].

Es wird eine **Unvollkommenheit** des Faktormarktes vorausgesetzt, die dafür sorgt, dass der mit dem Ressourceneinsatz erreichbare Nutzen sich nicht bereits in den Faktorpreisen niederschlägt und dadurch vorweg genommen wird („Ex-ante Limitations to Competition")

---

[321] Vgl. Peteraf, M.A., 1993, S. 179ff.

[322] Hierbei fällt die Ähnlichkeit zu Porters Markteintrittsbarrieren (Bezug auf Branche) bzw. Mobilitätsbarrieren (Bezug auf strategische Gruppe) auf, wobei sich der Resource-Based View in der Betrachtung auf das einzelne Unternehmen konzentriert.

Verschiedene **Ressourcendefinitionen** weiterer Autoren (siehe Tabelle 5):

Autor(en)	Definition von „Ressource" über folgende Bestandteile
Grant[323]	• **Dauerhaftigkeit**: Die Dauerhaftigkeit des Wettbewerbsvorteils eines Unternehmens hängt von der Geschwindigkeit ab, mit der die zugrundeliegenden Ressourcen an Wert verlieren oder veralten. • **Transparenz**: Wer den Wettbewerbsvorteil eines Unternehmens imitieren will, benötigt ein Verständnis des Wettbewerbsvorteils und muss feststellen, welche Ressourcen benötigt werden, um diese Fähigkeiten nachzubilden. • **Übertragbarkeit**: Die erforderlichen Ressourcen und Fähigkeiten müssen zusammen getragen werden. Allerdings lassen sich viele Ressourcen nicht einfach vom einen auf das andere Unternehmen übertragen (externer Zukauf der Ressource). • **Nachbildbarkeit**: Der Umfang, zu dem sich Ressourcen durch ein eigenes Investment aufbauen lassen (eigener Aufbau der Ressource).
Miller und Shamsie[324]	• **Seltenheit** oder schwer zu imitieren oder zu kaufen. • Keine direkten **Substitutionsgüter**. • Besitzen einen **Wert** und versetzen Unternehmen in die Lage, Chancen zu verfolgen und Gefahren zu vermeiden.
Dierickx und Cool[325]	Kritische Ressourcen werden im Unternehmen akkumuliert und lassen sich schlecht auf Faktormärkten erwerben. Die beiden entscheidenden Faktoren für die Nachhaltigkeit eines „Assets" sind, wie schwer sie *substituiert* und *imitiert* werden können: Die **Nachahmbarkeit** eines „Assets" hängt von den Grundzügen ab, wie dieses „Asset" beschafft/aufgebaut wird: • Zusatzkosten durch Zeitrestriktionen („Time Compression Diseconomies") • Effizienzen aus Häufigkeit des „Assets" („Asset-Mass Efficiencies") • Gegenseitige Abhängigkeit („Interconnectedness") • Substanzverlust („Asset Erosion") • Kausale Ambiguität („Causal Ambiguity")

Tabelle 5: Ressourcendefinitionen verschiedener Autoren

---

[323] Vgl. Grant, R.M., 1991, S. 123-127; eigene Übersetzung.
[324] Vgl. Miller, D., Shamsie, J., 1996, S. 520; eigene Übersetzung.
[325] Vgl. Dierickx, I., Cool, K., 1989; S. 1505–1509; eigene Übersetzung.

Aus den verschiedenen Ressourcen-Definitionen lässt sich folgende Arbeitsdefinition ableiten: Ressourcen müssen **heterogen** und **selten**, vor **Imitation** durch verschiedene Mechanismen **geschützt** sein und dem Unternehmen **längerfristig** eine überdurchschnittliche Profitabilität ermöglichen.

4.1.3.2 Strategischer Wert von Ressourcen

Ein Unternehmen verfügt über viele Ressourcen, woraus die Frage resultiert, wie sich diejenigen zur Erzielung eines dauerhaften Wettbewerbsvorteils von den weniger bedeutenden Faktoren unterscheiden lassen. Hierzu ist ein Kriterium zur Beurteilung des Wertes der einzelnen Ressource erforderlich.

Für diese Abschätzung werden zwei Beurteilungskriterien vorgeschlagen[326]: Aspekt der Werthaltigkeit und Aspekt der Wertnachhaltigkeit (siehe Abbildung 17).

Beurteilungskriterien für **Werthaltigkeit**:
*   Ressourcen sollten einen **wertschaffenden Charakter** besitzen, d.h. Effizienz und Effektivität erhöhen und einen Wettbewerbsvorteil verschaffen.
*   Ressourcen sollten **selten** sein, d.h. der Wert bestimmt sich nach dem relativen Unterschied.

Beurteilungskriterien für **Wertnachhaltigkeit**[327]:
*   **Dauerhaftigkeit** („Durability"[328]) einer Ressource, d.h. ob sie sich aufbraucht.
*   Entscheidend geprägt wird dies durch die Faktoren **Imitierbarkeit, Mobilität und Substituierbarkeit** der Ressourcen, die zur Wahrung der Heterogenität erforderlich sind.

---

[326] Vgl. Hinterhuber, H.H., Friedrich, S.A., 1999, S. 996ff.; Grant, R.M., 1991, S. 114-134; Barney, J.B. 1991, S. 99-120 und Collis, D.J., Montgomery, C.A., S. 118-128.
[327] Darstellung vgl. Hinterhuber, H.H., Friedrich, S., 1999, S. 996ff.
[328] Vgl. z.B. Grant, R.M., 1991, S. 124.

Abbildung 17: Framework zur Beurteilung von Werthaltigkeit und Wertnachhaltigkeit einer Ressource[329]

Imitierbarkeit
Um eine Annäherung zu verhindern, spielen „Isolating Mechanisms" eine wichtige Rolle[330]. Eine „Barrier to Imitation" ist **Intransparenz** bezüglich des Wettbewerbsvorteils. Eine Voraussetzung zum Kopieren ist das Verständnis, woraus sich der Wettbewerbsvorteil ergibt. Selbst wenn der Wettbewerbsvorteil verstanden wurde, ist es häufig schwierig zu verstehen, auf welchen Ursachen dieser Erfolg genau beruht, d.h. welche Ressourcen benötigt werden und wie diese zu kombinieren sind[331]. Die **kausale Ambiguität** dient in diesem Fall als Schutzfaktor[332].

Des weiteren besteht eine gewisse Form der **Historizität** des aktuellen Ressourcenprofils einer Unternehmung. Dinge wie Traditionen, Unternehmenskultur und Know-how stellen gesammelte Erfahrungen eines Unternehmens dar, die auf einer Entwicklungsgeschichte beruhen. So können Wettbewerbsvorteile in nicht-wiederholbaren („**Nonreplicable**") Umständen wie einem First-Mover Advantage oder der Lage an einem besonderen Ort begründet sein. „**Time Compression Diseconomies**"[333] verhindern, dass Erfahrungsrückstände durch Erhöhung des Einsatzes in entsprechend verkürzter Zeit aufgeholt werden können. Somit verfügt ein Unternehmen aufgrund in der Vergangenheit liegender Umstände heute über ein Ressourcenprofil, das Zukunftsoptionen eröffnet, die Unternehmen ohne diese Vergangenheit so nicht besitzen.

---

[329] Vgl. Hinterhuber, H.H., Friedrich, S.A., 1999, S. 997.
[330] Dieser Begriff wurde von Rumelt erstmalig eingeführt: Rumelt, R.P., 1984, S. 556-570.
[331] Vgl. Prahalad, C.K., Hamel, G., S. 83f. und Grant, R.M., 1991, S. 124 und 126.
[332] Vgl. Rumelt, 1984, S. 556ff.
[333] Vgl. Dierickx, I., Cool, K., 1989, S. 1507.

Zudem besteht häufig eine **Interaktion** zwischen verschiedenen Ressourcen, so dass auch jemand, der eine wichtige Ressource besitzt, möglicherweise weitere, andere Ressourcen benötigt, um ein Unternehmen kopieren zu können (erforderliche **komplementäre Ressourcen**). Zudem spielen **soziale Faktoren**, wie z.B. ein Team mit entsprechender sozialer Kompetenz oder die Unternehmenskultur eine Rolle[334]. Es existieren auch bestimmte Routinen, die unbewusst stattfinden („**Tacit Knowledge**").

Mobilität
Viele Ressourcen sind fest mit einer Organisation verbunden, so dass eine Ressource eine verschiedenartige Unternehmensspezifität aufweisen kann. Je spezifischer eine Ressource an ein Unternehmen gebunden ist, desto höher sind die Transaktionskosten, die nötig wären, um die Ressource auf ein anderes Unternehmen zu übertragen[335].

Substituierbarkeit
Hierbei steht im Mittelpunkt, inwieweit sich durch andere Ressourcen oder Ressourcenkombinationen eine annähernd gleichwertige Ressource kreieren lässt.

Zudem stellt sich die Frage, wem der Wert, den die Ressourcen produzieren, gehört („**Approbiability**"), denn nicht immer erhält das Unternehmen, dem die Ressourcen gehören, alle Gewinne daraus. Je nach Verhandlungsstärke von Mitarbeitern, Lieferanten, Abnehmern und Vertriebspartnern muss der Gewinn zwischen diesen Gruppen aufgeteilt werden[336].

Barney hat ein Modell entwickelt, mit dem sich die Wettbewerbsvorteile durch Ressourcen einschätzen lassen[337]. In Anlehnung an die Kriterien <u>V</u>alue, <u>R</u>arity, <u>I</u>mitability und <u>O</u>rganization wird das Modell auch „**VRIO-Framework**" genannt (vgl. Abbildung 18).

---

[334] Vgl. Grant, R.M., 1991, S. 125f.
[335] Vgl. Grant, R.M., 1991, S. 125.
[336] Vgl. Collis, D.J., Montgomery, C.A., 1995, S. 122.
[337] Vgl. Barney, J.B., 1997, S. 162ff.

Ist die Ressource:					
Wert-voll?	Sel-ten?	Nicht vollstän-dig imi-tierbar?	Von der Organi-sation genutzt?	Resultie-rende Wett-bewerbs-position	Resultie-rende Wirt-schaftliche Leistung
Nein	-	-	Nein	Wettbewerbs-nachteil	Unterdurch-schnittlich
Ja	Nein	-		Wettbewerbs-gleichstand	Durch-schnittlich
Ja	Ja	Nein		Temporärer Wettbewerbs-vorteil	Überdurch-schnittlich
Ja	Ja	Ja	Ja	Nachhaltiger Wettbewerbs-vorteil	Überdurch-schnittlich

Abbildung 18: Das VRIO-Framework zur Abschätzung von Wettbewerbsvorteilen durch Ressourcen[338]

4.1.3.3 Klassifizierung der Herkunft von Ressourcen

Grant schlägt sechs Hauptgruppen vor, aus denen Ressourcen stammen können[339]: „Finanzen", „physische Faktoren", „Humankapital", „Technologie", „Organisation" und „Reputation". *Barney*[340] nutzt drei Arten von Einteilungen: „Physical-Capital Resources", „Human-Capital Resources" und „Organizational-Capital Resources".

Collis/Montgomery[341] unterscheiden Ressourcen nach dem „Anfassbarkeitskriterium" in **physische** (z.b. Gebäude) und **immaterielle** Ressourcen (z.b. Marke, Know-how). Teilweise bestehen hierbei Analogien zur Einteilung von *Miller und Shamsie*[342], die Ressourcen in zwei Kategorien einteilen:

- Auf Besitz beruhend („Property-Based") und
- auf Wissen beruhend („Knowledge-Based").

Die auf Besitz beruhenden (**„Property-Based"**) Ressourcen sind diejenigen, die ein Unternehmen besitzt. Die Wettbewerber haben keine Befugnis, diese Ressourcen zu kaufen. Der Wert dieser Ressourcen ist fest mit spezifischen, genau definierten Besitztümern („Assets") verknüpft und lässt sich durch Eigentumsrechte („Property-Rights") wie Patente oder Verträge schützen. Basierend darauf kann ein Unternehmen solange eine überlegene Leistung erbringen, bis sich der Markt verändert und diese Ressourcen entwertet.

---

[338] Vgl. Barney, J.B., 1997, S. 162ff.; eigene Übersetzung.
[339] Vgl. Grant, R.M., 1991, S. 119.
[340] Vgl. Barney, J.B., 1991, S. 101.
[341] Vgl. Collis, D.J., Montgomery, C.A, 1995, S. 119.
[342] Vgl. Miller, D., Shamsie, J., 1996, S. 521 ff. und Lopes, A.B., Galletta, D., 2000, S. 603.

Die wissensbasierten („**Knowledge-Based**") Ressourcen sind vor Imitation geschützt, weil sie schwer zu verstehen sind, ihre Fähigkeiten schwer fassbar und ihre Beziehung zur Leistung schwer zu durchdringen ist. Ein Unternehmen mit dieser Art von Ressourcen kann besser auf seine Herausforderungen reagieren und sich anpassen.

Bei den **immateriellen Wirtschaftsgütern** wie Patenten und Copyrights, Markennamen oder Unternehmensgeheimnissen ergibt sich das Problem, dass diese häufig mit Fähigkeiten von Mitarbeitern zusammenhängen. So fällt die Abgrenzung zwischen der Technologie eines Unternehmens und dem Humankapital eines Mitarbeiters vielfach schwer. Dies bedeutet, dass ein Unternehmen häufig von wenigen Mitarbeitern in Schlüsselpositionen abhängig ist[343].

Reed und DeFillipi[344] betonen, dass physische Wirtschaftsgüter alleine nie ausreichend sind, um dauerhaft Wettbewerbsvorteile aufzubauen. Sie sehen den **Schutz von Wettbewerbsvorteilen** vorwiegend bei immateriellen Ressourcen gegeben, z.B. durch Wissen, das den Mitarbeitern nicht bewusst ist („Tacit Knowledge"), Komplexität aus hoher Zahl interdependenter Fähigkeiten und „Assets" sowie Spezifität, d.h. transaktionsspezifische Fähigkeiten und Assets, die in Produktionsprozessen und Dienstleistungserstellungen verwendet werden[345]. *Miller und Shamsie*[346] vertreten die Auffassung, dass auf Besitz-beruhende Ressourcen v.a. in **vorhersagbaren Umfeldern** am wirkungsvollsten seien, denn in stabilen Märkten gewähren diese Ressourcen auf lange Sicht einen von den Konkurrenten nicht einholbaren Wettbewerbsvorteil, während ihr Wert in dynamischen Märkten aufgrund von Änderungen im Marktumfeld bedroht wird. In **ungewissen Umfeldern** sind demnach wissensbasierte Ressourcen überlegen, denn sie sind flexibler und weniger spezifisch, so dass sie leichter auf diverse Änderungen im Marktumfeld reagieren können. In stabilen Umfeldern hingegen sind sie im Vergleich zu wissensbasierten Ressourcen zu teuer, da in diesen Märkten Routine zählt.

4.2 Kernkompetenzen

4.2.1 Definition von Kernkompetenzen

Prahalad und Hamel[347] definieren eine **Kernkompetenz** eines Unternehmens über **drei** Charakteristika:

- Das Unternehmen muss durch sie die Möglichkeit des **Zugangs** zu vielen verschiedenen **Märkten** erhalten (marktorientierter Aspekt),
- sie macht einen wichtigen Teil des **sichtbaren Kundennutzens** des Endprodukts aus (kundenorientierter Aspekt) und

---

343 Vgl. Grant, R.M., 1991, S. 127.
344 Vgl. Reed, R., DeFillipi, R.J., 1994, S. 88-102 und Das, T.K., Bing-Sheng, T., 2000, S. 31-61.
345 Vgl. Reed, R., DeFillipi, R.J., 1994, S. 89
346 Vgl. Miller, D., Shamsie, J., 1996, S. 522f. und Lopes, A.B., Galletta, D., 2000, S. 603.
347 Vgl. Prahalad, C.K., Hamel, G., 1990, S. 83f.

- sie kann nur schlecht von Wettbewerbern **imitiert** werden (konkurrenzorientierter Aspekt)

Kernkompetenzen („Core Competencies") stellen das **kollektive Lernen** innerhalb einer Organisation dar, z.B. wie verschiedenartige Produktionsfähigkeiten **koordiniert** und viele Technologien **integriert** werden können[348]. Um im schnellen Wettbewerbsumfeld zu bestehen, muss das Management diese vorhandenen Technologien und Produktionsfähigkeiten in Kernkompetenzen umsetzen. Diese Fähigkeit erklärt, warum Unternehmen, die eine gleiche Startbedingung hatten, sich nach einiger Zeit in sehr unterschiedlichen Wettbewerbspositionen wiederfinden können. (*Prahalad und Hamel* verwenden hier das Beispiel von NEC, Canon und Honda als Unternehmen, die auf Kernkompetenzen gesetzt haben und GTE, Xerox und Chrysler als Unternehmen, denen dies nicht gelang). Die Kernkompetenzen gehen dabei nicht direkt in Endprodukte ein, sondern in sog. **Kernprodukte.**

Diese Kernprodukte sind der physische Ausdruck der Kernkompetenzen des Unternehmens. Die Kernprodukte gehen schließlich in die Endprodukte ein und machen diese erst wertvoll. Es existieren dabei Märkte für Endprodukte und Kernprodukte. So können Unternehmen, die über gute Kernprodukte verfügen, diese anderen Unternehmen verkaufen, die diese Fähigkeiten nicht besitzen. Durch die Beherrschung der Kernprodukte verfügen Unternehmen zudem über die Möglichkeit, Form und Entwicklung des Endprodukte-Marktes zu bestimmen. So können sie die Anwendungsbereiche für ihre Kernprodukte weiter ausdehnen und Kosten, Zeit und Risiko bei der Entwicklung neuer Produkte reduzieren. Hierdurch können gute Kernprodukte Skalen- und Verbundvorteile schaffen[349].

Die reine Betrachtung der Endprodukte liefert deshalb ein zu oberflächliches Bild von den Fähigkeiten eines Unternehmens. Im Gegensatz zu physischen Ressourcen, die sich über die Zeit abnutzen, **verbessern sich Kernkompetenzen durch die Anwendung** ständig[350].

4.2.2 Beschränkung auf Kernkompetenzen bei Online-Händlern am Beispiel von Outsourcing

Ganz im Sinne einer Fokussierung auf Kerngeschäftsfelder haben viele New Economy Unternehmen einen **Grossteil ihrer Wertschöpfungskette an andere Dienstleister vergeben**[351]. Viele der Tätigkeiten, die klassischerweise Unternehmen aus der Old-Economy erbringen, lassen sich durch den Einsatz neuer Technologie nicht ersetzen (z.B. Distribution, Lager), so dass ein Outsourcing dieser Tätigkeiten als eine Option für Neugründungen des Electronic Commerce erscheint[352]. Somit werden nur wenige Fähigkeiten durch die jungen Electronic Commerce Unternehmen bereit gestellt und

---

[348] Vgl. Prahalad, C.K., Hamel, G., 1990, S. 81.
[349] Vgl. Prahalad, C.K., Hamel, G., 1990, S. 85.
[350] Vgl. Prahalad, C.K., Hamel, G., 1990, S. 81f.
[351] Vgl. Herrmann, C., Sulzmaier, S., 2001, S. 30f. und Mei-Pochtler, A., Rasch, S., 1999, S. 18.
[352] Vgl. Hitt, M.A., Ireland, R.D., Camp, S.M., Sexton, D.L., 2001, S. 481.

die anderen Fähigkeiten in Form von Dienstleistungen anderer Unternehmen bezogen[353]. Dies dürfte zumeist an der Unmöglichkeit für ein junges Unternehmen liegen, all diese Prozesse (hinreichend gut) anzubieten. Gleichzeitig kann dies jedoch einen großen Nachteil im Vergleich zu etablierten Wettbewerbern darstellen, die diese Wertschöpfung aufgrund der bereits existierenden Wertschöpfungskette selbst betreiben, ohne dafür Aufschläge zahlen zu müssen.

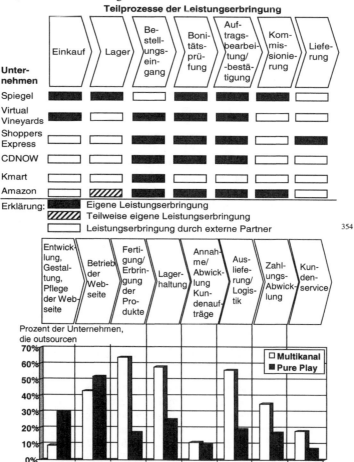

Abbildung 19: Outsourcing bei Multikanal- und reinen Online-Anbietern[355]

---

[353] Vgl. Insinga, R.C., Werle, M.J., 2000, S. 58.
[354] Vgl. Tomczak, T., Schögel, M., Birkhofer, B., S. 223 und Herrmann, C., Sulzmaier, S., 2001, S. 31.
[355] Vgl. Mei-Pochtler, A., Rasch, S., 1999, S. 17 und Preißl, B., Haas, H., 1999, S. 28f.

Abbildung 19 zeigt den höheren Gebrauch von Outsourcing entlang der gesamten Wertschöpfungskette von reinen Internetanbietern im Vergleich zu Multikanalanbietern, die auf existierende Strukturen zurückgreifen können. Die reinen Internet-Anbieter konzentrieren sich auf ihre **Kernkompetenzen** und werden zu Dirigenten eines Netzwerks von Partnern, die alle anderen Leistungen erbringen[356].

Das Ergebnis verdeutlicht, dass die Kernkompetenz der meisten Internet-Anbieter im reinen Handel liegt, der keine Fertigung, komplizierte Logistik usw. umfasst. Dies unterstreicht, in welch hohem Maße die reinen Online-Anbieter auf Partnerschaften mit anderen Unternehmen angewiesen sind, die diese Komplementärleistungen erbringen. Nur im IT und internetnahen Bereich bauen viele Online-Anbieter auf ihr eigenes Wissen, was sich aus der technologielastigen Herkunft vieler Internet-Gründer erklärt[357].

Multikanal-Anbieter mit Ursprung in der Old-Economy dagegen vergeben gerade diese Dienstleistungen bevorzugt nach außen, was sich aus fehlender Kompetenz oder unzureichend vorhandenem IT-Personal für solche Großprojekte erklären lässt.

Auffällig ist, dass sowohl bei reinen Online-Anbietern als auch bei Multikanal-Anbietern die Elemente der Wertschöpfungskette, bei der ein hohes Maß an **direktem Kundenkontakt** besteht, nicht an externe Dienstleister werden. Dem Kunden kann so (wo es für ihn sichtbar ist) die Kompetenz und Marke des eigenen Unternehmens präsentiert werden, was ein wichtiges Element für den Auf- und Ausbau der Kundenbeziehung darstellt[358]. Dies dürfte einer der Hauptgründe sein, diesen Wertschöpfungsschritt bevorzugt nicht aus der Hand zu geben, da ansonsten bei den reinen Online-Anbietern wenige andere eigene Kompetenzen proprietär sind[359].

Ökonomisch erscheint eine solche Aufteilung unter Effizienzgesichtspunkten als sehr sinnvoll. Vorteilhaft ist auch die Erhöhung der Flexibilität und kurzfristige Verringerung der fixen Kosten. Allerdings birgt diese Strategie auch die Gefahr, die differenzierenden Elemente der Wertschöpfung abzugeben, wodurch das Unternehmen die Möglichkeit zur Differenzierung verliert und Macht an die Zulieferer abgibt. Durch Outsourcing werden alle Anbieter einander ähnlicher, wenn sie vergleichbare Outsourcing-Dienste nutzen (z.B. FedEx, UPS als Auslieferdienst[360]). Die Unternehmen berauben sich allerdings der Möglichkeit, neue Möglichkeiten aufzugreifen und weitere Fähigkeiten aufzubauen[361]. Zudem wird ein Großteil der eigenen strategischen Vorteile mit an andere Dienstleister vergeben, was potenziellen neuen Wettbewerbern den Zugang in den Markt erleichtert.

---

[356] Vgl. Quiring, L., Backmann, C., 2001, S. 101 und Schinzer, H., Böhnlein, C., S. 27ff.

[357] Vgl. Krause, J., 2000, S. 203 und Mei-Pochtler, A., Rasch, S., 1999, S. 18.

[358] Vgl. Mei-Pochtler, A., Rasch, S., 1999, S. 19.

[359] Vgl. Ringlstetter, M.J., Oelert, J., 2001, S. 29f.

[360] Vgl. Bhise, H., Farrel, D., Miller, H., Vanier, A., Zainulbhai, A., 2000, S. 39.

[361] Vgl. Leiblein, M.J., Reuer, J.J., Dalsace, F., 2002, S. 818

4.3 Dynamisierung des Resource-Based Views

Der Resource-Based View wurde formuliert, um neue, dynamischere Wettbewerbs-
modelle (im Vergleich zur Neoklassischen Theorie) abzubilden, in denen Wettbewerb
und ein fehlendes Gleichgewicht zum innovativen Verhalten der Marktteilnehmer
führen[362].

Bei **zeitpunktbezogener Auslegung** führt der Resource-Based View zu der Aussage,
dass Unternehmen erfolgreich sind, weil sie auf besondere Ressourcen zurückgreifen
können. Ungeklärt bleibt die Frage, wie ein Unternehmen zu einem bestimmten
Zeitpunkt in eine solche Wettbewerbsposition gelangen kann[363]. Diese Erkenntnis ist
für ein Unternehmen recht unbefriedigend, denn es kann diese Aussagen nicht aktiv in
seiner Strategie umsetzen.

Unter dem Begriff **„Dynamic Capabilities"** wird hingegen die Entwicklungsfähigkeit
eines Unternehmens in den Vordergrund gerückt. Ein Unternehmen, dem es
regelmäßig gelingt neue Kernkompetenzen zu erringen, verfügt offenbar über bessere
„Dynamic Capabilities" als Wettbewerber, denen dieses nicht gelingt. Ein solches
Unternehmen lernt, koordiniert und organisiert besser und effektiver als die Konkurrenzunternehmen. Somit stellen das „Wissen, Können und Wollen" im Sinne eines
Lernens innerhalb der Organisation den überdauernden Wettbewerbsvorteil dar.
Hierbei handelt es sich um immaterielle und nicht um visuelle Fähigkeiten[364]. Es geht
also um die Koordination/Integration (strategisches Konzept), Aufbau bzw. Lernen
(dynamisches Konzept) und Rekonfiguration (Konzept der Transformation) interner
und externen Kompetenzen, um in schnell wechselnden Umfeldern bestehen zu
können[365].

4.4 Möglichkeiten der Integration des Resource-Based Views in die Praxis

Wichtig für die praktische Ausgestaltung der Wettbewerbsvorteile ist, was ein
Unternehmen aus seinen Fähigkeiten macht. Entscheidende Bedeutung hat, wie die
Ressourcen kumuliert und zu Kompetenzen gruppiert (**„Deploy-
ment/Redeployment"**), wie sie genutzt (**„Leveraging"**), angepasst bzw. weiterentwi-
ckelt (**„Upgrading"**) und neue Ressourcen erworben werden. Entscheidende
Bedeutung erlangt das Management der Ressourcen. Ein falsches Einschätzen der
eigenen Fähigkeiten hat dabei weitreichende Konsequenzen. Ein Unterschätzen führt
zum Übersehen zukunftsträchtiger Geschäftsfelder, ein Überschätzen (z.B. indem die
eigenen Fähigkeiten für Best Practice gehalten werden) führt zu einer Wertzerstö-
rung[366]. Deshalb sollte die Beurteilung der Fähigkeiten nicht auf einer internen

---

[362] Vgl. Lopes, A.B., Galletta, D., 2000, S. 601.

[363] Vgl. Porter, M.E., 1994, S. 445 und Hinterhuber, H.H., Friedrich, S.A., 1999, S. 999.

[364] Vgl. Hinterhuber, H.H., Friedrich, S.A., 1999, S. 999ff.

[365] Vgl. Teece, D.J., Pisano, G., Shuen, A., 1997, S. 518 und 520f.

[366] Vgl. Hinterhuber, H.H., Friedrich, S.A., 1999, S. 999 und 1006f. und Collis, D.J., Montgomery,
C.A., 1995, S. 124-128.

Analyse beruhen, sondern im Sinne eines Benchmarkings mit den Wettbewerbern erfolgen[367].

Bei *Prahalad und Hamels* Kernkompetenzen geht es weniger darum, die gegenwärtigen Ressourcen eines Unternehmens zu beschreiben, als vielmehr um einen Pfad zur **zukünftigen Entwicklung** von Ressourcen („**Upgrading**") aufzuzeigen. Es geht um ein Ausnutzen („**Exploitation**") der gegenwärtigen Ressourcen und Fähigkeiten und parallel um die Entwicklung der zukünftig benötigten Fähigkeiten[368] (vgl. Abbildung 20).

Es ist folglich für Unternehmen nicht ausreichend bestehende Ressourcen auszunutzen. Es müssen vielmehr die aktuellen Kernkompetenzen ausgebaut und neue Kernkompetenzen aufgebaut werden.

Abbildung 20: Auf- und Ausbau von Kernkompetenzen zur Erschließung vorhandener und neuer Märkte[369]

---

[367] Vgl. Collis, D.J., Montgomery, C.A., 1995, S. 123f.
[368] Vgl. Grant, R.M., 1991, S. 131.
[369] Vgl. Hamel, G., Prahalad, C.K., 1994, S. 227; Darstellung in Anlehnung an Hinterhuber, H.H., Friedrich, S.A., 1999, S. 1009.

Durch ein „Filling of Resource Gaps" kann die Basis der Möglichkeiten konstant erweitert werden[370]. *Grant* schlägt hierfür folgendes **Arbeitsschema** vor (siehe Abbildung 21). Es stellt eine Verknüpfung gegenwärtiger Kompetenzen, zukünftig benötigter Kompetenzen und sich daraus ergebende Konsequenzen für die Unternehmensstrategie dar: Es wird auch aufgezeigt, wie sich Fähigkeiten durch eine Anwendungsplanung tatsächlich in nachhaltige Wettbewerbsvorteile umwandeln lassen.

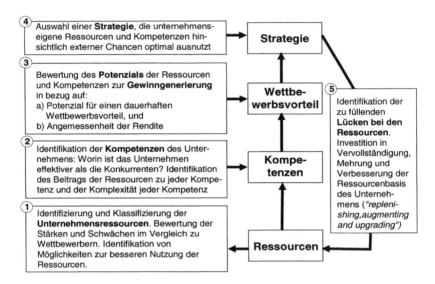

Abbildung 21: Nutzung des Resource-Based View-Ansatzes zur Strategieanalyse[371]

4.5 Kritische Würdigung des Resource-Based Views

4.5.1 Verdienste des Resource-Based Views

Hinterhuber/Friedrich und *Collis/Montgomery* beschreiben **drei** Hauptverdienste des Resource-Based Views[372]:

- *Ausweg aus der „Theoriekrise":* Da marktorientierte Erklärungsversuche viele Fragen offen lassen, wird vom Resource-Based View eine theoretische Fundierung der strategischen Führung erwartet. So wurden neue Erkenntnisse gefunden, auf denen die Wettbewerbsfähigkeit eines Unternehmens beruht.

[370] Vgl. Grant, R.M., 1991, S. 128.
[371] Vgl. Grant, R.M., 1991, S. 115; eigene Übersetzung.
[372] Vgl. Hinterhuber, H., Friedrich, S., 1999, S. 995; Collis, D.J., Montgomery, C.A., 1995, S. 118f. und 121.

- *Ausweg aus der „Paradigmenkrise":* Der Resource-Based View wird nicht als ein isolierter Theoriebaustein gesehen, sondern als ein Konstrukt, um weit auseinander liegende Forschungsanstrengungen unter dem Paradigma des Resource-Based Views zusammenzuführen. Gerade weil der Resource-Based View auch kognitive, verhaltenswissenschaftliche sowie organisations- und evolutionstheoretische Aspekte aufnimmt, erscheint er als ein übergreifender Ansatz geeignet.

- *Ausweg aus der „Orientierungskrise":* Für die Praxis ergibt sich durch die aus dem Resource-Based View abgeleiteten Konzepte eine Aussage, wie ein Unternehmen sich entwickeln muss, um auch zukünftig eine führende Wettbewerbsposition einzunehmen (z.B. bei der Diversifizierung). Der Resource-Based View hilft auf diese Art dem Unternehmen bei seiner strategischen Grundausrichtung.

Befürworter des Resource-Based View betonen zudem, dass er helfen kann, die „Black-Box" des Unternehmens zu durchleuchten[373]. Der Resource-Based View hilft gegen eine zu kurzsichtige Betrachtungsweise, wie sie bei Fokussierung auf Produkt und Markt entstehen, indem er die Kräfte und Prozesse beleuchtet, die für die relative Wettbewerbsposition verantwortlich sind[374].

Betont wird außerdem die **schnelle Verbreitung** des Ansatzes, beispielsweise in der Theorie des strategischen Managements, so dass einige Autoren sogar von einem neuen Paradigma sprechen[375].

Darüber hinaus wird der Resource-Based View als besser geeignet angesehen, um sich **schnell-ändernde Märkte zu verstehen**. „In der Praxis wurden Resource-Based Theorieansätze häufig aufgenommen, da sie sich umsetzen ließen, um Unternehmen mitzuteilen, dass sie ihr Wissen und ihren Sachverstand im Wettbewerb anwenden müssen. Systeme wie *Porters* „Five Forces" waren geeignet, um strategische Auswirkungen traditioneller Technologien zu verstehen. Sie waren jedoch weniger geeignet, um schnelle strategische Entscheidungen, bei denen es um die Bildung und Anwendung von Wissen geht, zu begleiten"[376].

4.5.2 Kritikpunkte und Ausblick

4.5.2.1 Gefahr der Einseitigkeit

Es besteht die **Gefahr der Einseitigkeit**, wenn der Resource-Based View alleine in den Vordergrund gerückt wird. „Viele Vertreter des Resource-Based Views kritisieren die Einseitigkeit des Market-Based Views nur, um die eine Einseitigkeit durch die

---

[373] Vgl. Priem, R., Butler, J., 2001, S. 22ff.
[374] Vgl. Hinterhuber, H., Friedrich, S.A., 1999, S. 1001.
[375] Vgl. Eriksen, B., Mikkelsen, J., 1996, S. 54.
[376] Zack, M.H., 1999, S. VII-VIII; eigene Übersetzung.

andere Einseitigkeit zu ersetzen"[377]. So verlor durch die Arbeiten der Vertreter des
Resource-Based Views die externe Sicht zunehmend an Bedeutung[378].

4.5.2.2 Fehlende Formalisierung

Einige wenige Autoren bekunden, dass der Resource-Based View inzwischen eine
vollständig ausformulierte Theorie sei[379]. Vielfach wird jedoch die „Unordnung" des
Ansatzes kritisiert, der das Zustandekommen einer einheitlichen Meinung verhindert
und kein konsistentes Bild des Resource-Based Views zeigt. So sind sich zwar die
meisten Autoren einig, dass es besonderer Ressourcen bedarf, die selten, vor Imitation
geschützt sowie weitgehend immobil sein sollten. Es **fehlen jedoch einheitliche
Begrifflichkeiten und Definitionen**. Vielmehr zeigt sich der Resource-Based View
bisher als eine Aneinanderreihung von Theorien mit ähnlichem Inhalt, die auf einigen
gemeinsamen Basisthemen beruhen. Daher bedarf es einer weiteren Formalisierung
und Entwicklung in Richtung einer einheitlichen wissenschaftlichen Theorie[380]. Hierzu
gehört auch die bisher **geringe empirische Untermauerung** der Theorie[381].

Zudem ist der Resource-Based View größtenteils **statisch** und muss **weiter dynami-
siert** werden, um Unternehmen Aussagen über die Zukunft zu ermöglichen[382]. Viele
der Ergebnisse der Resource-Based Views bleiben statisch, da sich nicht von
vorneherein abschätzen lässt, ob eine Ressource Wert schaffen wird. So kann häufig
erst rückblickend beurteilt werden, welche Ressourcen wirklich zum Erfolg beigetra-
gen haben[383].

Selbst Vertreter des Resource-Based Views wie *Grant*[384] betonen: Die Implikationen
des Resource-Based Views für Unternehmen bleiben vor allem unklar, weil es
zahlreiche Auffassungen gibt, die noch nicht in einen gemeinsamen Ansatz einge-
bracht worden sind, und wenig getan wurde, um die **praktischen Anwendbarkeiten**
der Theorie herzustellen.

Kritiker wie *Porter*[385] sehen in dem Resource-Based View hingegen nur eine Hilfe für
Unternehmen in Fragen wie der Diversifikation. *Porter* warnt vor einer **zu breiten
Definition der Fähigkeiten**, da dies zu unvernünftiger Diversifikation führen könne,
wie sie in den 70er Jahren stattfand. Ressourcen sind aus *Porters* Sicht nicht von sich
aus wertvoll. Sie erst wertvoll, wenn mit ihnen Aktivitäten durchgeführt werden

---

[377] Hinterhuber, H., Friedrich, S.A., 1999, S. 1001f.

[378] Vgl. Collis, D.J., Montgomery, C.A., 1995, S. 121.

[379] Vgl. Robertson, P., 1996, S. 75.

[380] Vgl. Priem, R., Butler, J., 2001, S. 34ff. und Knudsen, C., 1996, S. 13.

[381] Vgl. Priem, R., Butler, J., 2001, S. 34ff.; Barney, J.B., 2001, S. 41-56; Hoskisson, R.E., Hitt,
M.A.,Wan, W.P., Yiu, D., S. 438ff.; Ambrosini, V., Bowman, C., 2001, S. 811ff. und Das, T.K.,
Bing-Sheng, T., 2000, S. 31ff.

[382] Vgl. Barney, J.B., 2001, S. 41-56.

[383] Vgl. Priem, R., Butler, J., 2001, S. S. 33f. und Eriksen, B., Mikkelsen, J., 1996, S. 68.

[384] Vgl. Grant, R.M., 1991, S. 115.

[385] Vgl. Porter, M.E., 1994, S. 445ff. und Eriksen, B., Mikkelsen, J., 1996, S. 54.

können, durch die sich ein Vorteil im Markt erlangen lässt. Zudem hält *Porter* den gesamten Ansatz für zirkulär (Argumentationskette des Resource-Based Views: „Unternehmen sind erfolgreich, weil sie wertvolle Ressourcen haben, deshalb müssen sie Ressourcen fördern, um erfolgreich zu sein"). Aus seiner Sicht kann der Resource-Based View den Market-Based View bestenfalls ergänzen.

4.5.2.3 Fehlende Empfehlungen zur praktischen Umsetzbarkeit

Zwar beschreiben viele Autoren, dass Ressourcen wichtig und wertvoll seien, wie dieses jedoch **praktisch instrumentalisiert** werden kann, bleibt dabei häufig ungeklärt. Hierzu sind praktische Ansätze („Frameworks") von hoher Bedeutung, die den Handelnden Prozesse zur Umsetzung aufzeigen[386]. Als Frage bleibt beim Resource-Based View offen, **welche Ressourcen die wichtigen sind** und wie diese identifiziert werden können.

Dierickx und Cool[387] sowie *Barney*[388] stimmen darin überein, dass es möglicherweise für ein Unternehmen unmöglich ist, ein Regelwerk zu erstellen, mit dem sich Wettbewerbsvorteile erlangen lassen. Somit ist es für Unternehmen schwer, die Fähigkeiten tatsächlich in einen Wettbewerbsvorteil umzusetzen.

Folglich wird der Resource-Based View dahingehend kritisiert, dass die Prozesse, wie Ressourcen den Wettbewerbsvorteil schaffen, eine **„Black-Box"** bleiben. Wie genau Ressourcen wirken und warum einige heterogene Ressourcen Wert schaffen und andere nicht, bleibt häufig unklar. So lassen sich Ressourcen wie das „Tacit Knowledge" nicht ergründen oder beeinflussen. Wo jedoch der Zusammenhang zwischen Ursache und Wirkung unbekannt ist, besteht wenig Möglichkeit für das Management, diese zu beeinflussen[389].

4.5.2.4 Ausblick: Zusammenführung von Market-Based View und Resource-Based View

Gerade in den 80er Jahren lag der Schwerpunkt von Strategie in der Bewertung des externen Umfeldes, was durch *Michael Porters* Arbeiten und empirische Ansätze wie dem *PIMS Projekt* unterstrichen wird[390]. Viele Ökonomen dachten infolgedessen, alles über Strategie zu wissen: Portfolio-Planung, „PIMS", *Porters* „Five Forces" usw.[391].

Der Resource-Based View stellt das Gegenstück zu *Porters* struktureller Perspektive des Wettbewerbs dar, indem er sich auf die spezifischen Vermögensgegenstände eines einzelnen Unternehmens anstatt auf in der Branche liegenden Faktoren fokussiert[392].

---

[386] Vgl. Priem, R., Butler, J., 2001, S. 10.
[387] Vgl. Dierickx, I., Cool, K., 1989.
[388] Vgl. Barney, J.B., 2001, S. 41-56 und Barney, J.B., 1989, S. 1511.
[389] Vgl. Eriksen, B., Mikkelsen, J., 1996, S. 69; Priem, R., Butler, J., 2001, S.11; Foss, N., Mahnke, V., 2000, S. 13 und Coombs, R., Metcalfe, S.J., 2000, S. 220.
[390] Vgl. Grant, R.M., 1991, S. 114 und Collis, D.J., Montgomery, C.A., 1995, S. 119.
[391] Vgl. Collis, D.J., Montgomery, C.A., 1995, S. 118.
[392] Vgl. Miller, D., Shamsie, J., 1996, S. 519.

Vielfach wird betont, dass **beide Ansätze sich ideal ergänzen**. So meint *Collis*[393]: „Eine ressourcenbasierte Analyse des Wettbewerbs unterscheidet sich von der Analyse aus ökonomischer Sicht sowohl bezüglich der Erklärung des Verhaltens innerhalb einer Branche als auch in bezug auf die normativen Implikationen. Dieser Unterschied entsteht nicht aufgrund der Analyse der Produkt-Markt Position, für die der Resource-Based View keine neuen Erkenntnisse beisteuert, sondern wegen der Analyse der „Assets", die ein Unternehmen über einen Zeitverlauf zusammenträgt. Beide Ansätze sind deshalb als einander ergänzend zu betrachten, wobei der eine Ansatz den Wert der Ergebnisse im Produkt-Markt erklärt, wohingegen der andere Ansatz die dynamischen Aspekte des Verhaltens eines Unternehmens bezüglich Akkumulation und Disposition der Ressourcen des Unternehmens erklärt". *Eisenhardt und Martin*[394] sehen in der Fokussierung auf die interne Organisation einer Unternehmung ein Gegenstück zu der traditionellen Betrachtung von Strategie bezogen auf Industriestruktur und strategische Positionierung. Somit wird **der Resource-Based View als eine ideale Ergänzung zum Market-Based View gesehen**, weil er wieder in den Vordergrund rückt, dass auch noch andere Faktoren außer der Marktstruktur entscheidend für den Erfolg eines Unternehmens sind[395].

Andere Autoren betonen, dass in der Wirtschaftsgeschichte traditionell externe und interne Ansätze beachtet wurden, nur in den letzten Jahren eine Verschiebung stattgefunden habe, die jetzt wieder in ein Gleichgewicht geführt werden müsse. „Ursprünglich hatte (Business-) Strategie einen internen, unternehmensbezogenen und einen externen, marktbezogenen Schwerpunkt. Das SWOT-Modell von *Ken Andrews* aus den 60er Jahren ist ein Abbild dafür. Durch *Porters* Arbeit wurde jedoch der Schwerpunkt stark auf die externen Faktoren wie Produkte und den Markt verschoben"[396]. Studien haben gezeigt, dass innerhalb einer Branche einzelne Unternehmen aufgrund ihrer besonderen Charakteristika sehr unterschiedliche Rentabilitätsniveaus erlangen konnten. Um dieses Ungleichgewicht aufzulösen und wieder ein Gleichgewicht im Sinne der ursprünglichen Bedeutung von (Business-) Strategie wiederherzustellen, wurden wieder verstärkt die Fähigkeiten eines Unternehmens analysiert[397]. Neben den Produkten und Märkten rückten wieder die Ressourcen und Fähigkeiten eines Unternehmens in den Vordergrund. Zudem sind Vorteile, die auf Wissen und Fähigkeiten beruhen, die Plattform, um Produkte für verschiedene Märkte herzustellen. Die Fähigkeiten bleiben, während Produkte und Märkte sich ändern können, weshalb Strategien beruhend auf Fähigkeiten eine längerfristige Perspektive als der traditionelle Ansatz sind.

Der Resource-Based View ist eine vergleichsweise junge Theorie, was viele der Kritikpunkte erklärt. Es ist zu erwarten, dass er in den nächsten Jahren weiter

---

[393] Collis, D.J., 1991, S. 65; eigene Übersetzung.
[394] Vgl. Eisenhardt, K.M., Martin, J.A., 2000, S. 1105
[395] Vgl. Collis, D.J., Montgomery, C.A., 1995, S. 119 und 121; eigene Übersetzung und Porter, M.E., 1994, S. 445f.
[396] Zack, M.H., 1999, S. VIII-IX; eigene Übersetzung.
[397] Vgl. Zack, M.H., 1999, S. IX.

formalisiert und durch empirische Studien fundiert wird und so zusammen mit dem Market-Based View für Unternehmen eine wichtige Basis für die Ableitung von Strategien zur Erlangung einer überdurchschnittlichen Wettbewerbsposition wird.

4.6 Grundlegende Regeln in der Internetökonomie

Nachdem der allgemeine Bezugsrahmen zur Erlangung von Wettbewerbsvorteilen abgeleitet wurde, wird der Bezugsrahmen nun für den Electronic Commerce spezifiziert. Im Folgenden werden deshalb die grundlegenden ökonomischen Gesetze der Internet-Ökonomie beschrieben.

4.6.1 Erhöhung der Markttransparenz durch das Internet

Theoretisch wird durch das Internet die **Markttransparenz** erhöht, was in der Praxis aufgrund der Vielzahl der Angebote allerdings nicht unbedingt gegeben ist. Das Ansteuern aller Angebote würde ebenso wie das Identifizieren aller Anbieter sehr lange dauern, wodurch praktisch nur wenige Angebote verglichen werden können. Vielfach wurde zu Beginn des Internet-Booms die These geäußert, dass durch das Internet der Markt global würde, da jetzt weltweit eingekauft werden könnte[398]. Dies mag für Industrieunternehmen mit hohen Ordervolumina teilweise korrekt sein, bei geringen Volumina und der Nachfrage privater Endverbraucher ist dieses angesichts der Transportkosten, Serviceüberlegungen sowie Transportdauer allerdings eine eher theoretische Option. Dennoch assoziieren viele Online-Shopping-Konsumenten das Internet mit besseren Vergleichsmöglichkeiten für verschiedene Produkte und Dienstleistungen[399].

Aus den **gesunkenen Transaktionskosten** lässt sich ein Marktwachstum ableiten[400]. Kern für diese Annahme sind die durch das Internet gesunkenen Transaktionskosten im Bereich Marketing und Vertrieb einerseits (Abbildung 22, Pfeil 2), bei gleichzeitig gesenkten Eintrittsbarrieren im Vergleich zur Offline-Welt anderseits. Dies führt theoretisch zu einer Ausdehnung des Angebots. Nachfrageseitig sinken die Transaktionskosten im Bereich der Bestell- und Informationsvorgänge, was zu einer Verschiebung der Nachfragekurve nach rechts führt (Abbildung 22, Pfeil 2). Bei gleichgebliebenem Preisniveau würde sich dann eine gestiegene Marktgleichgewichtsmenge ergeben (Abbildung 22, Pfeil 3).

---

[398] Vgl. Quelch, J.A., Klein, L.R., 1996, S. 60ff.
[399] Vgl. Preißl, B., Haas, H., 1999, S. 42.
[400] Vgl. Hagel, J., Armstrong, A., 1997a, S. 51.

Herrmann/Sulzmaier[401] kritisieren, dass dieses in der Realität nur bedingt gelten kann. Sie führen an, dass durch die gestiegene Preistransparenz die Preise bei höherem Marktvolumen eher weiter sinken dürften. Viele Internetanbieter verkaufen zudem ihre Waren gegenwärtig nicht kostendeckend, da Fokus der Geschäftsstrategie das Gewinnen von Marktanteilen ist und die hohe Konkurrenz zum Absenken des Preises auf das Niveau der Konkurrenz erfordert. Wegen der geringen Kompetenz der E-Commerce-Anbieter im Bereich der Logistik, der Werbeinvestitionen in den Markenaufbau und den erhöhten Kundenakquisitionskosten lassen sich außerdem derzeit die Transaktionskosten in diesem Bereich kaum senken, sondern sie dürften im Gegenteil eher höher als bei eingeführten Marken liegen. In der Logik von *Hagel/Armstrong* würde dies dann zu einer nach wie vor erhöhten Marktgröße führen (gesunkene Transaktionskosten), aber theoretisch müsste dieses zu einem erhöhten Marktpreis führen (höhere Marketing- und Vertriebskosten). Die erhöhte Preistransparenz erlaubt es den Anbietern jedoch nicht, erheblich über das Preisniveau der Offline-Welt zu gehen, was für den E-Commerce Anbieter zu einem unrentablen Preisniveau führt.

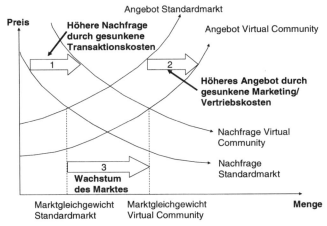

Abbildung 22: Erhöhte Marktgleichgewichtsmenge durch E-Commerce[402]

4.6.2 Netzwerkeffekte

In der Literatur wird von vielen Autoren (z.B. *Meffert*[403], *Zerdick et al.*[404], *Wamser*[405], *Picot/Neuburger*[406]) die Existenz von neuen Regeln im Internet beschrieben, die größtenteils auf den Thesen von *Shapiro/Varian* beruhen.

---

[401] Vgl. Herrmann, C., Sulzmaier, S., 2001, S. 20f.
[402] Vgl. Herrmann, C., Sulzmaier, S., 2001, S. 20 und Hagel, J., Armstrong, A., 1997a, S. 51.
[403] Vgl. Meffert, H., 2000b, S. 126 f.
[404] Vgl. Zerdick, A. et al., 2000, S. 154ff.
[405] Vgl. Wamser, C., 2000, S. 8ff.

Ein Beispiel dafür sind **Netzwerkeffekte**, die dadurch entstehen, dass die Teilnahme von zusätzlichen Personen an einem Netzwerk positive oder negative Folgen für alle anderen Nutzer hat. Grundlegend ist dabei das „Metcalfe´sche Gesetz positiver Feedbacks"[407], das einen exponentiellen Zusammenhang zwischen der Zahl der Nutzer und dem Wert eines Netzwerkes herstellt. Anschaulich kann dies am Telefonnetz gezeigt werden, wo der Nutzen nicht vom Vorhandensein eines einzelnen Telefons abgeleitet werden kann, sondern von der Möglichkeit, mit diesem Telefon möglichst viele andere Nutzer zu erreichen[408]. Das physische Produkt selbst rückt in den Hintergrund, dafür wird der Zugang zum Netz, den dieses Produkt ermöglicht, entscheidend.

4.6.3 Positives Feedback

Wie vorstehend ausgeführt, zeigen sich Netzwerkeffekte bzw. **Netzwerk-Externalitäten**, wenn der Wert eines Produktes für einen Nutzer von der Anzahl der anderen Nutzer abhängt. Typisch sind lange Vorlaufzeiten, bevor es zu explosivem Wachstum kommt. Dieses Wachstumsschema lässt sich vom Mechanismus des „positiven Feedbacks" ableiten. Wenn die Anzahl der vorhandenen Nutzer steigt, sehen es immer mehr andere Nutzer als sinnvoll an, ebenfalls das System zu übernehmen[409].

Grundvoraussetzung dafür, dass Netzwerkeffekte eintreten, ist das Bestehen einer gewissen **Attraktivität** für den Nutzer, die sich nicht allein aus dem Vorhandensein des Netzes ableitet. Der Durchbruch des Internets fand in den neunziger Jahren statt, obwohl es bereits seit 1969 bestand. Auslöser war die Schaffung einer vergleichsweise einfachen Zugangsart zum Internet durch das **World Wide Web**, die es erlaubte, das Internet über einen Browser (x-Mosaic) zu nutzen. Auf Basis des World Wide Webs ließen sich Web-spezifische Anwendungen entwickeln, die einen attraktiven positiven Wert für die Nutzer generierten. Beispiele für solche wertstiftenden Anwendungen sind der Webbrowser, Portale, Downloadmöglichkeiten von Musik etc. Diese komplementären Angebote zum reinen Netz können für das rasante Wachstum des World Wide Webs mitverantwortlich gemacht werden, denn sie erhöhen den Nutzen des Netzes. Voraussetzung für ein großes Wachstum ist v.a. das Erreichen einer kritischen Masse von Teilnehmern.

Erst eine **kritische Masse** von Basisnutzern begründet die Attraktivität für weitere Teilnehmer derart, dass ein selbstragender Penetrationsprozess ausgelöst wird[410]. Je mehr Nutzer ein Netzwerk hat, desto attraktiver ist es für Firmen, komplementäre Angebote zu entwickeln. Diese neuen Angebote wiederum ziehen weitere Nutzer an, wodurch Wachstum und Wert des Netzwerkes weiter gesteigert werden. Nach Überwindung einer gewissen Mindestgröße entsteht ein nahezu selbsttragendes

---

[406] Vgl. Picot, A., Neuburger, R., 2001, S. 25ff.

[407] Vgl. Zerdick, A. et al., 2000, S. 154f.

[408] Vgl. Meffert, H., 2000b, S. 127.

[409] Vgl. Shapiro, C., Varian, H., 1998, S. 13ff. und S. 174ff.

[410] Vgl. Wamser, C., 2000, S. 8.

Momentum. Deshalb verlaufen die Zuwachsraten an Nutzern in Form einer S-Kurve, die in der Startphase des Netzes flach ist, allmählich bis zu ihrem Maximum steigt (höchste Steigung der S-Kurve) und dann allmählich wieder nachlässt[411]. Entscheidend für den Durchbruch ist die Adoption durch eine breite Masse, verbunden mit einer hohen Diffusion des Internets in alle sozialen Systeme. Analoge Überlegungen gelten für die Nutzung von Online-Geschäftsmodellen. Die Diffusion kann dabei als Summe aller individuellen Adoptionserscheinungen betrachtet werden[412].

4.6.4 Law of Increasing Returns

In Märkten mit Netzwerkeffekten werden die klassischen ökonomischen Gesetze außer Kraft gesetzt[413]. In traditionellen Märkten wird erwartet, dass der Wert eines Produktes sich nach seiner Knappheit richtet. Ist ein hohes Angebot an dem Produkt vorhanden, sinkt dabei der Wert (negatives Feedback), während er bei einem niedrigen Angebot steigt (siehe Abbildung 23). In Märkten mit Netzwerkeffekten ist diese Korrelation hingegen nicht mehr vorhanden. Stattdessen verhält es sich genau umgekehrt, nämlich mit steigender Verfügbarkeit des Produktes und Zahl der Kunden (hier: des Netzwerks) steigt auch der Wert (positives Feedback). Dieser Zusammenhang wird als „**Law of Increasing Returns**" beschrieben und ist eine grundlegende Eigenschaft in Netzwerken[414].

Für Unternehmen bedeutet dieses, dass sie in einem Markt mit Netzwerkeffekten und Increasing Returns zunächst einmal relativ lange Investitionen für den Aufbau des Netzes tätigen müssen, bis das Netz eine kritische Größe erreicht und zum Quasi-Standard wird. Im Gegensatz zu konventionellen Geschäftsmodellen sind dafür aber ab einer kritischen Größe stark steigende Skalenerträge zu erwarten, was es für ein Unternehmen sehr attraktiv macht, in einem solchen Markt in führender Position tätig zu sein.

---

[411] Vgl. Shapiro, C., Varian, H., 1998, S. 178f.
[412] Vgl. Fritz, W., 2000, S. 71.
[413] Vgl. Zerdick, A. et al., 2000, S.154ff.
[414] Vgl. Zerdick, A. et al., 2000, S.154ff.

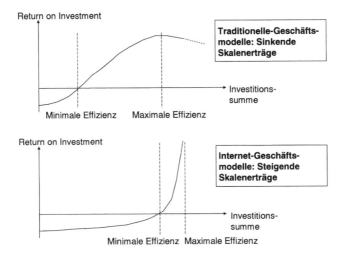

Abbildung 23: Return on Investment bei traditionellen vs. Netzwerk-Geschäftsmodellen[415]

4.6.5 Lock-In

Aus den indirekten Netzwerkeffekten lassen sich sog. „Lock-In Effekte" ableiten. Diese liegen vor, wenn die Kosten für einen Wechsel des Systems höher sind als der durch den Wechsel entstehende Nutzen. Neben den Kosten für das neue System würde ein Kunde sämtliche in das vorherige System gemachte Investitionen verlieren. Neben dem System selbst sind dieses überwiegend Komplementärprodukte und die Vertrautheit im Umgang mit dem System. Diese Investitionen würden klassische Sunk-Costs darstellen, die im Falle eines Systemwechsels realisiert würden. Der Kunde ist dadurch quasi in sein derzeitiges System „eingesperrt".

Für den Anbieter des Systems sind Lock-Ins eine hervorragende Möglichkeit, eine führende Marktposition aufzubauen, die bis in eine Quasi-Monopol Situation führen kann (so etwa im Fall des Microsoft Windows Betriebssystems). Lock-In Effekte haben für Unternehmen eine hohe Bedeutung, die Kunden für ihr neues System gewinnen wollen. Für sie stellt sich die Frage, was sie tun können, um einen Kunden trotz eines Lock-Ins für ihr Produkt zu gewinnen. Zunächst einmal müssen die Art und Höhe der **Wechselkosten** eines Kunden, die sich aus der Summe der Kosten für den Kunden und des neuen Anbieters ergeben, errechnet werden. Abgeglichen mit den diskontierten Gewinnen, die von diesem Kunden zu erwarten sind (Lebenszyklus-Ansatz), kann so abgeschätzt werden, ob es überhaupt attraktiv ist, diesen Kunden zu gewinnen. Sind die abgezinsten Gewinne höher als die Wechselkosten, muss eines der Hauptziele sein, den potenziellen Kunden an die eigenen Produkte

---

[415] Vgl. Fritz, W., 2000, S. 70; Meffert, H., 2000b, S. 129 und Booz, Allen & Hamilton, 2000, S. 27.

heranzuführen und letztendlich vom Produkt so zu überzeugen, dass er wechselt. Dies kann beispielsweise durch Probe-Abos oder Gratis-Produkte probiert werden. Um die Kosten des Wechsels für den Kunden zu senken, besteht für ein Unternehmen die Möglichkeit, einen Teil der Wechselkosten des Kunden zu übernehmen. So werden dessen Wechselkosten gesenkt und ihm der Wechsel erleichtert. Auch kann die Abwicklung des Wechsels vom bisherigen zum neuen Anbieter dem Kunden abgenommen werden, damit er die mit der Organisation einhergehenden Anstrengungen nicht tragen muss. Bei diesen Erleichterungen muss allerdings verstärkt darauf geachtet werden, dass der Kunde nicht nur die Vorteile (z.B. ermäßigte Gebühren im ersten Mitgliedsjahr) ausnutzt und später wieder zu einem anderen Anbieter wechselt[416].

4.6.6 Bedeutung von Standards

Für das Wachstum eines Netzwerks ist das Bestehen eines einheitlichen **Standards** von hoher Bedeutung, da nur so möglichst viele Nutzer über eine gemeinsame Plattform zum gegenseitigen Austausch verfügen[417]. Die Bildung eines Standards ist bei vielen technischen Produkten zu beobachten gewesen. Beispiele sind das Durchsetzen des VHS Standards für Videorecorder oder des Windows Standards für PCs.

Für Nutzer ist vor der Herausbildung eines Standards v.a. problematisch, dass für sie die Gefahr besteht, auf die falsche Technologie zu setzen. Langfristig werden für eine Technologie, die sich nicht zum Standard entwickelt, keine Anwendungen mehr entwickelt, und die Möglichkeit des Tausches/Kopierens von Anwendungen mit anderen Nutzern wird stark eingeschränkt. So verliert die Technologie an Wert und wird langfristig nicht existieren. Aus diesen Sorgen lässt sich das oft abwartende Verhalten von Kunden bei neuen Technologien ableiten. Kunden sind häufig erst bereit, neue Technologien anzuschaffen, wenn absehbar ist, welches der anfänglich konkurrierenden Systeme sich langfristig durchsetzen wird.

4.6.7 Veränderte Kostenstruktur bei Informationsgütern

Shapiro/Varian[418] definieren alles, was digitalisierbar, d.h. als Bitstrom codiert werden kann, als Information. Dies umfasst sämtliche Inhalte auf Webseiten, Sportergebnisse, Börseninformationen, Musik, Bücher usw., die alle als **Informationsgüter** bezeichnet werden können. Eine weitere Eigenschaft von Informationsgütern ist, dass sie in der Regel **Erlebnisgüter** sind. Ein Erlebnisgut zeichnet sich dadurch aus, dass sein Wert sich erst beurteilen lässt, nachdem es konsumiert wurde. Deshalb sind Gratisproben und Probeangebote wichtige Methoden, um potenzielle Kunden für ein Informationsgut zu gewinnen. Positiv wirken sich außerdem ein gutes Markenimage und ein positiver Ruf aus. Der Name bzw. die Marke steht dann stellvertretend für den hochwertigen Inhalt und bürgt für eine gewisse Qualität der Angebote.

---

[416] Vgl. Shapiro, C., Varian, H., 1998, S. 111ff.
[417] Vgl. Shapiro, C., Varian, H., 1998, S. 227ff.
[418] Vgl. Shapiro, C., Varian, H., 1998, S. 3ff.

Im Idealfall eines Informationsguts, das digital über das Internet vertrieben werden kann, überwiegen in der Kostenstruktur die fixen Kosten erheblich gegenüber den variablen Kosten. Die fixen Kosten fallen für die Erstellung der Inhalte (Content) an (**Erstkopiekosten**)[419]. Die variablen Kosten sind durch die einfache und relativ günstige Vervielfältigung des Gutes und die gesparten Kosten für die physische Distribution eher gering[420]. Hingegen fallen bei konventionellen Druckprodukten ca. 50% der Kosten für die Distribution an. Zudem können Großteile der Geschäftsprozesse automatisiert werden und, typisch für Internetanwendungen, viele Prozesse an den Kunden abgegeben werden (Selbstbedienungscharakter). Die **Vervielfältigungskosten** sind im Verhältnis zu den Fixkosten für die Erstellung des Content nahezu **marginal**. Die Kosten für die Erstellung des ersten Exemplars eines Medienproduktes sind noch teuer, jede weitere Kopie ist im Verhältnis jedoch günstig. Diese Kostenstruktur sorgt für typische Skaleneffekte. Zusätzlich haben für den Produzenten, sobald die erste Kopie erstellt wurde, alle zur Erstellung des Contents getätigten Investitionen den Charakter von Sunk-Costs, da sie sich in der Regel nicht mehr beeinflussen bzw. rückgängig machen lassen.

Dass die marginalen Kosten pro Einheit nahe Null sind, hat Konsequenzen für die **Preisfestsetzung**. Sämtliche auf Kosten basierende Preisfestsetzungsstrategien erweisen sich als ungeeignet, da die Kosten, wie eben dargestellt, keine geeignete Maßgröße sind. Vielmehr sollte die Preisfestlegung unbedingt am Wert, den der Kunde der Ware beimisst, erfolgen[421]. Vielen Informationsgütern ist zudem zu eigen, dass sie umso wertvoller sind, desto aktueller sie sind, was ebenfalls bei der Preisfestsetzung berücksichtigt werden sollte. Zur Preisfestsetzung bieten sich Strategien der Preisdifferenzierung an (z.B. über Menge, Zeitpunkt, Leistungsumfang, kundenbezogene Merkmale), die sich an der marginalen Zahlungsbereitschaft verschiedener Kundengruppen orientieren. Im Idealfall wird für jeden Kunden ein individueller, an der jeweiligen Zahlungsbereitschaft orientierter Preis festgelegt, so dass die Konsumentenrente voll abgeschöpft werden kann[422].

Aus der **Fixkostendominanz** und den erheblichen Anfangsinvestitionen für die Erzeugung der „First Copy" leitet sich eine im Vergleich zu klassischen Märkten längere Zeitperiode zum Erreichen der Gewinnschwelle ab[423]. Die systemimmanente Fixkostendominanz führt für den Anbieter dazu, dass er, um an die Gewinnschwelle heranzukommen, sehr schnell ein hohes Geschäftsvolumen aufbauen muss, damit er Skalenvorteile gegenüber dem Wettbewerb aufbauen kann. Es gibt also zwei Hauptgründe, um aus theoretischer Sicht Schnelligkeit und den Aufbau einer Mindestgröße zu postulieren: Erreichung der Gewinnschwelle (geschäftsmodellinhärent) und Aufbau eines Wettbewerbsvorsprungs vor Konkurrenzanbietern (wettbewerbsinhärent).

---

[419] Vgl. Fritz, W., 2000, S. 70.
[420] Vgl. Fritz, W., 2000, S. 70.
[421] Vgl. Shapiro, C., Varian, H., 1998, S. 3.
[422] Vgl., Wirtz, B.W., 2000c, S. 182ff.
[423] Vgl. Fritz, W., 2000, S. 70.

Das führende Unternehmen kann so langfristig die niedrigsten Durchschnittskosten in dem Marktsegment erlangen. Allerdings bedeutet der Aufbau hohe Investitionen in eine geeignete Systemlandschaft, die weder einen schnellen Return on Investment noch kurzfristige Rentabilität erwarten lassen[424].

Shapiro/Varian warnen eindrücklich vor einem Preiskampf durch die Anbieter im Bemühen, die Marktführerschaft zu erlangen. Auf diese Art, so argumentieren sie, wird keines der Unternehmen erfolgreich sein. Nur wenn ein Unternehmen besser aufgestellt ist als die Konkurrenz (z.b. durch überlegenen Vertrieb, Marketing und Kontrolle über die Verkaufskanäle), kann es sich unter solchen Marktbedingungen als führend etablieren. Gelingt dieses, kann der Online-Anbieter allerdings im Vergleich zu traditionellen Geschäftsmodellen das klassische Ertragsgesetz überwinden, wonach die Erträge erst relativ schnell ansteigen, nach Erreichen eines Maximums dann allerdings wieder absinken. Aufgrund der leichten Kopierbarkeit vieler Dienstleistungen im Internet scheidet die Differenzierungsstrategie als Alternative zur Kostenführerschaft weitgehend aus[425].

4.7 Überprüfung der Netzwerk-Ökonomie Kriterien für Internet-Geschäftsmodelle

Nachfolgend soll geprüft werden, inwiefern sich die Kriterien der Netzwerk-Ökonomie auf die vorrangigen Internet-Geschäftsmodelle aus den Bereichen **Content** und **Transaktion** anwenden lassen.

Hierzu werden aus dem Bereich **Content**
- Portale/Infomediäre,
- Suchmaschinen,
- E-Mail Services und
- Instant Messenger.

betrachtet sowie aus dem Bereich **Transaktion** die Geschäftsmodelle
- Online-Händler (als Beispiel für physische Güter),
- Auktionen und
- Peer-to-Peer Tauschsysteme.

Außerdem wird die Anwendbarkeit des herkömmlichen ökonomischen Kriteriums **Skalierbarkeit**[426] (d.h. inwiefern lässt sich über eine einmal aufgebaute Kapazität eine Zahl von Transaktionen abwickeln, z.B. ist es bei Suchmaschinen vergleichsweise egal, ob sie von zwei oder zwei Millionen Anwendern genutzt wird) untersucht.

Die Mehrzahl der Internet-Unternehmen scheint sich nach dem von *Shapiro/Varian* beschriebenen Muster zu verhalten und versucht, zunächst schnell Marktanteile zu

---

[424] Vgl. Andersen Consulting, 1998, S. 24 und Mehler-Bicher, A., Borgman, H., 1999, S. 63.
[425] Vgl. Shapiro, C., Varian, H., 1998, S. 27ff.
[426] Vgl. Preißl, B., Haas, H., 1999, S. 36.

gewinnen sowie eine Kundenbasis aufzubauen, verbunden mit der Hoffnung auf spätere hohe Profitabilität und Lock-In der Kunden[427].

Im Internet-Handel wurden im Jahr 2000 ca. 51% des Umsatzes durch reine Internet-Händler erzielt, wobei 49% von traditionellen Unternehmen mit zusätzlicher Internet-Präsenz (Multikanal-Anbieter) erzielt wurden[428]. Aufgrund der hohen Investitionen in E-Commerce, kombiniert mit hohen Marketing-Ausgaben, realisierte lange Zeit kaum ein Internet-Händler Gewinne. Anfangs beunruhigte dies jedoch wenige Anleger, da das „Law of Increasing Returns" diese Gesetzmäßigkeit von Beginn an vorausgesagt hatte.

Kritisch ist hierbei zu hinterfragen, ob diese Gesetzmäßigkeiten für die jeweiligen Unternehmen in diesem Umfang zutreffen. Zwar handelt es sich beim Internet an sich um ein großes Netzwerk, die einzelnen Unternehmen sind jedoch in Tätigkeitsfeldern aktiv, die sich häufig in klassische Geschäftsfelder wie Handel (innerhalb verschiedener Branchen) oder Dienstleistungsanbieter einteilen lassen.

Shapiro/Varian verwenden ihre Empfehlungen v.a. für Informationsgüter und technische Produkte. Standards erlauben dort den Austausch mit anderen Nutzern und bringen Unternehmen von Hardware in die Lage, hohe Produktionsvolumen herzustellen, um so eine günstige Kostenposition zu erlangen.

4.7.1.1 Analyse der Anwendbarkeit der Netzwerk-Ökonomie Kriterien auf Internet-Geschäftsmodelle

Die nachfolgenden Überlegungen werden auf der Basis der **Grundeigenschaften** der Geschäftsmodelle gemacht. Dabei ist zu beachten, dass einige Anbieter zunehmend Mischformen aus verschiedenen Geschäftsmodellen darstellen. So bietet Yahoo neben der Portalfunktion auch E-Mail, Auktionen und Instant Messenger-Dienste an[429] oder Bücherversender wie Amazon.com nutzen Communities und von Kunden verfasste Buchrezensionen, bei denen durch eine erhöhte Mitgliederzahl ebenfalls die Qualität und Auswahl an Bewertungen mit einer zunehmenden Nutzeranzahl steigt[430]. Diese Mischformen werden in der folgenden Analyse nicht betrachtet. Nutzt ein Unternehmen also auch die Elemente anderer Geschäftsmodelle, verändern sich einige der Ergebnisse hinsichtlich dieses Effekts. Die Ergebnisse der Bewertung sind in Abbildung 24 zusammengefasst. Nachfolgend wird zu einigen ausgewählten Kriterien, die eine besondere Relevanz aufweisen, im einzelnen Stellung genommen.

---

[427] Vgl. Fritz, W., 2000, S. 97 und Fulkerson, B., Shank, M., 2000, S. 414f.
[428] Vgl. Fritz, W., 2000, S. 96.
[429] Vgl. Lihotzky, N., Wirtz, B., 2001, S. 285-305.
[430] Vgl. Strauß, R.E., Schoder, D., 2002, S. 99.

	Netzwerk-Ökonomie Kriterien					Konventionelles Kriterium
Geschäftsmodell	Positives Feedback	Lock-In	Standards	Informationsgut	Gesamtbewertung	Skalierbarkeit Geschäftsmodell
Content						
−Portale (z.B. Yahoo, Onvista)	−	−	−	+	−	+
−Suchmaschinen (z.B. Lycos, Google)	−	−	−	+	−	+
−E-Mail Services (z.B. Hotmail, Yahoo-Mail)	+	+	+	+	+	+
−Instant Messenger (z.B. ICQ, AOL, Yahoo)	+	+	+	+	+	+
Transaktion						
−Online-Händler (z.B. Amazon, BN.com)	−	o	−	o	- bis o	o
−Auktionen (z.B. Ebay, QXL)	+	o	+	o	o bis +	+

Erklärung: +: hoher Einfluß, o: mittelgrosser Einfluß, −: geringer Einfluß

Abbildung 24: Anwendbarkeit von Netzwerk-Ökonomie Kriterien auf Internet-Geschäftsmodelle[431]

- *Positives Feedback*

Positives Feedback lässt sich bei den wenigsten Internetangeboten beobachten. Am höchsten ist der Einfluss von positivem Feedback bei E-Mail und Instant-Messenger-Diensten anzusehen[432]. Für Portale und Suchmaschinen ist die Zahl der Nutzer ebenso wie bei den Transaktions-Anbietern von geringer Bedeutung. Für den einzelnen Kunden dürfte es weitgehend irrelevant sein, wie viel Kunden registriert sind, Netzwerkeffekte sind hier wegen eines nicht nötigen Austausches mit anderen Nutzern nicht erkennbar. Einzige Ausnahme stellen hier die Auktions-Sites dar, denn die Attraktivität des Angebots leitet sich durch die Breite des Angebots (d.h. die Anzahl der angebotenen Artikel) ab. Da die Nutzer die Angebote selbst erstellen, korreliert die Breite des Angebots mit der Zahl der Nutzer.

- *Lock-In*

Komplementärgüter sind in den seltensten Fällen bei Internet-Geschäftsmodellen per se vorhanden. Es gibt jedoch viele Versuche, sie zu kreieren, um einen **Lock-In** aufzubauen. Beispiele für Komplementärgüter sind Newsletter, personalisierte Webseiten, Communities oder weitere Dienstleistungen um das Hauptprodukt herum, die den Besucher zum regelmäßigen Nutzer der Seite transformieren wollen. Diese Güter schaffen für den Kunden ein „Erlebnis" um das Kernprodukt herum. Hier ist einerseits zwischen Angeboten zu unterscheiden, die im Internet ubiquitär vorhanden

---

[431] Eigene Überlegungen und Darstellung.
[432] Vgl. Porter, M.E., 2001, S. 62ff.

sind[433], weshalb der Lock-In-Charakter eher gering sein dürfte und andererseits Angeboten mit echten Mehrwerten für den Nutzer.

Lock-In-Effekte sind generell nur in wenigen Fällen von Beginn an vorhanden, sondern müssen schrittweise aufgebaut werden. Es gibt auch natürliche **Lock-Ins** wie bei E-Mail- Adressen und Instant-Messenger-Diensten, die, ähnlich wie Telefonnummern, ungern gewechselt werden. Außerdem werden Lock-Ins durch die investierte Zeit/den Aufwand des Kunden geschaffen, z.B. bei personalisierten Seiten. Beispiele hierfür sind Online-Händler und Auktions-Anbieter. Der Lock-In ist jedoch nur als mittelgroß einzuschätzen, da die Zeit zur Personalisierung in der Regel nur wenige Minuten dauert. Geringere Lock-Ins entstehen außerdem durch die Vertrautheit mit den Angeboten auf einer Site und deren Aufbau (erleichterte Nutzung). Bei Portalen und Suchmaschinen in ihrer Reinform ist der Lock-In sehr gering, da sie zur reinen Suchabfrage genutzt werden und keine weitere Personalisierung erfolgt. Diese Dienstleistungen sind hierdurch potenziell leicht austauschbar.

- *Standards*

Die Bedeutung von **Standards** und einem Austausch mit anderen Nutzern ist, abgesehen von den kommunikationsorientierten Internetangeboten, eher gering. Bei der Nutzung der meisten Internet-Angebote benötigt der Nutzer keinen Austausch mit anderen Nutzern (Online-Händler, Portale, Suchmaschinen). Bei Kommunikationsdiensten wie E-Mail und Anwendungsprogrammen und Web-Browsern besteht bereits ein Standard, so dass die Nutzer untereinander Informationen austauschen können, selbst wenn sie bei verschiedenen Providern bzw. E-Mail Servicern registriert sind. Anders ist die Lage bei Instant-Messengern, wo die Anbieter bewusst eine Inkompatibilität zwischen den Systemen hergestellt haben (AOL, Yahoo, ICQ). Potenziell ist die Bedeutung von Standards jedoch bei allen auf Austausch zwischen Nutzern ausgerichteten Geschäftsmodellen als hoch einzuschätzen.

- *Informationsgut*

Alle Internet-Angebote sind zumindest zum Teil **Informationsgüter**, so dass eine Kostenstruktur mit relativ hohen fixen Kosten und relativ geringen marginalen Kosten zu erwarten ist. Dies führt parziell zu einer **hohen Skalierbarkeit** des Geschäftssystems, denn sobald einmal eine Basis geschaffen worden ist, kann relativ günstig weitere Kapazität hinzugefügt werden. Informationsgüter in der Reinform sind alle Content-Angebote (Portale, Suchmaschinen, E-Mail-/Instant-Messenger-Dienste). Bei Transaktions-Anbieter hat die Vorbereitung der Transaktion Informationsgut-Charakter, während die Abwicklung bei physischen Gütern über gewöhnliche Logistik erfolgt. Somit liegt für Online-Händler und Auktionsanbieter teilweise ein Informationsgut-Charakter vor.

---

[433] Vgl. Herrmann, C., Sulzmaier, S., 2001, S. 35.

4.7.1.2 Untersuchung der Anwendbarkeit des Kriteriums „Skalierbarkeit" auf Internet-Geschäftsmodelle

Die meisten Internet-Geschäftsmodelle zeichnen sich durch Investitionen in eine Infrastruktur aus, die, sobald sie aufgebaut wurde, möglichst viel genutzt werden sollte. Ein Beispiel sind Suchmaschinen als ein typisches Informationsgut, wo einmalig der Katalog erstellt und aktualisiert sowie ein Suchalgorithmus entwickelt werden muss. Ist dies erfolgt, ist ein Großteil der Kosten entstanden und es ist für die weiteren Kosten nahezu irrelevant, wie oft die Seite abgerufen wird[434]. Insgesamt wird deutlich, dass die meisten Geschäftsmodelle zwar eine hohe **Skalierbarkeit** aufweisen, was zu Kostendegressionen führt. Allerdings hat dieser Effekt nichts mit Netzwerkeffekten zu tun.

Die Skalierbarkeit wirkt sich positiv auf die Kostenstruktur von vollständig digitalen Gütern (Content) aus, deren gesamte Wertschöpfungskette sich über das Internet abwickeln lässt. Bei den Transaktions-Anbietern ist häufig jedoch nur ein vergleichsweise geringer Teil der Wertschöpfungskette online (z.B. Bestell-Interface), die meisten Abläufe müssen nach wie vor einzeln manuell abgewickelt werden. So muss jede Buchbestellung einzeln kommissioniert, verpackt und verschickt werden. Sicher treten auch hier ab einer gewissen kritischen Größe gewisse Skalenvorteile ein, jedoch liegen diese nicht am Internetvertrieb, sondern der Beherrschung komplementärer Kernkompetenzen. Im Falle von digitalen Gütern wie Filesharing-Systemen steigt die Skalierbarkeit analog zum Content wieder an. Ein Sonderfall sind die Auktionsanbieter, bei denen zwar i.d.R. physische Güter versteigert werden, wobei jedoch Anbieter und Verkäufer Transport und Abwicklung selbst regeln müssen. Die Auktionsplattform dient rein der Vermittlung auf Kommissionsbasis, wodurch das Geschäftsmodell in hohem Maße skalierbar wird.

4.7.1.3 Zusammenfassung

Es zeigt sich, dass offenbar viele Unternehmen aus dem Internetbereich überwiegend nicht in einem Netzwerkgeschäft tätig sind. Wer jedoch nicht im Netzwerkgeschäft tätig ist, kann folglich nicht auf die damit verbundenen Gesetze, insbesondere die überproportionalen Increasing Returns[435], hoffen, sondern nur auf normale Skaleneffekte, vorausgesetzt, er hat die in seinem Markt erforderliche minimale Betriebsgröße übersprungen. Natürlich kann es durch weitere Insolvenzen von Internet-Unternehmen zu einer Reduzierung der Unternehmen kommen, so dass sich in gewissen Marktsegmenten Oligopole bilden könnten. In so einem Fall entstünde etwa bei Portalen ein Lock-In mangels anderer Alternativen. Ähnlich wie Microsoft erst im Laufe der Jahre in eine Quasi-Monopol Stellung gelangte, wäre dies auch für einzelne Internet-Unternehmen denkbar. Derzeit ist dies allerdings in keinem Teilsegment realisiert.

Die höchsten **Netzwerkeffekte** dürften im Bereich der Content-Geschäftsmodelle (E-Mail und Instant-Messenger Dienste) sowie im Bereich der überwiegend auf Content-fokussierten Transaktions-Geschäftsmodelle (Auktionen) vorliegen. Dennoch bedeutet

---

[434] Mit Ausnahme der erforderlichen Hosting-Kapazität zur Bearbeitung der Suchanfragen.
[435] Vgl. Fritz, W., 2000, S. 97.

dieses im Internet noch nicht automatisch, dass diese Dienste sich auch zum Generieren von Umsätzen und Gewinnen eignen. Grund hierfür ist die hohe Anzahl der Konkurrenzangebote, die aufgrund einer ähnlichen Kostenstruktur alle um die Auslastung ihrer Dienste bemüht sind und deshalb ihre Dienste gratis anbieten.

4.7.2 Marktstrukturen für Informationsgüter

Wenn auch ein Großteil der Firmen mit Produkten ohne Netzwerkeffekte agiert, stellt sich dennoch die Frage, wie sich die Unternehmen am besten strategisch positionieren können. Wie festgestellt wurde, haben die im Internet angebotenen Produkte zumindest zum Teil den Charakter eines Informationsgutes (siehe vorigen Absatz).

Shapiro/Varian[436] geben grundsätzlich zwei Strategiearten vor, die sich nach der jeweiligen Marktstruktur richten. Die beschriebenen Strategien sind identisch mit den zwei generischen Strategien „Differenzierungspotenzial" und „Kostenführerschaftspotenzial", die *Michael Porter* in seinem Buch „Competitive Strategy" beschreibt[437].

Struktur 1: Eine Firma dominiert
Marktstruktur: Der Marktführer kann, muss aber nicht, das beste Produkt herstellen. Da er jedoch aufgrund seiner Größe entscheidende Skaleneffekte gegenüber Wettbewerbern aufweist, verfügt er über eine günstigere Kostenstruktur (so verfügt Microsoft möglicherweise nicht über das beste Betriebssystem, ist aber klarer Marktführer mit einer Bruttomarge/Gross Margin von 96%).
Empfohlene Strategie: In einem solchen Markt sollte möglichst schnell die Kostenführerschaft durch Skalen- und Verbundeffekte übernommen werden.

Struktur 2: Differenzierte Produkte
Marktstruktur: In einem Markt mit differenzierten Produkten gibt es mehrere Unternehmen, die ähnliche Produkte vermarkten, wobei allerdings die Schwerpunkte und Vermarktungsformen verschieden sind. Diese Marktstruktur kann bei der Mehrzahl der Informationsgüter beobachtet werden, etwa Fernsehen, Radio, Zeitungen, Musik und Bücher.
Empfohlene Strategie: Da die Produkte alle sehr ähnlich sind, besteht die Strategie darin, sich durch die Generierung eines Mehrwerts vom Wettbewerb zu differenzieren. Dieser Mehrwert erlaubt es dem Anbieter, für sein Produkt höhere Preise zu verlangen.

Es bleibt festzuhalten, dass auch im Internet langfristig dieselben grundsätzlichen Strategieoptionen wie in jedem anderen Markt bestehen. Informationsgüter sind dabei wie jedes andere Produkt anzusehen, das über einen Vertriebskanal (d.h. das Internet) an den Kunden verkauft wird. Diese Ansicht wird von *Porter*[438] geteilt, der aus der Nutzung des Internets in den wenigsten Fällen Wettbewerbsvorteile ableitet, sondern das Internet vorwiegend als Technologie, die unterstützend wirkt, betrachtet. *Porter* vermutet Wettbewerbsvorteile bei Unternehmen, die es schaffen traditionelle

---

[436] Vgl. Shapiro, C., Varian, H., 1998, S. 24ff.
[437] Vgl. Porter, M.E., , 1980, S. 35 ff.
[438] Vgl. Porter, M.E., 2001, S. 62ff.

Geschäftsansätze mit den Möglichkeiten des Internets zu ergänzen. Diese Unternehmen können ihre Strategie nutzen, um sich weiter von ihren Wettbewerbern abzusetzen und können so erfolgreicher als die Wettbewerber im Markt agieren. Eine Veränderung der grundsätzlichen Strategieoptionen eines Unternehmens durch das Internet sieht *Porter*[439] nicht.

Internet-Händler mit ähnlichen Strukturen wie Versandhändler
Das gilt auch bei Mischprodukten, wie sie oft durch Shop-Konzepte verkauft werden. Beim Auswahlprozess weisen diese Produkte Informationsgut-Eigenschaften auf, die dann zum Kauf eines (meist) physischen Gutes führen. Wer einen Online-Shop betreibt und bis auf die Auftragsannahme alle weiteren Schritte wie ein Versandunternehmen abwickelt, unterliegt dabei grundsätzlich ähnlichen Wettbewerbsregeln und Kostenstrukturen wie ein Versandhändler[440]. „Definiert man Versandhandel ganz allgemein als mediale, nichtstationäre Handelsform, so trifft diese Begriffsanwendung auf alle Online-Shops mit physischen Produkten zu"[441]. Begründet wird dies mit der Nutzung des Internets zur Präsentation der Produkte sowie zur Abwicklung der Bestellvorgänge. Somit kann eine hohe Ähnlichkeit zum klassischen Versandhandels-Geschäftsmodell festgestellt werden. Als größter Unterschied wird der Push-Charakter des Versandhandels gesehen, da Kunden häufig Kataloge unaufgefordert zugeschickt bekommen, wohingegen der Kunde im Online-Handel selbst entscheidet, welche Webseiten er besucht[442].

Nur in wenigen Ausnahmenfällen müssen die bestehenden Strategien modifiziert werden[443]. Dies ist der Fall, wenn die nun durch E-Commerce online-abgewickelte Komponente einen hohen wertschöpfenden Anteil am Gesamtprozess hat oder die gesamte Wertschöpfungskette neu definiert wird. Idealbeispiel dafür ist der digitale Vertrieb, bei dem vorrangig die Kosten für die erste Kopie („First-Copy") entstehen. Hierbei ist die Kostenposition des Unternehmens wichtig, wobei es gilt, ähnlich wie bei Entwicklungskosten für Software, die First-Copy durch Kontrolle der Entwicklungskosten niedrig zu halten. Bei der Vermarktung stehen die Skaleneffekte und Kostendegression im Vordergrund – eine klassische Anwendung der Kostenführer-Strategie.

4.8 Auswirkungen des Electronic Commerce auf Marktstrukturen

4.8.1 Disintermediation

Durch den Einsatz des Internets ergeben sich teilweise neuartige Strukturen, die bestehende Strukturen ergänzen oder in wenigen Fällen sogar überflüssig machen können. Dieses war bei vielen neuen Vertriebsformen der Fall, die gleichzeitig Chance und Bedrohung für etablierte Vertriebskanäle darstellten. Unter **Disintermediation** ist

---

[439] Vgl. Porter, M.E., 2001, S. 62ff.
[440] Vgl. Köhler, R.K., 2000, S. 119 und Porter, M.E., 2001, S. 66.
[441] Mehler-Bicher, A., Borgman, H., 1999, S. 54 und Wißmeier, U.K., 1997, S. 200.
[442] Vgl. Mehler-Bicher, A., Borgman, H., 1999, S. 54.
[443] Vgl. Porter, M.E., 2001, S. 62ff.

in diesem Zusammenhang die Umgehung oder Ausschaltung etablierter Absatzmittler zu verstehen (vgl. Abbildung 25)[444]. So ermöglichte das Kataloggeschäft dem Kunden, bequem und auch am Wochenende von zu Hause aus Produkte zu kaufen, anstatt in ein Warenhaus zu gehen, und das Telefonbanking erlaubte einen raumunabhängigen Zugang zum Konto sowie ein größeres Zeitfenster zur Abwicklung von Bankgeschäften und ersetzte den Gang zur Bankfiliale mit ihren rigiden Öffnungszeiten. Diese Vertriebsformen griffen latent vorhandene Kundenbedürfnisse auf. Analog ergeben sich durch das Internet Veränderungen der Vertriebsstrukturen durch Formen der Disintermediation. Hierdurch entstehen teilweise neue Distributionswege, und bestehende Strukturen lösen sich auf oder verändern sich[445].

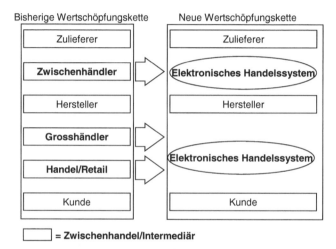

Abbildung 25: Veränderung von Wertschöpfungsketten durch das Internet am Beispiel von Disintermediation[446]

Die „**Threatened Intermediaries Hypothesis**" (*Wigand/Benjamin*[447]) betont dabei in erster Linie die Kosten des Intermediärs, die durch die Errichtung eines Direktvertriebs über das Internet umgangen werden können, was einen Trend zur Disintermediation begründen würde. So sahen *Albers/Peters*[448] durch den elektronischen Handel die Gefahr des Aussterbens ganzer Handelsbranchen, deren Existenzberechtigung bisher darauf beruht, dass sie die geographische und informatorische Lücke zwischen den Herstellern von Produkten und Dienstleistungen und dem Konsumenten schließen. Der Handel ist in traditionellen Geschäftsmodellen der Mittler zwischen Hersteller und

---

[444] Vgl. Fritz, W., 2000, S. 68f. u. 137.
[445] Vgl. Hermanns, A., Sauter, M., 1999b, S. 22.
[446] Vgl. Zerdick, A. et al., 2000, S. 149.
[447] Wigand, R., Benjamin, R.I., 1995a und Wigand, R., Benjamin, R.I., 1995b, S. 62-72.
[448] Vgl. Albers, S., Peters, K., 1997, S. 70-72.

Nachfrager und übernimmt eine Vielzahl von Funktionen, wie physische Distribution, Sortimentsgestaltung, Information, finanzielle Transaktionen und Dienstleistungen, die die Geschäftsabwicklung vereinfachen.

Im Internet entstehen allerdings auch **neue Intermediäre**, die neue Rollen zwischen Kunden und Herstellern einnehmen. *Sarkar, Butler und Steinfeld*[449] argumentieren, dass sich Koordinierungskosten durch Informationstechnologie senken lassen. Hierdurch eröffnen sich für die Unternehmen andere Möglichkeiten als die vertikale Integration (z.B. das Outsourcen dieser Dienste), was neuen Unternehmen Geschäftsmöglichkeiten eröffnet. So kann es zu **Reintermediationsprozessen** kommen, wobei ein traditioneller durch einen neuen Absatzmittler ersetzt wird[450].

Sarkar, Butler und Steinfeld widersprechen teilweise der These von *Wigand/Benjamin*, indem sie das Problem differenzierter betrachten und in weitere Fälle unterteilen.

Grundsätzlich sind **vier Fälle einer Neuorganisation** der Strukturen zwischen Hersteller und Kunden möglich (siehe Tabelle 6). Die Transaktionskosten zwischen einem Produzenten P und einem Endkunden K betragen $T1$[451]. Wenn ein Intermediär zwischen den Produzenten und Endkunden geschaltet wird, entstehen Transaktionskosten $T2$ zwischen dem Intermediär und dem Produzenten sowie Transaktionskosten $T3$ zwischen Intermediär und Endkunden. Zudem verursacht der Intermediär Kosten K_I. Die Einschaltung des Intermediärs ist immer dann ökonomisch sinnvoll, wenn dies günstiger ist als der Direktvertrieb, also $T1>T2+K_I+T3$. Durch die Einführung des Internets sollten nun die Transaktionskosten sinken und es sollen sich die neuen Transaktionskosten $T1^I$, $T2^I$, $T3^I$ ergeben.

		Vor Nutzung von Informationsinfrastrukturen	
		$T1<T2+K_I+T3$	$T1>T2+K_I+T3$
Mit Nutzung von Informations-infrastrukturen	$T1^I<T2^I+K_I+T3^I$	Informationsinfrastruktur ersetzt direkten Markt	Informationsinfrastruktur verdrängt klassischen Handel
	$T1^I>T2^I+K_I+T3^I$	Internet-Intermediäre ersetzen direkten Markt	Internet-Intermediäre ersetzen klassischen Handel (Reintermediation[452])

Tabelle 6: Einfluss der Transaktionskosten auf Absatzmittler mit- und ohne Informationsinfrastruktur

---

[449] Vgl. Sarkar, M., Butler, B., Steinfeld, C., 1995.
[450] Vgl. Fritz, W., 2000, S. 137 und Herrmann, C., Sulzmaier, S., 2001, S. 22.
[451] Zur Darstellung vgl. Becker, J., 2000, S. 85ff. und Toporowski, W., 2000, S. 86ff.
[452] Vgl. Klein, S., 2000, S. 640.

Auch ohne die Einsparung bei den Transaktionskosten genau beziffern zu können, ergeben sich **vier neue theoretische Konstellationen**, wie sich die Marktstrukturen durch das Internet verändern können[453]:

- **Vorher direkter Markt – nachher direkter Markt über Internet**
  z.b. Verkauf von Dell-Computern über Telefon an die Endkunden, dann direkt über das Internet an den Endkunden.
- **Vorher direkter Markt – nachher Internet-Intermediär**
  z.b. DaimlerChrysler kauft Autoteile direkt vom Zulieferer ein, dann über eine Einkaufsplattform von vielen Zulieferern.
- **Vorher Handel – nachher direkter Markt über Internet**
  z.b. klassische PC-Hersteller wie Compaq wechseln vom Handel zum eigenen Direktvertrieb an den Endkunden über das Internet.
- **Vorher Handel – nachher Internet-Intermediär**
  z.b. Reisebuchungen, vorher Vertrieb über Reisebüro, dann direkter Kauf von Internet-Reisebüro.

Besonders anfällig für Disintermediation sind Zwischenhandelsstufen, die **ursprünglich Wert geschaffen haben** (z.B. Zugriff auf zentrales Reservierungssystem durch Reisebüros, fehlende Markttransparenz für Kunden), aber durch das Internet (Wertschöpfungsschritt der Auswahl/Zugriff auf Buchungsdaten kann vom Kunden selbst übernommen werden) weitgehend aufgelöst werden.[454] Der Kunde übernimmt in der Internetökonomie selbst einen Teil der wertschaffenden Aktivitäten[455] und hat die Rolle des Suchens und Vorsortierens der Angebote vom Händler übernommen[456]. Die Übernahme dieser Funktionen führt zu einer Reduktion des externen Beratungsbedarfs des Kunden, der mit geringen Preisabschlägen honoriert werden könnte.

4.8.1.1 Beispiel für Disintermediation: Reisebuchung
Letztendlich ist die Buchung einer Reise, eines Fluges oder einer Zugfahrt ein Commodity-Gut, da das Produkt standardisierbare Eigenschaften aufweist. Deshalb sind Reisebuchungen ideal für den Internethandel geeignet. Die nicht vorhandene Zugriffsmöglichkeit des Endkunden auf die Angebotsdaten war bisher neben der Reiseplanung die Hauptexistenzberechtigung für Reisebüros, die den direkten Zugriff auf die Buchungssysteme von Reiseveranstaltern und Fluggesellschaften besaßen. Für Fluglinien lag der Hauptvorteil darin, dass sie keine flächendeckende Infrastruktur für Reisebuchungen selbst aufbauen mussten.

Diese angestammte Rollenverteilung änderte sich durch das Internet allmählich, denn dem Kunden konnte **direkt der Zugriff auf die Buchungssysteme** eingeräumt werden. Der Kunde kann also diesen **Wertschöpfungsschritt**, den vorher das Reisebüro erbrachte, **selbst ausführen**. Die teilweise Überflüssigkeit des Zwischen-

---

[453] Vgl. Becker, J., 2000, S. 85ff.
[454] Vgl. Zerdick, A. et al., 2000, S. 148f.
[455] Vgl. Herrmann, C., Sulzmaier, S., 2001, S. 31.
[456] Vgl. Preißl, B., Haas, H., 1999, S. 23.

handels durch die Reisebüros bei Flügen und Standardreisen haben inzwischen viele Fluggesellschaften als „natural owner" der Reiseplanung verstanden und integrieren vertikal in die volle Wertschöpfungskette der Reiseplanung, indem sie elektronische Flugbuchungsmöglichkeiten über das Internet auf- bzw. ausbauen. Die *Lufthansa* etwa plant, bis zum Jahr 2005 25% der Tickets direkt über das Internet an den Kunden zu vertreiben[457]. Der Hauptverkauf soll über den konzerneigenen „Infoflyway" sowie das mit acht anderen Fluglinien betriebene Online-Reise Portal Opodo erfolgen. Insgesamt hofft die Lufthansa nach eigenen Angaben dadurch auf Einsparungen von € 100 Mio. *Bill Reeves*[458] von Delta Airlines schätzt, dass der direkte Verkauf eines Tickets an den Endkunden für seine Fluggesellschaft viermal günstiger ist, als über ein Reisebüro. Zudem bieten künftig mehrere Fluglinien-Allianzen nicht nur Flüge, sondern auch Mietwagen und Hotelzimmer, Ausgehtipps oder Informationen zu medizinischen Diensten per Wap und Web[459] und dehnen so ihr Geschäft auf den Kernbereich von Reisebüros aus.

Hier zeigt sich aus Sicht der Reisebüros exemplarisch das Dilemma eines jeden Zwischenhändlers, der zumeist ein fremdes Produkt weitervermittelt und dadurch ständig in **Abhängigkeit vom Produktgeber** lebt. Bisher gab es eine klare Aufgabenteilung, die dem Reisebüro seinen wertschaffenden Platz in der Wertschöpfungskette sicherte, der jetzt in Frage gestellt wird[460]. So wurden im Jahr 1999 in Deutschland ca. 95% der Flugtickets und in den USA ca. 80% der Flugtickets von Reisebüros verkauft[461].

Das Internet wird allerdings teilweise genutzt, um die Margen der Zwischenhändler zu drücken. Dies geschieht mit dem Argument, es könne sonst ja selbst ein Direktvertrieb im Internet aufgebaut werden[462]. So wurden unter Druck der Fluggesellschaften die Margen für Reisebüros beim reisebüroeigenen Online-Ticketverkauf auf 3% festgelegt gegenüber 8% im traditionellen Vertrieb[463]. Für Fluglinien ist die Nutzung des Online-Kanals für ein verbessertes Yield-Management attraktiv, denn so lassen sich Restplätze zeitlich und preislich differenziert verkaufen[464].

4.8.1.2 Disintermediation bisher der Ausnahmefall

Gegen eine Disintermediation in Form eines eigenen Direktvertriebs spricht meist das **fehlende Know-how** sowie die **Infrastruktur** in der Kundenbetreuung und in dem Massenvertrieb. Außer bei den PC-Herstellern wie Dell, Compaq und Hewlett

---

[457] Lufthansa Webseite, Internet-Adresse: http://www.lufthansa.com/dlh/de/htm/fokus/e_business/ vertrieb.html, Abruf vom 20.2.2001.

[458] Vgl. Die Welt, 24.1.2001.

[459] Vgl. Die Welt, 24.1.2001.

[460] Vgl. Krause, J., 2000, S. 202.

[461] Vgl. Klein, S., 2000, S. 97.

[462] Vgl. Preißl, B., Haas, H., 1999, S. 32.

[463] Vgl. Preißl, B., Haas, H., 1999, S. 53.

[464] Vgl. Mei-Pochtler, A., Rasch, S., 1999, S. 31; Meffert, H., 2000b, S. 137 und Klein, P., 2001, S. 335.

Packard, wo der Anteil des Direktvertriebs am Online-Vertrieb inzwischen in den USA bei 67% liegt, hat sich tatsächlich in keiner anderen Branche ein starker Direktvertrieb herausgebildet[465]. Ein typischer Hinderungsgrund von Produzenten ist die Sorge, die Abnehmer im Groß- und Einzelhandelsbereich durch Direktverkaufsstrategien zu verärgern. Auf absehbare Zeit wird weiterhin der Großteil des Umsatzes der Hersteller über Intermediäre abgewickelt[466], so dass gute Handelsbeziehungen mit dem Absatzmittler auch weiterhin erwünscht sind.

Ein viel verbreitetes Konzept ist das eines reinen „virtuellen Händlers", der auf Filialen gänzlich verzichtet[467]. Dieses Konzept hat sich bisher jedoch vielfach nicht als erfolgreich erwiesen. So stellte auch eine gemeinsame Studie der *Boston Consulting Group* mit *Shop.org* fest, dass entgegen früherer Vorhersagen die Disintermediation in den meisten Branchen nicht stattgefunden hat[468].

Es ist zu erwarten, dass Online-Shopping langfristig in den Einzelhandelsmarkt als **weiterer Vertriebskanal unter vielen** integriert wird. Dabei wird es zu Anteilsverschiebungen unter den vorhandenen Distributionskanälen kommen, ohne dass in der Regel einzelne ganz verschwinden werden[469]. Eine Ausnahme davon sind Produkte, die einen neuen, überlegenen Vertriebsweg erhalten könnten, beispielsweise Musik. Dort sind massivere Verschiebungen denkbar[470]. Dennoch gibt es kaum Internetmodelle, die Wertketten gänzlich verändern. Selbst im Fall des digitalen Musikvertriebs könnten Musikunternehmen, wenn sie ein solches Vertriebssystem einführen würden, den größten Teil ihrer Wertkette behalten. Sichtung und Aufbau von Talenten, Studioproduktionen, Werbung, Organisation von Fernseh- und Rundfunkauftritten, Vermarktung der Künstler und ihrer Musik sowie Management sind besondere Fähigkeiten, die von großen Musiklabels in diesem Umfang nahezu exklusiv beherrscht werden. Verändern würde sich der Vertrieb, die Preismodelle und Produktform (gepresste CD - Bitstream, keine Herstellung erforderlich).

4.8.1.3 Mehrwerte durch Intermediäre als Strategie gegen den Direktvertrieb

Ist die eigene Position als Intermediär durch einen Direktvertrieb bedroht, kann eine Profilierung für solche Zwischenhändler am besten durch Beratung erfolgen, denn online ist dieses nicht immer möglich. So lässt sich für den Kunden ein Mehrwert generieren. Für die meisten Branchen, bei denen es nicht viele dominierende Anbieter gibt, wird der Händler seine Funktion als Marketing-, Abwicklungs- und Erfüllungsarm des Herstellers für eine Handelsspanne beibehalten. Die Rolle des Handels als Schnittstelle zwischen Kunden und Produkt, flexibilitätsverleihendes Element, Ausführer der Lieferung und Abwickler von Reklamationen bleibt nach wie vor

---

[465] Vgl. Frankfurter Allgemeine Zeitung, 2001 und Fritz, W., 2000, S. 137.
[466] Vgl. Ahlert, D., 2000, S. 23.
[467] Vgl. Palombo, P., Theobald, A., S. 393.
[468] einzige Ausnahme ist der Direktvertrieb von Computern, vgl. Silverstein, M., Stanger, P., Greenly, R., Rubin, E., 2001, S. 10f.
[469] Vgl. Preißl, B., Haas, H., 1999, S. 52.
[470] Vgl. Venkatraman, N., 2000, S. 17ff.

erhalten und kann sogar durch neue Serviceleistungen noch ausgebaut werden[471]. Dazu gehören dichterer und direkterer Kundenkontakt sowie bessere Kundenprofile, die es erlauben, genauer auf den Kunden einzugehen, und ein verbessertes Kennenlernen des Kunden über das Internet. Dies eröffnet Geschäftsmöglichkeiten für neue Formen von wertstiftenden Intermediären. Suche, Preisvergleiche und weitere informationsmittelnde Angebote erleichtern dem Kunden zudem die Auswahl aus der Vielzahl der Angebote.

4.9 Möglichkeiten der Ausgestaltung der Kundenbeziehung im Electronic Commerce durch die Interaktivität des Mediums Internet

4.9.1 Interaktivität als entscheidendes Merkmal des Electronic Commerce beim Aufbau der Kundenbeziehung

Das Internet ist ein Medium, das sich von anderen Medien vor allem durch die **Interaktivität** unterscheidet, welche für den Nutzer eine der Hauptkomponenten der Attraktivität des Mediums darstellt (vgl. Kapitel 3.5, S. 75ff.)[472]. Durch das Internet entsteht ein expliziter Dialog der Kunden mit Herstellern von Produkten und Dienstleistungen[473].

Viele Autoren stellen die Bedeutung der **Information des Kunden** in den Vordergrund. Dazu gehört die (eindimensionale) Kommunikationspolitik mit dem Kunden, insbesondere da die Webseite die Visitenkarte des Unternehmens ist und häufig die erste Kontaktaufnahme zwischen Kunden und Verkäufer darstellt[474]. Vor allem **Interaktion** wird als ein entscheidendes Element des E-Commerce betrachtet, wobei Interaktion als „Möglichkeit der multidirektionalen Kommunikation" betrachtet wird. Dadurch können Nachfrager und Erbringer einer Leistungserstellung interagieren[475] bzw. den einzelnen Kunden in den Vordergrund rücken: Im Online-Geschäft ermöglicht die Interaktivität der neuen Medien in Zukunft einen unmittelbaren Dialog, die individuelle Auseinandersetzung mit einzelnen Kunden[476].

Die Rolle der Interaktivität als ein zentrales Kriterium des Internets wird dabei vielfach betont, insbesondere die Bedeutung von Newsgroups, Archiven, Online-Bestellungen oder Download-Möglichkeiten zur Erreichung der angestrebten Interaktivität[477]. Die Bedeutung der **Interaktivität** als ein besonderes Charakteristikum des Mediums Internet wird auch von *Hermanns/Sauter*[478] herausgestellt: „Private und professionelle Nutzer verfügen nun über eine multimediale, interaktive Schnittstelle zum Unternehmen, die neue Dimensionen für effektives und effizientes Marketing eröffnet...

---

[471] Vgl. Krause, J., 2000, S. 202.
[472] Für eine umfassende Darstellung des Internet-Marketings, vgl. Hanson, W.A., 2000.
[473] Vgl. Prahalad, C.K., Ramaswamy, V., 2000, S. 80.
[474] Vgl. Hernandez, D., 2001, S. 235f.
[475] Vgl. Schlömer, T., 2001, S. 188f.
[476] Vgl. Wamser, C., 1997, S. 30ff.
[477] Vgl. Sonje, D., 2001, S. 120 und Timmers, P., 2000, S. 151.
[478] Hermanns, A., Sauter, M., 1999a, S. 5.

aufgrund der Interaktivität haben Kunden nun die Möglichkeit, Informationen selbst im gewünschten Format und Umfang abzurufen". Daraus leiten die Autoren die Notwendigkeit eines Wandels von massenhafter, anonymer Informationsverteilung im Sinne eines Push-Ansatzes hin zu einem Pull-Ansatz ab, bei dem die Überzeugung und dauerhafte Bindung mit dem Kunden eine erhöhte Rolle spielt. In der Folge kommen *Herrmann/Sulzmaier*[479] zu der Einschätzung, dass neben dem reinen Produktdenken durch das Internet das Interaktionsdenken an Bedeutung gewinnt.

Die Interaktivität ist ein klarer Vorteil und eine Abgrenzung des Mediums Internet gegenüber anderen Medien wie TV, Radio oder Printmedien. Untersuchungen haben ergeben, dass die Möglichkeiten der Interaktivität des Mediums bisher nur in geringem Masse ausgeschöpft werden. Eine umfassende Untersuchung zu diesem Thema stellt die von *Strauß/Schoder*[480] durchgeführte e-Reality Studie dar. *Strauß/Schoder* kommen anhand der Auswertung der Daten der e-Reality Studie zu der Einschätzung: „[Es] steht den herausragenden Potentialen nur eine spärliche Nutzung der medialen Eigenschaften des Mediums (wie Interaktivität, Individualisierung, Multimedialität) gegenüber, Mehrwerte im Vergleich zu herkömmlichen Angebots- oder Verkaufsformen werden Kunden kaum angeboten"[481].

Nachtmann stellt fest, dass sich die Anbieter im Electronic Commerce weniger über das Produkt, als den rationalen und emotionalen Mehrwert unterscheiden, wobei Internetspezifische Vorteile bezüglich Informationsdarstellung und -verarbeitung genutzt werden müssen[482].

Als Voraussetzung für die Aufstellung von Hypothesen für die Erfolgselemente Interaktivität und Service ist es erforderlich zwei Konzepte, die eng mit dem Erfolg der interaktiven Elemente zusammenhängen, zu erörtern:

- **Individualisierung** und
- **Kundenbindung**.

4.9.2 Individualisierung und One-to-One Marketing zur Ausgestaltung der Kundenbeziehung

Die Kommunikation mit dem Kunden weist aufgrund der interaktiven Möglichkeiten des Internets die Gelegenheit auf, einen **persönlichen Charakter** zu erhalten. Im Vergleich zu den klassischen Medien ist die Kommunikation über das Internet individuell einsetzbar, selbst wenn sie sich an ein Massenpublikum wendet[483]. Interaktivität, Individualisierung und Personalisierung der Angebote werden dabei als ein zentraler Punkt zum Aufbau von Wettbewerbsvorteilen betrachtet[484].

---

[479] Vgl. Herrmann, C., Sulzmaier, S., 2001, S. 28.
[480] Strauß, R.E., Schoder, D., 2000a.
[481] Strauß, R.E., Schoder, D., 2002, S. 21.
[482] Vgl. Nachtmann, M., 2001, S. 298f.
[483] Vgl. Rebstock, M., 1998, S. 266.
[484] Vgl. Sauter, M., 1999, S. 107 und Timmers, P., 2000, S. 16f.

4.9.2.1 Grundzüge des One-to-One Marketing

Ein wichtiges Element zur Kundenbindung kann in der Individualisierung gesehen werden. Ein Ausdruck von Individualisierungspotenzialen im Internet wird durch das **One-to-One Marketingkonzept** beschrieben.

„Der zentrale Erfolgsfaktor des Electronic Commerce aus Sicht des Marketing ist der Aufbau von individuellen Kundenbeziehungen"[485]. Dabei wird betont, dass der Kunde als Individuum behandelt werden sollte, was sich z.B. durch persönliche Begrüßung, personalisierte Empfehlungen und individuelle Nutzenerfahrungen realisieren lässt[486].

Der Begriff **One-to-One Marketing** wurde von *Don Peppers* und *Martha Rogers*[487] geprägt und beinhaltet einen Paradigmenwechsel im Marketing. Anstatt mehr Käufer für ihre Produkte zu finden, sollten Unternehmen eine intensive Beziehung zum Kunden aufbauen, um für den jeweiligen Kunden passende Produkte zu verkaufen. Es wird bereits im Verkaufsprozess individuell auf die Bedürfnisse des einzelnen Kunden eingegangen. Je länger die Kundenbeziehung besteht, desto enger wird die Kundenbindung, denn das Unternehmen lernt die Bedürfnisse des Kunden immer besser kennen und kann so auch die besten Lösungen anbieten („**Learning Relationship**").

Aus dieser tiefen Kundenkenntnis erwächst dann für das Unternehmen der Wettbewerbsvorteil, dass niemand den Kunden besser kennt und folglich nicht besser bedienen kann. So soll ein Unternehmen die bestehende Kundenbasis besser ausschöpfen und den Umsatz pro Kunde erhöhen.[488] Insbesondere sollen jedem Kunden durch Nutzung interaktiver Kommunikationsmethoden auf Basis der Erkenntnisse aus Kundendatenbanken so viele Produkte und Dienstleistungen wie möglich über den gesamten Lebenszyklus des Kunden verkauft werden[489]. Dieser **Lebenszyklus-Ansatz** wird dabei klar von Ansätzen, in einem Zeitabschnitt ein Produkt an möglichst viele Kunden zu verkaufen, abgegrenzt.

Da es bei den Standardtransaktionen des täglichen Lebens schwer ist, eine solch enge Kundenbeziehung aufzubauen, lässt sich diese Philosophie nur in wenigen Branchen anwenden[490]. Bei allen Kaufvorgängen im Internet hingegen fallen viele **kundenindividuelle Daten** an, die eng mit dem gekauften Sortiment verknüpft sind. Dies liegt an der Interaktivität des Mediums Internet, in dem der Kunde häufig Entscheidungen treffen muss, die wiederum viel über sein Kaufverhalten verraten. One-to-One Marketing-Konzepte helfen durch Personalisierung und Erfassung der Kundenpräferenzen gezielter auf den jeweiligen Kunden einzugehen und so die Marketingeffizienz zu erhöhen. One-to-One Marketing erlaubt eine kostengünstige, relativ „persönliche

---

[485] Schnetkamp, G., 2000, S. 43.

[486] Vgl. Schnetkamp, G., 2000, S. 45.

[487] Vgl. Peppers, D., Rogers, M., 1993.

[488] Vgl. Peppers, D., Rogers, M., 1997, S. 168ff.; Wamser, C., 2000, S. 111; Röder, H., 2000, S.151-157 und Reichheld, F.F., Schefter, P., 2001, S. 3.

[489] Vgl. Timmers, P., 2000, S. 159; Reichard, C., 2000, S. 129f. und Mehler-Bicher, A., Borgman, H., 1999, S. 76.

[490] Vgl. Meffert, H., 2000b, S. 132f. und Reichheld, F.F., Schefter, P., 2001, S. 6.

Betreuung" eines Kunden, wie sie im stationären Handel nur von exklusiven Unternehmen mit viel Servicepersonal geboten werden kann. Nüchtern betrachtet ist das Internet ein anonymes Massenmedium, bei dem kein persönlicher Kontakt mit dem Kunden stattfindet. Deshalb ist eine solche individuelle Behandlung des Kunden ein entscheidender Mehrwert[491], der dem Kunden eine persönliche Behandlung suggeriert (z.b. durch personalisierte Begrüßung, regelmäßige Newsletter, personalisierte Angebote etc.; Massenindividualisierung[492]).

Zudem können die vorhandenen **Kundenprofile** zur besseren Vermarktung von Werbung genutzt werden. Der Kunde erhält nur Werbung über Produkte, die ihn wirklich interessieren[493]. Somit kann die Werbung zielgerichteter für Produkte mit tatsächlichem Kaufinteresse eingesetzt werden. Das Unternehmen erhält eine Vielzahl von aussagekräftigen Kundendaten, die in einem Data-Warehouse gespeichert werden können und sich für zukünftige Marketingaktionen auswerten lassen[494].

Dieses ist eine klare Überlegenheit gegenüber dem Offline-Handel, wo selbst Stammkunden für das Unternehmen meist anonym bleiben. Der Online-Handel kennt hingegen häufig neben dem Namen des Kunden, die Anschrift, Geburtsdatum (von den Versanddaten oder der Registrierung), Anzahl der Käufe, gekaufte Produkte, Interessen (z.b. über das Browsing-Verhalten auf der Webseite, Kenntnis der Sucheingabe bei Kunden, die den Anbieter über eine Suchmaschine erreicht haben) sowie frühere Produktkäufe.

Anhand der Auswertung von **Präferenzmustern** lässt sich ermitteln, welche Produkte Kunden mit einem ähnlichen Nutzerprofil kaufen (sog. „kollaboratives Filtern")[495]. Diese Fülle von Informationen können für intelligente Angebote und Cross-Selling Potenziale genutzt werden[496]. Die alte Marketingregel, dass ein Unternehmen seinen Kunden kennen sollte, lässt sich im Internet vergleichsweise gut umsetzen[497]. Kommerzielle Anbieter versuchen, den Markt für Kundenbindungssysteme inzwischen als Outsourcing-Partner zu erschließen (z.b. Payback, Webmiles[498]).

Dadurch soll neben der Gewinnung von Daten (Sammlung in einem Data-Warehouse zum späteren Data Mining[499]) für Kunden eine Art Lock-In in die Angebote der am Programm teilnehmenden Unternehmen stattfinden. Die Unternehmen selbst können

---

[491] Vgl. Preißl, B., Haas, H., 1999, S. 28.

[492] Vgl. Meffert, H., 2000b, S. 133; Jost, A., 2000, S. 343f.; weitere Literatur zur Massenindividualisierung vgl. u.a.: Fink, D.H., 1999, S. 137ff.; Weiber, R., Kollmann, T., S.537f. und Strauß, R.E., Schoder, D., 2000b, S. 111ff.

[493] Vgl. Mehler-Bicher, A., Borgman, H., 1999, S. 55; für eine genauere Darstellung vgl. Davenport, T.H., Harris, J.G., Kohli, A.K., 2001, S. 63-73.

[494] Vgl. Mehler-Bicher, A., Borgman, H., 1999, S. 62 und Hagel, J., Rayport, J.F., 1997a, S. 65ff.

[495] Vgl. Strauß, R.E., Schoder, D., 2000, S. 114 und Wamser, C., 2000, S. 112.

[496] Vgl. Strauß, R.E., Schoder, D., 2000, S. 115; Müller-Hagedorn, L., Dach, C., Hudetz, K., Kaapke, A., 2000, S. 43f. und Reichard, C., 2000, S. 164f.

[497] Vgl. Varianini, V., Vaturi, D., 2000, S. 88.

[498] Vgl. Ringlstetter, M.J., Oelert, J., 2001, S. 14f.

[499] Vgl. Jost, A., 2000, S. 345f.

quasi auf Basis des historischen Kaufverhaltens der Kunden Werbemaßnahmen starten, wobei die Gewinnung und Aufbereitung der Kundendaten an einen externen Dienstleister vergeben werden kann.

4.9.2.2 Ablauf des One-to-One Marketing

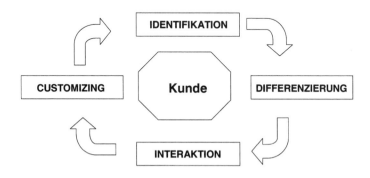

Abbildung 26: Ablauf des One-to-One Marketing[500]

Das One-to-One Marketing kann in **vier** Schritte aufgeteilt werden (vgl. Abbildung 26)[501]:

- *Identifikation:* In dieser Phase wird versucht, den Besucher der Website und dessen Ziele einzuschätzen. Dabei ist wichtig zu erkennen, ob es sich um einen potenziellen Kunden, Neukunden oder um einen Bestandskunden handelt.

- *Differenzierung:* In diesem Schritt geht es darum, den Kunden nach seinen Anforderungen und Bedürfnissen zu differenzieren. Die gewonnenen Daten bilden den Grundstock des Customizing, der für individualisierten Content und Navigation genutzt werden kann.

- *Interaktion:* Ziel ist es, den Besucher als Kunden zu gewinnen. Durch Nutzung der Daten aus dem Schritt der Differenzierung können hierbei z.B. Produkte an-

---

[500] Eigene Darstellung in Anlehnung an: Heinemann, C., Priess, S., 1999, S. 123.
[501] Vgl. Heinemann, C., Priess, S., 1999, S. 123.

geboten werden, die Kunden aus demselben Kundensegment bevorzugt kaufen. Dabei werden insbesondere Cross-Selling und Up-Selling Potenziale angestrebt.

• *Customizing:* Durch die Kenntnis des Kunden können ein kundenindividueller Service angeboten und kundenangepasste Produkte zur Kundenbindung genutzt werden. Des weiteren lassen sich Funktionen wie individuelle Preise, Rabatte für Wiederholungskäufer, flexible Zusammenstellung von Produkten und Dienstleistungen, Zugangsvereinfachungen, alternative Zahlverfahren sowie individuelle Inhalte und Navigationsoptionen anbieten.

Ideale Möglichkeiten, um an **Kundendaten** zu kommen, sind Registrierungs- und Rechnungsvorgänge, bei denen nach demographischen Informationen gefragt werden kann. Eine weitere Möglichkeit ist die Beobachtung des Click-Verhaltens und der Eingaben in Suchmaschinen. Die Wirkung von Werbung beruht großteils darauf, dass statistische Muster ausgewertet und in einzelnen Nutzergruppen zusammengefasst werden. Im Internet kann das Verhalten von Millionen von Kunden beobachtet und sofort durch angepassten Inhalt in einem Umfeld mit individualisierter Werbung präsentiert werden[502]. Unternehmen wie die US-Firma Doubleclick oder Adlink in Europa platzieren als Werbenetzwerke pro Tag Hunderttausende von Werbebannern und erfassen das Nutzungsverhalten der jeweiligen Nutzer[503].

4.9.3 Kundenbindung

4.9.3.1 Elemente der Kundenbindung

Kundenbindung stellt eine psychologische **Wechselbarriere** dar und kann zu einem Lock-In führen, wobei ein Unternehmen die emotionale Verbundenheit des Kunden auch für Preisaufschläge nutzen kann[504]. Teilweise wird in Internetmärkten davon ausgegangen, dass aufgrund eines homogenen Produktangebots, verbesserter Vergleichbarkeit der Angebote (höhere Transparenz), große Anbieterzahl durch gesunkene Marktbarrieren sowie Anonymität im Kunden-/Anbieterverhältnis die Kundenbindung lockerer wird[505]. Unternehmen, die dennoch in der Lage sind, eine solche Kundenbindung aufzubauen, können dies folglich als einen Wettbewerbsvorteil nutzen.

Nach einer Klassifizierung von *Lihotzky/Wirtz*, ergibt sich Kundenbindung im Internetbereich in erster Linie aus **drei** Komponenten[506]:

1. *Dauerhaftigkeit der Geschäftsbeziehung*: Die Geschäftsbeziehung zum Kunden sollte eine dauerhafte Bindung darstellen.

---

[502] Vgl. Shapiro, C., Varian, H., 1998, S. 7.
[503] Vgl. Kleindl, M., Theobald, 2000, S. 270f.; Hagel, J., Rayport, J.F., 1997b und Hagel, J., Armstrong, A., 1997b, S. 120.
[504] Vgl. Wirtz, B., 2000c, S. 111 und 153f.
[505] Vgl. Wirtz, B., 2000c, S. 111 und 134.
[506] Vgl. Lihotzky, N., Wirtz, B., 2001, S. 285-305.

2. *Nutzungshäufigkeit*: Dieses Kriterium charakterisiert wie häufig das Angebot vom Nutzer in einem Zeitraum genutzt wird.

3. *Nutzungsdauer*: Diese Komponente beschreibt, wie lange ein Nutzer das Angebot gemessen in Zeiteinheiten nutzt.

4.9.3.2 Wiederholungskäufer als Ausdruck von Kundenbindung

Entscheidend für den Erfolg eines Electronic Commerce Unternehmens ist es in einem dreistufigen Prozess die Besucher in **Wiederholungskäufer** zu verwandeln (siehe Abbildung 27), da hohe Kundenakquisitionskosten für Neukunden anfallen, die bei Wiederholungskunden nicht mehr erforderlich sind. Deshalb ist es vorteilhaft, wenn ein Unternehmen Kunden als Wiederholungskäufer an das eigene Unternehmen binden kann[507]. Entscheidend für die **Wandlung eines Besuchers zu einem Wiederholungskäufer** sind **drei Faktoren**:

1. Die Fähigkeit, **Besucher** zunächst anzuziehen. Viele Internet-Unternehmen investieren viel Geld in Marketingmaßnahmen, um aus Nutzern Erstkunden zu machen. Sie schaffen es aber nicht, Erstkunden zu Wiederholungskäufern bzw. Stammkunden weiterzuentwickeln[508].

2. Ist es gelungen, Besucher anzuziehen, so besteht die Herausforderung darin, die Besucher in **Kunden** zu verwandeln (Konversionsrate). Napster hatte im März 2001 rund 60 Millionen Nutzer, wobei sich die Frage stellte, wie aus Nutzern zahlende Kunden werden können. Yahoo-Gründer Jerry Yang formulierte dieses Problem bereits 1998: „Die Frage ist, wie wir 12 Millionen Registrierungen in Umsätze und Gewinne umwandeln"[509]. Als problematisch sind in diesem Zusammenhang v.a. das –gemessen an traditionellen Vertriebskanälen– geringe Marktvolumen für E-Commerce, kombiniert mit einer geringen Kaufbereitschaft vieler Kunden. So werden nur 2-5% der Besucher von Online-Shops zu Kunden und nur ca. 1% der Besuche führen zu tatsächlichen Käufen. Zudem liegen die Marketing-Aufwendungen um ungefähr das Zehnfache über denen von traditionellen Einzelhändlern[510] (siehe Abbildung 28).

3. Nächster Schritt ist es, den Kunden in einen **Wiederholungskäufer** zu verwandeln, denn wie in der Offline-Welt gilt auch im Internet, dass ein Wiederholungskunde wesentlich günstiger ist als ein Neukunde (hohe Kundenakquisitionskosten). Bei individualisierten Angeboten kennt ein Anbieter den Wiederholungskäufer und Teile seiner Präferenzen und kann so gezieltere Angebote für ihn bereithalten. Die Chancen für einen Kauf erhöhen sich dadurch. Untersuchungen haben gezeigt, dass maximal 30% der Erstkunden zu Wiederholungs-

---

[507] Vgl. Reichheld, F.F., Schefter, P., 2001, S. 1f. und Heinemann, C., Priess, S., 1999, S. 121.

[508] Vgl. Rasch, S., Lintner, A., 2001, S. 8.

[509] Zerdick, A. et al., 2000, S. 168.

[510] Vgl. Booz, Allen & Hamilton, 2000, S. 63.

käufern werden[511]. Auf die obersten 20% der Kunden entfallen außerdem zwischen 51% und 78% aller Umsätze[512], so dass es wichtig ist, gerade diese Kundengruppen an das Unternehmen zu binden[513]. Um 100.000 Stammkunden zu gewinnen, sind bei den gegenwärtigen Konversionsraten also über 10 Mio. Nutzer erforderlich.

	Phase I	Phase II	Phase III
Lebens-zyklus	**Besucher anziehen**	**Besucher zum Kunden um-wandeln**	**Kunde zu Wieder-holungskäufer machen**
Angewan-dte Strate-gien	• Online & Offline Werbung • Branding • Angebotene Kanäle	• Pricing/Promotion • Personalisierung/ Individualisierte Angebote	• One-to-One Marketing • Community (Segmentierung) • Personalisierung/ Individualisierterte Angebote
Wichtige Meßgrößen	• Anzahl Unique Visitors • Kundenakqui-sitionskosten	• Kundenakquisi-tionskosten • Umwandlungs-quote Besucher zu Kunde • Umsatz pro Kunde	• Kundenbindungs-kosten • Umwandlungsrate Kunde zu Stamm-kunde • Kundenverlustrate

Abbildung 27: Vom Besucher zum Stammkunden – Zyklen und Strategien [514]

---

[511] Vgl. Schögel, M., Birkhofer, B., Tomczak, T., 2000, S. 38.

[512] Vgl. Rasch, S., Lintner, A., 2001, S. 8.

[513] Dieser Effekt ist in traditionellen Märkten lange bekannt; vgl. Grahame, R.D., Uncles, M., 1997, S. 71ff.

[514] Eigene Darstellung in Anlehnung an Fritz, W., 2000, S. 108 und Booz, Allen & Hamilton, 2000, S. 17.

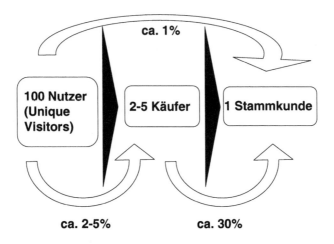

Abbildung 28: Konversionsrate Nutzer–Käufer–Stammkunde[515]

---

[515] In Anlehnung an Schögel, M., Birkhofer, B., Tomczak, T., 2000, S. 39.

5. Erfolgsfaktoren des Business-to-Consumer Electronic Commerce - Hypothesenbildung

In dem folgenden Kapitel wird der Bezugsrahmen weiter eingegrenzt, so dass konkret für den Fall des Business-to-Consumer Electronic Commerce Hypothesen abgeleitet werden. Für den Erfolg im Internet sind insbesondere Erkenntnisse aus dem **Resource-Based View** und der **Theorie der Netzwerk-Ökonomie** von Bedeutung, die zur Ableitung von Wettbewerbsvorteilen integriert werden[516]. Deshalb werden, basierend auf dem Resource-Based View und der Theorie der Netzwerk-Ökonomie (die im vorherigen Kapitel dargestellt wurden), Ressourcen von Unternehmen im Bereich des Business-to-Consumer Electronic Commerce herausgearbeitet. Dabei wird zum einen auf die **Akkumulation der Ressourcen** eingegangen, zum anderen erörtert, wie diese Ressourcen im Sinne von **dynamischen Fähigkeiten ausgebaut** und **auf neue Märkte übertragen** werden können. Außerdem werden Ressourcen, die bereits in anderen Branchen als Erfolgsfaktoren ermittelt worden sind, auf ihre Eignung zur Anwendung auf den Electronic Commerce geprüft. Des weiteren wird auf Besonderheiten aus der Interaktivität des Mediums Internet zum Aufbau der Kundenbeziehung im Electronic Commerce eingegangen. Die so hergeleiteten Erfolgsfaktoren des Business-to-Consumer Electronic Commerce werden jeweils **in Form von Forschungshypothesen** zusammengefasst.

5.1 Diskussion der Messbarkeit von Ressourcen des Unternehmenserfolges

5.1.1 Charakterisierung der Beschaffenheit der im Electronic Commerce wichtigen Ressourcen

Die **Identifikation und Nutzung von Ressourcen**, die wertvoll, selten, schwer zu imitieren und nicht-substituierbar sind, führen zu überdurchschnittlichen Gewinnen für das Unternehmen[517]. Ressourcen können physisch (z.B. geographische Lage, Maschinen), human (z.B. Wissen) und organisatorisch (z.B. besser organisierter Vertrieb) sein[518]. Die Fähigkeit des Unternehmens zur Kombination und Ausnutzung seiner Ressourcen auf einzigartige und wertvolle Art schafft einen Wettbewerbsvorteil gegenüber Konkurrenten[519]. Der Prozess der Umwandlung von Ressourcen (Input) in heterogene Produkte (Output) hat bei der Wertgenerierung des Unternehmens hohe Bedeutung[520].

Teilweise wird der Theorie des Resource-Based View vorgeworfen, wenig über das **Wettbewerbsumfeld** auszusagen, in denen gewisse Ressourcen und Fähigkeiten bedeutend sind[521]. Unter Nutzung der Einteilung von *Miller/Shamsie*[522], ergibt sich,

---

[516] Vgl. Amit, R., Zott, C., 2001, S. 509; Gulati, R., 1999, S. 399ff. und Afuah, A., 2000, S. 387ff.

[517] Vgl. Oliver, C., 1997, S. 697 und McEvily, S.K., Chakravarthy, B., 2002, S. 285.

[518] Vgl. Eisenhardt, K.M., Martin, J.A., 2000, S. 1106f.

[519] Vgl. Martinez, R.J., Levitas, E., 2002.

[520] Vgl. Alvarez, S.A., Busneitz, L.W., 2001, S. 755ff.

[521] Vgl. Fuchs, P.H., Mifflin, K.E., Miller, D., Whitney, J.O., 2000.

dass der Business-to-Consumer Electronic Commerce Markt von hoher Unsicherheit, schnellen Änderungen von Kundenpräferenzen, Wettbewerbsmaßnahmen und soziokulturellen Trends geprägt ist („Environmental State Uncertainty"). In einem solchen Marktumfeld sind die **internen Fähigkeiten des Unternehmens**, sich entsprechend an das Marktumfeld anzupassen und die internen Fähigkeiten zu nutzen, besonders gefordert. Genau solch ein dynamisches Marktumfeld liegt beim Electronic Commerce vor.

Passend zu diesem theoretischen Postulat haben *Baum, Locke und Smith*[523] gezeigt, dass die internen Fähigkeiten eines Unternehmens die vorrangigen Determinanten der Leistungsfähigkeit („Performance") von jungen Unternehmen sind. Die Bedeutung der internen Fähigkeiten des Unternehmens wird dadurch verstärkt, dass das Internet als eine sehr wissensintensive Industrie betrachtet wird[524], wobei das Wissen in den Unternehmen ruht.

Eine Möglichkeit, die Ressourcen eines Unternehmens einzuteilen, ist nach den Kriterien „Anfassbarkeit", „Interaktion mit anderen Ressourcen" und „Form des Eigentums der Ressource" zu differenzieren. **Einfache Ressourcen** sind materiell, diskret (alleinstehend) und basieren auf Besitz, während **komplexe Ressourcen** immateriell, systemisch (erlangen ihren Wert aus der Verbindung mit anderen Ressourcen) und wissensbasiert sind[525]. Es gibt jedoch nur wenig empirisch belegte Beispiele, dass immaterielle Ressourcen den materiellen Ressourcen überlegen sind und wie wissensbasierte Wettbewerbsvorteile dauerhaft gesichert werden können[526].

Auch viele andere Autoren betonen, dass Wettbewerbsvorteile v.a. auf Basis von **immateriellen Ressourcen bzw. internen Charakteristika** des Unternehmens geschaffen würden[527], die gegenüber Wettbewerbsstrategien, die auf materiellen Ressourcen beruhten, überlegen seien[528]. Zu diesen immateriellen Ressourcen wird insbesondere das im Unternehmen vorhandene Wissen gezählt[529]. Die Überlegenheit immaterieller Ressourcen leitet sich aus verschiedenen Mechanismen ab, die immaterielle Ressourcen schützen, u.a. durch die kausale Ambiguität. Diese hindert einen Wettbewerber daran, zu verstehen, auf welchen Kompetenzen der Wettbewerbsvorteil beruht. Wegen der sozialen Komplexität der Ressource und den daraus resultierenden Schwierigkeiten, sie nachzuvollziehen, ist davon auszugehen, dass immaterielle Ressourcen eine höhere Bedeutung zur Erlangung eines Wettbewerbsvor-

---

[522] Vgl. Miller, D., Shamsie, J., 1999, S. 97ff.
[523] Vgl. Baum, J.R., Locke, E.A., Smith, K.G., 2001 und Hitt, M.A., Ireland, R.D., Camp, S.M., Sexton, D.L., 2001, S. 482.
[524] Vgl. McGee, J., Sammut Bonnici, T.A., 2002, S. 116ff.
[525] Vgl. Brush, C.G., Greene, P.G., Hart, M.M., Haller, H.S., 2001, S. 66f.
[526] Vgl. McEvily, S.K., Chakravarthy, B., 2002, S. 285; Levitas, E., Chi, T., 2002, S. 957 und Eisenhardt, K.M., Martin, J.A., 2000, S. 1106.
[527] Vgl. Barney, J.B., 1991, S. 101 und Montealegre, R., 2001, S. 718.
[528] Vgl. Barney, J.B., 2001, S. 648.
[529] Vgl. Barney, J.B., 1991, S. 101.

teils aufweisen, als materielle Ressourcen[530]. *Reed/DeFillippi*[531] betonen, dass aufgrund der kausalen Ambiguität, des taziten Wissens und hoher Komplexität teilweise selbst die Manager des Unternehmens den Zusammenhang zwischen ihrem Handeln und den Ergebnissen nicht vollständig begreifen.

Stoi[532] rechnet zu den **immateriellen Ressourcen** eines Unternehmens das **Humankapital** („Mitarbeiterbasis", „Mitarbeiterbeziehungen", „Mitarbeiterpotenzial"), das **Kundenkapital** („Kundenbasis", „Kundenbeziehungen", „Kundenpotenzial"), **Partner-/ Allianzkapital** („Partnerbasis", „Partnerbeziehungen", „Partnerpotenzial"), **Imagekapital** („Marken-/ Warenzeichen", „Ansehen", „Bekanntheitsgrad") und das **Organisationskapital** („Innovationskapital", „Prozesskapital", „Infrastruktur", „Unternehmenskultur" und „Management").

In **dieser Arbeit** wird eine **Aufteilung nach Aufbau, Übertragung bzw. Nutzung sowie Kontrolle von Ressourcen und Fähigkeiten** vorgenommen. Dabei wird in drei Unterkapiteln der **Aufbau** der Ressourcen und Fähigkeiten (Kundenbeziehung und Kundenbindung, Markenaufbau, Multikanalität, Mitarbeitermotivation), die **Übertragung** der Ressourcen und Fähigkeiten im Sinne von „Dynamic Capabilities" (Internationalisierung, Unternehmenskäufe und Fusionen, Markteintrittszeitpunkt, Unternehmensherkunft, führende Wettbewerbsposition) und die **Kontrolle** der Ressourcen und Fähigkeiten (institutionelle Anleger, Vorstand, Aufsichtsrat, Erfahrung) betrachtet. Dabei besteht eine hohe Deckungsgleichheit zwischen jenen Ressourcen und Fähigkeiten, die auch *Stoi*[533] als die relevanten immateriellen Fähigkeiten aufzählt, wobei die Betrachtung in dieser Arbeit noch durch den Corporate Governance Aspekt erweitert wird.

5.1.2 Messbarkeit der Ressourcen

Aufgrund der beschriebenen Charakteristika der immateriellen Ressourcen tun sich viele Forscher mit der **konkreten Identifizierung von immateriellen Ressourcen** schwer.[534] In der Praxis tritt das Problem auf, dass sich immaterielle Ressourcen weder über Zahlen noch über direkte Befragungen der Mitarbeiter messen lassen. So erörtert *Arend*[535], dass sich wegen ihres immateriellen Charakters viele Ressourcen **nicht messen lassen** und aus diesem Grund in der empirischen Forschung generell nicht falsifizierbar sind. Zudem bleiben die Ressourcen häufig vage beschrieben, wie z.B. als „Fähigkeiten eines Unternehmens, seine Produkte an die Bedürfnisse des Marktes anzupassen" oder „technisches und kreatives Wissen, um wettbewerbsfähige Produkte

---

[530] Vgl. Hitt, M.A., Ireland, R.D., Camp, S.M., Sexton, D.L., 2001, S. 483 und Gouthier, M.H.J., Schmidt, S., 2001, S. 226ff.

[531] Vgl. Reed, R., DeFillipi, R.J., 1994, S. 90ff.

[532] Vgl. Stoi, R., 2003, S. 176.

[533] Vgl. Stoi, R., 2003.

[534] Vgl. Hitt, M.A., Dacin, M.T., Levitas, E., Arregle, J.L., Borza, A., 2000 und Rouse, M.J., Daellenbach, U.S., 1999, S. 488.

[535] Vgl. Arend, R.J., 2003, S. 281.

zu entwickeln und diese erfolgreich zu vermarkten"[536]. Viele der Werke des Resource-Based Views sind rein theoretische Abhandlungen und zahlreiche Autoren bemängeln, dass empirische Untersuchungen nur in einem geringen Umfang vorhanden seien[537]. Insbesondere würden umfangreiche Studien fehlen, die erörtern, wie Ressourcen und Fähigkeiten sich über den Zeitablauf entwickeln[538]. Ein Teil dieser Problematik dürfte sich auf die nur approximativ messbaren Ressourcen zurückführen lassen, die ein Forschungsproblem darstellt. Es liegt also ein theoretisches Konstrukt vor, dass **abstrakt, nicht direkt beobachtbar und somit schwer messbar ist**[539].

5.1.3 Messung von Ressourcen über annähernde Indikatoren

Die implizite Annahme bei jeder Form der Erfolgsfaktorenforschung ist, dass der jeweilige Erfolgsindikator die zentrale abhängige Variable darstellt und dass die unabhängigen Variablen beobachtbar und in hinreichend großer Zahl messbar sind, so dass die verwendeten statistischen Tests verlässliche Ergebnisse produzieren[540].

Zur Ermittlung von immateriellen, nicht-greifbaren Ressourcen muss demnach ein **Indikator** gewählt werden, der auf das Vorhandensein der immateriellen Ressource hinweist und diese annähert[541]. Solche Indikatoren werden auch als **„empirische Proxies"** bezeichnet[542]. Die nicht-beobachtbaren Ressourcen können folglich durch ihre beobachtbaren Ergebnisse gemessen werden[543]. Damit dies gelingen kann, müssen die wichtigsten **theoretischen Konstrukte operationalisiert** werden[544]. Ausgehend von der Theorie des Resource-Based Views ist es hierbei bedeutsam, dass die Quellen des Wettbewerbsvorteils, die sich in Form von Fähigkeiten und Kompetenzen manifestieren, die VRIO-Kriterien (siehe 4.1.3.2, S. 92) erfüllen[545].

Somit ist es das Ziel, sich auf beobachtbare Variablen zu fokussieren, die eine unbeobachtbare Ressource offen legen[546]. Es können mehrere materielle Indikatoren verwendet werden, um eine immaterielle Ressource offen zulegen[547]. Eine typische Lösung für diese **Mess-Problematik** ist das Vorgehen von *Miller/Shamsie*[548], die mit dem empirischen Proxy „Anzahl der gewonnenen Oscars" die kreativen und technischen Fähigkeiten eines Filmstudios wie „Drehbuch", „Regie", „Kamera", „Ton" und die „Fähigkeiten der Filmstudios, Mitarbeiter mit diesen Fähigkeiten

---

[536] Vgl. Miller, D., Shamsie, J., 1996, S. 522 und Barney, J.B., Wright, M., Ketchen, D.J., 2001, S. 636.
[537] Vgl. Levitas, E., Chi, T., 2002, S. 957; Lieberman, M.B., Montgomery, D.B., 1998, S. 1111f. und Miller, D., Shamsie, J., 1996, S. 519.
[538] Vgl. Lieberman, M.B., Montgomery, D.B., 1998, S. 1112.
[539] Vgl. Ernst, H., 2001, S. 81.
[540] Vgl. Nicolai, A., Kieser, A., 2002, S. 579ff.
[541] Vgl. Arend, R.J., 2003, S. 281 und Levitas, E., Chi, T., 2002, S. 960.
[542] Vgl. Rouse, M.J., Daellenbach, U.S., 2002, S. 964f.
[543] Vgl. Levitas, E., Chi, T., 2002, S. 960.
[544] Vgl. Rouse, M.J., Daellenbach, U.S., 2002, S. 965.
[545] Vgl. Rouse, M.J., Daellenbach, U.S., 2002, S. 966.
[546] Vgl. Barney, J.B., Wright, M., Ketchen, D.J., 2001, S. 637 und Godfrey, P.C., Hill, C.W., 1995.
[547] Vgl. Barney, J.B., Wright, M., Ketchen, D.J., 2001, S. 637.
[548] Vgl. Miller, D., Shamsie, J., 1996, S. 532.

anzustellen", messen. Dabei räumen sie selbst ein, dass der Indikator „Anzahl der gewonnenen Oscars" auch als Erfolgsmaß verwendet werden könnte[549]. Ein ähnliches Vorgehen nutzen *Levitas und Chi*[550], die zeigen, wie Daten von zugelassenen Patenten relativ zur Forschungsintensität eines Unternehmens als Proxy für die relative Forschungskompetenz eines Unternehmens interpretiert werden können. Durch ihr Vorgehen lässt sich mittels Sekundärdaten aufdecken, über welche **besonderen Fähigkeiten** das Unternehmen verfügt. Trotz der Aufdeckung der Ressourcen (hier: zugelassene Patente) bleibt das VRIO-Kriterium erfüllt, denn wie genau die Patente entwickelt werden und wie sie den Wert für das Unternehmen stiften, bleibt trotz der Erkenntnis, dass es sich bei ihnen um wichtige Unternehmensressourcen handelt, unbekannt. Eine Übertragung oder Kopie dieser Fähigkeiten durch ein Konkurrenzunternehmen ist ausgeschlossen und der Wert der Ressource bleibt gesichert[551].

Viele Forscher konnten in ihren Forschungsarbeiten **anhand von Sekundärdaten wichtige Ressourcen von herausragenden Unternehmen aufzeigen** und daraus **Muster für verschiedene Typen von Unternehmen** ableiten[552]. Dennoch weisen alle auf Sekundärdaten beruhenden Untersuchungen gewisse **Einschränkungen** auf. So lassen sich teilweise nicht alle potenziellen Quellen von Wettbewerbsvorteilen anhand von Sekundärdaten operationalisieren[553].

Andere Autoren schlagen aufgrund der beschriebenen Restriktionen vor, dass die **Mitarbeiter zu den Ressourcen zu befragen** seien, um durch ihre Antworten die immateriellen Ressourcen zu messen[554]. Dies ist jedoch insofern problematisch, als dass viele Ressourcen **selbst von den Mitarbeitern des Unternehmens nie genau spezifiziert** werden können (z.B. tazites Wissen) oder den Mitarbeitern des Unternehmens die Zusammenhänge selbst nicht bewusst sind. So erklären *Rouse und Daellenbach*, dass aufgrund des taziten Charakters der Ressourcen die Mitglieder der Organisationen, die jene Ressourcen besitzen, nicht genau erklären können, welches die wertstiftenden Ressourcen sind[555]. Folglich ist nicht zu erwarten, dass ein Wissenschaftler, der diese Mitarbeiter befragt oder im Unternehmen beobachtet, Erkenntnisse über die Ressourcen erlangen kann, die den Managern/Angestellten selbst verborgen bleiben[556]. Wenn ein Außenstehender diese Ressourcen aufdecken könnte, müsste dies auch für ein Mitglied des Unternehmens gelten, so dass von dieser Forschungsmethodik nur stark limitierte Erkenntnisse zu erwarten sind[557]. Außerdem lassen sich bei einer Befragung von Unternehmen häufig **nicht alle relevanten**

[549] Vgl. Miller, D., Shamsie, J., 1996, S. 532.
[550] Vgl. Levitas, E., Chi, T., 2002, S. 959.
[551] Vgl. Levitas, E., Chi, T., 2002, S. 959.
[552] Vgl. Levitas, E., Chi, T., 2002, S. 959.
[553] Vgl. Rouse, M.J., Daellenbach, U.S., 2002, S. 966.
[554] Vgl. Barney, J.B., Wright, M., Ketchen, D.J., 2001, S. 636f. und Rouse, M.J., Daellenbach, U.S., 1999, S. 489.
[555] Vgl. Rouse, M.J., Daellenbach, U.S., 1999, S. 490.
[556] Vgl. Levitas, E., Chi, T., 2002, S. 959.
[557] Vgl. Levitas, E., Chi, T., 2002, S. 959f.

Unternehmen befragen, was die Aussagekraft der Ergebnisse einschränkt[558]. Demnach weist die direkte Befragung der Mitarbeiter ähnliche Restriktionen auf, wie die Verwendung von Sekundärdaten.

Nicolai/Kieser[559] argumentieren, dass bei einer Befragung der Mitarbeiter noch **andere methodenbasierte Probleme** auftreten. Der „**Key Informant Bias**" entsteht, weil die Daten bei einer Befragung von einem Mitglied des Unternehmens stammen, das über teilweise sehr komplexe Sachverhalte Auskunft geben muss. Als besonders problematisch wird erachtet, wenn der Befragte gleichzeitig Auskunft über die abhängige und die unabhängige Variable geben muss. Die Aussagekraft der Ergebnisse wird durch diese methodischen Defizite stark eingeschränkt.

Weitere **methodenbasierte Probleme** sind u.a.:
- Der „**Hindsight Bias**" (bereits eingetretene Ereignisse werden nachträglich als unvermeidbar eingestuft),
- der „**Attributional Bias**" (Informanten führen Ergebnisse auf für sie attraktive, aber womöglich falsche Ursachen zurück),
- **vereinfachte, sehr persönliche Sichtweisen** des Informanten,
- **Angst** des Informanten vor der Preisgabe von Informationen
- **Streben nach Zielerreichung** durch den Informanten,
- **fehlende Informationen** bzw. **Kompetenzen** des Informanten, um bestimmte Sachverhalte beurteilen zu können[560].

In seiner Forschungsarbeit konnte *Ernst*[561] zeigen, dass der durch den „**Key Informant Bias**" entstehende **Messfehler** erheblich ist[562] und die Validität der empirischen Befunde negativ beeinflusst. Dadurch ließen sich zahlreiche Konstrukte nicht mehr valide messen, weil der „Informant Bias" zu hoch sei[563]. So führen aufgrund dieser Restriktionen Befragungen von Informanten zu identischen Sachverhalten häufig zu deutlichen Unterschieden in den Angaben[564]. Unterschiede konnten u.a. in den **Hierarchieebenen**, der **funktionalen Zugehörigkeit** und dem zu beurteilenden **Sachverhalt** (stark subjektiv beurteilbar: z.B. Unternehmenskultur oder weitgehend objektiv beurteilbar: z.B. Formalisierung des Prozesses zur Entwicklung neuer Produkte) nachgewiesen werden[565]. Auf Basis dieser Befunde attestiert *Ernst*, dass die **Validität empirischer Arbeiten** auf der Basis einzelner „Key Informants" stark **in Zweifel zu ziehen ist**[566].

---

[558] Vgl. Rouse, M.J., Daellenbach, U.S., 2002, S. 966.
[559] Vgl. Nicolai, A., Kieser, A., 2002, S. 584ff.
[560] Vgl. Ernst, H., 2001, S. 87ff.
[561] Ernst, H., 2001, S. 315ff.
[562] So machte der „Informant Bias" ca. 30%-35% der Varianz aus, wobei die inhaltliche Varianz teilweise unterhalb des Methodenfehlers durch den „Informant Bias" lag.
[563] Vgl. Ernst, H., 2001, S. 315.
[564] Vgl. Ernst, H., 2001, S. 89.
[565] Vgl. Ernst, H., 2001, S. 315f.
[566] Vgl. Ernst, H., 2001, S. 315.

Durch die Verwendung von **unabhängig geprüften, objektiven Bilanzdaten** können diese Mängel umgangen werden. Diese Methode ist, wie oben beschrieben, einigen Einschränkungen unterworfen, da nicht für alle zu messenden unabhängigen Variablen direkt messbare Bilanzdaten vorliegen. Jedoch lassen sich für diese Variablen **indirekte Konstrukte** bilden. Zudem ist die Sicherung der Zuverlässigkeit der Daten als großer Vorteil der Verwendung von bilanzorientierten Sekundärdaten hervorzuheben. Insgesamt lässt sich festhalten, dass sowohl die Methode der Mitarbeiterbefragung als auch die Verwendung von Sekundärdaten ihre Vor- und Nachteile aufweisen. Aufgrund der Objektivität der Sekundärdaten gegenüber den Primärdaten aus Mitarbeiterbefragungen wird die Verwendung von Sekundärdaten in dieser Arbeit bevorzugt.

Diese Ansicht teilen *Rouse/Daellenbach*[567], die Untersuchungen von **Sekundärdaten** für sehr wertvoll zur Lösung von Forschungsfragen in der Erfolgsfaktorenforschung halten. Gerade durch die Analyse der Sekundärdaten ließen sich Unternehmen, die einen herausragenden Unternehmenserfolg („Performance") zeigen, identifizieren. *Rouse/Daellenbach* schlagen darüber hinaus vor, **zwischen erfolgreichen und nicht-erfolgreichen Unternehmen zu unterscheiden**, da so die Unterschiede beider Gruppen am besten herausgearbeitet werden könnten. Außerdem ließen sich durch die Verwendung von öffentlich zugänglichen Sekundärmaterial die wertvollen Ressourcen der erfolgreichen Unternehmen herausarbeiten[568].

5.2 Aufbau der Ressourcen und Fähigkeiten

Wird die Ressourcen-Klassifizierung von *Miller/Shamsie*[569] genutzt und zwischen **auf Besitz beruhenden** („Property-Based") und **wissensbasierten** („Knowledge-Based") **Ressourcen** unterschieden, ergibt sich angesichts des dynamischen und unsicheren Umfeldes des Electronic Commerce Marktes, dass Electronic Commerce Unternehmen vor allem durch wissensbasierte Ressourcen Wettbewerbsvorteile erlangen können. Dies wird verstärkt durch den Start-up Charakter vieler Electronic Commerce Anbieter, die über wenige materielle Ressourcen verfügen. Gerade die reinen Internetanbieter besitzen häufig nur eine beschränkte Firmenhistorie und Wissen, das auf Entwicklungspfaden beruht[570]. Weil die Entrepreneure in Start-ups a-priori über eine geringe Ressourcenbasis verfügen, müssen sie zunächst **Ressourcen aufbauen**[571].

Die Entscheidung des Unternehmens, welche einzelnen Ressourcen aufgebaut werden, hat dabei eine **strategische Bedeutung**[572]. Demnach entsteht der Wettbewerbsvorteil

---

[567] Vgl. Rouse, M.J., Daellenbach, U.S., 2002, S. 963.
[568] Vgl. Rouse, M.J., Daellenbach, U.S., 2002, S. 964f. und Rouse, M.J., Daellenbach, U.S., 1999, S. 491.
[569] Vgl. Miller, D., Shamsie, J., 1996, S. 519ff.
[570] Vgl. Tiwana, A., 2002, S. 34.
[571] Vgl. Brush, C.G., Greene, P.G., Hart, M.M., Haller, H.S., 2001, S. 64.
[572] Vgl. Pettigrew, A.M., Woodman, R.W., Cameron, K.S., 2001.

daraus, wie Unternehmen ihre knappen, wertvollen und schwer zu imitierenden Ressourcen nutzen[573] und auf- bzw. auszubauen.

Dierickx und Cool[574] betrachten Fähigkeiten, für die kein Markt besteht. Diese Fähigkeiten können nur **im Laufe der Zeit im Unternehmen aufgebaut werden**. Dadurch werden diese Fähigkeiten für Wettbewerber sehr schwer imitierbar, denn die geschaffenen Fähigkeiten weisen in hohen Maße eine tazite Dimension auf und sind sozial komplex[575].

Als Beispiele für Ressourcen, die sich **nur über den Zeitablauf aufbauen lassen**, nennen *Dierickx und Cool*[576] „Händlertreue", „F&E Fähigkeiten", „richtige Entscheidungen über strategische Ausgaben wie Marketing und F&E im Hinblick auf die Erlangung von Ressourcen", sowie „Fähigkeiten wie Markentreue" und „technologische Fähigkeiten". Fähigkeiten werden aufgebaut bzw. erweitert, indem über einen längeren Zeitraum finanzielle Ausgaben für sie getätigt werden[577]. Somit lassen sich Ressourcen und ihre Bildung über zählbare Daten, die ein Ausdruck der strategischen Entscheidungen des Unternehmens sind, messen. Die Ausgaben des Unternehmens sind entsprechend Ausdruck der **Investition in den Aufbau von Ressourcen**. Übertragen auf das Internet bedeutet dies, dass die Electronic Commerce-Anbieter durch die Allokation ihrer Finanzmittel strategische Entscheidungen darüber treffen, welche Ressourcen sie aufbauen wollen.

Stoi[578] kommt zu einer vergleichbaren Einschätzung und stellt fest: „Investitionen in den Aufbau immateriellen Vermögens erhöhen die Ertragskraft, d.h. das Potenzial zur Erwirtschaftung zukünftiger Einzahlungsüberschüsse und damit den Wert des Unternehmens".

Lee/Lee/Pennings[579] konnten bei ihrer Untersuchung von 137 technologieorientierten koreanischen Start-ups zeigen, dass das **Ausmaß der Investitionen** (als Beispiele nennen sie „F&E" und „Werbung") in der Entwicklungsphase eines Start-ups einen **Einfluss auf den längerfristigen Erfolg** des Unternehmens aufweist. Dies verdeutlicht die Wichtigkeit des Aufbaus von Ressourcen wie z.B. der technologischen Fähigkeiten oder der Marke. Ein Unternehmen, das schon in der Start-up Phase mehr finanzielle Ressourcen in den Aufbau von Fähigkeiten und strategischen Vermögensgegenständen („Assets") investiert als seine Wettbewerber, die diese finanziellen Ressourcen nicht zur Verfügung haben, kann sich gegenüber diesen Unternehmen einen dauerhaften Wettbewerbsvorteil aufbauen[580].

---

[573] Vgl. Barney, J.B., 2001, S. 648.

[574] Vgl. Peteraf, M.A., 1993, S. 183.

[575] Vgl. Peteraf, M.A., 1993, S. 183.

[576] Vgl. Dierickx, I., Cool, K., 1989, S. 1506f.

[577] Vgl. Dierickx, I., Cool, K., 1989, S. 1509.

[578] Vgl. Stoi, R., 2003, S. 176.

[579] Vgl. Lee, C., Lee, K., Pennings, J.M., 2001, S. 634.

[580] Vgl. Lee, C., Lee, K., Pennings, J.M., 2001, S. 619.

Je verschiedener die Wettbewerber sind, desto höher sind auch die Chancen, erfolgreicher als die Wettbewerber zu werden[581], denn wenn zwei Unternehmen über ähnliche Ressourcen verfügen, können sie die Bedürfnisse der Kunden ähnlich gut erfüllen. Die Fähigkeit, dem Kunden die Produkte und Services zu bieten, die dieser verlangt und sie dem Kunden in Form von persönlichen Erlebnissen weiter zu geben, stellt eine Ressource des Unternehmens dar („organisatorische Ressource")[582]. Die Erlebnisse der Kunden müssen gemanagt werden und die Produkte nach den Kundenbedürfnissen gestaltet werden, um sie zu dauerhaften Wettbewerbsvorteilen auszubauen. Durch dieses Vorgehen sollte beim Electronic Commerce das Ziel verfolgt werden, eine Loyalität beim Endkunden aufzubauen[583].

5.2.1 Kundenbeziehung und Kundenbindung

5.2.1.1 Aufbau der Kundenbeziehung als strategische Ressource des Unternehmens

Ein Unternehmen hat zum Ziel, Wert für ein spezifisches Kundensegment zu kreieren[584]. In dieser Arbeit ist dieses Kundensegment der Endkunde im Business-to-Consumer Electronic Commerce. Um erfolgreich zu agieren, ist es nötig, die Wünsche der Kunden zu verstehen, sie zu bedienen und eine **dauerhafte Kundenbeziehung aufzubauen**[585]. Eine hohe **Kundenbindung** wird häufig als eine Ursache für den Unternehmenserfolg angesehen[586]. Eine starke Kundenbindung an das Unternehmen stellt bei jeder Geschäftspolitik ein wichtiges Ziel dar, weil es hierdurch zu **längeren Leistungsaustauschbeziehungen** kommt[587]. Dies kann zu einer Habitualisierung des Wiederkaufverhaltens führen, wodurch es zu einer Verstetigung von Kosten und Erlösen kommt und implizit Markteintrittsbarrieren für neue Anbieter aufgebaut werden[588]. Allerdings ergab eine Untersuchung von *Krafft*[589], dass nur ein schwacher Zusammenhang zwischen Kundenlebenszeit und Kundenertragswert besteht. Dies liegt daran, dass es Kundengruppen mit kurzer Kundenlebenszeit gibt, die sehr hohe kumulierte Umsätze tätigen und einige Kunden mit langer Kundenbindungsdauer nur niedrige Lebenszeitumsätze aufweisen. Somit ist der Effekt der Kundenbindung bei den Kunden mit einer langen Kundenlebenszeit und hohen kumulierten Kundenertragswerten am größten.

---

[581] Vgl. Bergen, M., Peteraf, M.A., 2002, S. 162.

[582] Vgl. Prahalad, C.K., Ramaswamy, V., 2000, S. 85.

[583] Vgl. Schiff, L., 2000, S. 24.

[584] Vgl. Dubosson-Torbay, M., Osterwalder, A., Pigneur, Y., 2002, S. 7f.

[585] Vgl. Dubosson-Torbay, M., Osterwalder, A., Pigneur, Y., 2002, S. 8.

[586] Vgl. Reichheld, F.F., Schefter, P., 2001, S. 1; Betz, J., Krafft, M., 2003, S. 170ff. und Heinemann, C., Priess, S., 1999, S. 121.

[587] Vgl. Krafft, M., 2002, S. 22f. und Haedrich, G., Jenner, T., 1995, S. 37.

[588] Vgl. Krafft, M., 2002, S. 32.

[589] Vgl. Krafft, M., 2002, S. 156f.

Die Auffassung von *Krafft* wird auch von anderen Autoren geteilt. So kommen *Reinartz/Kumar*[590] zu dem Schluss, dass Kunden mit einer langen Kundenlebenszeit nicht immer besonders profitabel sind und sehen nur einen schwachen Zusammenhang zwischen Dauer der Geschäftsbeziehung und Profitabilität des Kunden. Inbesondere konnte in ihrer Untersuchung nicht gezeigt werden, dass langjährige Kunden günstiger in der Betreuung und weniger preissensitiv sind oder durch Empfehlungen an weitere Kunden umfangreiche Neugeschäfte vermitteln. Deshalb empfehlen *Reinartz/Kumar*[591] genau zu prüfen, welche der loyalen Kunden profitabel sind und die Marketingaktivitäten entsprechend der Profitabilität des jeweiligen Kunden zu steuern.

Materielle Anlagen und vorstrukturierte Abläufe werden in der Welt des Electronic Commerce nicht mehr als zentral angesehen, sondern stattdessen das Wissen über Kundenbedürfnisse und Möglichkeiten, diese zu erfüllen. Dieses Wissen kann nach Ansicht von *Picot/Neuburger*[592] dabei nur über längere Zeiträume aufgebaut werden und lässt sich schwer artikulieren. Es erfüllt als tazites Wissen somit eine der Voraussetzungen des Resource-Based Views, um als Wettbewerbsvorteil-stiftende Ressource angesehen zu werden[593].

Bestehende Kundenbeziehungen stellen eine wertvolle, firmenspezifische Ressource dar und gelten als wesentlich, um firmenspezifische Wettbewerbsvorteile zu gewinnen. Sie sind aufgrund des nötigen Aufwandes und Zeiteinsatzes, der zu ihrem Aufbau erforderlich ist, eine Hauptressource des Unternehmens[594].

Auch *Cohan*[595] stellt fest, dass eine hohe Kundenbindung eine geeignete Barriere für Imitation durch Konkurrenzunternehmen darstellt, wodurch sich Wettbewerbsvorteile aufbauen und halten lassen, was *Gouthier/Schmid* teilen[596]. *Krafft*[597] kommt zu dem Ergebnis, dass in der deutschsprachigen Literatur zumeist **ein starker, positiver Zusammenhang zwischen Kundenbindung und Unternehmenserfolg** beschrieben wird. Dabei kommt er zu dem Ergebnis, dass bisher kaum die Frage beleuchtet wurde, inwieweit der ressourcenbasierte Ansatz zur Erklärung der Kundenbindung beitragen kann[598].

Gouthier/Schmid[599] stellen in ihrer Analyse fest, dass Kundenbeziehungen allgemein oft als Ressourcen von Unternehmungen bezeichnet werden. Viele Autoren bezeichnen demnach gerade im **Dienstleistungsbereich** Kunden und Kundenbeziehungen als Kernressource der Unternehmung. In einer umfangreichen Analyse überprüfen

---

[590] Vgl. Reinartz, W.J., Kumar, V., 2000, S. 17ff. und Reinartz, W.J., Kumar, V., 2002, S. 86ff.
[591] Vgl. Reinartz, W.J., Kumar, V., 2000, S. 17ff. und Reinartz, W.J., Kumar, V., 2002, S. 86ff.
[592] Vgl. Picot, A., Neuburger, R., 2001, S. 40.
[593] Vgl. Picot, A., Neuburger, R., 2001, S. 40.
[594] Vgl. Anand, J., Delios, A., 2002, S. 123.
[595] Vgl. Cohan, P.S., 2000, S. 84.
[596] Vgl. Gouthier, M.H.J., Schmid, S., 2001, S. 227ff.
[597] Vgl. Krafft, M., 2002, S. 31.
[598] Vgl. Krafft, M., 2002, S. 24.
[599] Vgl. Gouthier, M.H.J., Schmid, S., 2001, S. 223ff.

Gouthier/Schmid[600] anhand der Kriterien für eine Ressource (Wert, knapp bzw. selten, nicht/beschränkt imitierbar, schwer subsituierbar), inwiefern sich Kundenbeziehungen als Ressource betrachten lassen. Dabei kommen sie zu dem Ergebnis, dass eine Kundenbeziehung die **Voraussetzungen für eine Ressource hervorragend erfüllt** und somit eine wichtige Rolle bei der Erlangung von strategischen Wettbewerbsvorteilen aufweist[601]. Die **Kundenbeziehung gehört demnach zu den wichtigen immateriellen Vermögensgegenständen** eines Unternehmens, die für Konkurrenzunternehmen nur schwer nachzubilden ist. Im Konsumgüterbereich, zu dem gerade auch der auf den Endkunden fokussierte Business-to-Consumer Electronic Commerce zählt, können die Kundenbeziehungen als Investitionen von Unternehmungen in die Ressource Kunde interpretiert werden[602]. *Gouthier/Schmid* kommen in ihrer Analyse aber auch zu dem Ergebnis, dass Kundenbindungen zwar einen beträchtlichen Wettbewerbsvorteil darstellen, dieser aber nach Möglichkeit **mit weiteren Ressourcen kombiniert werden sollte**[603].

Auch andere Autoren kommen zu ähnlichen Bewertungen. So meinen *Rouse/Daellenbach*[604], die zu dem Kunden aufgebauten Beziehungen können sich als eine Hauptressource eines Unternehmens erweisen, denn sie **erfüllen das VRIO-Kriterium** in hervorragender Weise. *Teece/Pisano/Shuen*[605] kommen zu der Einschätzung, dass Kundenbeziehungen, weil sie nicht leicht verkauft werden können, eine Ressource des Unternehmens darstellen.

Venkatesh und Bayus[606] zeigen anhand einer Untersuchung der Heim-Videospielindustrie die Bedeutung von Kundenbeziehungen auf. Sie nutzen den Resource-Based View, um die Idee des **Kunden-Netzwerkes als strategischen Vermögensgegenstand** auszubauen. Dabei verbinden sie die Theorie der Netzwerke wie von *Shapiro und Varian* dargestellt[607] mit dem Resource-Based View. Insbesondere wird herausgearbeitet, wie ein Kundennetzwerk dem Unternehmen hilft, einen strategischen Wettbewerbsvorteil zu erlangen und wie dieser erhalten werden kann („Isolating Mechanisms"). Unternehmen wie Amazon.com gelingt es demnach die Stärke ihres Kundennetzwerkes aktiv aufzubauen, zu managen und auszunutzen[608]. „Die Stärke eines Netzwerkes ist ein strategischer Vermögensgegenstand, weil die sozialen Bindungen zwischen den Mitgliedern in solch einem Kundennetzwerk eine schwer kopierbare, sozial komplexe Ressource darstellen"[609]. Zusätzlich bewirkt die

---

[600] Vgl. Gouthier, M.H.J., Schmid, S., 2001, S. 223ff.

[601] Vgl. Gouthier, M.H.J., Schmid, S., 2001, S. 223ff.

[602] Vgl. Gouthier, M.H.J., Schmid, S., 2001, S. 223ff.

[603] Vgl. Gouthier, M.H.J., Schmid, S., 2001, S. 227ff.

[604] Vgl. Rouse, M.J., Daellenbach, U.S., 1999, S. 490f.

[605] Vgl. Teece, D.J., Pisano, G., Shuen, A., 1997, S. 514.

[606] Vgl. Shankar, V., Bayus, B.L., 2003.

[607] Vgl. Shapiro, C., Varian, H., 1998.

[608] Vgl. Shankar, V., Bayus, B.L., 2003, S. 376.

[609] Shankar, V., Bayus, B.L., 2003, S. 376; eigene Übersetzung.

Loyalität zwischen den Mitgliedern des Kundennetzwerks die Entstehung eines strategischen Vermögensgegenstandes[610].

Da viele Internet-Unternehmen Start-up Unternehmen sind, müssen sie eine **loyale Kundenbasis als Unternehmensressource erst aufbauen**[611]. Erfolgreiche Beispiele wie Amazon.com haben es besonders gut geschafft, das Internet und seine Anwendungen zu verstehen und basierend darauf tiefe Kundenbindungen aufzubauen[612]. Nach Auffassung von *Hoffman/Novak*[613] stehen alle Electronic Commerce Anbieter vor der Aufgabe, dauerhafte Kundenbeziehungen aufzubauen.

Eine Erhöhung der Kundenbindung ist vor allem deshalb relevant, weil die Neukundenakquisition meist mehr Kosten verursacht als die Intensivierung bestehender Kundenbeziehungen[614]. So generiert ein Neukunde aufgrund der **Kundenakquisitionskosten** in den ersten Jahren für ein Unternehmen in der Regel keine Gewinne. Erst wenn die Kosten der Betreuung eines loyal gebliebenen Kunden wieder sinken und dieser den Umfang seiner Käufe erhöht, lässt sich diese Kundenbeziehung auch zur Erzielung von Erträgen nutzen. Eine Übertragung dieser Grundsätze auf den Electronic Commerce ergab, dass diese Regeln sich auf klassische Electronic Commerce-Händler im Bereich Bücher, Bekleidung, Lebensmittel und Unterhaltungselektronik anwenden lassen. Dabei zeigte sich, dass im Internet im Vergleich zum stationären Handel hohe Kundenakquisitionskosten anfallen. Gerade in der Anfangsphase einer Kundenbeziehung im Internet laufen aus diesem Grund beträchtliche Kosten auf. Deshalb muss es ein Unternehmensziel sein, diesen teuer geworbenen Kunden langfristig an das Unternehmen zu binden[615].

Eine intensive Kundenbeziehung kann durch eine hohe **Zufriedenheit des Kunden** und ein hohes Maß an **Kundennähe** erreicht werden. Hierbei stellt die allgemeine Kundenzufriedenheit eine gute Voraussetzung für die Kundenbindung dar[616]. Unter Kundenzufriedenheit wird das Ergebnis einer gedanklichen Verarbeitung von Erfahrungen mit einem Unternehmen verstanden, wobei das Unternehmen das Ziel verfolgt, beim Kunden ein hohes Maß an Zufriedenheit zu erzeugen[617].

Kundenbindung reduziert die Abwanderungsrate von Kunden. Nach einer Studie von *Forrester-Research* holen 48% der Kunden von Amazon.com keine Preisvergleiche bei anderen Anbietern mehr ein[618].

[610] Vgl. Shankar, V., Bayus, B.L., 2003, S. 376f.
[611] Vgl. Brush, C.G., Greene, P.G., Hart, M.M., Haller, H.S., 2001, S. 64f.
[612] Vgl. Earl, M., Feeny. D., 2000, S. 17ff.
[613] Vgl. Hoffmann, D.L., Novak, T.P., 2000, S. 179ff.
[614] So soll der Schaden durch den Verlust eines loyalen Kunden siebenmal so hoch sein wie die Kosten der Gewinnung neuer Kunden; siehe Garczorz, I., Krafft, M., 2000, S. 139.
[615] Vgl. Reichheld, F.F., Schefter, P., 2001, S. 1f. und Heinemann, C., Priess, S., 1999, S. 121.
[616] Vgl. Münch, J., 1997, S. 82.
[617] Vgl. Hermanns, A., 1999, S. 92.
[618] Vgl. Puscher, F., 2000, S. 86.

Der Kundenservice spielt beim Erfolg im Internet eine entscheidende Rolle. Die führenden serviceorientierten Unternehmen schaffen es, über das Internet Daten über ihre Kunden zu sammeln und ihnen maßgeschneiderte Informationen bereitzustellen. Dazu werden personalisierte Strategien wie adaptives Profiling, Massenindividualisierung und One-to-One Marketing eingesetzt[619]. Ganz im Sinne des **One-to-One Marketing-Konzeptes** (vgl. Kapitel 4.9.2.1) ist ein Ziel von Kundenbindungsmaßnahmen die Erhöhung des Umsatzes mit bestehenden Kunden, indem ihnen unterschiedliche Lösungen für ihre Bedürfnisse angeboten werden (Erhöhung des Umsatzes mit einem Kunden, „Share of wallet")[620].

Des weiteren wird **Individualisierung** (vgl. Kapitel 4.9.2) als ein wichtiges Merkmal des Electronic Commerce gesehen[621], ebenso wie eine ausgeprägte **Service- und Kundenorientierung**, die zu einer hohen **Kundenbindung** ausgebaut werden soll. So stellt z.B. *Schlömer* fest: „Entscheidendes Kriterium im Internet ist die Kundenorientierung und nicht die Geschwindigkeit (First-Mover Advantage)"[622].

Wie bereits gezeigt, ist ein wichtiges Ergebnis der *e-Reality Studie*, dass nur sehr wenige Electronic Commerce Unternehmen die Möglichkeiten des Internets zu Personalisierung, Customer Relationship Management und Kommunikation nutzen[623]. Unternehmen, die One-to-One Marketingkonzepte anwenden, erweisen sich als erfolgreicher als solche, die diese Methoden nicht nutzen. So konnte im Rahmen der *e-Reality Studie* ermittelt werden, dass Unternehmen, die One-to-One Konzepte einsetzten, bis zu fünfmal so häufig Umsatzsteigerungen durch ihre Electronic Commerce Aktivitäten erreichen konnten, wie diejenigen, die dies nicht anwendeten[624].

Lihotzky/Wirtz stellen zum **Status der Forschung zur Kundenbindung in der Internetökonomie** fest: „Trotz der allgemeinen Relevanz der Kundenbindung für die ökonomischen Zielgrößen einer Unternehmung finden sich in der wissenschaftlichen Diskussion jedoch nur wenige Beiträge, die sich mit Kundenbindung im Hinblick auf elektronische Märkte befassen"[625].

---

[619] Vgl. Willcocks, L.P., Plant, R., 2001, S. 50ff.

[620] Vgl. Strauß, R.E., Schoder, D., 2002, S. 79.

[621] Vgl. Schlömer, T., 2001, S. 190f.

[622] Schlömer,T., 2001, S. 180f.

[623] Der Weg zum Einsatz dieser Methoden wird in folgendem Buch beschrieben, das auf den Ergebnissen der e-Reality-Studie aufbaut: Strauß, R.E., Schoder, D., 2002.

[624] Vgl. Strauß, R.E., Schoder, D., 2002, S. 31.

[625] Lihotzky, N., Wirtz, B., 2001, S. 285-305.

5.2.1.2 Nutzung von komplementären Ressourcen und Lock-In zum Aufbau der Ressource Kundenbindung im Electronic Commerce

Die nachfolgend beschriebenen Kriterien sind stark netzwerk- und kundenbezogen und entwickeln deshalb ihre Wirkung vorwiegend bei dem Kriterium Kundenbindung und weniger bei den anderen in dieser Arbeit beschriebenen Ressourcen wie Corporate Governance, Mitarbeiter oder Fähigkeiten der Übertragung von Ressourcen.

Die **komplementären Ressourcen** haben eine hohe Bedeutung, wenn eine Kombination mehrerer Ressourcen zusammen mehr Wert stiftet als die Summe jeder einzelnen Ressource (vgl. Kapitel 4.6.5)[626]. Der Resource-Based View hebt die Bedeutung von Komplementär-Ressourcen zur Wertstiftung von strategischen Vermögensgegenständen hervor[627]. Solche Komplementärgüter sind das Anbieten von weiteren Informationen neben der Kerndienstleistung. Bei einem Internet-Broker sind dies z.b. Aktienkurse, Informationen über Neuemissionen, Versicherungen und Börsennachrichten. Diese Dienste und Inhalte **verbessern den Wert des Kernprodukts** und sorgen für höhere Umsätze. Andere komplementäre Angebote umfassen beispielsweise die Möglichkeit zum Aufbau von eigenen Homepages, Zugang zu Chat-Räumen, E-Mail, Grußkarten, Software Programme usw. Für Kunden bieten diese komplementären Ressourcen Vorteile, denn die nachgefragten Angebote werden durch sie verbessert, so etwa durch reduzierte Suchkosten für diese komplementären Angebote[628]. Ein weiteres Beispiel für komplementäre Ressourcen ist eine Offline-Präsenz, die eine Online-Präsenz ergänzt, weil sie dem Kunden die Chance gibt, dort Ware abzuholen, umzutauschen, sich beraten zu lassen und weitere Dienstleistungen zu nutzen[629]. Durch komplementäre Service-Angebote kann ebenfalls ein Lock-In für den Kunden aufgebaut werden[630].

Der **Lock-In** (vgl. Kapitel 4.6.5) zielt darauf ab, die Kunden zu wiederholten Transaktionen zu bewegen[631]. Aus Sicht des Resource-Based Views tragen strategische Vermögensgegenstände wie Markennamen oder Käufer-Verkäufer Vertrauen zum Lock-In bei. Andere Möglichkeiten zum Aufbau eines Lock-Ins sind Kundenbindungsprogramme (z.B. Bonusprogramme, Loyalitätsprogramme), spezielle Technologien (z.B. der Amazon.com Einkaufskorb) und eine vertrauensvolle Beziehung zu den Kunden, z.B. indem Sicherheit und Zuverlässigkeit von Transaktionen garantiert werden, etwa durch glaubhafte „Third Parties"[632]. Diese Maßnahmen machen es wahrscheinlich, dass Kunden loyal zu dem Anbieter sind. So sorgen beispielsweise Kundenbindungsprogramme für Wechselkosten bei den Kunden, durch die sie auf den Anbieter festgelegt werden sollen[633].

---

[626] Vgl. Amit, R., Zott, C., 2001, S. 504.
[627] Vgl. Amit, R., Zott, C., 2001, S. 505.
[628] Vgl. Amit, R., Zott, C., 2001, S. 505.
[629] Vgl. Amit, R., Zott, C., 2001, S. 505.
[630] Vgl. McEvily, S.K., Chakravarthy, B., 2002, S. 288.
[631] Vgl. Amit, R., Zott, C., 2001, S. 505.
[632] Vgl. Amit, R., Zott, C., 2001, S. 506.
[633] Vgl. Valentin, E.K., 2001, S. 49ff.

Somit ist **Kundenbindung als ein grundlegender Erfolgsfaktor** beim Electronic Commerce identifiziert und die Methoden, wie die Kundenbindung im Electronic Commerce ausgestaltet werden kann, beschrieben. Nachfolgend werden nun die **Instrumente und Produktmerkmale beschrieben, die kundenbindend wirken** und somit zum Aufbau der Ressource Kundenbindung beitragen. Im Hintergrund wirkender Erfolgsfaktor bei diesen Elementen ist die durch diese Elemente und Produktmerkmale bewirkte Kundenbindung.

5.2.1.3 Instrumente zum Aufbau der Kundebindung als strategische Ressource des Unternehmens im Electronic Commerce

5.2.1.3.1 Kunden- und Serviceorientierung

Elemente, die zu einer erhöhten Kundenbindung beitragen können, sind **eine Kunden- und Serviceorientierung** des Unternehmens.

- *Sicherheit*

Die Sorge vieler Kunden hinsichtlich Datenschutz und Datensicherheit zu entkräften, ist für viele Unternehmen eine Herausforderung[634]. Die Kunden erwarten von einem Unternehmen 100% Zuverlässigkeit, weshalb der Vertrauens- und Sicherheitsaspekt eine hohe Bedeutung aufweist[635]. Vertrauen in den Anbieter wird als eine wichtige **Voraussetzung für die Nutzung des Internets** durch die Kunden angesehen[636]. Argumentiert wird hierbei, dass im Internet (im Gegensatz zu Einkäufen in stationären Läden) eine Reihe von Unsicherheiten für den Kunden auftreten, die er aufgrund des Distanzgeschäfts über das Internet nicht einschätzen kann. Beispielsweise ist der Vertragspartner teilweise unbekannt, die Produkte können nicht näher betrachtet werden und die ungewisse Datensicherheit bei der Übertragung persönlicher Daten wird als Hemmnis angesehen[637]. In der Folge führt dies für den Kunden zu erhöhter Unsicherheit und Risiko bei Transaktionen über das Internet (vgl. Kapitel 3.6).

Viele Online-Käufer haben **Sicherheitsbedenken** bei der Online-Bestellung, und insbesondere Erstkunden versuchen, ihr Risiko durch einen geringen Bestellwert bei der Erstbestellung zu minimieren[638]. So ergab eine Untersuchung von *Fittkau/Maaß*[639], dass der Sicherheitsaspekt bei Online-Nutzern als ein Haupthindernis bezüglich Online-Shopping betrachtet wird. Zu einem ähnlichen Ergebnis kommt *Schoch*[640] bei der Betrachtung des Schweizer Marktes. Auch *Bain & Co.*[641] sehen „als ernstes Akzeptanzhindernis" für Online-Shops die Sorgen vieler Konsumenten beim Zahlungsverkehr[642].

---

[634] Vgl. Prahalad, C.K., Ramaswamy, V., 2000, S. 83.

[635] Vgl. Prahalad, C.K., Ramaswamy, V., 2000, S. 85.

[636] Vgl. Reichheld, F.F., Schefter, P., 2001, S. 3 und Venkatraman, N., 2000, S. 22ff.

[637] Vgl. Hermanns, A., Sauter, M., 1999b, S. 19.

[638] Vgl. Heinemann, C., Priess, S., 1999, S. 122 und Rasch, S., Lintner, A., 2001, S. 30.

[639] Vgl. Fittkau, S., Maaß, H., 1997, S. 12-15.

[640] Vgl. Schoch, R., 2000, S. 53-57.

[641] Vgl. Bain & Company, 2001, S. 21.

[642] Zur weiteren Erörterung des Vertrauensaspektes bei E-Commerce vgl. Eggs, H., 2001.

Ein Weg, um an Legitimität zu gelangen, ist die Verwendung einer Allianz mit einer Firma mit einem guten Ruf[643]. Ein Beispiel hierfür sind die „Trusted Third Parties" im Internet, wo ein anderes Unternehmen für die Seriosität des Anbieters einsteht. **Zertifizierungsservices**, d.h. unabhängige Partner, die das Angebot unter Qualitätsgesichtspunkten prüfen, garantieren für ein seriöses Angebot. Anhand objektiver Kriterien erfolgt eine Prüfung der Integrität, Sicherheit und vertraulichen Umgang mit Kundendaten durch das Unternehmen des Anbieters. So signalisieren vertrauensbildende Gütesiegel dem Kunden[644], dass der entsprechende Anbieter die Anforderungen bezüglich Datensicherheit und Umgang mit privaten Daten erfüllt[645]. Die Anbieter, die diese Kriterien erfüllen, werden in einer öffentlichen Liste geführt. Die geprüften Unternehmen dürfen zudem das Gütesiegel prominent auf der Homepage ihrer Webseite platzieren. Kunden haben zu Anbietern, die ein solches Logo auf ihrer Homepage präsentieren, häufig ein höheres Vertrauen[646]. Aus diesem Vertrauen gegenüber zertifizierten Anbietern, wird ein Lock-In des Kunden abgeleitet (vgl. Kap. 5.2.1.2), bzw. eine Grundvoraussetzung für die Bereitschaft des Nutzers zu einer Transaktion über das Internet geschaffen.

Diese Zertifizierungsservices werden teilweise als ein wichtiger Erfolgsfaktor für die Akzeptanz eines Electronic Commerce Angebotes betrachtet, da zwei Drittel aller erzeugten Warenkörbe letztendlich vom Kunden nicht bestellt werden[647]. So konnten *Agrawal/Arjona/Lemmens*[648] feststellen, dass im Internet erfolgreiche Unternehmen überproportional oft ihre Webseite zertifizieren lassen.

Auch die 65,2% der Unternehmen im deutschsprachigen Raum, die One-to-One Marketing einsetzen, betrachten kundenfreundlichen Datenschutz als ein Differenzierungsmerkmal des Web-Angebots[649].

- ***Kundenkonto***

Das Einrichten eines **Kundenkontos** erleichtert dem Kunden zukünftige Einkäufe durch Speicherung seiner Daten und dient so der Erhöhung der Kundenzufriedenheit im Vergleich zu mehrmaliger Notwendigkeit der Eingabe identischer Daten[650]. Ein Kundenkonto ist ein Bestandteil der Serviceorientierung eines Unternehmens[651]. Der Kunde kann nach einmaliger Angabe von Namen, Adresse und Zahlungsweise zukünftig seine Einkäufe mit einem Click durchführen. Für das Unternehmen wiederum stellt dieser Vorgang eine Erfassung von Kundendaten für Marketingaktionen und Kundentypisierungen dar, die auch die Grundlage eines Data-Minings

---

[643] Vgl. Hitt, M.A., Ireland, R.D., Camp, S.M., Sexton, D.L., 2001, S. 483.

[644] z.B. TrustE, BBB Online.

[645] Vgl. Strauß, R.E., Schoder, D., 2002, S. 122 und Heinemann, C., Priess, S., 1999 S. 122.

[646] Vgl. Smith, M.D., Bailey, J., Brynjolfsson, E., 2000, S. 123.

[647] Vgl. Heinemann, C., Priess, S., 1999, S. 122.

[648] Vgl. Agrawal, V., Arjona, L.D., Lemmens, R., 2001, S. 41.

[649] Vgl. Strauß, R.E., Schoder, D., 2000a, S. 119.

[650] Vgl. Reichheld, F.F., Schefter, P., 2001, S. 3 und Hagel, J., Rayport, J.F., 1997a, S. 68.

[651] Vgl. Heinemann, C., Priess, S., 1999, S. 122.

bilden[652]. *Agrawal/Arjona/Lemmens*[653] konnten zudem feststellen, dass die Konversionsrate von Besucher zu Kunden bei Unternehmen mit Kundenkonten höher liegt. Außerdem stellt das Kundenkonto durch seinen Personalisierungsaufwand einen Lock-In für den Kunden dar (vgl. Kap. 5.2.1.2), weil bei solchen „One-Click Bestellmöglichkeiten" der Nutzer zunächst seine Daten einrichten muss[654].

- *Status des Auftrags*

Zur Serviceorientierung gehört für den Kunden auch das Gefühl, dass eine Lieferung effizient und schnell abgewickelt wird. Wichtig ist hierbei, dass der Kunde über alle Schritte des Bestellvorgangs anhand von **Rückmeldungen** informiert wird. Hierzu gehört eine Information über Eingang der Bestellung sowie Termin für die zukünftige Auslieferung ebenso wie Ankündigungen der Warenauslieferung. Für den Kunden sollte anhand einer Identitäts-Nummer der Status des Liefervorgangs stets nachvollziehbar sein[655].

- *Personalisierung*

Eine Personalisierung des Angebots erleichtert dem Kunden eine Konzentration auf für ihn **relevante Themenbereiche**. Der Vorteil solch personalisierter Produkte ist, dass sie am Markt nicht vergleichbar sind und sich hierdurch der Markttransparenz entziehen[656]. Die Personalisierung stellt für den Nutzer einen Aufwand dar, weil er die Informationen zur Personalisierung kommunizieren muss, um diese individuell zugeschnittenen Informationen zu erhalten. Ein hoher Grad an Personalisierung führt deshalb zu einer hohen Bindung an den Anbieter, da dem Kunden bei einem Wechsel erneut Kosten eines Personalisierungsaufwandes entstehen[657]. Auch die **Vertrautheit** mit dem Interface eines Anbieters stellt einen Lock-In dar, denn der Nutzer hat sich in die Bedienung eingearbeitet und mit ihr vertraut gemacht und müsste dies bei anderen Anbietern wieder neu erlernen. Ein Lock-In besteht auch bei der Individualisierung (unternehmensseitig) und Personalisierung (nutzerseitig) des Web-Angebots[658]. Somit liegt kundenseitig ein Lock-In vor (vgl. Kap. 5.2.1.2).

Die Bedeutung von Kunden- und Serviceorientierung wurde bereits vielfach in klassischen Untersuchungen herausgestellt. *Peters/Waterman*[659] betrachten Kundenorientierung als eins von acht Grundmerkmalen, die erfolgreiche Unternehmen auszeichnen. Des weiteren ermittelte *Nagel*[660] Kundennähe auf empirischer Basis als eine entscheidende Erfolgskomponente.

---

[652] Vgl. Hagel, J., Rayport, J.F., 1997a, S. 68ff.
[653] Vgl. Agrawal, V., Arjona, L.D., Lemmens, R., 2001, S. 41.
[654] Vgl. Amit, R., Zott, C., 2001, S. 506.
[655] Vgl. Schnetkamp, G., 2000, S. 48f.
[656] Vgl. Lihotzky, N., Wirtz, B., 2001, S. 285-305.
[657] Vgl. Lihotzky, N., Wirtz, B., 2001, S. 285-305, Prahalad, C.K., Ramaswamy, V., 2000, S. 82 und Strauß, R.E., Schoder, D., 2002, S. 99.
[658] Vgl. Amit, R., Zott, C., 2001, S. 506.
[659] Vgl. Peters, T.J., Waterman, R.H., 1982.
[660] Vgl. Nagel, K., 1986, S. 44ff.

Diese Erkenntnisse können auch auf den Electronic Commerce übertragen werden, wobei die Ausgestaltung der Kundenbindung im Electronic Commerce aufgrund des Mediums Internet eine andere Form aufweist, als im stationären Handel. *Garczorz/Krafft*[661] zitieren eine IDC-Studie, wonach Nutzer von individualisierten Webseiten diese bis zu viermal so häufig besuchen wie Besucher nichtindividualisierter Webseiten. *Agrawal/Arjona/Lemmens*[662] stellten fest, dass die erfolgreicheren Anbieter bei ihrem Angebot mehr Personalisierung einsetzen.

Aus Sicht von *Steinle*[663] erwartet der Kunde von den Anbietern umfassende Informationen und Komfort. Hierzu gehören insbesondere Bestellkomfort, Bestellstatusinformationen und Transaktionssicherheit. Auch in der Untersuchung von *Böing*[664] erwies sich Kundenorientierung als ein wichtiger Erfolgsfaktor.

Zwischen den einzelnen **Geschäftsmodelltypen** ist keine Unterscheidung hinsichtlich der Wichtigkeit der Ressource Kundenbindung zu erwarten, da sowohl die Anbieter physischer Produkte als auch von Content vorwiegend über ihr Webangebot den Kontakt zum Endkunden aufbauen. Die Kunden- und Serviceorientierung sollte aufgrund der Sicherheitsaspekte bei den Kundendaten und Abwicklung der Transaktion für die Anbieter physischer Güter eine höhere Bedeutung aufweisen als bei den Content-Anbietern.

Demnach kann die Ressource Kundenbindung durch Anwendung der beschriebenen Produkt- und Serviceelemente aufgebaut werden. Unternehmen, die einen hohen Gebrauch dieser Produkt- und Serviceelemente aufweisen, sollten aufgrund der durch sie bewirkten Kundenbindung erfolgreicher sein, als Unternehmen die diese Produktelemente nicht oder in geringerem Maße einsetzen. Aus den Erörterungen kann folgende Hypothese abgeleitet werden:

H_{SER1}:	*Unternehmen mit einer hohen Kunden- und Serviceorientierung gelingt es besser, die Ressource Kundenbindung aufzubauen und für den unternehmerischen Erfolg des Unternehmens zu nutzen.*
H_{SER2}:	*Die Kunden- und Serviceorientierung zum Ausbau der Ressource Kunden-bindung sollte wegen der Sicherheitsaspekte und Serviceaspekte bei Anbietern physischer Güter wichtiger sein als bei Content-Anbietern.*

5.2.1.3.2 Interaktive Elemente/Informationsgehalt des Angebots

Kundenpflege, d.h. die ständige Interaktion mit den Usern, wird als eine Möglichkeit gesehen, Vertrauen und Markenbildung aufzubauen und so die Kunden zu Stammkun-

---

[661] Vgl. Garczorz, I., Krafft, M., 2000, S. 139.

[662] Vgl. Agrawal, V., Arjona, L.D., Lemmens, R., 2001, S. 42f.

[663] Vgl. Steinle, C., 2001, S. 346.

[664] Vgl. Böing, C., 2001.

den weiterzuentwickeln[665]. Dies wird damit begründet, dass die Nutzung eines Angebotes durch einen Kunden erhöht wird, je mehr das Angebot auf den Kunden eingeht und interaktiv gestaltet ist[666].

Interaktivität wird als eine Schlüsselressource betrachtet, weil sie zu einer **Erhöhung der Anzahl der Kundenkontakte** führt. Mit zunehmender Interaktivität ist auch eine Zunahme in der Nutzung zu beobachten, wobei die Nutzer mehr Zeit investieren, um die Angebote des Anbieters kennen zu lernen, wobei gleichzeitig die **Nutzungsdauer** steigt. Hieraus erwachsen Möglichkeiten zur Personalisierung, zum Aufbau von Communities und zum interaktiven Marketing. Dies führt zu mehr Interaktion zwischen Nutzer und dem Unternehmen, wodurch die Nutzung weiter erhöht wird. Hierdurch wird die Basis gelegt, um z.B. den Umsatz zu erhöhen, die Kosten der Kundenbetreuung zu senken sowie Informationen für die Personalisierung und den Aufbau von Communities zu sammeln[667].

Aus Sicht der Kommunikation mit dem Kunden bestehen mehrere potenzielle Einsatzinstrumente, um eine erhöhte Kundenbindung zu erreichen, die alle den Lock-In für den Kunden erhöhen und Komplementärgüter darstellen (vgl. Kap. 5.2.1.2).

Zu den **Mehrwertdiensten**[668] gehören Angaben zu themenverwandten Informationen und Links. **Hintergrundinformationen** bieten neben der rein zu kaufenden Dienstleis-tung tiefergehende Informationen[669]. Im Beispiel „Reisebuchung" könnten dies etwa neben der reinen Flugbuchung weitere Informationen zu Hotel und Mietwagenangebot, den Urlaubsort, Ausflugsmöglichkeiten, Reiseführer usw. sein. Solche redaktionell aufbereiteten Zusatzinformationen über das aktuelle Produkt hinaus sehen 37,9% der Unternehmen als das zweitwichtigste Differenzierungsmerkmal des Web-Angebots[670].

Newsletter enthalten Informationen, die auf spezielle Angebote des Anbieters hinweisen, und meist auch direkte Links zum Anbieter aufweisen[671]. Dies führt dazu, dass ein ständiger Kontakt zum Kunden gepflegt wird und regelmäßig auf Angebote hingewiesen wird. Ebenso sollen **Kundenbindungsprogramme** dazu führen, dass der Kunde seine Loyalität auf eine Marke konzentriert, da er nur dadurch viele Bonus-punkte sammeln kann[672]. Hierdurch lassen sich die Dauer der Geschäftsbeziehung und

---

[665] Vgl. Huber, W., 2002, S. 58f.

[666] Vgl. Hanson, W.A., 2000, S. 94.

[667] Vgl. Hanson, W.A., 2000, S. 94f. und Schnetkamp, G., 2000, S. 45.

[668] Vgl. Mattes, F., 1997, S. 139.

[669] Vgl. Hagel, J., Rayport, J.F., 1997b und Hagel, J., Armstrong, A., 1997b, S. 122.

[670] Vgl. Strauß, R.E., Schoder, D., 2000a.

[671] Vgl. Lihotzky, N., Wirtz, B., 2001, S. 285-305.

[672] Vgl. Lihotzky, N., Wirtz, B., 2001, S. 285-305; Schnetkamp, G., 2000, S. 45; Garczorz, I., Krafft, M., 2000, S. 140f. und Wamser, C., 2000, S. 127f.; allgemein zu Kundenbindungsprogrammen vgl. Grahame, R.D., Uncles, M., 1997, S. 71ff.

die Intensität der Nutzung erhöhen[673]. Das gleiche wird für **Spiele und Gewinnspiele** sowie Zusatzinformationen angenommen[674].

Laut der *e-Reality Studie* von *Strauß/Schoder*[675] werden diese Kundenbindungsinstrumente im deutschsprachigen Raum bisher kaum angewendet. So gaben lediglich 13,9% der Unternehmen an, Gewinnspiele und Auktionen einzusetzen, bei Instrumenten wie Web-Site Personalisierung, Rabatt/-Bonusprogrammen, Zusatzfunktionalitäten und Individualisierung von Online-Kundenzeitschriften/Newslettern war die Einsatzrate sogar noch geringer. Dies zeigt das brachliegende Potenzial dieser Kundenbindungsinstrumente. Bedeutend ist dieses vor allem, da interaktive Angebote für den Kunden regelmäßig einen Mehrwert stiften[676].

Empirisch konnten *Bauer/Grether/Leach*[677] zeigen, dass sich das Interaktionspotenzial des Internets zur Schaffung von Kundenzufriedenheit nutzen lässt. Zudem ergab eine Untersuchung zur Akzeptanz von Firmenauftritten von *Kurz*[678], dass der Wert der angebotenen Informationen für die Zielgruppen eine entscheidende Bedeutung besitzt. Empirisch erwiesen sich zudem in der Untersuchung von *Böing*[679] interaktive Elemente als ein wichtiger Erfolgsfaktor.

In bezug auf diesen Erfolgsfaktor lässt sich in bezug auf die **verschiedenen Geschäftsmodelle** keine Unterscheidung erwarten, da sowohl bei physischen Gütern als auch bei Informationsgütern durch Angebote mit hoher Interaktivität, Entertainment und Informationsgehalt die Kundenbindung aufgebaut wird und die Kerndienstleistung erweitert wird.

Somit lässt sich als Hypothese formulieren:

H_{INT}:	*Unternehmen mit einem Angebot von hoher Interaktivität, Entertainment und Informationsgehalt schaffen es besser, die Ressource einer hohen Kundenbindung aufzubauen, die zu einem größeren Erfolg des Unternehmens führt.*

5.2.1.3.3 Community-Bildung

Nachdem die interaktiven Elemente dargestellt worden sind, die vom Nutzer bzw. Unternehmen ausgehen, werden nun interaktive Elemente betrachtet, die sich auf die Interaktion unter den Nutzern beziehen. **Virtuelle Communities** und deren **interakti-**

---

[673] Vgl. Garczorz, I., Krafft, M., 2000, S. 140.

[674] Vgl. Schnetkamp, G., 2000, S. 45 und Nachtmann, M., 2001, S. 298.

[675] Vgl. Strauß, R.E., Schoder, D., 2000a, S. 103.

[676] Vgl. Picot, A., Neuburger, R., 2001, S. 36f.

[677] Vgl. Bauer, H.H., Grether, M., Leach, L., 1998, S. 119-128.

[678] Vgl. Kurz, H., 1998, S. 215-226.

[679] Vgl. Böing, C., 2001, S. 197f.

ve Elemente wie Chat und Foren werden als ein gutes Mittel zur Erreichung einer hohen Kundenbindung angesehen[680].

Virtuelle Communities können als Bestandteil des Online-Marketings aufgefasst werden und stellen Interessengemeinschaften dar, bei denen sich die Mitglieder zwecks Erfahrungsaustausch oder bei gleicher Interessenlage um Themen, die das organisierende Unternehmen anbietet, gruppieren[681].

Das Unternehmen, das die Community organisiert, fungiert als Informationssammler, der die Kommunikationsinfrastruktur zur Verfügung stellt. Der Betreiber beteiligt sich inhaltlich nicht an den Diskussionen und betreibt keine Zensur. Ihm kann jedoch häufig die Rolle eines qualitätssichernden Moderators zukommen. Die aufbereiteten Informationen werden dann den Community-Mitgliedern zur Verfügung gestellt. Zudem kann das Unternehmen Community-basierte Informationen anbieten. *Hagel/Armstrong*[682] weisen darauf hin, dass zur Qualitätssicherung auch die Angebote konkurrierender Unternehmen mit in die Community integriert werden sollten. Diese Objektivität der Community wird als ein entscheidendes Kundenbindungselement gesehen und trägt wesentlich zum Erfolg einer Community bei. Dies müssen jedoch keine Angebote sein, die das Kerngeschäft des Unternehmens betreffen, sondern es kann sich dabei um ergänzende Produkte handeln, die als eine Abrundung des Produktsangebots angesehen werden können[683]. Netzwerkeffekte sind für Anbieter von virtuellen Communities bedeutsam, denn durch eine hohe Zahl der Nutzer steigt für alle Nutzer der Nutzen[684].

Typische Elemente einer Community sind **schwarze Bretter (Message Boards)**, **Chat-Räume**, virtuelle Communities in Form von thematisierten **privaten Homepages** und Sammlung von Fragen in **Newsgroups**[685]. Im Ergebnis also sämtliche Plattformen, welche die Kommunikation unter den Mitgliedern fördern[686].

Der Vorteil für die Nutzer liegt im Zugriff auf für sie relevante Informationen aus der Community. Für ein Unternehmen gilt es, die Akquisitionskosten mit Hilfe von virtuellen Communities zu senken und die Kaufneigungen der Nutzer zu analysieren. Somit können die Anbieter von virtuellen Communities zielgerichtet Kundengruppen ansprechen und individuell auf Wünsche dieser Gruppen eingehen[687].

---

[680] Vgl. Schnetkamp, G., 2000, S. 46f.
[681] Vgl. Hagel, J., Armstrong, A., 1997a, S. 22ff.; Paul, C., Runte, M., 2000, S. 125 und Schinzer, H., Steinacker, B., S. 81ff.
[682] Vgl. Hagel, J., Armstrong, A., 1997a, S. 46ff. und Hagel, J., Armstrong, A., 1997b, S. 142ff.
[683] Vgl. Hagel, J., Armstrong, A., 1997a, S. 46ff. und Hagel, J., Armstrong, A., 1997b, S. 142ff.
[684] Vgl. Amit, R., Zott, C., 2001, S. 507.
[685] Vgl. Paul, C., Runte, M., 2000, S. 127ff. und Garczorz, I., Krafft, M., 2000, S. 146.
[686] Zu virtuellen Communities vgl. auch Claudius, P., Runte, C., 1999, S. 151-164.
[687] Vgl. Somm, F., 1999, S. 22-24.

Wichtig ist auch das Lifestyle-Element von Communities, auf deren Basis sich eine eigene Community-Dynamik entwickeln soll[688]. Durch **Diskussionsforen** lassen sich Netzwerke bzw. Communities aufbauen, die es in der konkreten Zusammensetzung nur auf der bestimmten Plattform gibt, so dass eine Form der Kundenbindung geschaffen werden kann[689].

Die Vorteile von Communities lassen sich wie folgt zusammenfassen[690]:

- **Segmentierung** der Kaufkraft in verschieden Zielgruppen mit Möglichkeiten zum Individualmarketing,
- erhöhte **Interaktion** zwischen Unternehmen und Kunden sowie zwischen den Kunden und
- Steigerung der **Kundenbindung** durch den Aufbau sozialer Netze, hierdurch Aufbau von Markteintrittsbarrieren gegenüber Wettbewerbern.

Die Bedeutung der kommunikativ-ausgerichteten Elemente wie **E-Mail Adresse, Chat und virtuelle Community** und deren Wirkung in bezug auf Lock-In/Wechselkosten und somit Bindung an den Anbieter wurden bereits in Kapitel 4.7.1.1 erörtert[691]. In dieser Untersuchung wird der Einsatz der in Abbildung 29 zusammengefassten **interaktiven Elemente** zur Kommunikation mit dem Kunden betrachtet.

Eingesetzte Kundenbindungs-Instrumente	Kundenbindungseffekte		
	Dauerhaftigkeit der Geschäfts-beziehung	Nutzungs-häufigkeit	Nutzungs-dauer
•Personalisierung	+	+	
•Hintergrundinformationen			+
•Tools, Rechner, etc.		+	+
•Wunschlisten, Erinnerungsfunktionen		+	
•Gewinnspiele, Spiele		+	+
•Elektronische Postkarten		+	
•Newsletter-Dienst		+	
•Kundenbindungsprogramme	+	+	
•Angebot einer E-Mail Adresse	+	+	
•Chat/Message Boards	+	+	+
•Virtuelle Community	+	+	+

Erklärung:
+ : vorrangige Wirkung des eingesetzten Kundenbindungs-Instruments

Abbildung 29: Wirkung von Kundenbindungsinstrumenten[692]

Wie dargestellt, verstärken diese Elemente einzelne Prozesse der Kundenbindung (vgl. Kapitel 4.9.3.1 und Kapitel 5.2.1.2) und wirken so als **Kundenbindungselement**.

---

[688] Vgl. Wick, D., Kaiser, S., 2001, S. 85ff.
[689] Vgl. Lihotzky, N., Wirtz, B., 2001, S. 285-305.
[690] Vgl. Paul, C., Runte, M., 2000, S. 124.
[691] Vgl. hierzu auch Garczorz, I., Krafft, M., 2000, S. 143ff.
[692] Eigene Darstellung.

Empirisch erwiesen sich in der Untersuchung von *Böing*[693] Community-Elemente, die zu den interaktiven Elementen gerechnet wurden, als ein wichtiger Erfolgsfaktor.

Bei den Community-Bildungselementen ist **hinsichtlich der Geschäftsmodelle** zu erwarten, dass sie sowohl bei physischen Gütern als auch bei Informationsgütern kundenbindend wirken. So hat Amazon.com durch den Aufbau einer Community (z.b. Kundenrezensionen) einen Lock-In aufgebaut[694].

Während die Community-Elemente bei den physischen Gütern eine Erweiterung des Serviceangebots darstellen, dürfte der Effekt bei **den Informationsgütern und indirekten Erlösmodellen besonders stark** sein, denn hier wirken die Community-Elemente stark mit der Kerndienstleistung zusammen, die so aufgrund des Informationsgutcharakters „anfassbarer" bzw. „erlebbarer" wird. Gerade die auf Interaktion und Information beruhenden Geschäftsmodelle wie E-Mail-Angebote, Informationsdienste und Anbieter von Homepages können so besonders stark von Communities profitieren, insbesondere da hierdurch die für diese Geschäftsmodelle wichtigen Netzwerkeffekte gestärkt und ausgebaut werden. Bei indirekten Erlösmodellen, die vorrangig auf Werbung zur Refinanzierung ihrer Angebote angewiesen sind, führen Communities zudem zu einer längeren Nutzungsdauer und zu einer stärkeren Attraktivität und Nutzerbasis des Angebots, wodurch sich die Werbung zur Umsatzgenerierung besser verkaufen lässt. Demnach ist bei den indirekten Erlösmodellen eine hohe Relevanz der Community-Bildungselemente zu erwarten.

Deshalb können folgende Hypothesen formuliert werden:

H_{COM1}:	*Unternehmen, die Community-Bildungselemente nutzen, sind erfolgreicher als Unternehmen, die diese nicht einsetzen.*
H_{COM2}:	*Bei Content-Anbietern sind Community-Bildungselemente wichtiger als bei Anbietern physischer Güter.*
H_{COM3}:	*Bei Anbietern indirekter Erlösmodelle sind Community-Bildungselemente wichtiger als bei direkten Erlösmodellen.*

5.2.1.4 Aufbau der Ressource Technologieorientierung und Innovationsfähigkeit

Die Bedeutung von Innovationen wurde für viele Industrien als ein Erfolgsfaktor abgeleitet. Dieses Merkmal wird z.B. bei *Simon* beschrieben und ist auch eines der sieben im Rahmen des *PIMS-Projekts* ermittelten Erfolgskriterien[695]. *Steinle et al.*[696] ermittelten auf Basis einer Panel-Untersuchung von drei Wellen zwischen 1992 und 1994 zehn kritische Erfolgsfaktoren, zu denen ebenfalls Innovationen bzw. Innovationsmanagement gehören.

---

[693] Vgl. Böing, C., 2001, S. 197f.
[694] Vgl. Amit, R., Zott, C., 2001, S. 507.
[695] Vgl. Simon, H., 1996 und Buzzel, R., Gale, B., 1989.
[696] Vgl. Steinle, C., Kirschbaum, J., Kirschbaum, V., 1996, S. 188ff.

Innovation wird vielfach als kritisches Element betrachtet, um effektiv im Markt zu agieren, wobei Innovation als wichtige Komponente der Unternehmensstrategie gesehen wird[697]. So wurde in mehreren Studien ein Zusammenhang zwischen hoher **Innovationsfähigkeit und erhöhter Profitabilität** nachgewiesen[698]. Ausdruck dieser Innovationsfähigkeit ist die Fähigkeit, neue Dienstleistungen zu erfinden und diese zu kommerzialisieren[699].

Die **Innovationsfähigkeit** bezeichnet die Fähigkeiten eines Unternehmens, neue Ideen zu generieren, zu experimentieren und F&E Aktivitäten zu starten, die zu neuen Produkten und Prozessen führen[700]. Die Innovationsfähigkeit stellt letztendlich den Vorteil junger Unternehmen dar, die anders als traditionelle Unternehmen, die etablierten Geschäftsprozesse abwickeln, neue Produkte und Dienstleistungen anbieten und neuartige Vertriebskanäle nutzen können. Die **Innovationsfähigkeit eines Unternehmens stellt eine Ressource dar**, die nur schwer von Wettbewerbern imitiert werden kann, da sie auf den Mitarbeitern, deren technologischem Wissen und deren komplexen sozialen Beziehungen beruht[701]. Gerade im Internet-Umfeld ist davon auszugehen, dass Unternehmen, die technologisch führend sind, auch ihre Tools und Webseiten für den Kunden attraktiv gestalten können (z.B. durch interaktive Angebote, Personalisierung, usw.).

Die unternehmerische Ausrichtung, die technologischen Fähigkeiten und finanziellen Ressourcen sind stark für das Wachstum eines neuen Unternehmens verantwortlich[702]. Die technologischen und F&E Fähigkeiten stellen in diesem Zusammenhang eine wichtige Ressource eines Unternehmens dar[703], wobei die Investitionen in F&E nach Auffassung zahlreicher Autoren als ein **Ausbau der Ressource Technologie** verstanden werden können[704]. So interpretieren *Dierickx und Cool*[705] Investitionen in F&E als Investition in zukünftige Innovationen, d.h. den Aufbau einer Ressource. Investitionen in F&E sind ein Ausdruck des vorhandenen Wissens eines Unternehmens und legen dar, wie diese Ressource durch weitere Mittelzuführung ausgebaut wird. Unternehmen mit einem hohen Ausgangsniveau an F&E Wissen sind in der Lage dieses besser zu erweitern als die Unternehmen mit einem niedrigen Niveau an F&E Wissen[706].

---

[697] Vgl. Hitt, M.A., Ireland, R.D., Camp, S.M., Sexton, D.L., 2001, S. 484.

[698] Vgl. Hitt, M.A., Ireland, R.D., Camp, S.M., Sexton, D.L., 2001, S. 484.

[699] Vgl. Subramaniam, M., Venkatraman, N., 1999; Ireland, R.D., Hitt, M.A., Sexton, D.L., 2001 und Hitt, M.A., Ireland, R.D., Camp, S.M., Sexton, D.L., 2001, S. 484.

[700] Vgl. Lee, C., Lee, K., Pennings, J.M., 2001, S. 617.

[701] Vgl. Lee, C., Lee, K., Pennings, J.M., 2001, S. 617f.

[702] Vgl. Hitt, M.A., Ireland, R.D., Camp, S.M., Sexton, D.L., 2001, S. 482.

[703] Vgl. Oliver, C., 1997, S. 710.

[704] Vgl. Teece, D.J., Pisano, G., Shuen, A., 1997, S. 511; Fuchs, P.H., Mifflin, K.E., Miller, D., Whitney, J.O., 2000 und Oliver, C., 1997, S. 701.

[705] Vgl. Dierickx, I., Cool, K., 1989, S. 1508.

[706] Vgl. Dierickx, I., Cool, K., 1989, S. 1508.

Patente stellen den Schutz von technologischen Ressourcen und Wissen eines Unternehmens dar[707] und sind ein Ausdruck von wissensbasierten Ressourcen[708]. Patente können Wettbewerber daran hindern, spezielles Wissen zu nutzen, um direkt mit der Firma, die das Patent hält, in den Wettbewerb zu treten[709]. Anhand von Patentdaten konnte in einer Forschungsarbeit gezeigt werden, dass vorhandenes Wissen des Unternehmens in einem Technologiegebiet einen positiven Einfluss auf den zukünftigen Patent-Output in diesem Technologiegebiet aufweist[710]. *Küting*[711] betont die Rolle von Patenten als Indikator der Effektivität der Forschungs- und Entwicklungstätigkeit von Technologieunternehmen.

5.2.1.5 Bedeutung der Ressource Technologie als Erfolgsfaktor beim Electronic Commerce

Die **Technologie** stellt im Electronic Commerce die Schnittstelle dar, mit der die Unternehmen mit den Kunden kommunizieren[712]. Dies verdeutlicht bereits die Bedeutung von Technologie zur Gestaltung des Electronic Commerce. Die Technologie als technische Realisierung sollte zudem durch **Innovation**, d.h. neuartige Konzepte, ergänzt werden. Diese Kombination aus Technologie und Innovation kann dabei zu einem differenzierenden Merkmal ausgebaut werden.

Folglich wird von vielen Autoren die Bedeutung von Technologie und Innovation für den Erfolg im Electronic Commerce betont: „Die rasanten technologischen Entwicklungen fordern von den Unternehmen zudem umfangreiches Know-how und eine gewisse Risikobereitschaft bei der Auswahl der einzusetzenden Technologien"[713]. Gleichzeitig wird ein hoher Anteil der Investitionen im Bereich Technik bzw. Technologie getätigt[714]. Nach Ansicht von *Heinemann/Priess*[715] lassen sich durch erhebliche technologische Investitionen Marketingvorteile erzielen. *Schögel/Birkhofer/Tomczak*[716] beobachten: „Viele Unternehmen investieren in „State of the Art" Technologie, eine aufwendige, featuregeleitete Websitegestaltung und in Werbemaßnahmen zur Kundenakquisition".

Die Bedeutung des Kriteriums Innovation als Erfolgsfaktor bestätigt auch *Timmers*[717], der die Möglichkeit sieht, durch Innovation bei Prozessen und Organisation eine einzigartige Wettbewerbsposition aufzubauen („Unique Asset"). Dies zeigt die Bedeutung der Ressource **Innovation** und deren Eignung zum Aufbau von Wettbe-

---

[707] Vgl. Fuchs, P.H., Mifflin, K.E., Miller, D., Whitney, J.O., 2000.
[708] Vgl. Miller, D., Shamsie, J., 1996, S. 521 und Lee, C., Lee, K., Pennings, J.M., 2001, S. 618.
[709] Vgl. McEvily, S.K., Chakravarthy, B., 2002, S. 288.
[710] Vgl. Matusik, S.F., 2002, S. 458.
[711] Vgl. Küting, K., 2000a, S. 604.
[712] Vgl. Booz, Allen & Hamilton, 2000, S. 157.
[713] Sauter, M., 1999, S. 106.
[714] Vgl. Sauter, M., 1999, S. 106.
[715] Vgl. Heinemann, C., Priess, S., 1999 S. 120.
[716] Schögel, M., Birkhofer, B., Tomczak, T., 2000, S. 51f.
[717] Vgl. Timmers, P., 2000, S. 28f.

werbsvorteilen. *Timmers* betont jedoch die Gefahr der **Kopie von Technologien** und innovativen Geschäftsmodell-Elementen im Internet-Umfeld[718]:

- Grosse Teile des Geschäftssystems sind für Wettbewerber **sichtbar**, weil sie dem Kunden auf der Webseite präsentiert werden.
- Nutzer-Schnittstellen können mit bestehenden Technologien leicht **kopiert** und abgeändert werden, wobei sich Copyright-Verletzungen leicht umgehen lassen.
- Grundlegende Technologien sind meist von **mehreren Anbietern** zu beziehen, und exklusive Technologien stellen eher die Ausnahme dar.

Viele Angebote im Electronic Commerce ähneln sich stark. Durch **Differenzierung**, etwa durch Schaffung eines Zusatznutzens, kann das eigene Angebot von der Konkurrenz abgehoben werden[719]. Viele der erfolgreichen Konzepte lassen sich jedoch schnell von der Konkurrenz kopieren. Zudem beruht die Funktionalität der Webseite häufig auf den Lösungen von wenigen Anbietern, die auch andere Unternehmen nutzen können[720]. So weisen beispielsweise die drei führenden deutschen Buchhändler im Internet ein ähnliches Seiten-Layout auf und verwenden ähnliche Kategorien sowie Funktionen (vgl. Abbildung 30)[721].

Abbildung 30: Layouts und Seitenaufbau von Online-Bücherverkäufern in Deutschland[722]

---

[718] Vgl. Timmers, P., 2000, S. 29.
[719] Vgl. Shapiro, C., Varian, H., 1998, S. 44 ff.
[720] Vgl. Timmers, P., 2000, S. 29.
[721] Vgl. Schögel, M., Birkhofer, B., Tomczak, T., 2000, S. 37.
[722] Internet-Adresse: http://www.bol.de/, http://www.mediantis.de/ und http://www.amazon.de/; Abruf vom 24.4.2001.

Dem Kunden erleichtert dies das schnelle Zurechtfinden auf für ihn neuen Seiten. Für den einzelnen Anbieter bedeutet dieses aber, dass er sich nur schwer durch spezifische Funktionen oder seinen Seitenaufbau von den direkten Konkurrenten differenzieren kann. Problematisch ist hierbei, dass sich die Layouts nicht patentieren lassen. Ein Beispiel, dass dies auch beim Electronic Commerce gelingen kann, ist Amazon.com. Amazon.com konnte durch seine Technologie-Patente die Entwicklungen vieler Nachahmer verlangsamen[723]. So hat Amazon.com sich seine „One-Click"-Technologie zum Kauf von Artikeln, die es dem Kunde erlaubt, Adresse und Angaben zur Zahlungsweise verschlüsselt abzulegen[724], patentieren lassen und die Firma Barnes & Noble (BN.COM) verklagt, die mit einer ähnlichen Technologie wirbt[725]. In den USA wurde zudem auch für das „Demand Collection System" von Priceline ein **Patent** gewährt[726].

Wenn es sich nicht um eine **proprietäre Technologie** handelt, ist es generell sehr schwer auf Basis einer Technologie einen Wettbewerbsvorteil aufzubauen, da Technologie meistens von mehreren Anbietern zu beziehen und somit leicht zu erhalten ist[727]. Dieses verdeutlicht die Notwendigkeit, die eigene Rolle im Markt v.a. auf Basis weiterer Fähigkeiten aufzubauen (z.B. Marke, Netzwerk von Partnerunternehmen, Kundenbindung, führende Marktposition) und ständig weiter in Produkt- und Technologieentwicklung zu investieren.

Auch *Schneider*[728] hält die Technologieorientierung für einen entscheidenden Erfolgsfaktor beim Electronic Commerce: „Grundsätzlich sind im E-Commerce diejenigen Unternehmen erfolgreich, denen es gelingt, immer wieder aktiv die neuen Technologien einzubeziehen und unverzüglich ihre Geschäftsmodelle daran anzupassen". *Steinle*[729] teilt diese Auffassung und betrachtet **Technologie** als eine zentrale Ressource, wobei er besonders betont, dass diese weiter entwickelt werden muss, um immer neue Kompetenzen zu generieren. Unternehmen, die weniger erfolgreich sind, passen demnach ihr Geschäftsmodell nicht an die Technologien an, sondern versuchen, ihre bestehende Geschäftsstrategie direkt und ohne Veränderung auf das Internet zu übertragen. Als Beispiel hierfür dienen Direktversender, die ihr Produktangebot auf eine Webseite übertragen, ohne ihr Geschäftsmodell weiterzuentwickeln. Daher wird die **technologische Adaptionsfähigkeit** des Geschäftsmodells als zentraler Erfolgsfaktor betrachtet. So wird der Erfolg von Yahoo auch von dessen Innovationskraft und guter Technologiebasis abgeleitet[730].

---

[723] Vgl. Willcocks, L.P., Plant, R., 2001, S. 50ff.

[724] Vgl. Mehler-Bicher, A., Borgman, H., 1999, S. 75.

[725] Vgl. Schubert, S., 2001 und Lammerskötter, D., Klein, S., 2001, S. 54.

[726] Vgl. Lammerskötter, D., Klein, S., 2001, S. 54.

[727] Vgl. Timmers, P., 2000, S. 138.

[728] Schneider, K., 2000, S. 109.

[729] Vgl. Steinle, C., 2001, S. 348f.

[730] Vgl. Schneider, K., 2000, S. 121.

Kickul/Gundry[731] sehen in Innovationen den Ausdruck der **Nutzung der Fähigkeiten und Ressourcen** des Unternehmens. Sie argumentieren, dass gerade im instabilen Umfeld von E-Commerce nur auf Basis ständiger Innovation („Relentless Innovation") Wettbewerbsvorteile generiert werden können. Innovationsführerschaft wird von *Wirtz*[732] ähnlich eingestuft, weil Innovationen für einen Wettbewerbsvorsprung gegenüber Konkurrenten verwendet werden können[733]. Dabei wird die **hohe Innovationsgeschwindigkeit** im Internet-Markt hervorgehoben, die für ein Unternehmen zwei Konsequenzen hat[734]:

1. Die Unternehmen können selbst neue Produkte, Lösungen und Konzepte immer schneller entwickeln, wodurch sich der Zeitraum von der Produktentwicklung bis zum Markteintritt verkürzt (kürzerer „Time-to-Market").

2. Die hohe Innovationsgeschwindigkeit verringert die Dauer, in der die Produkte am Markt konkurrenzfähig sind, weil sie schnell technisch veralten (kürzere Produktlebenszyklen).

Hieraus kann die Bedeutung der Investitionen für Technologie- und Produktentwicklung für ein Electronic Commerce Unternehmen abgeleitet werden, da das Unternehmen ansonsten **technisch zurückfallen** und an Konkurrenzfähigkeit verlieren würde[735].

Böing[736] identifiziert in seiner Untersuchung zum Electronic Commerce Technologie- und Innovationsorientierung als Erfolgsfaktoren. Auch *Schögel/Birkhofer/Tomczak*[737] vermerken die Bedeutung von Technologie für den Electronic Commerce, stellen aber auch fest, dass diese allein noch keinen Wettbewerbsvorteil darstellt. Besonders vor dem Hintergrund, dass viele Ideen imitiert werden[738], können nur wenige Vorteile langfristig verteidigt werden[739], weshalb einer **kontinuierlichen Innovationsbereitschaft** ein entscheidender Wert zukommt. Um diese kontinuierliche Innovationsbereitschaft umsetzen zu können, sind demnach auch gezielte Investitionen zum Aufbau dieser Ressource erforderlich.

Zwischen den verschiedenen **Geschäftsmodellen** ist bezüglich der Technologieorientierung und Innovationsfähigkeit kein großer Unterschied zu erwarten, denn eine attraktive Gestaltung des Angebots ist für alle Geschäftsmodelle entscheidend, da der Kontakt zum Endkunden bei allen Geschäftsmodellen über die Schnittstelle des

---

[731] Vgl. Kickul, J., Gundry, L.K., 2001, S. 348ff.
[732] Vgl. Wirtz, B., 2000c, S. 24.
[733] Vgl. Wirtz, B., 2000d, S. 290f.
[734] Vgl. Wirtz, B., 2000c, S. 126 und 149ff.
[735] Vgl. Balkin, B.B., Markman, G.D., Gomez-Mejia, L.R., 2000, S. 1118ff.
[736] Vgl. Böing, C., 2001, S. 151ff.
[737] Vgl. Schögel, M., Birkhofer, B., Tomczak, T., 2000, S. 34.
[738] Hierzu wird der Vergleich der Webangebote von Amazon.de, Buecher.de, Bol.de und Libri.de herangezogen.
[739] Weitere Literatur zu Innovation in Internet-Märkten vgl., Tapscott, D., 1996, S. 59ff. und Kalakota, R., Robinson, M., 1999, S. 64f.

Internets zum Endkunden abgewickelt wird. Diese Aktualität und ansprechende Gestaltung lässt sich nur durch entsprechende Investitionen in die Ressource Technologie und eine hohe Innovationsfähigkeit aufbauen. Da die Kerndienstleistung bei den Content-Anbietern jedoch nur über das Internet abgewickelt wird und zudem das Hauptprodukt darstellt, ist zu erwarten, dass die Technologieorientierung bei der Ausgestaltung der Dienstleistung eine höhere Bedeutung aufweist als bei den Anbietern physischer Produkte, die das Internet als Mittel zum Verkauf des physischen Produktes nutzen.

Von daher können in bezug auf den Aufbau der Ressourcen Technologieorientierung und Innovationsfähigkeit die folgenden Hypothesen formuliert werden:

H_{TEC1}:	*Je mehr ein Unternehmen in den Aufbau der Ressourcen Technologie, Innovation und Produktentwicklung investiert, desto erfolgreicher ist es im Electronic Commerce.*
H_{TEC2}:	*Für Content-Anbieter besitzt der Aufbau der Ressourcen Technologie- und Innovationsorientierung eine höhere Bedeutung als bei den Anbietern physischer Produkte.*

5.2.2 Markenaufbau

5.2.2.1 Aufbau der Ressource Marke

Marken und der Ruf eines Unternehmens können als die Sammlung von Erfahrungen der Kunden mit dem Unternehmen begriffen werden[740]. Der Ruf eines Unternehmens, zu dem im weiteren Sinne auch die Marke gehört, stellt für ein Unternehmen eine wichtige strategische Ressource dar[741]. Weil es beinahe unmöglich ist, die Qualität von Dienstleistungen vorab einzuschätzen, verlassen sich Kunden auf den positiven Ruf bzw. die Marke eines Unternehmens als Auswahlkriterium für bestimmte Dienstleistungen[742].

Einige Autoren stellen fest, dass bisher **wenig Gebrauch des Resource-Based Views zur Weiterentwicklung der Marketing-Theorie** gemacht wurde[743]. Insbesondere seien die Prozesse, durch die Ressourcen unter Führung des Managements in Produkte- und Dienstleistungen von Wert für den Kunden gewandelt werden, unzureichend analysiert worden. Hierzu sei eine genauere Betrachtung erforderlich, wie der Kundenwert durch einzelne Attribute, Vorteile und Netzwerkeffekte generiert und erhalten werden könne[744].

---

[740] Vgl. Teece, D.J., Pisano, G., Shuen, A., 1997, S. 521.

[741] Vgl. Oliver, C., 1997, S. 701.

[742] Vgl. Hitt, M.A., Ireland, R.D., Camp, S.M., Sexton, D.L., 2001, S. 483.

[743] Vgl. Barney, J.B., Wright, M., Ketchen, D.J., 2001, S. 629.

[744] Vgl. Shankar, V., Bayus, B.L., 2003, S. 375.

Die Marke wird als eine wesentliche **firmenspezifische Ressource** eines Unternehmens betrachtet und gilt als kritisch für den Erfolg eines Unternehmens in seinen Märkten. Die Marke eines Unternehmens stellt eine typische immaterielle Unternehmensressource dar[745], denn sie ist selten, wertvoll und schwer zu imitieren und auch nicht substituierbar. Außerdem ist eine Marke schlecht übertragbar und nur sehr langsam aufbaubar.

Zum Aufbau einer Marke sind **kumulative Investitionen in Werbung und Marketing** erforderlich, so dass sowohl die Aufmerksamkeit beim Kunden als auch positive Assoziationen mit der Marke aufgebaut werden. In dem Aufbauprozess der Marke hat die Interaktion mit den Kunden eine entscheidende Bedeutung[746]. Untersuchungen haben gezeigt, dass Kunden nur ungern Marken wechseln, was den Lock-In durch Markenbildung aufzeigt. So entstehen durch den positiven Ruf des Unternehmens Wechselkosten für den Kunden, wenn er zu einem für ihn unbekannten (möglicherweise weniger seriösen) Anbieter wechseln will, die der Kunde in der Regel vermeiden möchte. Die Investitionen in Werbung dienen demnach dem Aufbau einer Unternehmensressource[747]. Die Ausgaben für Marketing können auch als Kosten für die Kundenakquisition angesehen werden, so dass die Marketing Aktivitäten einen direkten, positiven Effekt auf die Kundenbindung aufweisen[748]. Das richtige Timing von finanziellen Ressourcen zum Markenaufbau in einer abgeschlossenen Periode weist einen starken Einfluss auf den Erfolg eines Unternehmens auf[749].

5.2.2.2 Bedeutung der Ressource Marke als Erfolgsfaktor beim Electronic Commerce

Eine fehlerhafte Annahme über das Internet war die Einschätzung, dass Marken zunehmend unbedeutend würden. Aufgrund der Vielzahl an Informationen, Produkten und Services bei erhöhter Suchzeit sorgt die Marke für Sicherheit, Zuverlässigkeit, Qualität und symbolisiert die Erfüllung der Versprechungen[750]. Deshalb ist eine Marke eine Hauptressource eines Unternehmens, die von Start-up Unternehmen nur langsam aufgebaut werden kann.

Der Aufbau von **Markenbekanntheit** und **Markenimage** wird als ein Schlüsselfaktor betrachtet, der von der Konkurrenz nicht kopiert werden kann und der die Umsatz- sowie Kostenentwicklung entscheidend prägt. Aus diesem Grund lässt sich die strategische Notwendigkeit von **Marketinginvestitionen** ableiten[751].

---

[745] Vgl. Oliver, C., 1997, S. 701.

[746] Vgl. Anand, J., Delios, A., 2002, S. 122.

[747] Vgl. Teece, D.J., Pisano, G., Shuen, A., 1997, S. 511 und Fuchs, P.H., Mifflin, K.E., Miller, D., Whitney, J.O., 2000.

[748] Vgl. Krafft, M., 2002, S. 168.

[749] Vgl. Lee, C., Lee, K., Pennings, J.M., 2001, S. 626.

[750] Vgl. Willcocks, L.P., Plant, R., 2001, S. 50ff.

[751] Vgl. DG Bank Research, 2000, S. 13.

Viele Electronic Commerce Unternehmen investierten bis Mitte 2000 vergleichsweise viel Geld in Marketingausgaben. Bei einem Online-Umsatz von € 5,5 Millionen im Jahr 2000 gab z.b. der Online-Weinhändler Winegate.de € 5 Millionen für Werbung aus[752]. In diesem Zusammenhang stellte *Sauter*[753] fest, dass zahlreiche Internetunternehmen zur Zeit hohe Verluste realisierten, da sie hohe Investitionen in den Bereich Marketing vorgenommen hätten.

Gerade bei Betrachtung der Kosten für den Aufbau einer neuen Marke und der Tatsache, dass Start-up Unternehmen bis zu 70%[754] ihres Kapitals für Werbung ausgeben, kann die Bedeutung des Marketings nicht unterschätzt werden. Durchschnittlich gaben nach einer *Boston Consulting Group*-Erhebung deutsche Internet Start-up Unternehmen 1999 rund 58%[755] ihres Umsatzes für Werbung aus, im Jahre 2000 waren dies bei US Pure-Plays sogar 66%[756]. Dies ist u.a. durch die **Kundenakquisitionskosten** bedingt, die im Jahr 2000 bei durchschnittlich US$ 55 pro Kunde bei reinen Online-Anbietern und US$ 34 bei Multikanal-Anbietern lagen[757].

Marken besitzen eine Leuchtturmfunktion. In einem fragmentierten Medium wie dem Internet bieten Marken Orientierung, denn kein Verbraucher kann sich Hunderte von Marken merken. Nicht umsonst ist das Phänomen zu beobachten, dass die führenden Vertreter eines E-Commerce Geschäftsmodells einen Großteil der Werbegelder und Clicks auf sich ziehen. Hinzu kommt, dass Kunden im Internet auf die **Vertrauenswürdigkeit** des Handelspartners angewiesen sind. Beim Kauf lässt sich weder die Ware konkret sehen, die Qualität einschätzen, noch die Seriosität des unbekannten Anbieters beurteilen (vgl. Kapitel 3.6)). Zusätzlich gibt es oft Angst vor Zusatzkosten sowie Problemen bei der Lieferung, Zahlung und Reklamation[758]. Zu einem ähnlichen Ergebnis kam eine *Ernst & Young-Studie*, bei der 69% der Befragten angaben, der Markenname sei für sie wichtig, 64% meinten, es sei entscheidend, den Händler bereits zu kennen[759]. Die Marke Ebay hat ihre Marke und Kundenloyalität der Fähigkeit zu verdanken, Transaktionen reibungslos und vorteilhaft für alle Beteiligten abzuwickeln und Mechanismen aufzubauen, die bei allen Beteiligten für Vertrauen sorgen[760]. Die Auswertung von Nutzungsstatistiken von Online-Shops zeigt, dass viele Nutzer bis zum letzten Klick des Bestellvorgangs gehen, dann den Vorgang aber abbrechen[761]. Gerade in diesen Bereichen können bekannte Marken den Bedenken der Kunden vertrauensbildend entgegenwirken.

---

[752] Vgl. Huber, W., 2002, S. 58f.

[753] Vgl. Sauter, M., 1999, S. 106.

[754] Vgl. Silverstein, M., Stanger, P., Greenly, R., Rubin, E., 2001, S. 14.

[755] Vgl. Mei-Pochtler, A., Rasch, S., 1999, S. 20 und Maiwaldt, J.C., 2000b, S. 69.

[756] Vgl. Silverstein, M., Stanger, P., Greenly, R., Rubin, E., 2001, S. 14 und Frankfurter Allgemeine Zeitung, 2001.

[757] Vgl. Silverstein, M., Stanger, P., Greenly, R., Rubin, E., 2001, S. 18.

[758] Vgl. Herrmann, C., Sulzmaier, S., 2001, S. 19 und Brynjolfsson, E., Kahin, B., 2000, S. 111.

[759] Vgl. Ernst & Young, 1997, S. 7 und Preißl, B., Haas, H., 1999, S. 41.

[760] Vgl. Dubosson-Torbay, M., Osterwalder, A., Pigneur, Y., 2002, S. 9.

[761] Vgl. Krause, J., 2000, S. 246 ff.

Zahlreiche Autoren betonen die Bedeutung von Werbung zum **Aufbau einer Marke und zur Anziehung von potenziellen Kunden** auf die Webseite.

Nach *Reichheld/Schefter*[762] setzen viele Electronic Commerce Anbieter in einem hohen Maß Werbung und andere Marketingaktivitäten ein, um Kunden zu akquirieren, was u.a. von *Herremans/Ryans/Aggarwal*[763] bestätigt wird: „Die Marketingausgaben stehen dabei in einem direkten Verhältnis zum Markenaufbau". *Wirtz*[764] vertritt die Auffassung, der Aufbau einer Marke habe für die Electronic Commerce Anbieter eine wichtige Priorität. Allerdings sei zu betonen, dass dafür ein hoher Kapitaleinsatz erforderlich sei.

Pure Plays sind in viel stärkerem Umfang darauf angewiesen, über Suchmaschinen, Werbebanner oder Offline-Werbung den Kontakt zu den potenziellen Kunden aufzunehmen, was die Marketingausgaben erhöht[765]. Sie können nicht wie Old-Economy-Anbieter von dem bereits etablierten Markennamen profitieren. Folglich gelangen auch 62% der Kunden von Multikanal-Anbietern gegenüber nur 37% bei Pure Plays durch Direkteingabe des Markennamens auf die Webseite[766]. Die bekannten Marken haben in der Vergangenheit bereits in ihre Marke investiert und geben deshalb nur etwa halb so viel für Marketing aus wie reine Internetunternehmen[767].

Bachem[768] sieht für die Internet-Anbieter zum Aufbau der Marke neben Werbung im Netz die Notwendigkeit, auch weitere Marktbearbeitungsinstrumente zu nutzen. Ein Webanbieter sollte sein Angebot demnach auch über klassische Printmedien, Werbespots in der Rundfunk- bzw. Fernsehwerbung sowie über Direktwerbeaktivitäten publik machen[769].

Ob ein hoher Marketingaufwand dauerhaften Erfolg zeigt, ist jedoch umstritten: So meinen *Aaker/Jacobson*[770], dass viele Marketingaufwendungen von Start-up Unternehmen zwar zu einem hohen Bekanntheitsgrad führten, für das Kaufverhalten von Kunden sei jedoch die **Einschätzung der Marke** das relevante Kriterium. Bei den hohen Kosten für die Kundenakquisition macht nur eine Strategie Sinn, die darauf abzielt, nicht nur permanent neue Kunden zu finden (und diese durch Angebote zum Kauf zu bringen), sondern Kunden zu halten und ihre Nutzungsbereitschaft zu erhöhen. Nicht die Marken, die bekannt sind, sondern die Marken, die respektiert und mit positiven Erlebnissen in Zusammenhang gebracht werden, sind entscheidend für den Kunden.

---

[762] Vgl. Reichheld, F.F., Schefter, P., 2001, S. 2f.
[763] Herremans, I.M., Ryans, J.K., Aggarwal, R., 2000.
[764] Vgl. Wirtz, B., 2000c, S. 154.
[765] Vgl. Mei-Pochtler, A., Rasch, S., 1999, S. 19.
[766] Vgl. Mei-Pochtler, A., Rasch, S., 1999, S. 19.
[767] Vgl. Abend, J.M., Tischmann, C., 2001, S. 69.
[768] Vgl. Bachem, C., 1997, S. 24.
[769] Vgl. Hofacker, C.F., 2001, S. 125 und Schögel, M., Birkhofer, B., Tomczak, T., 2000, S. 51.
[770] Vgl. Aaker, D., Jacobson, R., 2001, S. 9.

Dass hohe Marketingaufwendungen nicht unbedingt zum Erfolg des Unternehmens führen müssen, zeigt die E-Performance Untersuchung von *McKinsey*[771]. Die Untersuchung umfasste weltweit 150 E-Commerce Anbieter, wobei sowohl Start-ups als auch Internet-Ableger etablierter Konzerne betrachtet wurden. Ein Ergebnis war, dass v.a. Unternehmen mit Zurückhaltung bei den Marketingausgaben erfolgreich waren und dass von den Unternehmen, die viel Geld für Marketing ausgaben, die Mehrzahl selbst kurzfristig kein erhöhtes Wachstum aufwies[772].

Lammerskötter/Klein[773] gelangen zu einer ähnlichen Einschätzung, wonach sich im Internet eher Unternehmen durchsetzen, die einen Mehrwert für den Kunden bieten und weniger die Unternehmen, die unter hohen Marketingaufwendungen ihre Geschäftsidee immer wieder verändern.

Trotz der nicht eindeutigen Einschätzung zur Rolle von Marketingausgaben bei Internet-Anbietern muss festgestellt werden, dass jedes Unternehmen ein **gewisses Maß an Bekanntheit benötigt**, um überhaupt von potenziellen Kunden angesteuert zu werden. Ist diese Voraussetzung nicht gegeben, kann auch das nachgelagerte Ziel, Umsätze zu erwirtschaften, nicht erfolgreich sein, denn hierzu sind Kunden erforderlich. Die Frage, ob durch hohe Marketingausgaben eine langfristige Kundenbindung aufgebaut werden kann, ist nicht Gegenstand dieser Arbeit. Von Interesse ist für diese Arbeit vielmehr, ob durch Marketing zunächst (kurzfristig) Umsätze generiert und die Bekanntheit des Unternehmens erhöht werden kann, damit Kunden das Angebot überhaupt erst ansteuern. Als Beispiel kann hierfür die Werbung von Online-Anbietern während der Superbowl im Jahr 2000 in den USA genannt werden. Unternehmen, die bei diesem Sportereignis in Fernseh-Werbespots geworben hatten, zeigten nach dem Sportereignis einen Besucheranstieg von 38,7%, verglichen zum Durchschnitt der vorangegangenen drei Wochen[774].

Zwischen den einzelnen **Geschäftsmodellen** ist keinerlei Unterschied hinsichtlich der Bedeutung der Marke als Erfolgsfaktor zu erwarten, da der Aufbau der Ressource Marke sowohl für Content- als auch Anbieter physischer Güter ebenso wie für direkte und indirekte Erlösmodelle entscheidende Bedeutung aufweist.

Aufgrund des Querschnittscharakters der Untersuchung in dieser Arbeit kann der Markenaufbau über Marketingausgaben nicht abschließend beurteilt werden. Da aber neugestartete Electronic Commerce Unternehmen sich die Ressource **Marke** erst aufbauen müssen, sind die Ausgaben für Marketing zum Aufbau der Marke ein erster Indikator, wie stark ein Unternehmen in den Aufbau dieser Ressource investiert.

---

[771] Vgl. Agrawal, V., Arjona, L.D., Lemmens, R., 2001, S. 33 und Lammerskötter, D., Klein, S., 2001.

[772] Vgl. Agrawal, V., Arjona, L.D., Lemmens, R., 2001, S. 33 und Lammerskötter, D., Klein, S., 2001, S. 58

[773] Vgl. Lammerskötter, D., Klein, S., 2001, S. 58.

[774] Vgl. Business Wire, 2000.

Aufgrund der Bedeutung von Marketing zum Aufbau der Ressource Marke und der Akquisition von Kunden soll hier die Hypothese formuliert werden:

H_{MKT1}: *Unternehmen mit einem hohen Anteil von Marke-*
ting/Vertriebsausgaben am Umsatz sind erfolgreicher im Aufbau der
Ressource Marke als solche mit geringerem Anteil.

Als ein wichtiges Element bei der Benutzerführung wird die **Positionierung von Sonderangeboten und Bestseller-Artikeln** direkt auf der Homepage betrachtet[775]. Des weiteren ergaben Untersuchungen, dass über die Hälfte der Besucher einer Anbieterseite nie über die Homepage herausgehen, weshalb unmittelbar auf der Homepage die Vorzüge des Angebots präsentiert werden sollten[776]. Aus diesem Grund soll betrachtet werden, ob Unternehmen, die dieses Marketingelement einsetzen, erfolgreicher sind, was in folgender Hypothese zusammengefasst wird:

H_{MKT2}: *Unternehmen mit intensiver Website-Werbung mit Coupons und*
Sonderangeboten sind erfolgreicher im Markenaufbau als Unterneh-
men, die solche Methoden nicht einsetzen.

5.2.3 Multikanalität

5.2.3.1 Bedeutung der Multikanalität als Ressource von Electronic Commerce Unternehmen

Jedes Unternehmen muss sich im Rahmen seiner distributionspolitischen Maßnahmen überlegen, welche **Vertriebskanäle** es nutzen will[777]. Grundsätzlich kommen **vier Arten von Distributionskanälen** in Frage:

- Bestellung über das **Internet** mit Distribution auf elektronischem Wege über das Internet bzw. bei physischen Gütern Zusendung der Waren,
- **Telefonische** Abwicklung der Bestellung, Distribution wie bei Internet-Bestellung,
- Vertrieb über **stationäre Filialen** bzw. Möglichkeit des Abholens von im Internet bestellter Ware in Filialen und
- Nutzung von **Katalogen**[778].

Durch die Verbindung eines Vertriebskanals (z.B. des Online-Vertriebs) mit weiteren Vertriebskanälen kann **die Imitierbarkeit des Angebots weiter erschwert** werden und der Nutzen für den Kunden lässt sich erhöhen[779]. Jeder Vertriebskanal stellt gleichzeitig einen wertvollen Kanal für den direkten Dialog mit dem Endkunden dar.

---

[775] Vgl. Heinemann, C., Priess, S., 1999, S. 122.

[776] Vgl. Varianini, V., Vaturi, D., 2000, S. 88.

[777] Vgl. Hermanns, A., 1999, S. 96.

[778] Vgl. Rasch, S., Lintner, A., 2001, S. 7ff.; auf die Möglichkeiten des TV-Shoppings wird in dieser Arbeit nicht näher eingegangen.

[779] Vgl. Barney, J.B., Wright, M., Ketchen, D.J., 2001, S. 629.

Je mehr Zugänge ein Unternehmen bietet, desto reicher sind die Kundenbindungs- und Erlebnismöglichkeiten[780]. Somit lassen sich die Vertriebskanäle als eine **physische Ressource des Unternehmens** zur Schaffung seiner Kundenbeziehung bzw. der Ressource Kundenbindung betrachten.

Ein funktionierendes Multikanalsystem kann einen Wettbewerbsvorteil darstellen, der durch Markteintrittsbarrieren geschützt ist. „The fundamental prerequisite for market power is the presence of barriers to entry. Barriers to entry are based upon scale economies, patents, experience advantages, brand reputation, or some other resource which incumbent firms possess but which entrants can only acquire at disproportionate expense"[781]. Einen solchen Vorteil stellt ein vorhandenes Distributionsnetz dar.

Es gibt **Ressourcen, die sich gegenseitig verstärken („„Systemic Resources")**. So können die Niederlassungen eines Kaufhauses vom Markennamen, Standardisierung, Werbung und Verwaltung profitieren[782]. Analog lässt sich für das Internet formulieren, dass zwischen Multikanal-Angebot, Coupon-Werbung und Höhe der Ausgaben für Werbung und den Markenaufbau solche gegenseitigen Verstärkungseffekte bestehen.

5.2.3.2 Bedeutung der Ressource Multikanalität als Erfolgsfaktor beim Electronic Commerce

In der ersten Welle von Electronic Commerce-Unternehmensgründungen überwogen Unternehmen, die ihre Produkte nur über das Internet verkauften, was zunächst als Bedrohung der bestehenden Vertriebskanäle wie Handel und Versandhandel angesehen wurde[783] (vgl. Kapitel 4.8.1).

In der nächsten Welle begannen zunehmend etablierte Unternehmen, im Internet tätig zu werden, die auch über weitere Vertriebskanäle verfügten, was für diese Unternehmen zunächst die Gefahr von Distributionskanal-Konflikten in sich barg[784].

Zahlreiche Untersuchungen haben ergeben, dass offenbar die Multikanal-Anbieter (d.h. Anbieter, die mehr als nur einen Vertriebsweg nutzen) im Vorteil gegenüber reinen Internet-Anbietern sind. Einem Multikanalunternehmen wird von vielen Kunden mehr Vertrauen entgegengebracht als einem reinen Internet-Anbieter, denn wenn Probleme auftreten, besitzt der Kunde eine direkte Anlaufstelle. Beispielsweise kann eine **Offline-Präsenz die Online-Präsenz ergänzen**, weil sie dem Kunden die Chance gibt, dort Ware abzuholen, umzutauschen, sich beraten zu lassen und weitere Dienstleistungen zu nutzen[785]. Ein Großteil der Innovation durch Electronic Commerce entsteht aus **komplementären Effekten**, indem Ressourcen und Fähigkeiten neuartig kombiniert werden[786]. Neue, komplementär wirkende Elemente müssen zwischen

---

[780] Vgl. Prahalad, C.K., Ramaswamy, V., 2000, S. 84f.

[781] Grant, R.M., 1991, S. 117.

[782] Vgl. Miller, D., Shamsie, J., 1996, S. 523.

[783] Vgl. Brynjolfsson, E., Kahin, B., 2000, S. 120.

[784] Vgl. Bucklin, C., Thomas-Graham, P., Webster, E., 1997, S. 37f.

[785] Vgl. Amit, R., Zott, C., 2001, S. 505.

[786] Vgl. Amit, R., Zott, C., 2001, S. 508.

verschiedenen firmenspezifischen Ressourcen und Fähigkeiten entwickelt werden, wobei die Kombination von Online- und Offline-Fähigkeiten des Unternehmens eine hohe Eignung aufweist[787]. Durch die Verbindung beider Vertriebskanäle lässt sich für den Kunden das Erlebnis und die Bindung an die Marke zum Vorteile des Unternehmens vertiefen.

Es ist zu erwarten, dass Multikanalität vor allem bei Produkten, die **Vertrauenssache** sind (z.b. Finanzdienstleistungen), ein erhöhtes **Umtauschrisiko** aufweisen (z.b. Kleidung), einen hohen **Wert** (z.b. hochwertige Elektroprodukte, Autos) bzw. einen hohen **Beratungsbedarf** aufweisen (z.b. individuelle Reiseplanung, aber keine Flugbuchungen), d.h. Dienstleistungen sowie physische Erlebnisprodukte mit geringer Standardisierung, vorteilhaft ist. Bei Informationsgütern, die genauso gut online begutachtet werden können, ergibt sich durch eine Präsenz in anderen Vertriebskanälen kein Vorteil, so dass bei diesen Produkten kein Vorteil durch eine Multikanalität zu erwarten ist.

Schögel/Birkhofer/Tomczak[788] vertreten die Auffassung, dass, nachdem zunächst die reinen Internethändler dominierten, zunehmend die Multikanalstrategie an Bedeutung gewinnt. Durch die Integration verschiedener Vertriebsstrukturen können z.b. stationäre Niederlassungen als Beratungszentren oder als Pick-up-Point für über das Internet aufgegebene Bestellung sowie als Anlaufstelle bei Reklamationen genutzt werden. Zudem können über die einzelnen Kanäle **Cross-Selling Potenziale** genutzt werden[789]. Eine Studie von *McKinsey*[790] zeigte, dass v.a. die Anbieter im Online-Handel Erfolg haben, die eine Multikanal-Strategie nutzen und weitere Vertriebskanäle wie Katalog-Versand und stationären Einzelhandel einbinden.

Auch eine Branchenanalyse der *DG Bank* kommt zu der Einschätzung, dass Multikanal-Anbieter besser als reine Internet-Anbieter positioniert sind. Insbesondere die Faktoren „Vertrauen" und „Sicherheit", sowie die „Möglichkeit verschiedener Informations-, Bestell- und Abhol-/Lieferalternativen" mit daraus resultierenden „Cross-Selling Potenzialen" werden als entscheidender Vorteil angesehen[791]. Das Cross-Selling Potenzial korreliert dabei aus Sicht der Analysten positiv mit der Anzahl der verschiedenen Kommunikations- und Vertriebskanäle. Dabei erhöhen aus Kundensicht die Anzahl an Informations-, Bestell- und Liefermöglichkeiten den Einkaufsservice und die Chance auf Kundenzufriedenheit und Mehrwert für den Kunden[792].

Eine Untersuchung der *Boston Consulting Group*[793] zu Multikanal-Anbietern bestätigt diese Ergebnisse und ergab, dass sich die Kunden v.a. ein Nebeneinander von

---

[787] Vgl. Amit, R., Zott, C., 2001, S. 497.
[788] Vgl. Schögel, M., Birkhofer, B., Tomczak, T., 2000, S. 51.
[789] Vgl. Schögel, M., Birkhofer, B., Tomczak, T., 2000, S. 51.
[790] Vgl. Huber, W., 2002, S. 58f.
[791] Vgl. DG Bank Research, 2000, S. 11f.
[792] Vgl. DG Bank Research, 2000, S. 14
[793] Vgl. Rasch, S., Lintner, A., 2001, S. 7ff.

Vertriebskanälen wünschen, so dass sie den für sie jeweils geeigneten Vertriebskanal wählen können[794]. So wurde festgestellt, dass der Anteil der Nutzer, die sich über Produkte online informieren, weiter zunimmt[795], wobei jedoch häufig offline gekauft wird. Das Internet dient in diesem Zusammenhang vorrangig als Informationsmedium. Dies betont die Bedeutung des Internets als einen komplementärer Vertriebs- bzw. Informationskanal zu bestehenden Offline-Kanälen, was aber reine Internethändler, die über keine Offline-Kanäle verfügen, nicht bieten können.

Insgesamt wird in der *Boston Consulting Group-Studie* davon ausgegangen, dass in den meisten Fällen Multikanal-Anbieter besser positioniert sind als reine Online-Anbieter[796]. Als Ausnahmen werden der Reisemarkt, Auktionen und teilweise Bücher bzw. Elektronikprodukte angesehen[797]. Gerade bei den Marketingkosten sind Multikanal-Anbieter besser positioniert und geben nur etwa die Hälfte des Aufwands von reinen Internet-Händlern aus[798]. Auch *Abend/Tischmann*[799] sehen Multikanalanbieter im Vorteil, da diese eine doppelt so hohe Konversionsrate von Besuchern zu Kunden aufweisen[800] und die Wiederkaufrate ebenfalls deutlich höher liegt. Anhand zahlreicher Kriterien vergleicht *Dach*[801] die Multikanal- mit den reinen Internet-Anbietern und kommt zum qualitativ abgeleiteten Ergebnis, dass aus wirtschaftlicher Perspektive und aus Sicht der Interessen der Kunden der Multikanal-Ansatz leistungsfähiger als der reine Online-Ansatz sei.

Häufig werden auch die Vorteile von Multikanal-Anbietern **aus Kundensicht** betont. So folgert *Krause*[802]: „Derselbe Kunde wird einmal etwas im Netz kaufen, ein anderes Mal beim Stadtbummel etwas im Kaufhaus und ein anderes Mal etwas zu Hause im Katalog [bestellen]", und eine *Boston Consulting Group/Shop.org-Studie* stellt fest: „Kunden wollen mehrere Distributionskanäle parallel nutzen und erwarten überall eine hohe Servicequalität"[803].

Als Beispiel, dass dies auch nutzerseitig so gewünscht wird, sei auf Umfrageergebnisse hingewiesen, welche die kundenseitige Präferenz von Multikanal-Anbietern bestätigen (siehe Tabelle 7). Für Unternehmen bedeutet dieses, dass sie dem Wunsch ihrer Kunden gerecht werden können, wenn sie in mehreren Vertriebskanälen präsent sind.

---

[794] Dafür wurden 12.000 Internetnutzer befragt und durch Einzelinterviews Thesen überprüft. Außerdem wurden Führungskräfte von Online- und Multikanalunternehmen interviewt.

[795] So gaben 88% der Befragten an, nach Waren, die sie später offline kaufen wollen, online zu suchen.

[796] Rasch, S., Lintner, A., 2001, S. 17.

[797] Vgl. Silverstein, M., Stanger, P., Greenly, R., Rubin, E., 2001, S. 12.

[798] Vgl. Silverstein, M., Stanger, P., Greenly, R., Rubin, E., 2001, S. 14.

[799] Vgl. Abend, J.M., Tischmann, C., 2001, S. 72f.

[800] So liegt die Konversionsrate bei 3% für reine Internetanbieter hingegen bei 6% für Multikanalanbieter.

[801] Vgl. Dach, C., 2002, S. 10-23.

[802] Krause, J., 2000, S. 205.

[803] Silverstein, M., Stanger, P., Greenly, R., Rubin, E., 2001, S. 23.

Kundenpräferenz für den Online- oder Offline Shopping-Kanal						
Antworten beruhen auf folgender Frage: „In jeder der untenstehenden Kategorien, wenn ein Produkt sowohl online als auch offline gekauft werden kann, würde ich folgenden Shopping-Kanal nutzen:"						
	Beklei-dung	**Elektroni-sche Produkte**	**Rei-se**	**Bücher/ Video**	**Le-bens-mittel**	**Investment-Produkte**
Kaufe immer/ meistens online	5.1%	14.1%	29.8%	28.9%	1.9%	17.9%
Kaufe genauso viel on- wie offline	21.5%	27.6%	22.8%	34.9%	5.8%	14.1%
Kaufe meistens offline	34.8%	26.3%	17.3%	22.7%	15.2%	13.7%
Kaufe immer offline	38.5%	32.0%	30.1%	13.4%	77.2%	54.2%

Tabelle 7: Nutzung von verschiedenen Vertriebskanälen für den Einkauf[804]

Für viele **Unternehmen mit transaktionsorientierten Geschäftsmodellen** stellt das Fehlen einer physischen Identität ein großes Problem dar (fehlendes Erlebnis, Vertrauen)[805]. Aus diesem Grunde errichten einige Online-Anbieter **Offline-Filialen** (z.B. Gateway im Jahr 2000) und erweitern ihre Werbebotschaft zu „Call, Click or Come in". In den USA begann die als reiner Online-Broker gestartete Firma E-Trade in den letzten beiden Jahren mit der Eröffnung von Filialen, um dort Kunden umfassender beraten zu können. In Deutschland baut z.B. die Direkt-Anlage Bank eigene Filialen auf (bisherige Standorte: Berlin, Dresden, Frankfurt, München), da viele Kunden eine Hilfestellung bei ihren Bankgeschäften suchen. Der Online-Fotodienst Pixelnet übernahm im Februar 2001 den Fotodienstleister Photo-Porst, um so mit den 2000 Filialen der Kette präsent zu sein[806]. Auch Unternehmen wie 1-800-Flowers in den USA haben inzwischen über 120 Niederlassungen eröffnet[807]. Hiervon erhoffen sich diese Unternehmen Zugang zu einer weiteren Kundenbasis und zu Kunden, die nach wie vor reinen Online-Angeboten misstrauisch gegenüber stehen. Ein Problem dürfte für viele Unternehmen sein, dass der reine Online-Markt gegenwärtig gemessen am gesamten Handelsvolumen noch vergleichsweise klein ist, so dass potenzielle Zielgruppen nicht erreicht werden.

In der Praxis gibt es aus Sicht des Kunden häufig keine „entweder oder" Entscheidung, d.h. Kauf nur über Internet oder im Laden. Vielmehr wollen viele Kunden **beide Wege**

[804] Vgl. cPulse/Gartner Group 2000.
[805] Vgl. Brynjolfsson, E., Kahin, B., 2000, S. 123.
[806] Vgl. Schaudwet, C., Holzner, M., 2001, S. 95ff.
[807] Vgl. Abend, J.M., Tischmann, C., 2001, S. 72.

in Kombination nutzen — je nachdem, was im jeweiligen Moment passend für sie ist[808]. Für die Unternehmen bedeutet dieses, dass sie Kundengewinnung und -haltung über alle Kanäle effizient anbieten und organisieren sollten[809]. Dazu müssen dem Kunden eine Vielzahl von parallelen Zugangs- und Vertriebskanälen angeboten werden können, die zur Vertiefung der Kundenbindung genutzt werden können[810]. Folglich sind Unternehmen, die solch einen Multikanalzugang bieten, besser in der Lage, die Kundenwünsche zu erfüllen und können entsprechend besser die Ressource Kundenbindung über mehrere Kanäle aufbauen.

Hinsichtlich der **Geschäftsmodelle** ist zu erwarten, dass insbesondere für Anbieter physischer Güter das Kriterium eine entscheidende Bedeutung besitzt. Zwar haben die Zugangsmöglichkeiten auch bei Dienstleistungen, z.B. Bankdienstleistungen oder Versicherungsabschlüssen eine Bedeutung (z.B. Telefon-Banking, eigene Beratungs- niederlassung), allerdings kann der Vorteil mehrerer paralleler Vertriebskanäle besonders effektiv bei physischen Gütern genutzt werden, z.B. wegen der Umtausch- problematik und der Möglichkeit, dort Produkte anzuschauen und abzuholen.

Es lassen sich also die Hypothesen ableiten:

H_{MUL1}:	*Unternehmen mit einer höheren Anzahl an Bestellmöglichkeiten bzw. Distributionskanälen haben verbesserte Möglichkeiten zum Aufbau der Kundenbindung und sind deshalb erfolgreicher als Anbieter mit geringerer Multikanalität.*
H_{MUL2}:	*Für Anbieter physischer Güter weist das Kriterium Multikanalität eine höhere Bedeutung auf, als für Content-Anbieter.*

---

[808] Vgl. Eierhoff, K., 2000, S. 10 und Krause, J., 2000, S. 205.
[809] Vgl. Reichard, C., 2000, S. 20f.
[810] Vgl. Krause, J., 2000, S. 205.

5.2.4 Mitarbeitermotivation

5.2.4.1 Wettbewerbsvorteile aus der Ressource Mitarbeiter

Im Resource-Based View werden die **Mitarbeiter** häufig als strategisch bedeutend zur Erlangung des Unternehmenserfolges betrachtet[811]. „Die Mitarbeiter sind unsere wichtigste Ressource" ist ein Satz, der von vielen Managern geteilt wird[812]. Im Informationszeitalter entstammt der Wert eines Unternehmens vorwiegend aus dem Wissen, Know-how, intellektuellen Fähigkeiten und Kompetenzen, die in den Mitarbeitern ruhen.[813] Wissen stellt deshalb ebenso wie das Know-how und die intellektuellen Vermögensgegenstände und Kompetenzen eine kritische firmen-spezifische, immaterielle Ressource eines Unternehmens dar.

Die Bedeutung des **Wissens** eines Unternehmens, das größtenteils in dem Humankapital ruht, sieht auch *Coff*[814]. Er stellt die Bedeutung der Mitarbeiter unter ressourcentheoretischen Gesichtspunkten heraus, da diese tazites Wissen sowie soziale Komplexität aufweisen, die schwer zu kopieren sind. Unter den Mitarbeitern wird insbesondere das Management als eine einzigartige **organisatorische Ressource** betrachtet[815]. Deshalb kann durch die Auswahl, Entwicklung und Nutzung des Humankapitals Wert für das Unternehmen geschaffen werden[816]. Das Humankapital wirkt hierbei direkt (z.B. über die Implementierung von Strategien) als auch indirekt (z.B. Aufbau und Austausch der Fähigkeiten einzelner Mitarbeiter, Routinen, Prozessfähigkeiten) auf den Erfolg („Performance") des Unternehmens ein[817]. Nach der Theorie des Resource-Based Views sollten also Unternehmen mit Mitarbeitern, welche die besten Fähigkeiten aufweisen, einen Wettbewerbsvorteil erlangen können[818].

Aus den dargelegten Gründen gewinnt die Frage an Bedeutung, wie die wichtigen Mitarbeiter für das Unternehmen gewonnen und ihr Humankapital an das Unternehmen gebunden werden kann, um ihre Fähigkeiten dauerhaft zum Ausbau der Wettbewerbsvorteile des Unternehmens zu nutzen[819].

[811] Vgl. Barney, J.B., Wright, M., Ketchen, D.J., 2001, S. 627f. und Vgl. Fuchs, P.H., Mifflin, K.E., Miller, D., Whitney, J.O., 2000.

[812] Vgl. Hamel, G., Prahalad, C.K., 1996, S. 239.

[813] Vgl. Hamel, G., Prahalad, C.K., 1996, S. 241.

[814] Vgl. Coff, R.W., 1997, S. 374ff.

[815] Vgl. Hitt, M.A., Ireland, R.D., Camp, S.M., Sexton, D.L., 2001, S. 483.

[816] Vgl. Hitt, M.A., Ireland, R.D., Camp, S.M., Sexton, D.L., 2001, S. 483.

[817] Vgl. Hitt, M.A., Ireland, R.D., Camp, S.M., Sexton, D.L., 2001, S. 483.

[818] Vgl. Zahra, S.A., Nielsen, A.P., 2002, S. 380.

[819] Vgl. Brush, C.G., Greene, P.G., Hart, M.M., Haller, H.S., 2001, S. 64f. und Rouse, M.J., Daellenbach, U.S., 1999, S. 491.

5.2.4.1.1 Gewinnung der Mitarbeiter mit den besten Ressourcen durch Aktienoptionen

Als ein wichtiger Faktor für erfolgreiche Unternehmen wird die Fähigkeit gewertet, qualifizierte Mitarbeiter anzuziehen[820]. Hierin manifestiert sich der ressourcentheoretische Ansatz, die Mitarbeiter und deren Qualifikation als eine Schlüsselressource des Unternehmens zu betrachten[821]. Dabei ist es zunächst das Ziel, talentierte **Mitarbeiter für das Unternehmen zu gewinnen** (gerade auch im Wettstreit mit Konkurrenzunternehmen)[822].

5.2.4.1.2 Bindung der Ressource Mitarbeiter an das Unternehmen durch Aktienoptionen

Gerade aufgrund **der Mobilität der Ressource Humankapital** ist es für die Ressourcenbasis des Unternehmens von Bedeutung, entscheidendes Personal mit speziellem Wissen und Expertise im Unternehmen zu halten[823], denn sonst würde die Gefahr bestehen, dass das Unternehmen einen Großteil seiner Ressourcen mit dem Abgang der Mitarbeiter verliert. In einigen Studien konnte der positive Zusammenhang von der Anstellung und dauerhaften Bindung von hochqualifizierten Mitarbeitern auf die Leistung des Unternehmens gezeigt werden, die als Kernressource und Wettbewerbsvorteil des Unternehmens identifiziert wurden[824].

Eigentum von Aktienoptionen bzw. Aktien des eigenen Unternehmens wird als wichtiger **Anreiz zur Bindung** der wertvollen Ressource Mitarbeiter an das Unternehmen betrachtet[825]. Hier ist zwischen Unternehmen zu unterscheiden, die allen Mitarbeitern Aktienoptionen gewähren und solchen, die nur wenigen ausgewählten Mitarbeitern, die als besonders wertvoll eingestuft werden, diese Aktienoptionen gewähren.

5.2.4.1.3 Motivation der Ressource Mitarbeiter durch Aktienoptionen

Einen Weg, die Potenziale der Ressource Mitarbeiter optimal zu nutzen, besteht in der **Motivation der Mitarbeiter** über die unternehmerische Beteiligung durch Aktienoptions-Programme[826]. Die Bedeutung von hochproduktiven und motivierten Mitarbeitern wird in zahlreichen Publikationen der Erfolgsfaktorenforschung hervorgehoben. So spricht *Nagel*[827] von der „verstärkten Nutzung des Mitarbeiterpotenzials". *Peters und Waterman*[828] betonen die „Produktivität durch den Menschen" und sehen einen entscheidenden Unterschied zwischen erfolgreichen und weniger

---

[820] Vgl. Bain & Company, 2001, S. 5 und Wigand, R., Picot, A., Reichwald, R., 1997, S. 376.

[821] Vgl. Holler, E., 2001, S. 196 und Wright, P.M., Dunford, B.B., Snell, S.A., 2001, S. 701-721.

[822] Vgl. Ringlstetter, M.J., Oelert, J., 2001, S. 28.

[823] Vgl. Oliver, C., 1997, S. 707.

[824] Vgl. Rouse, M.J., Daellenbach, U.S., 2002, S. 964.

[825] Vgl. Rouse, M.J., Daellenbach, U.S., 2002, S. 964.

[826] Vgl. Ringlstetter, M.J., Oelert, J., 2001, S. 28.

[827] Nagel, K., 1986, S. 63ff.

[828] Peters, T.J., Waterman, R.H., 1982.

erfolgreichen Unternehmen darin, ob es gelingt, das Energie- und Talentpotenzial der Mitarbeiter zu nutzen.

5.2.4.2 Bedeutung der Ressource Mitarbeitermotivation als Erfolgsfaktor beim Electronic Commerce

Ein wesentlicher Faktor für die hohe **Motivation von Mitarbeitern in Start-up Unternehmen** wird in veränderten Entlohnungssystemen gesehen[829]. Für die Bezahlung ergeben sich mehrere potenzielle Entlohnungsformen[830], wie beispielsweise Zahlung eines Grundgehaltes und zusätzlich ein leistungsabhängiger Bonus. Gerade bei börsennotierten Unternehmen bietet es sich an, einen Teil der Bezahlung in Form von Aktienoptionen zu gewähren[831]. Neben einem Grundgehalt erhalten die Mitarbeiter durch Aktienoptionsprogramme die Möglichkeit, Miteigentümer des Unternehmens zu werden und an Börsenwertsteigerungen finanziell zu partizipieren[832]. Hierdurch soll eine Verbindung zwischen Bezahlung und Leistung hergestellt werden[833]. Zudem wird der Mitarbeiter als wichtige Ressource an das Unternehmen gebunden. Häufig wird bei diesen Sichtweisen der individuelle Mitarbeiter als ein „Unternehmer innerhalb des Unternehmens" betrachtet[834].

Es kann eine Unterscheidung der Unternehmen vorgenommen werden, hinsichtlich welchem **Personenkreis** Aktienoptionen gewährt werden. Zum einen gibt es Unternehmen, die Aktienoptionen für alle Mitarbeiter bereithalten. Andere Unternehmen gewähren Aktienoptionen nur einem eingeschränkten Personenkreis (z.B. Führungskräften).

Als eine zentrale Rolle zur Leistungssteigerung wird der Anreiz durch Aktienoptionsprogramme betrachtet[835]. Gerade bei einem Wettbewerb um knappe Arbeitskräfte können Electronic Commerce-Anbieter durch Beteiligungsmodelle qualifizierte Mitarbeiter an sich binden[836], was als Voraussetzung für eine hohe unternehmerische Wettbewerbsfähigkeit betrachtet werden kann.

In einer Untersuchung von *Hall*[837] konnte festgestellt werden, dass Änderungen im Aktienkurs und der Bewertung von Aktienoptionen 98% des Zusammenhangs zwischen Bezahlung und Leistung bei Vorständen erklären, wohingegen der Anteil des Grundgehalts und der Bonuszahlung gerade 2% des Zusammenhangs erklärt. Dieses

---

[829] Vgl. Wirtz, B., 2000c, S. 15.

[830] Vgl. Wigand, R., Picot, A., Reichwald, R., 1997, S. 376.

[831] Zu Aktienoptionsprogarmmen vgl. Hall, B., 2000, S. 121ff. und Crasselt, N., 2000, S. 135-137.

[832] Vgl. Wirtz, B., 2000c, S. 15.

[833] Vgl. Hall, B., 2000, S. 121ff.

[834] Zur Darstellung von Entlohnungsformen und deren Vor- und Nachteilen vgl. Wigand, R., Picot, A., Reichwald, R., 1997, S. 402ff.

[835] Vgl. Bain & Company, 2001, S. 19.

[836] Vgl. Lammerskötter, D., Klein, S., 2001, S. 50.

[837] Vgl. Hall, B., 2000, S 121ff.

zeigt die hohe Bedeutung von Aktienoptionen als Anreizsystem, was sich letztendlich in einer erhöhten Leistungsfähigkeit des Unternehmens widerspiegeln sollte.

Bezüglich dieses Kriteriums sind bei den **Geschäftsmodellen** keine Unterschiede zu erwarten, da unabhängig vom Geschäftsmodell die Mitarbeitergewinnung, Motivation und Bindung der Mitarbeiter an das Unternehmen eine hohe Bedeutung aufweist.

Es ist also als Hypothese zusammenzufassen:

H_{MIT}: *Unternehmen, die zur Motivation und Bindung der Ressource Mitarbeiter an das Unternehmen Aktienoptionsprogramme verwenden, sind erfolgreicher als Unternehmen ohne solche Aktienoptionsprogramme.*

5.3 Übertragung und Ausbau der Ressourcen und Fähigkeiten

Unternehmen sind nicht erfolgreich, weil sie eine Fähigkeit gut beherrschen, sondern weil es ihnen gelingt, mehrere **Fähigkeiten erfolgreich zu integrieren**[838]. Gerade in dynamischen Märkten hat es eine hohe Bedeutung, wie **Kombinationen von Kompetenzen und Ressourcen** entwickelt, angewendet und geschützt werden können. Diese dynamischen Fähigkeiten müssen in Form von internen und externen Kompetenzen des Unternehmens angewandt werden, um im sich wandelnden Umfeld des Unternehmens bestehen zu können (vgl. Dynamic Capabilities, Kapitel 4.3)[839]. Viele der innovativsten Internet-Unternehmen integrieren virtuelle und physische Aktivitäten, um daraus Unternehmensvorteile zu ziehen[840].

In dynamischen Märkten mit dauerhaftem Wandel ist es schwer, einen beständigen Wettbewerbsvorteil aufzubauen[841]. Ein Wettbewerbsvorteil wird bereits erreicht, indem die dynamischen Fähigkeiten des Unternehmens eher, entschlossener und mit mehr Nachdruck als bei den Wettbewerbern umgesetzt werden[842]. Die Fähigkeit zu diesem entschlossenen Umsetzen kann dabei bereits als eine Ressource des Unternehmens interpretiert werden, um vor langsameren Wettbewerbern Wettbewerbsvorteile aufzubauen.

Den im Internet erfolgreichen Unternehmen gelingt es laut einer Untersuchung von *Willcocks/Plant*[843] bei 58 im Electronic Commerce tätigen Unternehmen u.a. „Marke", „Service" und „Information" vorteilhaft zu kombinieren. Dazu gehören der „Markenaufbau", „personalisierte Kundenbeziehungen" und „personalisierte, interaktive Informationsangebote, die einen hohen Informationsumfang aufweisen". Diese

---

[838] Vgl. Fuchs, P.H., Mifflin, K.E., Miller, D., Whitney, J.O., 2000, S. 118

[839] Vgl. Teece, D.J., Pisano, G., Shuen, A., 1997, S. 510.

[840] Vgl. Hitt, M.A., Ireland, R.D., Camp, S.M., Sexton, D.L., 2001, S. 486.

[841] Vgl. Barney, J.B., Wright, M., Ketchen, D.J., 2001, S. 630 und Fiol, M., 2000.

[842] Vgl. Eisenhardt, K.M., Martin, J.A., 2000, S. 1117 und vgl. Barney, J.B., 2001, S. 649.

[843] Vgl. Willcocks, L.P., Plant, R., 2001, S. 50ff.

Kombinationsfähigkeiten und Übertragungen von Ressourcen sind demnach „Dynamic Capabilities", die ein Unternehmen zum Aufbau von Wettbewerbsvorteilen ausnutzen kann.

5.3.1 Internationalisierung

5.3.1.1 Bedeutung der Internationalisierung zur Ressourcenübertragung

Der Resource-Based View leistet einen Beitrag zur Erklärung der Internationalisierung von Unternehmen[844]. Unternehmen internationalisieren nach Auffassung von *Manolova/Brush/Edelman/Greene*[845] vorwiegend, weil sie die Möglichkeit besitzen, die **Ressourcen aus den nationalen Märkten** und ihre **Kompetenzen von früheren Aktivitäten auf neue Märkte zu übertragen.**

Die firmenspezifischen Fähigkeiten, die einem Unternehmen bereits im Heimatmarkt Wettbewerbsvorteile verschafft haben, lassen sich so auf neue Märkte übertragen[846]. Das Wissen, das in bisherigen Märkten erworben wurde, kann dabei besonders gut auf **ökonomisch und kulturell ähnliche Märkte** übertragen werden[847], denn beim internationalen Markteintritt bestehen Länderrisiken[848].

Durch die Internationalisierung kann ein Unternehmen aus ressourcenbasierter Sicht seine bestehenden Fähigkeiten übertragen, anwenden und diese Fähigkeiten anschließend rekonfigurieren bzw. neue Fähigkeiten erwerben[849]. Mehrere Wissenschaftler haben einen positiven Effekt auf den Erfolg („Performance") eines Unternehmens und die Wertgenerierung durch die Internationalisierung des jeweiligen Unternehmens nachgewiesen[850]. Die Internationalisierung fördert darüber hinaus nicht nur die Nutzung der bestehenden Ressourcen des Unternehmens, sondern führt zu deren weiterem Ausbau[851]. Die Unternehmen erlernen in jedem neuen Markt in den sie eintreten **weitere Fähigkeiten** und verteilen ihr Wissen in der Organisation, so dass es erfolgreich in neuen Märkten angewendet werden kann[852]. Unternehmen, die internationalisieren, können zudem Skalenvorteile nutzen und haben Zugang zu einem höheren Marktvolumen, in dem sie Gewinne mit ihren Innovationen machen können[853].

Durch die Internationalisierung lässt sich ein **Netzwerk** aufbauen, in dem die **firmenspezifischen Ressourcen maximal ausgenutzt** werden können, um Wettbewerbsvor-

---

[844] Vgl. Barney, J.B., Wright, M., Ketchen, D.J., 2001, S. 629.

[845] Vgl. Manolova, T.S., Brush, C.G., Edelman, L.F., Greene, P.G., 2002, S. 10ff.

[846] Vgl. Barney, J.B., Wright, M., Ketchen, D.J., 2001, S. 630.

[847] Vgl. Mitra, D., Golder, P.N., 2002, S. 232ff.

[848] Vgl. Fritz, W., 2000, S. 97.

[849] Vgl. Anand, J., Delios, A., 2002, S. 120.

[850] Vgl. Hitt, M.A., Ireland, R.D., Camp, S.M., Sexton, D.L., 2001, S. 485.

[851] Vgl. Anand, J., Delios, A., 2002, S. 119.

[852] Vgl. Hitt, M.A., Ireland, R.D., Camp, S.M., Sexton, D.L., 2001, S. 485.

[853] Vgl. Hitt, M.A., Ireland, R.D., Camp, S.M., Sexton, D.L., 2001, S. 485f.

teile gegenüber rein nationalen Wettbewerbern zu erlangen[854]. So meint *Brush*[855], Internationalisierung könne als eine größtmögliche Nutzung der Ressourcen gesehen werden, bei dem die freie Kapazität einer Ressource in anderen Märkten genutzt wird.

Bei einer Entscheidung, ob und wann ein Unternehmen in einen neuen Markt eintreten soll, weisen die vorhandenen Stärken und Schwächen der Ressourcenbasis des Unternehmens eine entscheidende Bedeutung auf[856]. Demnach hat die **vorhandene Ressourcenbasis eine entscheidende Bedeutung bei dem Timing und der Wahrscheinlichkeit des Markteintritts.** So fanden *Autio/Sapienza/Almeida*[857] heraus, dass eine frühe Initiation von Internationalisierung mit einer höheren Wissensintensität einhergeht. Demnach beginnen Unternehmen mit der Internationalisierung, sobald sie genügend Ressourcen in ihrem Heimatmarkt akkumuliert haben.

Zur Internationalisierung gehören auch besondere organisatorische Fähigkeiten des Unternehmens. Internationalisierende Firmen müssen **neues Wissen** lernen, teilen und assimilieren, um in Märkten, in denen sie vorher nicht tätig waren, erfolgreich zu bestehen[858]. Es werden spezielle Fähigkeiten zur Internationalisierung benötigt, so etwa die Fähigkeit, sich in einem anderen, lokalem Marktumfeld zurechtzufinden[859].

Die Internationalisierung eines Unternehmens kann demnach nicht nur als die Übertragung von Ressourcen, die sich bereits im Heimatmarkt bewährt haben, auf neue, internationale Märkte interpretiert werden, sondern deutet auf **darüber hinausgehende, besondere Ressourcen hin**, z.B. Fähigkeiten des Top-Managements in bezug auf Organisation, Prozesse, Implementierungsfähigkeiten und Wissen bezüglich der Internationalisierung. Diese Fähigkeiten können als tazites Wissen des Unternehmens betrachtet werden, das deshalb schwer zu imitieren ist[860].

In **klassischen Märkten** fand *Simon*[861] in seiner Untersuchung heraus, dass die „Hidden Champions" erfolgreich ihr Geschäft globalisiert haben und so ihre Fähigkeiten für Wachstumschancen in ausländischen Märkten genutzt haben. Empirische Untersuchungen von *Tihany/Daily/Dalton/Ellstrand*[862] ergaben, dass internationalisierte Unternehmen einen höheren Erfolg aufweisen als rein nationale Unternehmen.

---

[854] Vgl. Barney, J.B., Wright, M., Ketchen, D.J., 2001, S. 630.
[855] Vgl. Brush, T.H., 1996, S. 3.
[856] Vgl. Lieberman, M.B., Montgomery, D.B., 1998, S. 1113.
[857] Vgl. Autio, E., Sapienza, H.J., Almeida, J.G., 2000, S. 909.
[858] Vgl. Autio, E., Sapienza, H.J., Almeida, J.G., 2000, S. 909ff.
[859] Vgl. Anand, J., Delios, A., 2002, S. 120.
[860] Vgl. Barney, J.B., Wright, M., Ketchen, D.J., 2001, S. 629f.
[861] Vgl. Simon, H., 1996, S. 65ff.
[862] Vgl. Tihany, L., Daily, C.M., Dalton, D.R., Ellstrand, A.E., 2000, S. 1157-1178.

5.3.1.2 Bedeutung der Internationalisierung zur Ressourcenübertragung als Erfolgsfaktor beim Electronic Commerce

Zur Nutzung der Potenziale des Internets schlagen viele Autoren eine Expansionsstrategie vor, bei der die bestehenden Ressourcen auf neue Märkte übertragen werden[863]. Die Nutzung der weltweiten Verbreitung des Internets für das Wachstum des eigenen Unternehmens wird auch von *Wirtz*[864] als eine Erfolgsvoraussetzung definiert.

In klassischen Märkten wird Internationalisierung erst gesehen, wenn das Unternehmen aktiv in diese Märkte eintritt (z.B. Errichtung von Niederlassungen)[865]. In dieser Arbeit wird unter Internationalisierung ein **eigenes Web-Angebot im Zielland** verstanden, d.h. internationale Umsätze, die etwa durch Bestellung eines Ausländers bei einem einheimischen Web-Anbieter getätigt werden, stehen bei der Betrachtung nicht im Vordergrund. Maßgeblich bei dieser Definition ist also die strategische Definition der Zielmärkte eines Unternehmens. Ausdruck dieser Zielmarktstrategie sind z.B. die gewählte Top-Level Domain und Gründung einer Niederlassung in diesem Land.

Durch den Eintritt in globale Märkte erschließen sich die Unternehmen neue Wachstumschancen[866], die sowohl durch internes als auch externes Wachstum wahrgenommen werden können[867]. Ein Vorteil der **Internationalisierung** kann in der Übertragung eines bereits erprobten Konzeptes auf einen neuen Markt betrachtet werden[868]. Ein weiterer Anreiz ist die hohe Imitationsgeschwindigkeit im Electronic Commerce, die dazu führen kann, dass die eigene Marktposition durch eine Unternehmensneugründung in andern Ländern besetzt wird. Als Beispiel kann hier das Online-Auktionshaus Ebay genannt werden, das anfangs nicht auf dem deutschen Markt präsent war, dann jedoch den deutschen Anbieter Alando aufkaufte (analog war es bei ABC-Bücherdienst und Amazon.com[869]). So waren viele der in Deutschland umgesetzten Geschäftskonzepte Kopien US-amerikanischer Vorbilder[870]. *Wißmeier*[871] empfiehlt aus Unternehmenssicht abzuschätzen, welche Fähigkeiten das Unternehmen für eine Internationalisierung aufweist.

Die Internationalisierungsstrategie eines Unternehmens lässt sich **ressourcenökonomisch** begründen. Demnach expandieren Unternehmen ins Ausland, wenn ihre Vermögensgegenstände („Assets") einfacher und ökonomischer in andere Länder

---

[863] Vgl. Hagel, J., Armstrong, A.G., 1997b, S. 141ff., Bryan, L., Fraser, J., 1999, S. 68ff.; Evans, P., Wurster, T., 1999, S. 86ff., Wirtz, B., 2000b, S. 40f. und Quelch, J.A., Klein, L.R., 1996, S. 60ff.

[864] Vgl. Wirtz, B., 2000c, S. 24.

[865] Vgl. Duhnkrack, T., 1984, S. 6f.

[866] Vgl. Müller-Stewens, G., Spickers, J., Deiss, C., 1999, S. 1.

[867] Zur Abgrenzung von internen und externen Wachstum vgl. Giesel, H.B., 1975, S. 52ff. und Preiß, F.J., 1992, S. 51.

[868] Für eine umfassende Darstellung von Internationalisierungsstrategien vgl. Glaum, M., 1996; und zu Unternehmenswachstum: Giesel, H.B., 1975.

[869] Vgl. Wißmeier, U.K., 1999, S. 161 und Ringlstetter, M.J., Oelert, J., 2001, S. 19f.

[870] Vgl. Bain & Company, 2001, S. 15.

[871] Vgl. Wißmeier, U.K., 1999, S. 165f.

übertragen werden können als wenn sie dazu die Märkte nutzen würden[872] (z.B. Bücher aus Amerika nach Europa verschicken könnten).

Die Entscheidung, eine internationale Expansion anzustreben und das Electronic Commerce-Angebot in mehreren Ländern anzubieten, wird als eine grundlegende **strategische Entscheidung** angesehen. Insbesondere sind Marketing-Aspekte betroffen wie Zielgruppen, Angebotspositionierung im Wettbewerb und Produkt-, Preis-, Kommunikations- und Distributionsentscheidungen[873]. Es lässt sich also festhalten, dass eine Internationalisierungsstrategie eine grundsätzliche strategische Entscheidung darstellt, für die aus ressourcentheoretischer Sicht die besonderen Fähigkeiten des Unternehmens für den neuen Zielmarkt bewertet werden müssen. Im Falle einer erfolgreichen Perspektive bieten sich zusätzliche Umsatzgenerierungspotenziale durch die Expansion in neue Märkte.

Im Electronic Commerce wird Internationalisierung als eine Option betrachtet[874], die gerade die Möglichkeiten für kleinere und mittlere Unternehmen verbessert, über ihren Internetauftritt internationale Märkte zu erschließen. Begründet wird dies damit, dass sich über das Internet globale Märkte mit vergleichbar geringem Aufwand erschließen ließen, wodurch allerdings auch im Heimatmarkt der Unternehmen die Konkurrenz steigt[875]. Somit lässt sich auch für diese Unternehmensarten der Absatzmarkt ausweiten.

Einige Autoren propagieren, dass gerade kleinere Anbieter durch die globale Reichweite des Internets automatisch international vertreten seien[876]. So kann es tatsächlich zu Bestellungen von in anderen Ländern ansässigen Kunden bei einem Internetanbieter kommen. Relevant ist jedoch die **Definition der Zielmärkte** des Anbieters, insbesondere wenn physische Güter verschickt werden müssen, was mit einer dahinterliegenden Logistik verbunden ist[877].

In einer Untersuchung von *Bain & Co.*[878] gaben die befragten Start-ups als größte strategische Herausforderung die internationale Expansion an. Besonders attraktiv erscheint die internationale Expansion für Unternehmen die Produkte bzw. Vertriebskonzepte besitzen, die ohne große Anpassungen international einsetzbar sind. So sind die deutschen Marktführer beim Internet-Buchhandel (Amazon.de) und bei Auktionen (Ebay.de) US-Unternehmen, die eine internationale Expansion durchgeführt haben[879].

---

[872] Vgl. Lockett, A., Thompson, S., 2001, S. 723-754.

[873] Vgl. Wißmeier, U.K., 1999, S. 165.

[874] Vgl. Hermanns, A., 1999, S. 93f.

[875] Vgl. Wißmeier, U.K., 1997, S. 189ff. und Timmers, P., 2000, S. 12f.

[876] Vgl. Quelch, J.A.,Klein, L.R., 1996, S. 60ff.; Meffert, H., Bolz, J., 1998, S. 136; Wißmeier, U.K., 1997, S. 197 und Timmers, P., 2000, S. 12.

[877] Vgl. Fritz, W., 2000, S. 97 und Timmers, P., 2000, S. 13.

[878] Vgl. Bain & Company, 2001.

[879] Vgl. Bain & Company, 2001, S. 17f.

Bezüglich der verschiedenen **Geschäftsmodelle** ist hinsichtlich des Kriteriums Internationalisierung allgemein eine hohe Relevanz zu erwarten. Anbieter physischer Produkte müssten dabei im Vorteil sein, denn die bieten ein stark standardisiertes Produkt an, das häufig wenig an neue Märkte angepasst werden muss. Sie müssen darüber hinaus im Zielland eine Präsenz errichten, um die Logistik abzuwickeln. Anbieter von Content, z.b. Nachrichten und Informationen, Immobilien oder Reisebuchungen müssen diese aber häufig landesspezifisch anpassen, so dass weit mehr Aufwand als die Übersetzung des Bestellinterfaces erforderlich ist. Zwischen den Geschäftsmodellen ist deshalb ein Vorteil der Anbieter physischer Güter gegenüber den Content-Anbietern zu erwarten.

Somit können als Hypothesen zusammengefasst werden:

H_{ITL1}:	*Unternehmen, die ihre Ressourcen durch eine Internationalisierungs-strategie in neue Märkte übertragen, sind erfolgreicher als solche, die ihre Ressourcen nicht in weiteren Märkten nutzen.*
H_{ITL2}:	*Für Anbieter physischer Güter besitzt die Übertragung der Ressourcen auf neue Märkte durch Internationalisierung eine höhere Bedeutung als bei den Content-Anbietern.*

5.3.2 Unternehmenskäufe und Fusionen

5.3.2.1 Bedeutung von Unternehmenskäufen und Fusionen zur Ressourcenbeschaffung

Die Betonung der materiellen Ressourcen und Fähigkeiten als Katalysator für Allianzen und Unternehmenskäufe bedient sich des Resource-Based Views, der die Bedeutung dieser Ressourcen aufzeigt[880]. Dabei liegt der Schwerpunkt auf den bestehenden bzw. fehlenden Kompetenzen eines Unternehmens, das es zum Aufkauf des anderen Unternehmens bewegt[881]. Das kaufende Unternehmen gewinnt **Zugang und Kontrolle über neue Ressourcen** und kann so seine strategische Position verbessern[882]. Beispielsweise entsteht ein großer Wert, wenn **komplementäre Ressourcen** in Form von Allianzen zusammengebracht und ausgenutzt werden können[883]. Für das Unternehmen lassen sich hierdurch neue Fähigkeiten beschaffen und erlernen.

Firmenkäufe und Joint Ventures können demnach als der Versuch einer Erlangung komplementärer Ressourcen interpretiert werden („Asset Seeking")[884]. So geht

---

[880] Vgl. Gulati, R., 1999, S. 397.

[881] Vgl. Gulati, R., 1999, S. 398.

[882] Vgl. Hoffmann, W.H., Schaper-Rinkel, W., 2001, S. 135ff.

[883] Vgl. Hitt, M.A., Ireland, R.D., Camp, S.M., Sexton, D.L., 2001, S. 481.

[884] Vgl. Barney, J.B., Wright, M., Ketchen, D.J., 2001, S. 634; Hitt, M.A., Dacin, M.T., Levitas, E., Arregle, J.L., Borza, A., 2000; Lee, C., Lee, K., Pennings, J.M., 2001, S. 620; Anand, J., Delios, A., 2002, S. 119ff. und Hitt, M.A., Ireland, R.D., Camp, S.M., Sexton, D.L., 2001, S. 482.

Oliver[885] davon aus, dass Unternehmen durch Käufe anderer Unternehmen an Vermögensgegenstände, Kompetenzen und Fähigkeiten gelangen, die sie **nicht auf den Faktormärkten** beziehen können. *Lee/Lee/Pennings*[886] betonen, dass gerade Start-ups, die häufig über wenig Ressourcen verfügen, durch Akquisitionen Zugang zu Informationen, Wissen und komplementären Ressourcen erhalten. Dies gilt insbesondere für spezielles Wissen, Produktentwicklungsfertigkeiten und immaterielle Fähigkeiten. Die aufkaufende Firma nutzt dabei die Gelegenheit, die Fähigkeiten eines anderen Unternehmens in ihr Portfolio an Fähigkeiten aufzunehmen[887].

Es wird davon ausgegangen, dass Akquisitionen dann erfolgen, wenn ein Unternehmen zusätzliche Ressourcen benötigt, die **weder gekauft noch zu akzeptablen Kosten oder Zeiteinsatz intern aufgebaut werden können**[888]. Ein Beispiel hierfür kann in der Überwindung der „Time-Compression-Diseconomies" gesehen werden. Außerdem können aufgrund von historischen Bedingungen erworbene Fähigkeiten, die nicht auf Faktormärkten angeboten werden, beschafft werden, um den Wettbewerbsvorteil des Unternehmens durch diese Ressourcen auszubauen[889]. Aus Sicht des Resource-Based Views stellen Unternehmenskäufe somit einen Mechanismus dar, Fähigkeiten zu erlangen, die auf andere Art und Weise von dem Unternehmen nicht gewonnen werden könnten[890]. Da sich Fähigkeiten zur Übertragung zumeist nicht vom sie besitzenden Unternehmen loslösen lassen („Tacit Knowledge", „Causal Ambiguity", usw.), ist die Akquisition des Unternehmens häufig die einzige Möglichkeit, an die Ressourcen zu gelangen[891].

Durch die **Konsolidierung von Ressourcen und Services** der beiden am Kauf beteiligten Unternehmen werden Wettbewerbsvorteile erlangt[892]. Die konsolidierten Ressourcen sind z.B. die Kundenbasis des Unternehmens, aber auch das Wissen und die Fähigkeiten der Mitarbeiter des Unternehmens. Durch die Bündlung von Ressourcen, die vorher getrennt waren, lässt sich folglich zusätzlicher Wert generieren. Auf Basis komplementärer Fähigkeiten lassen sich beispielsweise neue Fähigkeiten entwickeln, wodurch die Wissensbasis verbreitert und vertieft wird und für interorganisatorisches Lernen verwendet werden kann[893].

Unternehmen, die viele andere Unternehmen aufkaufen, schaffen sich demnach eine breite Wissensbasis, die für den Auf- und Ausbau von Wettbewerbsvorteilen genutzt werden kann. Es sollte also erwartet werden, dass Unternehmen, die viele Akquisitionen tätigen, eine zunehmende Ressourcenbasis aufweisen, die sie zur Erringung und Erweiterung von Wettbewerbsvorteilen verwenden können.

---

[885] Vgl. Oliver, C., 1997, S. 707.
[886] Vgl. Lee, C., Lee, K., Pennings, J.M., 2001, S. 620f.
[887] Vgl. Brush, T.H., S. 4f.
[888] Vgl. Hoffmann, W.H., Schaper-Rinkel, W., 2001, S. 132ff.
[889] Vgl. Oliver, C., 1997, S. 707.
[890] Vgl. Anand, J., Delios, A., 2002, S. 120.
[891] Vgl. Anand, J., Delios, A., 2002, S. 122.
[892] Vgl. Hoffmann, W.H., Schaper-Rinkel, W., 2001, S. 131ff.
[893] Vgl. Hoffmann, W.H., Schaper-Rinkel, W., 2001, S. 132ff.

Die erfolgreiche Tätigkeit des Aufkaufs von Wettbewerbern kann als besondere Fähigkeit des Unternehmens eingestuft werden[894]. Zur erfolgreichen Integration der gekauften Unternehmen sind spezielle organisatorische Fähigkeiten erforderlich, weshalb eine hohe Anzahl an aufgekauften Unternehmen auf eine hohe Integrationsfähigkeit und somit vorhandene Kompetenz des Unternehmens hinweist.

5.3.2.2 Bedeutung von Unternehmenskäufen und Fusionen zur Ressourcenbeschaffung beim Electronic Commerce

Fusionen und **Unternehmenskäufe** werden als eine Möglichkeit gesehen, Synergievorteile und Größenvorteile zu nutzen[895]. Neben der Expansionsmöglichkeit durch Zusammenschlüsse/Fusionen („Merger") und Akquisitionen kann diese Strategie auch genutzt werden, um in den Besitz des **Know-how** des anderen Unternehmens zu gelangen[896]. *Marock/Näs/Strickroth*[897] ermittelten, dass im Jahr 2000 ca. 20% der weltweiten M&A-Transaktionen von Internet-Unternehmen durchgeführt worden sind.

Wo ein Unternehmen Schwierigkeiten besitzt, Fähigkeiten selbst aufzubauen, kann es die benötigten Fähigkeiten gebündelt in einem Unternehmen aufkaufen[898]. Unternehmen, die später in den Markt eintreten, können Pionierunternehmen aufkaufen und hierdurch ihre eigenen Ressourcen, Fähigkeiten und Marktposition mit denen des aufgekauften Unternehmens verbinden[899].

Differenziert nach **Geschäftsmodell** ist zu erwarten, dass insbesondere Anbieter physischer Produkte bzw. direkter Erlösmodelle von Unternehmenskäufen profitieren. Sie bekommen durch den Zukauf anderer Unternehmen direkten Zugang zu den Märkten der aufgekauften Unternehmen und können die zugekauften Umsätze zur Ausweitung ihrer Geschäftsbasis verwenden. Anbieter von Content und indirekter Erlösmodelle können per-se ihr Angebot in allen Ländern der Welt verkaufen und sind in geringerem Maße auf die Kompetenz, lokales Wissen, Logistik und physische Vermögensgegenstände von bereits vor Ort präsenten Anbietern angewiesen. Aufgrund dieser Eigenschaften sind Geschäftsmodelle mit physischen Gütern organisatorisch komplexer und es sind entsprechend höhere Kompetenzen in mehreren unterschiedlichen Bereichen erforderlich (z.B. Logistik, Bestellabwicklung), so dass diese Anbieter besonders von Unternehmenskäufen profitieren können.

Somit können als Hypothesen zusammengefasst werden:

H_{KAU1}: *Unternehmen, die sich neue Ressourcen über Unternehmenskäufe oder Fusionen beschaffen, sind erfolgreicher als solche Unternehmen, die diesen Weg der Ressourcenakkumulation nicht nutzen.*

---

[894] Vgl. Barney, J.B., Wright, M., Ketchen, D.J., 2001, S. 630.

[895] Vgl. Picot, A., Neuburger, R., 2001, S. 34.

[896] Vgl. Lammerskötter, D., Klein, S., 2001, S. 60.

[897] Vgl. Marock, D., Näs, J., Strickroth, H., 2000, S. 18.

[898] Vgl. Anand, J., Delios, A., 2002, S. 120.

[899] Vgl. Lieberman, M.B., Montgomery, D.B., 1998, S. 1113.

H$_{KAU2}$:	*Für Unternehmen mit physischen Geschäftsmodellen sind Unternehmenskäufe und Fusionen zur Ressourcenakkumulation wichtiger als für Content-Anbieter.*
H$_{KAU3}$:	*Für direkte Erlösmodelle sind Unternehmenskäufe zur Ressourcenakkumulation wichtiger als für Anbieter mit indirekten Erlösmodellen.*

5.3.3 Markteintrittszeitpunkt/First-Mover Vorteil

5.3.3.1 Bedeutung des Markteintrittszeitpunktes/First-Mover Vorteils zur Ressourcenakkumulierung

Beginnt ein Unternehmen seine Tätigkeit im Electronic Commerce, hat es die Wahl zwischen mehreren **Timing-Strategien beim Markteintritt**[900].

Grundsätzlich besteht die Wahl zwischen einer Führerstrategie („**Pionier**") und einer Folgerstrategie („**früher oder später Folger**"). Die Entscheidung, welche dieser Strategien zu befolgen ist, hängt von der Marktsituation ab[901]. In Märkten mit hoher Dynamik und kurzen Innovations- bzw. Produktlebenszyklen wird meistens die Führerstrategie als vorteilhaft angesehen[902].

Barney[903] geht davon aus, dass unter der Annahme von Ressourcen-Homogenität kein First-Mover Vorteil bestehen würde, denn um einen First-Mover Vorteil zu erlangen, müsste ein Unternehmen weitergehende Erkenntnisse über die Implementierung einer Strategie aufweisen als andere Unternehmen. Da aber postuliert wird, dass alle Unternehmen die gleichen Ressourcen besitzen, würden gleichzeitig alle Unternehmen dieses Wissen nutzen und in den Markt eintreten und somit den First-Mover Vorteil nivellieren. Somit könnte ein First-Mover Vorteil nur unter Ressourcenheterogenität auftreten. Da der Resource-Based View die Ressourcenheterogenität als eine zentrale Voraussetzung postuliert, müssten demnach **unter den Annahmen des Resource-Based Views First-Mover Vorteile bestehen**[904].

Priem und Butler[905] halten das Vorliegen eines Wettbewerbsvorteils als First-Mover für möglich, weil nachfolgende Wettbewerber langlebige Faktoren nur noch zu höheren Kosten beschaffen können. So sehen *Cottrell/Sick*[906] den First-Mover in einer vorteilhaften Lage, loyale Kunden zu gewinnen, denn die Kunden werden aus ihrer Sicht die Produkte von nachfolgenden Unternehmen eher nicht ausprobieren. Grund hierfür sind die Wechselkosten der Kunden. Analog gilt, dass frühe Anbieter eher die

---

[900] Vgl. Fritz, W., 2000, S. 99.
[901] Vgl. Fritz, W., 2000, S. 99f.
[902] Vgl. Fritz, W., 2000, S. 99f.
[903] Vgl. Barney, J.B., 1991, S. 104.
[904] Vgl. Barney, J.B., 1991, S. 99
[905] Vgl. Priem, R., Butler, J., 2001, S. 31 und Martinez, R.J., Levitas, E., 2002, S. 78ff.
[906] Vgl. Cottrell, T., Sick, G., 2002, S. 231ff.

knappen Ressourcen besetzen können, z.B. Patente anmelden, die den nachfolgenden Unternehmen nicht mehr zur Verfügung stehen.

Lieberman und Montgomery[907] sehen **starke Verbindungen zwischen dem konzeptionellen Gerüst der First-Mover Theorie und dem Resource-Based View,** die aus ihrer Sicht komplementär sind und sich an vielen Stellen hervorragend ergänzen. So wird der einfachere Aufbau von Ressourcen und Fähigkeiten bei den First-Movern im Vergleich zu später folgenden Unternehmen mit der Theorie des Resource-Based View gut erklärbar[908]. Es gilt aus ihrer Sicht zu klären, inwiefern vorhandene Ressourcen eines Unternehmens eine Rolle beim Timing des Markteintritts spielen. Das Gros der Literatur zum First-Mover Vorteil konzentriert sich ihrer Einschätzung nach auf das **Potenzial der Pionierfirmen überlegene Ressourcen und Fähigkeiten einzunehmen,** wobei davon ausgegangen wird, dass ein **früher Markteintrittszeitpunkt diesen Ressourcenaufbau begünstigt**[909]. Als Beispiele für diesen Vorteil nennen sie die „Geographie" (z.B. beste physische Lage), „Technologie" (z.B. Patente), oder die „Wahrnehmung bei den Kunden" (z.B. guter Ruf). Ausgehend von der Wahrnehmung beim Kunden, können z.B. Wechselkosten aufgebaut werden[910], weil die Kunden Erfahrungen im Umgang mit den Diensten des Pionierunternehmens sammeln[911]. Beim Business-to-Consumer Handel stellt der Kunde eine wichtige Ressource dar. Ein Pionierunternehmen kann sich eine große Kundenbasis aufbauen, d.h. seine Ressource ist die Größe der Kundenbasis. Zudem können Pionierunternehmen schneller von Lerneffekten (Lernkurve) profitieren. Allerdings muss nach Einschätzung von *Lieberman und Montgomery*[912] neben dem schnellen Markteintritt ein **Ausbau der Ressourcen** und ein **Aufbau zusätzlicher Ressourcen** zur Sicherung eines dauerhaften Wettbewerbsvorteils hinzukommen.

Bereits 1998 stellten *Clement/Litfin/Vanini*[913] fest: „In der öffentlichen Diskussion wird der Pionierrolle ein entscheidendes Erfolgspotenzial zugemessen". Beispielhaft hierfür ist folgende Auffassung: „It is widely believed, both by academics and management practitioners that early entrants into newly developing markets enjoy an enduring advantage over late entrants"[914]. Aus einem theoretischen Vergleich der Vor- und Nachteile lassen sich jedoch aus Sicht der Autoren **keine eindeutigen Vorteile** für eine Pionierstrategie ableiten. Als **angebotsbezogene Vorteile** von Pionieren werden aus theoretischer Sicht demnach v.a. „Kostenvorteile" und die „Besetzung knapper Ressourcen" genannt, während **nachfragebezogen** als **Vorteile** die „Produktpositionierung", „geringere Qualitätsunsicherheiten" und „psychologische Wettbewerbsvor-

---

[907] Vgl. Lieberman, M.B., Montgomery, D.B., 1998, S. 1111f.

[908] Vgl. Lieberman, M.B., Montgomery, D.B., 1998, S. 1112.

[909] Vgl. Lieberman, M.B., Montgomery, D.B., 1998, S. 1112.

[910] Hier wird implizit ein Lock-In-Effekt beschrieben.

[911] Vgl. Lieberman, M.B., Montgomery, D.B., 1998, S. 1113.

[912] Vgl. Lieberman, M.B., Montgomery, D.B., 1998, S. 1113.

[913] Clement, M., Litfin, T., Vanini, S., 1998, S. 205; eigene Übersetzung; der Artikel gibt eine Übersicht über theoretische Grundlagen von Pioniervorteilen und bietet eine Auswertung über insgesamt 15 Studien zu Pionierunternehmen.

[914] Lambkin, M., 1988, S. 127.

teile" genannt werden. Als **Pioniernachteile** werden „Free-Rider Effekte", „Unsicherheit bezüglich Markt- und Technologie" sowie „Veränderungen der Technologie- und Kundenbedürfnisse" genannt. Die Betrachtung von 15 empirischen Studien zu diesem Themenbereich konnte jedoch keine statistisch signifikanten Vorteile für Pionierunternehmen nachweisen.

Beispielsweise kam die Untersuchung von *Golder/Tellis*[915] zu dem Ergebnis, dass nicht die Pioniere, sondern die **Nachfolger höhere Erfolgswahrscheinlichkeiten** aufweisen. Eine Untersuchung von *Green/Barclay/Ryans*[916] ergab, dass sich kein eindeutiger Zusammenhang zwischen Einnehmen der Pionierrolle und Unternehmenserfolg ableiten lässt.

Boulding/Christen[917] ermittelten erhebliche finanzielle Vorteile bei den Nachfolgern, weil diese **aus den Fehlern der First-Mover lernen** und ein geringeres Risiko sowie eine bessere Kostenposition aufwiesen.

5.3.3.2 Bedeutung des Markteintrittszeitpunktes/First-Mover Vorteils zur Ressourcenakkumulierung als Erfolgsfaktor im Electronic Commerce

Aus Sicht des Resource-Based Views stellen einmalige Markteintrittsbedingungen eine Möglichkeit zur Erreichung einer besonderen Wettbewerbsposition dar, durch die Imitierbarkeit des Angebots vermieden werden kann. Viele der Internet-Geschäftsmodelle beruhen auf einer **Idee** und **organisatorisch einfach aufzubauenden Vermögensgegenständen**. Häufig besitzen die Unternehmen wenig eigene Vermögensgegenstände im Sinne von Produkten oder Dienstleistungen. Start-up Ideen sind im Ergebnis leicht kopierbar, und Schnelligkeit wird zum Hauptfaktor, um sich einen Vorsprung vor den Wettbewerbern zu sichern. So sollte z.B. durch einen schnellen Gang an die Börse sicher gestellt werden, als Pionier die höchsten Bewertungen am Aktienmarkt zu erhalten[918].

Vielfach wird der First-Mover Advantage mit dem Effekt eines **Lock-Ins** in Verbindung gebracht. Durch den Lock-In Effekt entsteht aus dieser Argumentationssicht aufgrund von **Wechselkosten** automatisch eine erhöhte Kundenbindung[919]. Diese spezielle Kundenbindung wird als Vorteil des First-Movers gegenüber später in den Markt eintretenden Unternehmen betrachtet. Der schnelle Markteintritt bietet zunächst einen **Vorsprung gegenüber Imitatoren**, und in vielen Fällen konnte ein gesamtes Marktsegment mit dem Namen des Pionierunternehmens „gebrandet" werden (etwa ist Ebay zu einem Synonym für Online-Auktionen, Yahoo für ein Portal und Amazon.com für den Buchvertrieb geworden). Dies führt zusätzlich zu einem höheren Bekanntheitsgrad und somit „Share-of-Mind" bei potenziellen Nutzern. Der Wettbewerb zwischen

---

[915] Vgl. Golder, P.N., Tellis, G.J., 1993, S. 158-170.
[916] Vgl. Green, D.H., Barclay, D.W., Ryans, A.B., 1995, S. 1-16.
[917] Vgl. Boulding, W., Christen, M., 2001, S. 20.
[918] Vgl. Seidensticker, F.J., 2001, S. 2.
[919] Vgl. Judson, B., Kelly, K., S. 92ff.

früh und später in den Markt eingetretenen Unternehmen hat zum Ziel, die Kundenpräferenzen mitzugestalten[920], wobei die früh in den Markt eingetretenen Unternehmen bei der Gestaltung im Vorteil sind.

Aufgrund der Überwindung des klassischen Ertragsgesetzes mit fallenden Skalenerträgen und stattdessen steigenden Skalenerträgen wird abgeleitet, dass Electronic Commerce Anbieter in kürzester Zeit in den Markt als Pionier eintreten sollten, damit ein **hoher Marktanteil** aufgebaut werden kann[921]. Wie in dieser Arbeit gezeigt wurde, dürften diese Effekte bei den meisten Internet-Geschäftsmodellen jedoch vergleichsweise gering sein (vgl. Kapitel 4.7).

Eine Strategie kann darin bestehen, zunächst abzuwarten, wie Start-up Unternehmen Konzepte aufbauen und diese am Markt erproben. So können Folge-Unternehmen später immer noch in den Markt eintreten und Fehler der Pioniere vermeiden. Im Falle von Amazon.com konnten Barnes and Noble in den USA bzw. BOL in Europa den Vorsprung nicht mehr aufholen, was jedoch auch mit der innovativen Rolle von Amazon.com zusammenhängen dürfte, dessen Geschäftsmodell ständig weiter entwickelt wurde.

Im Internetumfeld gibt es zahlreiche Beispiele von Unternehmen, deren Internet-Engagements trotz ihrer Pionierrolle nicht erfolgreich waren[922]. Das Beispiel Amazon.com zeigt, wie der First-Mover Advantage zur Marktführerschaft genutzt werden kann. Dennoch ist der First-Mover Advantage nur ein kurzfristiger Vorsprung vor der Konkurrenz und keine Garantie für den dauerhaften Erfolg. Der First-Mover Advantage muss aus Sicht einer Studie der *Boston Consulting Group*[923] vielmehr in einen „Continuous Mover Advantage" umgewandelt werden, indem regelmäßig neue Wettbewerbsvorteile aufgebaut werden. So konnte in der Untersuchung der *Boston Consulting Group* bei Internet-Unternehmen in sechs Branchen **kein eindeutiger Zusammenhang** zwischen Marktanteil und Zeitpunkt des Beginns der E-Commerce-Tätigkeit aufgezeigt werden[924].

Ein langfristiger First-Mover Vorteil wird auch von *Rangan/Adner*[925] angezweifelt. Auch sie bezweifeln die Dauerhaftigkeit eines etwaigen Vorteils. Begründet wird das u.a. damit, dass es viele **Möglichkeiten zur Differenzierung** des Angebots gäbe, so dass spätere Anbieter am ersten Anbieter vorbeiziehen könnten. Voraussetzung für einen dauerhaften Vorteil wären zudem knappe Vertriebskanäle, Kostenstrukturunterschiede zwischen frühem und spätem Markteintritt sowie Wechselkosten der Nutzer. Da diese drei Kriterien aus ihrer Sicht bei Internet-Angeboten **nicht erfüllt** sind, folgern sie, dass der First-Mover Vorteil nicht gegeben ist. Zudem kommen sie nach

[920] Vgl. Lieberman, M.B., Montgomery, D.B., 1998, S. 1121.
[921] Vgl. Meffert, H., 2000b, S. 128.
[922] Vgl. Fritz, W., 2000, S. 100.
[923] Vgl. Mei-Pochtler, A., Rasch, S., 1999, S. 33.
[924] Vgl. Mei-Pochtler, A., Rasch, S., 1999, S. 33.
[925] Vgl. Rangan, S., Adner, R., 2001, S. 44ff.

Überprüfung der Netzwerk-Kriterien (kritische Masse, Netzwerk Externalitäten, Lock-In) sowie Reichweite zu der Einschätzung, dass diese i.d.r. nicht angewendet werden können oder keine Vorteile bringen.

Durch ein schnelles Handeln können Wettbewerbsvorteile erworben werden, wenn dadurch wirklich knappe Ressourcen besetzt werden und ein Unternehmen durch sie seinen Wettbewerbsvorteil aufbauen kann. So waren zwar viele Unternehmen im Internet schnell, schafften es aber nicht, einen dauerhaften Wettbewerbsvorteil aufzubauen[926]. In diesen Fällen sorgt die schnelle Geschwindigkeit für höhere Kosten und ein schnelleres und größeres Ausmaß von Problemen bei den Unternehmen. So wurde in einer Analyse festgestellt, dass nur rund 10% der Internetunternehmen einen Wettbewerbsvorteil aus der Geschwindigkeit ihres Handelns zogen[927]. *Geyskens/Gielens/Dekimpe*[928] kommen in ihrer Untersuchung sogar zu der Einschätzung, dass **frühe Folger einen Wettbewerbsvorteil gegenüber Pionier-Unternehmen und späten Folgern besitzen.**

Unter Nutzung der Theorie des Resource-Based Views wäre bei rein theoretischer Ableitung demnach die Existenz eines First-Mover Vorteils zu erwarten, auch wenn praktische Untersuchungen keine eindeutigen Ergebnisse aufweisen. Bei der **Unterscheidung nach Geschäftsmodellen** ist zu erwarten, dass aufgrund der Netzwerk-Vorteile insbesondere die Anbieter von indirekten Erlösmodellen und Content einen First-Mover Vorteil aufweisen, denn diese können sich durch eine frühe Präsenz eine entsprechende Nutzerbasis aufbauen, die zur Erlangung der Netzwerk-Effekte, der Increasing Returns und eines Lock-Ins entscheidend ist. Bezüglich der anderen Geschäftsmodelle, die nur in geringerem Maße den Netzwerk-Kriterien unterliegen, sondern vorwiegend auf Skalenvorteilen beruhen, spielt der First-Mover Vorteil eine geringere Bedeutung.

Aus diesen allgemeinen sowie E-Commerce-bezogenen Forschungsergebnissen lassen sich folgende Hypothesen zur Bedeutung des First-Mover Vorteils zur Ressourcenakkumulierung im Electronic Commerce ausformulieren:

H_{MAR1}:	*Ein früher Markteintritt hat einen Einfluss auf die Möglichkeiten des Ressourcenaufbaus der Anbieter und somit auf den Erfolg eines Unternehmens bei seiner Electronic Commerce Tätigkeit.*
H_{MAR2}:	*Ein früher Markteintritt ist bei Content-Anbietern wichtiger als bei den Anbietern physischer Güter.*
H_{MAR3}:	*Ein früher Markteintritt ist bei indirekten Erlösmodellen wichtiger als bei den direkten Erlösmodellen.*

---

[926] Vgl. Cottrell, T., Sick, G., 2002, S. 233ff.
[927] Vgl. Cottrell, T., Sick, G., 2002, S. 234ff.
[928] Vgl. Geyskens, I., Gielens, K., Dekimpe, M.G., 2002, S. 102-119.

5.3.4 Unternehmensherkunft

5.3.4.1 Bedeutung der Unternehmensherkunft zur Ressourcenakkumulierung

Aus ressourcenökonomischer Sicht ist a-priori anzunehmen, dass Unternehmen aus der Old-Economy aufgrund der Dauer ihrer **Unternehmenstätigkeit mehr Ressourcen akkumuliert** haben als Start-ups und deshalb im Vorteil gegenüber Neugründungen sind[929]. Viele Electronic Commerce Anbieter sind Start-up Unternehmen, die über wenige materielle Ressourcen verfügen und häufig nur eine beschränkte Firmenhistorie aufweisen und nur wenig Wissen besitzen, das auf Entwicklungspfaden beruht[930]. Weil die Entrepreneure in Start-ups über eine geringe Ressourcenbasis verfügen, müssen sie zunächst **Ressourcen aufbauen**, weshalb sie gegenüber etablierten Anbietern im Nachteil sein können[931].

Hierbei stellt sich die Frage, inwiefern die von etablierten Unternehmen akkumulierten Ressourcen für den Electronic Commerce von Vorteil sind.

5.3.4.2 Bedeutung der Unternehmensherkunft zur Ressourcenakkumulierung bei Electronic Commerce Unternehmen

Grundsätzlich konkurrieren **Internet Start-up Unternehmen** mit den **Ausgründungen großer Unternehmen** („Spin-offs") oder dem **direkten Markteintritt etablierter Unternehmen**[932]. Viele Old-Economy Unternehmen brachten ihre Electronic Commerce Aktivitäten an die Börse, um an der hohen Bewertung von Internet-Unternehmen an den Aktienmärkten zu partizipieren[933]. Da in der Untersuchung dieser Arbeit nur börsennotierte Unternehmen betrachtet werden, konzentriert sich der Schwerpunkt hier auf die börsennotierten Internet Start-ups sowie Spin-Offs etablierter Unternehmen.

Während es zu Beginn der Electronic Commerce-Entwicklung danach aussah, dass sich zunehmend Internet Start-up Unternehmen gegenüber den etablierten Anbietern in einer führenden Marktposition etablieren würden, hat sich dieser Trend inzwischen umgekehrt.

Bis auf wenige Ausnahmen spiegelt sich dies in der Rangliste der erfolgreichsten Online-Händler wider. **Nur vier der zehn führenden Online-Händler in Deutschland sind reine Online-Unternehmen** (siehe Abbildung 31)[934]. Im Weihnachtsgeschäft 2000 in den USA entstammten elf der 15 umsatzstärksten Online-Shops der Old-Economy[935].

---

[929] Vgl. Dierickx, I., Cool, K., 1989, S. 1506ff.

[930] Vgl. Tiwana, A., 2002, S. 34.

[931] Vgl. Brush, C.G., Greene, P.G., Hart, M.M., Haller, H.S., 2001, S. 64.

[932] Vgl. Wirtz, B., 2000c, S. 82.

[933] Vgl. Venkatraman, N., 2000, S. 18ff.

[934] Vgl. Heckerott, B., 2001.

[935] Vgl. Heckerott, B., 2001.

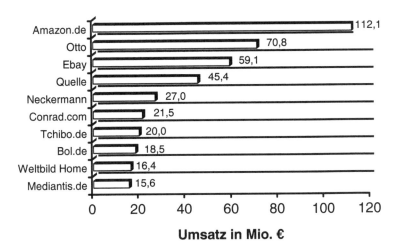

Abbildung 31: Die Umsätze der zehn führenden Online-Händler in Deutschland Anfang 2001[936]

5.3.4.2.1 Ressourcen etablierter Unternehmen im Electronic Commerce

Etablierte Unternehmen verfügen bereits über eine Produkt-Markt Position. Eine Produkt-Markt Position kann durch den technologischen Fortschritt zunichte gemacht werden, weil durch den Wandel in der Technologie die Fähigkeiten der etablierten Unternehmen veralten[937]. Die bestehenden organisatorischen Fähigkeiten und Routinen können für das Unternehmen sogar zum Nachteil werden[938]. Die Frage für Electronic Commerce-Unternehmen ist, inwiefern alte Ressourcen **ihren Wert trotz des Internets behalten**. Auch wenn ein technologischer Wandel die technologischen Fähigkeiten eines etablierten Anbieters entwerten kann, besteht für dieses Unternehmen noch die Möglichkeit, von dem Wandel zu profitieren, indem es seine anderen **Fähigkeiten ausnutzt, die intakt bleiben** und nach wie vor wichtig und schwer zu kopieren bleiben[939]. Gerade im Internet bleiben Fähigkeiten wie Logistik, Marketing usw. bedeutend, d.h. etablierte Unternehmen, die diese Fähigkeiten beherrschen, können daraus einen Wettbewerbsvorteil ziehen, selbst wenn sie bei der technologischen Entwicklung des Web-Angebots nicht führend sind.

---

[936] Vgl. Heckerott, B., 2001.

[937] Vgl. Afuah, A., 2000, S. 387ff.

[938] Vgl. Afuah, A., 2000, S. 389.

[939] Vgl. Afuah, A., 2000, S. 388.

Cohan[940] vertritt die Auffassung, dass etablierte Unternehmen eine Anzahl an **Vorteilen** gegenüber Start-up Unternehmen aufweisen, wozu unter anderem die bestehenden Beziehungen zu Zulieferern gezählt werden, weshalb auch aufgrund von Mengenvorteilen niedrigere Bezugspreise möglich seien. Als Vorteile von Unternehmen der Old-Economy sehen viele Autoren ihre „etablierte Marke", eine „gute Kundenbasis", „finanzielle Ressourcen", „klare Hierarchien im Sinne einer Ordnungsstruktur" kombiniert mit „guten Markt- und Branchenkenntnissen". Die Marke stellt ein Leistungsversprechen dar, das Vertrauen schafft[941].

Etablierte Unternehmen weisen auch **Nachteile** für den Electronic Commerce auf. Das Internet verlangt zusätzlich zu bestehenden Fähigkeiten neue, die Unternehmen, die in traditionelleren Wirtschaftsbranchen tätig sind, normalerweise nicht besitzen[942]. Old-Economy Unternehmen weisen gegenüber Start-up Unternehmen teilweise organisatorische Nachteile auf, etwa in bezug auf „Flexibilität", „Mitarbeiter" und „flache Strukturen"[943]. Als ein Nachteil von etablierten Unternehmen wird darüber hinaus die „Langsamkeit bei der Umsetzung von Electronic Commerce Projekten" kritisiert. So wird als Beispiel Barnes & Noble genannt, die zwei Jahre benötigten, bis sie selbst eine Webseite gegen das Angebot von Amazon.com positionierten.

5.3.4.2.2 Ressourcen von Start-ups im Electronic Commerce

Andere Autoren sehen die Internet-Anbieter im Vorteil, weil sie durch ihre Geschwindigkeit Marktsegmente besetzen, die künftig zu lukrativen Einnahmequellen werden können[944]. In der Anfangsphase der Internetökonomie stand nach Auffassung von *Evans/Wurster*[945] für junge, innovative Start-ups die Etablierung einer Markttransparenz und das Einnehmen von First-Mover Wettbewerbspositionen im Vordergrund.

Gerade in bezug auf das „Online-Know-how" wird den Start-up Unternehmen eine höhere Kompetenz zugetraut[946]. Als weitere Vorteile der jungen Unternehmen werden neben der „hohen E-Business Kompetenz" auch „Umsetzungsgeschwindigkeit", „Organisation" und „Entwicklung von Geschäftsmodellen" genannt, wo sie besser als etablierte Unternehmen positioniert sind[947]. Zudem verfügen die Start-up Unternehmen über „gute Managementtalente". So ergab eine Untersuchung bei 450 vorbörslichen Start-ups im Frühjahr 2000, dass die Gründer im Durchschnitt 32 Jahre alt sind, überwiegend über eine abgeschlossene Hochschulausbildung verfügen sowie häufig internationale Erfahrung und mehrjährige Berufspraxis besitzen. Ungefähr ein

---

[940] Vgl Cohan, P.S., 2000.

[941] Vgl. Picot, A., Neuburger, R., 2001, S. 39; Wamser, C., 2000, S. 4; DG Bank Research, 2000, S. 11; Silverstein, M., Stanger, P., Abdelmessih, N., 2001, S. 7; Seidensticker, F.J., 2001, S. 3ff. und Bain & Company, 2000.

[942] Vgl. Hoffmann, W.H., Schaper-Rinkel, W., 2001, S. 138ff.

[943] Vgl. Houston, M.B., Walker, B.A., Hutt, M.D., Reingen, P.H., 2001, S. 19ff.

[944] Vgl. Mei-Pochtler, A., Rißmann, M., 1997, S. 38 und Sauter, M., 1999, S. 107.

[945] Vgl. Evans, P.,Wurster, T., 1999 S. 85.

[946] Vgl. DG Bank Research, 2000, S. 10.

[947] Vgl. Seidensticker, F.J., 2001, S. 3ff.

Drittel der Gründer stammt aus einer Unternehmensberatung und ein Viertel aus dem IT-Sektor[948].

New Economy Unternehmen weisen eine höhere Flexibilität, flache Hierarchien und eine bessere Kenntnis von neuen Technologien auf. Zudem können viele Unternehmen der New Economy ihre Strukturen neu aufbauen und brauchen keine bestehenden Strukturen zu beachten (z.b. Kanalkonflikte, vorhandene Datenbankrestriktionen, bestehende Infrastrukturen usw.)[949].

5.3.4.2.3 Kombination der Ressourcen etablierter und junger Unternehmen für den Electronic Commerce

Das Beispiel der Transaktionskosten zeigt (siehe Kapitel 4.7), dass unter gewissen Rahmenbedingungen die **Herkunft des Unternehmens** eine Rolle für die Wettbewerbsposition spielt, die es einnehmen kann.

Nach Auffassung von *Wamser*[950] werden „letztendlich [...] die Unternehmen, die in der Lage sind, die Erfolgspotenziale der neuen Technologien zielgerichtet zu bewerten und ökonomisch optimal zu erschließen, in diesem Wettbewerb dominieren - **unabhängig davon**, ob sie Mitglieder der **New Economy oder der Old-Economy** sind". Zu einer vergleichbaren Einschätzung kommen *Picot/Neuburger*[951]: „In den meisten Märkten hat derjenige Erfolg, der die Stärken der New Economy mit denen der Old-Economy zu **verbinden** vermag". Diese Aussagen rücken die vorhandenen Ressourcen des Unternehmens in den Mittelpunkt und werfen die Frage auf, welchen Unternehmen es gelingt, diese Ressourcen und Fähigkeiten auf den Electronic Commerce zu übertragen, bzw. neue, ergänzende Ressourcen zu erwerben.

Insgesamt zeigt sich, dass beiden Unternehmensgruppen **unterschiedliche Fähigkeiten** zugesprochen werden, die für eine erfolgreiche Electronic Commerce-Tätigkeit erforderlich sind. Es gibt demnach Stärken beider Unternehmensgruppen, die es zu ergänzen gilt (siehe Abbildung 32)[952]. Auch andere Autoren betonen, dass beide, Old- und New Economy Unternehmen, Ressourcen besitzen, um im Electronic Commerce erfolgreich zu agieren[953].

---

[948] Vgl. Seidensticker, F.J., 2001, S. 4.
[949] Vgl. Picot, A., Neuburger, R., 2001, S. 39; Wamser, C., 2000, S. 4; DG Bank Research, 2000, S. 11; Silverstein, M., Stanger, P., Abdelmessih, N., 2001, S. 7; Seidensticker, F.J., 2001, S. 3ff. und Bain & Company, 2000.
[950] Wamser, C., 2000, S. 4.
[951] Picot, A., Neuburger, R., 2001, S. 39.
[952] Vgl. Picot, A., Neuburger, R., 2001, S. 39; Wamser, C., 2000, S. 4; DG Bank Research, 2000, S. 11; Silverstein, M., Stanger, P., Abdelmessih, N., 2001, S. 7; Seidensticker, F.J., 2001, S. 3ff. und Bain & Company, 2000.
[953] Vgl. Herrmann, C., Sulzmaier, S., 2001, S. 23 und Seidensticker, F.J., 2001, S. 3ff.

	Nutzerprofil frühes E-Business	Nutzerprofil jetziges E-Business
Kunden-typ	• Offen für Technologie • Frühadoptor • Überwiegend männlich, gebildet, 15-40 Jahre, über ∅ Einkommen	• Zunehmend Normalbevölkerung • Annäherung an normale Bevölkerungsverteilung (Alter, Geschlecht, Bildung, Einkommen)
Kunden-wünsche	• Neue Angebote testen • Trendsetting • Coolness der Marke im Vordergrund	• Benötigen mehr Hilfe/Erklärung • Multikanalzugang • Vertrauenswürdigkeit der Marke
	Assets Start-up Unternehmen	**Assets etablierte Unternehmen**
Unter-nehmens-typ	• Neugründungen • Neue Geschäftsmodelle • Kleine Unternehmensgröße • Enges Produktspektrum • Technologieaffin • Kaum Hierarchien	• Bestehen meist viele Jahre • Häufig klare Hierachien • Eingespielete Prozesse
Unter-nehmens-vorteile	• Schnelligkeit (First Mover) im Markt • Schnelle Entscheidung/Umsetzung • Flache Hierarchien • Keine Rücksicht auf etablierte Handelsbeziehungen/ Unternehmensprozesse	• Renommierte Marken • Hohe Kundenbindung • Gute Marktkenntnis • Lieferantenbeziehungen • Vertriebslogistik

I. + II. ⟩ • **Start-up Unternehmen besonders in früher Phase gut geeignet, mit Veränderung Kundenstruktur zunehmend Charakteristika "alter" Unternehmen wichtig**
• **Ideal: Kombination der Vorteile "beider Welten"**

Abbildung 32: Vorteile von New-Economy und Old-Economy Unternehmen[954]

Es gibt zunehmend den Wunsch der Internetkunden der zweiten und dritten Welle nach stärkerer persönlicher Beratung sowie Ansprache („an die Hand genommen werden"). Das Beispiel der Direkt-Broker, die nach den technologiebegeisterten Heavy-Tradern mit hohen Umsätzen jetzt zunehmend „Normalkunden" mit Wunsch nach intensiverer Beratung und Multikanalzugang als Neukunden haben, ist dafür typisch.

Um die Wünsche seiner Kunden zu erfüllen, muss jeder Anbieter die Kompetenzen mitbringen – egal ob es sich um ein Start-up oder um ein Old-Economy Unternehmen handelt. Allerdings bringen viele Old-Economy Unternehmen bereits eine Vielzahl der gefragten Fähigkeiten mit. New-Economy Unternehmen müssen ihre Fähigkeiten erweitern.

Es lässt sich also ableiten, dass sowohl Unternehmen mit einer Muttergesellschaft bzw. einem Ursprung in der Old-Economy als auch Unternehmen aus einem Start-up Umfeld Fähigkeiten für ein erfolgreiches Electronic Commerce aufweisen. Generell ist jedoch ein gewisser Vorteil in der Art und Anzahl der Ressourcen von etablierten Unternehmen zu erkennen, die gerade in einem Endkundengeschäft ein hohes Gewicht aufweisen (Marke, Logistik, Lieferantenbeziehungen, Verwaltung von Kundendaten).

---

[954] Vgl. u.a. Ringlstetter, M.J., Oelert, J., 2001, S. 25ff.; Herrmann, C., Sulzmaier, S., 2001, S. 25; Wamser, C., 2000, S. 4f.; Booz, Allen & Hamilton, 2000, S. 28 und Picot, A., Neuburger, R., 2001, S. 39.

Aus diesen Gründen dürften in der Regel **etablierte Unternehmen Ressourcenvorteile gegenüber den meisten Start-up Unternehmen aufweisen.** Der Vorteil dürfte beim **Vergleich der einzelnen Geschäftsmodelle** bei Anbietern physischer Güter bzw. direkter Erlösmodelle ausgeprägter sein als bei den Content-Geschäftsmodellen und indirekten Erlösmodellen, da diese ein höheres Ausmaß an etablierten Ressourcen benötigen als die rein Internet-basierten Content-Geschäftsmodelle. So müssen Beziehungen zu den Warenlieferanten bestehen, eine logistische Kompetenz zur Lagerung und Versendung der physischen Güter vorliegen und klassische EDV-Fähigkeiten wie die Kundendatenverwaltung genutzt werden.

Aufgrund der Erörterungen wird deutlich, dass die Ressourcenbasis von Old-Economy Unternehmen insbesondere bei den Anbietern physischer Produkte bzw. direkter Geschäftsmodelle eine Bedeutung aufweist, da zum Großteil bestehende Ressourcenstrukturen verwendet werden. Bei den Content-Anbietern bzw. indirekten Erlösmodellen, die keinerlei bestehende Ressourcen in großem Umfang nutzen, ist demnach der Nachteil von Neugründungen gegenüber bestehenden Unternehmen als geringer einzustufen.

Aus diesen Erörterungen können folgende Hypothesen zusammengefasst werden:

H$_{UNT1}$:	*Aufgrund des besseren Zugangs zu bestehenden Ressourcen weisen bestehende („Old-Economy") Unternehmen gegenüber Neugründungen einen Wettbewerbsvorteil auf.*
H$_{UNT2}$:	*Für Anbieter von physischen Produkten, die viele etablierte Ressourcen nutzen, spielt die Unternehmensherkunft aus der Old-Economy eine Bedeutung für den Unternehmenserfolg.*
H$_{UNT3}$:	*Für Anbieter von direkten Erlösmodellen, die viele etablierte Ressourcen nutzen, spielt die Unternehmensherkunft aus der Old-Economy eine Bedeutung für den Unternehmenserfolg.*

5.3.5 Führende Wettbewerbsposition

5.3.5.1 Bedeutung der Wettbewerbsposition zur Ressourcenakkumulierung

Nach den Ausführungen von *Dierickx und Cool*[955] zur Ansammlung von Ressourcen („Asset Accumulation") können Unternehmen mit einem gewissen Basisbestand dieser Ressourcen besser weitere Ressourcen erlangen. Diese Firmen besitzen demnach einen **Ressourcenvorsprung**, der es ihren Unternehmen erlaubt, ihre führende Wettbewerbsposition weiter auszubauen. Die Überlegungen beruhen darauf, dass ein Unternehmen, welches bereits über ein gewisses Niveau an Ressourcen verfügt, auf einem höheren Niveau startet, als Unternehmen, die keine Ressourcen mitbringen. Dementsprechend können sie basierend auf diesem erhöhtem Niveau an Wissen und Ressourcen konstant ihre **führende Wettbewerbsposition weiter ausbauen**. Ressourcen werden dabei durch Effekte wie die „**Time Compression Diseconomies**" geschützt, die besagen, dass gewisse Ressourcen nur über einen gewissen Zeitraum erlangt werden können, wobei eine Beschleunigung nicht möglich ist (*Dierickx und Cool* verwenden hier als Beispiel den Inhalt eines zweijährigen MBA Programms, das in ähnlicher Qualität nicht kürzer vermittelt werden kann). Die „**Asset Mass Efficiencies**" gehen davon aus, dass „Erfolg Erfolg nach sich zieht" und demnach Unternehmen, die bereits höhere Bestände an gewissen Ressourcen besitzen, diese leichter erweitern können[956]. Diese Unternehmen sind demnach begünstigt, ihre führende Wettbewerbsposition weiter auszubauen (*Dierickx und Cool* erklären dies am Beispiel des bestehenden Umsatzvolumens eines Unternehmens). Demnach führt eine bereits vorhandene kritische Masse der Marktführer zu einem weiteren Ausbau der Marktführerschaft.

Explizit gehen *Dierickx und Cool*[957] davon aus, dass in **Netzwerk-Industrien** (wie dem Internet) wegen der „Time-Compression Diseconomies" Unternehmen, die früher mit dem Aufbau von Ressourcen beginnen, eine bessere Basis besitzen, ihre Fähigkeiten weiter auszubauen als später startende Unternehmen. Analog kann gefolgert werden, dass marktführende Unternehmen in solchen Märkten offenbar über bessere Ressourcen verfügen als die nicht-marktführenden Unternehmen.

Eine führende Marktposition wird darüber hinaus u.a. auch als vorteilhaft für ein Unternehmen angesehen, weil sie aufgrund von Skalen- und Verbundvorteilen sowie Wechselkosten der Kunden häufig zu einer höheren Profitabilität führt[958].

5.3.5.2 Bedeutung der Wettbewerbsposition zur Ressourcenakkumulierung im Electronic Commerce

Das Auftreten des Online-Handels wirft die Frage auf, ob hierdurch die Marktanteile fragmentiert werden oder die Marktkonzentration gefördert wird.

---

[955] Vgl. Dierickx, I., Cool, K., 1989, S. 1506f.
[956] Vgl. Dierickx, I., Cool, K., 1989, S. 1506f.
[957] Vgl. Dierickx, I., Cool, K., 1989, S. 1507f.
[958] Vgl. Smith, K.G., Ferrier, W.J., Grimm, C.M., 2001, S. 59.

Im Electronic Commerce ist nach Ansicht einiger Autoren kurzfristig kein Gewinn zu erwarten, sondern erst, wenn gewisse **Schwellenwerte bei dem Marktanteil über-schritten** worden sind. *Sauter*[959] vertritt die Auffassung „die erfolgreichen Internet-Pionierunternehmen haben erkannt, dass kurzfristige Renditen nicht zu erzielen sind und investieren ihre Erträge deshalb sofort wieder in den Ausbau des Marktanteils".

Schmidt/Döbler/Schenk[960] kommen zu dem Ergebnis, die Anzahl der neuen Unternehmen, die im Internet tätig sind, könne den Eindruck erwecken, dass es in diesem Markt niedrige Eintrittsbarrieren geben würde, wodurch die Fragmentierung gefördert werde. Langfristig können sich aber nur jene Unternehmen durchsetzen, die über entsprechende Marketingmittel und Markennamen verfügen, denn nur so lässt sich die auf Dauer erforderliche kritische Kundengröße aufbauen[961]. Zudem gewöhnen sich die Kunden an die Benutzung der Sites, richten eventuell ein Benutzerkonto ein und machen ihre ersten Erfahrungen mit dem Service des Anbieters. Solange diese Kunden mit dem Anbieter zufrieden sind, ist unter solchen Umständen nicht zu erwarten, dass sie den Anbieter wechseln[962]. *Moschella*[963] folgert, somit sei zu erwarten, dass es im Internet-Handel zu ähnlichen **Konzentrationsprozessen** komme, die bereits aus dem Offline-Handel bekannt seien. *Berryman et al.*[964] vertreten die Auffassung, ein wichtiges Erfolgskriterium sei deshalb die schnelle und häufig schwierige Erhöhung von Marktanteilen, um rentable Erfolgspositionen in den betreffenden Märkten aufzubauen. Bezogen auf den Unternehmenswert stellen *Ashwin/Daley/Taylor*[965] fest, dass die populären Anbieter eine höhere Markenbekanntheit aufweisen, weshalb viele Kunden zuerst diese Anbieter aufsuchen. Aus diesem Grund ist die Marktkapitalisierung pro Kunde bei den populären Anbietern höher als bei Anbietern auf hinteren Marktpositionen. Diese Beobachtungen sind konsistent mit den Überlegungen von *Dierickx und Cool*, die, wie oben beschrieben, genau davon ausgehen, dass Anbieter, die bereits über eine gewisse kritische Masse an Ressourcen verfügen, diese weiter ausbauen.

Wird nun die tatsächliche Vielfalt von Anbietern betrachtet, zeigen sich Konzentrationstendenzen. In den meisten Produktkategorien herrscht trotz der Vielfalt der Angebote in der Tat bereits jetzt eine gewisse **Anbieterkonzentration** bezüglich der Anzahl der Unternehmen, die einen Großteil des Umsatzes auf sich vereinigen. So betrug bereits im Herbst 1999 in Deutschland der Umsatzanteil der **führenden fünf Anbieter** bei[966]

- Reise ca. 50%,
- Brokerage ca. 85%,
- Büchern ca. 70%,

---

[959] Sauter, M., 1999, S. 106.
[960] Vgl. Schmidt, I., Döbler, T., Schenk, M., 2000, S. 52f.
[961] Vgl. Schmidt, I., Döbler, T., Schenk, M., 2000, S. 52f.
[962] Vgl. Ghosh, S., 1998, S. 129 und Schmidt, I., Döbler, T., Schenk, M., 2000, S. 53.
[963] Vgl. Moschella, D., 1998, S. 34 und Schmidt, I., Döbler, T., Schenk, M., 2000, S. 53.
[964] Vgl. Berryman, K., Harrington, L., Layton-Rodin, D., Rerolle, V., 1998, S. 152ff.
[965] Vgl. Ashwin, K., Daley, J., Taylor, C., 2000, S. 23.
[966] Vgl. Mei-Pochtler, A., Rasch, S., 1999.

- Computern ca. 40%,
- Auktionen ca. 80% und
- Textilwaren ca. 90%.

Über alle Kategorien ergibt sich ein Anteil der Top 10 Anbieter von ca. 40% der Umsätze[967], und die Top 50 Anbieter machen bereits 75% der Umsätze aus. In den USA beträgt der Umsatzanteil der Top 10 Unternehmen 43% und der Top 100 Unternehmen 71%[968]. Die Tatsache, dass die **führenden Anbieter einen Grossteil des Umsatzes auf sich ziehen**, lässt vermuten, dass es für einen Anbieter vorteilhaft ist, sich in einer dieser vorderen Wettbewerbspositionen zu befinden.

Nutzerseitig ist bemerkenswert, dass über 60% der Internet-Nutzer lediglich unter 20 Sites pro Monat besuchen, und die 20 größten E-Commerce Anbieter in den USA über 50% des gesamten Business-to-Consumer Umsatzes erwirtschaften[969].

In vielen Untersuchungen in **klassischen Industrien** wird davon ausgegangen, dass eine führende Marktposition Vorteile für das Unternehmen mit sich bringt. So definiert *Simon* seine „Hidden Champions" als Unternehmen, die Nummer 1 oder 2 auf dem Weltmarkt sind[970]. Des weiteren wurde ein statistisch hoch signifikanter Zusammenhang zwischen Veränderungen des Marktanteils und dem ROI festgestellt. Auch die *PIMS-Studie* kam zu dem Ergebnis, dass ein höherer Marktanteil zu einer höheren Profitabilität führt[971].

Gerade aufgrund der Netzwerk-Effekte ist anzunehmen, dass die führenden Anbieter bei allen **Geschäftsmodellen** begünstigt sind. Auf Basis dieser Überlegungen sollte sich besonders bei den Content-Anbietern eine führende Marktposition als entscheidender Erfolgsfaktor erweisen, insbesondere aufgrund des Informationsgutcharakters der angebotenen Produkte und Dienstleistungen. Aufgrund der Finanzierung über Werbung ist bei den indirekten Geschäftsmodellen zu erwarten, dass die führenden Anbieter eher in der Lage sind, sich zu refinanzieren und Netzwerkeffekte aufzubauen.

Nach diesen Betrachtungen scheinen Unternehmen mit einer führenden Marktposition auch beim Electronic Commerce bei der Ressourcenakkumulierung begünstigt zu sein, womit sich als Hypothesen formulieren lässt:

H$_{POS1}$:	*Ein Unternehmen mit der Marktposition 1 oder 2 im relevanten Teilmarkt hat Ressourcenakkumulierungsvorteile und ist deshalb erfolgreicher als ein Unternehmen mit schlechterer Marktposition.*
H$_{POS2}$:	*Eine führende Marktposition ist für Content Anbieter entscheidender als für Anbieter physischer Güter.*

---

[967] Vgl. Ahlert, D., 2000, S. 5f.
[968] Vgl. Mei-Pochtler, A., Rasch, S., 1999, S. 10.
[969] Vgl. Booz, Allen & Hamilton, 2000, S. 61.
[970] Vgl. Simon, H., 1996, S. 14.
[971] Vgl. Buzzel, R., Gale, B., 1989, S. 66ff. und Preiß, F.J., 1992, S. 51f.

H_{POS3}:	*Eine führende Marktposition ist für Anbieter mit indirekten Geschäfts-modellen wichtiger als für Anbieter mit direkten Geschäftsmodellen.*

5.4 Kontrolle der Ressourcen und Fähigkeiten durch Corporate Governance

Unter **Corporate Governance** wird das gesamte System interner und externer Kontroll- und Überwachungsmechanismen verstanden, wobei unterstellt wird, dass die Unternehmenskontrolle einen maßgeblichen Einfluss auf den ökonomischen Erfolg eines Unternehmens besitzt[972].

Corporate Governance ist für viele Electronic Commerce-Unternehmen sehr relevant, denn angesichts der geringen Erfahrungen und Kontakte vieler Start-ups im Electronic Commerce stellt sich die Frage, wie **außenstehende Personen als Ressourcen** für das Unternehmen genutzt werden und einen Beitrag zum **effizienten Ressourceneinsatz des Unternehmens** leisten können.

Nachfolgend wird untersucht, welchen Einfluss Corporate Governance und Charakteristika des Management-Teams und Aufsichtsrates auf den Unternehmenserfolg bei Electronic Commerce Unternehmen aufweisen. Eine theoretische Fundierung dieser Ansätze bei traditionellen Industrien liegt vor, es ergeben sich jedoch teilweise widersprüchliche empirische Ergebnisse. Aus diesem Grund verfolgen die nachfolgenden Betrachtungen für das relativ neue Forschungsgebiet Electronic Commerce das Ziel zu überprüfen, inwiefern sich diese Erkenntnisse auf einem dynamischen Markt wie dem Electronic Commerce übertragen lassen.

5.4.1 Corporate Governance durch institutionelle Anleger

Bei Interessengruppen wie institutionellen Anlegern wird das Oberziel der Maximierung des Shareholder-Values verfolgt, wobei Corporate Governance als ein Mittel gesehen wird, langfristig einen hohen Shareholder-Value zu schaffen[973].

Dabei werden folgende **Voraussetzungen** unterstellt[974]:

1. Die Handlungen des Managements **beeinflussen** die Leistungsfähigkeit des Unternehmens.
2. Ein Corporate Governance System verändert die **Rahmenbedingungen**, unter denen das Management seine Entscheidungen trifft.
3. Corporate Governance unterstützt die **Übereinstimmung der Zielsetzung** des Managements und der auf Shareholder-Value konzentrierten Anteilseigner.

---

[972] Vgl. Steiger, M., 2002, S. 120-125.
[973] Vgl. Steiger, M., 2002, S. 120-125.
[974] Vgl. Steiger, M., 2002, S. 120-125.

4. Aus Leistungsverbesserungen einzelner Unternehmen resultiert eine **höhere Wohlfahrt** für die gesamte Ökonomie (Anstieg der Produzenten- und Konsumentenrente).

Wenn die Vermutung besteht, dass das Management eines Unternehmens nicht im Interesse der Eigentümer handelt und der gegenwärtige Marktwert nicht den maximal erreichbaren Shareholder Value widerspiegelt, werden die Investoren möglicherweise das Management austauschen und versuchen, durch eine Änderung der Strategie den Unternehmenswert zu erhöhen[975].

Es ist anzunehmen, dass **institutionelle Anleger eine Aufsichtsfunktion** in Hinblick auf ein Unternehmen ausüben[976]. *Venkatraman*[977] betont die Rolle der Kapitalmärkte als ein kritisches Element, um ein Unternehmen zu überwachen ("Governance"), was gerade bei sich schnell ändernden Rahmenbedingungen wichtig sei.

Viele Wissenschaftler vertreten die Meinung, dass **institutionelle Anleger** durch ihre Investments langfristig orientierte Gewinne erwirtschaften wollen[978]. Demnach investieren sie vorwiegend in Unternehmen, die durch ihre Ressourcenstruktur am besten begütert sind, diese Gewinne zu erwirtschaften. So investieren sie z.B. häufig in Unternehmen, die innovativer sind als andere. Darüber hinaus besitzen institutionelle Anleger einen Anreiz, die Manager des Unternehmens zu überwachen und, wenn nötig, Einfluss auf die Handlungen des Unternehmens zu nehmen. Allerdings liegen zu diesem Forschungsgebiet nur wenige empirische Untersuchungen vor, und die Ergebnisse sind teilweise widersprüchlich[979].

Die Ausrichtung der Führungskräfte auf die Ziele eines Unternehmens wird als hoch betrachtet, wenn führende Angestellte Aktien des Unternehmens besitzen, was diese anhält, langfristig Wert zu schaffen. Eine Verfolgung der Unternehmensziele durch Führungskräfte wird außerdem als hoch angesehen, wenn ein **großer Anteilseigner** (etwa ein institutioneller Investor) die **Strategie und Ressourcenallokation** der Führungskräfte überwacht und wenn ein starker, unabhängiger **Aufsichtsrat** die Führungskräfte kontrolliert, beurteilt und herausfordert. Allerdings waren die empirischen Ergebnisse zu diesem Themenkomplex in der Vergangenheit widersprüchlich[980]. So stellten z.B. *Bushee*[981] sowie *Baysinger et al.*[982] einen positiven Zusammenhang zwischen der Präsenz von institutionellen Investoren und langfristiger

---

[975] Vgl. Glaum, M., 1996, S. 153.

[976] Vgl. Kochhar, R., David, P., 1996, S. 73; Coles, J.W., Sen, N., McWilliams, V.B., 2001, S. 23-50 und Zahra, S.A., Neubaum, D.O., Huse, M., 2000, S. 948f.

[977] Vgl. Venkatraman, N., 2000, S. 18ff.

[978] Vgl. Kochhar, R., David, P., 1996, S. 73.

[979] Vgl. Kochhar, R., David, P., 1996, S. 73.

[980] Vgl. Zahra, S.A., Neubaum, D.O., Huse, M., 2000, S. 947-976 und Johnson, R.A., Greening, D.W., 1999, S. 564ff.

[981] Vgl. Bushee, B., 1998.

[982] Vgl. Baysinger, B.D., Kosnik, R.D., Turk, T.A., 1991.

Wertschaffung her[983]. Eine Untersuchung von *Kochhar und David*[984] über die Rolle von institutionellen Investoren konnte keine eindeutigen Ergebnisse aufzeigen[985].

Die Rolle von institutionellen Investoren bei der Beeinflussung der **Unternehmensstrategie** wurde von *Parthiban/Hitt/Insead*[986] am Beispiel von Forschungsausgaben untersucht. Fazit war, dass die Präsenz von aktiven institutionellen Anlegern die Ausgaben für Forschung & Entwicklung erhöhte, was als eine Investition in die zukünftige Leistungsfähigkeit und Ressourcen des Unternehmens interpretiert werden kann. Institutionelle Anleger (etwa Pensionsfonds, Versicherungen und Banken) versuchen, den langfristigen Wert ihrer Investments zu steigern. Durch ihre hohen Beteiligungen am Unternehmen besitzen sie die Möglichkeit, das Management eines Unternehmens zu beeinflussen[987].

Bei dem Zusammenhang zwischen institutionellen Anlegern und Unternehmenserfolg ist auf das Problem hinzuweisen, dass es schwer ist zu bestimmen, welches die abhängige und welches die unabhängige Variable ist. Es könnte z.B. auch argumentiert werden, dass die Anzahl der institutionellen Anleger eine Begleiterscheinung eines erfolgreichen Unternehmens ist, so dass der Ursache-Wirkung-Zusammenhang invers ist.

Beim Einfluss des Corporate Governance durch institutionelle Anleger kann ebenso wie bei den folgenden Hypothesen zum Corporate Governance durch den Vorstandsvorsitzenden und Aufsichtsrat kein Unterschied zwischen den verschiedenen **Geschäfts- und Erlösmodellen** erwartet werden.

Deshalb wird zum Einfluss des Corporate Governance durch institutionelle Anleger als Hypothese formuliert:

H_{INS}:	*Unternehmen mit einer Kontrolle ihrer Ressourcen durch eine hohe Anzahl von institutionellen Anlegern sind erfolgreicher.*

5.4.2 Bedeutung von Corporate Governance durch Vorstand und Aufsichtsrat

Wettbewerbschancen entstehen, wenn Individuen Einblicke in den Wert von Ressourcen besitzen, den andere nicht aufweisen[988]. Führende Vertreter des Resource-Based Views wie *Barney*[989] sehen im **Zusammenspiel des Resource-Based Views und Corporate Governance** viel Raum für weitere Forschungsvorhaben. Dabei steht die Frage im Mittelpunkt, wie sich Corporate Governance für einen Wettbewerbsvor-

---

[983] Vgl. Zahra, S.A., Neubaum, D.O., Huse, M., 2000, S. 947-976.
[984] Vgl. Kochhar, R., David, P., 1996.
[985] Vgl. Zahra, S.A., Neubaum, D.O., Huse, M., 2000, S. 947-976.
[986] Vgl. Parthiban, D., Hitt, M.A., Insead, J.G., 2001, S. 144.
[987] Vgl. Parthiban, D., Hitt, M.A., Insead, J.G., 2001, S. 144.
[988] Vgl. Barney, J.B., Wright, M., Ketchen, D.J., 2001, S. 628.
[989] Vgl. Barney, J.B., Wright, M., Ketchen, D.J., 2001, S. 632.

teil eines Unternehmens nutzen lässt. Im Zentrum zahlreicher Literatur zu Corporate Governance steht dabei u.a. die **Arbeitsweise und Effektivität von Vorständen bzw. Aufsichtsräten**[990]. Hierbei kann vermutet werden, dass es einigen Firmen besser gelingt als anderen, Corporate Governance zu implementieren und für ihr Unternehmen zu nutzen. Als Annahme wird unterstellt, dass Corporate Governance zur optimalen Nutzung der Ressourcen von einem Unternehmen beitragen kann[991].

Wettbewerbsvorteile werden erreicht, wenn Strategien erfolgreich die Ressourcen des Unternehmens ausnutzen. Corporate Governance, Humankapital und Faktoren wie Führung („Leadership") des Vorstandsvorsitzenden lassen sich schlecht imitieren, weshalb sie einzigartige Ressourcen eines Unternehmens darstellen[992]. So gibt es zahlreiche Unternehmen, die versuchen ein erfolgreiches Unternehmen zu kopieren, aber aufgrund der Nicht-Kopierbarkeit trotz des Einsatzes einer ähnlichen Strategie nicht denselben Erfolg erreichen wie das von ihnen kopierte Unternehmen[993].

5.4.2.1 Größe des Vorstandes und Aufsichtsrates

Vielfach wird die Rolle der Mitarbeiter im Electronic Commerce betont[994], wobei gerade Führungskräfte eine Vielzahl von Funktionen erfüllen und durch ihre Fähigkeiten ein Unternehmen entscheidend prägen[995]. Die zukünftigen Erfolge sowie der weitere Ausbau des Unternehmens sind eng mit diesen Fähigkeiten des Managements verbunden[996]. Der Einfluss von **Charakteristika des Vorstands und Aufsichtsrats** auf den Unternehmenserfolg ist Gegenstand zahlreicher Untersuchungen[997]. Theoretisch wird vielfach ein Zusammenhang zwischen Größe des Aufsichtsrates und Unternehmensleistung („Performance") abgeleitet[998].

Der Vorstand als Entscheider wichtiger strategischer Angelegenheiten und der Aufsichtsrat als Kontrolleur des Vorstands erweisen sich für die effektive Funktionsweise eines Unternehmens als wichtig[999]. Unternehmen mit gutem Management schaffen es besser, interne und externe Kompetenzen zu organisieren und zu koordinieren[1000]. Beispielsweise können durch gutes Management und Ausübung von Corporate Governance Risiken für das Unternehmen frühzeitig identifiziert werden[1001].

---

[990] Vgl. Barney, J.B., Wright, M., Ketchen, D.J., 2001, S. 632.

[991] Vgl. Williamson, O.E., 1999, S. 1090.

[992] Vgl. Hitt, M.A., Ireland, R.D., Camp, S.M., Sexton, D.L., 2001, S. 482.

[993] Vgl. Hitt, M.A., Ireland, R.D., Camp, S.M., Sexton, D.L., 2001, S. 482.

[994] Vgl. Hermanns, A., 1999, S. 97.

[995] Zu Aufgaben von Führungskräften vgl. Wigand, R., Picot, A., Reichwald, R., 1997, S. 384ff.

[996] Vgl. Küting, K., 2000a, S. 601.

[997] Vgl. Forbes, D.P., Milliken, F.J., 1999, S. 489 und Schrader, S., 1995, S. 1ff.

[998] Vgl. Dalton, D.R., Johnson, J.L., Ellstrand, A.E., 1999, S. 674.

[999] Vgl. Ranft, A.L., O´Neill, H.M., 2001, S. 126-138.

[1000] Vgl. Teece, D.J., Pisano, G., Shuen, A., 1997, S. 515.

[1001] Vgl. Brettel, M., 2002, S. 305ff.

Da der Corporate Governance eines Unternehmens letztlich auf Entscheidungen und Handlungen von Mitarbeitern beruht, lässt sich ein guter Corporate Governance auch auf die Qualität der Ressource Mitarbeiter zurückführen. So müssen beispielsweise alle großen Entscheidungen eines Unternehmens vom Aufsichtsrat genehmigt werden, weshalb die Aufsichtsratmitglieder einen großen Einfluss auf die Unternehmensstrategie ausüben können[1002].

Es gibt unter Wissenschaftlern eine Debatte über den **Einfluss der Größe des Vorstandes bzw. Aufsichtsrates auf die Qualität der Entscheidungen** und letztlich auch auf die Leistungsfähigkeit ("Performance") eines Unternehmens[1003]. Zu einer ähnlichen Einschätzung kommen *Forbes/Milliken*[1004]. Die Anzahl der Mitglieder wird als ein wichtiges, häufig untersuchtes Merkmal eines Aufsichtsrates betrachtet[1005].

Die Größe des Vorstands bzw. Aufsichtsrates ist einer von mehreren Faktoren, von denen angenommen wird, dass sie die Fähigkeit, das Management zu kontrollieren und zu bewerten, beeinflussen. Kleine Vorstände werden mit schnellen Entscheidungen in Verbindung gebracht, zudem ist die Einbindung jedes Mitglieds größer und auch die Kommunikation verläuft offener. Hingegen wird als negativer Effekt hervorgehoben, dass die Expertise gering sein kann und auch eine Vielfalt an Fähigkeiten fehlt, um die Vorhaben des Vorstandsvorsitzenden kontrollieren und beurteilen zu können[1006].

5.4.2.2 Möglichkeiten zur Beschaffung externer Ressourcen

Aus ressourcenbasierter Sicht wird vermutet, dass größere Aufsichtsräte die Leistungsfähigkeit ("Performance") eines Unternehmens erhöhen, weil sie eine größere Möglichkeit der Kontaktaufnahme zur Umwelt darstellen und kritische Ressourcen sichern können[1007]. Die Größe des Aufsichtsrates wird also unter dem Gesichtspunkt der Verbindungen zu wichtigen Ressourcen außerhalb des Unternehmens betrachtet. Daraus wird gefolgert, dass die Größe eines Aufsichtsrates möglichst umfangreich sein sollte, da dadurch Anzahl und Möglichkeiten der Interaktion mit der relevanten Unternehmensumwelt zunimmt[1008].

Zunehmend zeigt sich, dass, zusätzlich zu Kontrollfunktionen, der **Aufsichtsrat auch die Rolle einer wichtigen Ressource** beim Entscheidungsprozess des Unternehmens spielt[1009]. Mitglieder des Aufsichtsrates von außerhalb des Unternehmens können als ein wichtiger Kanal für den Austausch von strategischen Informationen und Ressourcen zwischen den Unternehmen wirken. Besonders betont wird von der Strategiefor-

---

[1002] Vgl. Kassinis, G., Vafeas, N., 2002, S. 400.
[1003] Vgl. Lee, C., Lee, K., Pennings, J.M., 2001, S. 617 und Kassinis, G., Vafeas, N., 2002, S. 400.
[1004] Vgl. Forbes, D.P., Milliken, F.J., 1999, S. 489.
[1005] Vgl. Forbes, D.P., Milliken, F.J., 1999, S. 489.
[1006] Vgl. Zahra, S.A., Neubaum, D.O., Huse, M., 2000, S. 947-976.
[1007] Vgl. Kassinis, G., Vafeas, N., 2002, S. 400.
[1008] Vgl. Dalton, D.R., Johnson, J.L., Ellstrand, A.E., 1999, S. 674f. und McNulty, T., Pettigrew, A., 1999, S. 47-74.
[1009] Vgl. Filatotchev, I., Bishop, K., 2002, S. 942.

schung die Bedeutung der Unterstützung und strategischen Rolle durch den Aufsichtsrat, wenn das Unternehmen **in einem sehr unsicheren Umfeld agiert**[1010]. Genau
dieser Fall liegt im Electronic Commerce vor. Diese Überlegungen sind konsistent mit
anderen Überlegungen zum Resource-Based View, welche die Fähigkeiten eines
Unternehmens auf Wissen von außerhalb des Unternehmens zu zugreifen und dieses
zu nutzen, betonen[1011].

Größere Aufsichtsräte können das Unternehmen effektiver mit ihrem **Wettbewerbs-
umfeld** in Berührung bringen und das Unternehmen mit Informationen zu nationalen
und internationalen Märkten versorgen[1012]. Als hilfreich wird auch die Tätigkeit in
Aufsichtsräten von anderen Unternehmen genannt, denn so werden Einblicke in die
Interessen und Agenden anderer Unternehmen gewonnen und es können Kontakte
geknüpft werden, sowie Legitimität und Status gewonnen werden. Insgesamt ist der
Wert dieses externen Netzwerkes, das von Vorständen und Aufsichtsräten auf diese
Art geknüpft werden kann, als vorteilhaft anzusehen, da es einen ansehnlichen
strategischen Wert darstellt[1013]. Gerade Start-ups sind besonders auf die Beschaffung
von komplementären externen Ressourcen über ihre sozialen Netzwerke angewiesen[1014]. Durch die Einbindung in Netzwerke können Vorstände und Aufsichtsratmitglieder im weiteren Umfeld des Unternehmens nach neuen Trends und Entwicklungen
suchen[1015]. Die aktive Nutzung der Mitglieder des Vorstandes und des Aufsichtsrates
durch das Unternehmen bieten hierzu eine Möglichkeit.

Die Tätigkeit in Aufsichtsräten kann helfen, Informationen, Ressourcen und soziale
Interaktionen zu fördern, und einen Beitrag dazu leisten, dass erfolgreiche Strategien
entwickelt und implementiert werden können. Durch die externen Kontakte der
Aufsichtsratmitglieder lässt sich Wissen erlangen und Hilfe durch verschiedene
externe Gruppen erhalten (z.B. soziale und politische Eliten)[1016].

Der Aufsichtsrat kann sich als Ressource direkt bei der Entwicklung der Unterneh-
mensziele und Strategie einsetzen. So umfasst seine Kontrolle nicht nur die finanzielle
Kontrolle und Bewertung der Entscheidungen des Managements zur strategischen
Kontrolle, die sich an längerfristigen organisatorischen Zielen ausrichtet[1017].

5.4.2.3 Höhere Erfahrung und besserer Rat über Verwendung der Unternehmens-ressourcen

Mit der Zahl der Mitglieder im Aufsichtsrat steigt der Ressourcen- und Wissenspool,
wodurch das Management an anders nicht zu beschaffende Experten-Ratschläge

---

[1010] Vgl. Filatotchev, I., Bishop, K., 2002, S. 943.
[1011] Vgl. Matusik, S.F., 2002, S. 457.
[1012] Vgl. Zahra, S.A., Neubaum, D.O., Huse, M., 2000, S. 947-976.
[1013] Vgl. Geletkanycz, M.A., Boyd, B.K., Finkelstein, S., 2001, S. 890.
[1014] Vgl. Lee, C., Lee, K., Pennings, J.M., 2001, S. 616.
[1015] Vgl. Geletkanycz, M.A., Boyd, B.K., Finkelstein, S., 2001, S. 890.
[1016] Vgl. Filatotchev, I., Bishop, K., 2002, S. 942.
[1017] Vgl. Filatotchev, I., Bishop, K., 2002, S. 943.

gelangt[1018]. Größere Aufsichtsräte besitzen häufig Mitglieder mit **verschiedenen Ausbildungshintergründen** und mehr **Erfahrung**[1019]. Es wird angenommen, dass ein großer Aufsichtsrat dem Vorstand höherwertige Ratschläge geben kann als ein kleinerer[1020]. So wird argumentiert, dass mit der Größe auch Anzahl und Höhe des Wissens und der Fähigkeiten steigt und die Anzahl der verschiedenen Perspektiven eine **höhere Entscheidungsqualität** gewährleistet[1021]. Diese Einschätzung teilen *Hambrick/D´Aveni*[1022]: „at a basic level, the resources on a team result from how many people are on it". Es lässt sich also vermuten, dass sich mit zunehmender Größe von Vorstand oder Aufsichtsrat auch die funktionelle Erfahrung und Spezialisierung erhöht.

Der Zusammenhang zwischen funktionaler Spezialisierung einer Führungskraft und erhöhter Leistungsfähigkeit („Performance") wurde in mehreren Untersuchungen gezeigt[1023]. Zudem wurde belegt, dass bestimmte funktionelle Kompetenzen von Managern mit gewissen Strategiedimensionen einhergehen, so dass die funktionellen Kenntnisse der Manager als leistungssteigernd wirken können.

Eine Untersuchung von *Haleblian/Finkelstein*[1024] ergab, dass unter komplexen Gegebenheiten Unternehmen mit einem großen Management-Team bessere Ergebnisse erzielten als kleine Teams[1025]. *Daschmann*[1026] untersuchte den Einfluss der Anzahl der Geschäftsführer bei mittelständischen Unternehmen und konnte nachweisen, dass Unternehmen mit zwei bis drei Geschäftsführern eine überdurchschnittliche Rentabilität sowie ein höheres Umsatzwachstum aufweisen als solche mit nur einem Geschäftsführer, was zeigt, dass dieser Zusammenhang nicht nur bei großen Unternehmen feststellbar ist.

Es ist jedoch zu betonen, dass es eine gewisse **kritische Größe** gibt, ab der die positiven Effekte wieder abnehmen, weil der Aufsichtsrat zu groß wird, um an allen Entscheidungen teilzunehmen und der Entscheidungsfindungsprozess verlangsamt wird. Außerdem wird der interpersonelle Kontakt reduziert, was das Zusammengehörigkeitsgefühl verringert[1027].

[1018] Vgl. Kassinis, G., Vafeas, N., 2002, S. 400.

[1019] Vgl. Dalton, D.R., Johnson, J.L., Ellstrand, A.E., 1999, S. 674f. und McNulty, T., Pettigrew, A., 1999, S. 47-74.

[1020] Vgl. Dalton, D.R., Johnson, J.L., Ellstrand, A.E., 1999, S. 674f. und McNulty, T., Pettigrew, A., 1999, S. 47-74.

[1021] Vgl. Forbes, D.P., Milliken, F.J., 1999, S. 489.

[1022] Hambrick, D., D´Aveni, R., 1992, S. 1449.

[1023] Vgl. Roth, K., 1995, S. 200ff.

[1024] Haleblian, J., Finkelstein, S., 1993.

[1025] Vgl. Sanders, G., Carpenter, M.A., 1998, S. 158ff.

[1026] Vgl. Daschmann, H.A., 1993, S. 162.

[1027] Vgl Dalton, D.R., Johnson, J.L., Ellstrand, A.E., 1999, S. 674ff.; Zahra, S.A., Neubaum, D.O., Huse, M., 2000, S. 947-976 und Forbes, D.P., Milliken, F.J., 1999, S. 489.

Es gab zudem auch Untersuchungen, die zu **entgegengesetzten Ergebnissen** führten, so dass bei der Beurteilung des Zusammenhangs zwischen Größe des Aufsichtsrates und Unternehmensleistung in der Literatur Uneinigkeit herrscht[1028]. Beispielsweise analysierten *Eisenhardt und Schoonhoven*[1029] anhand von Stichproben bei Start-up Unternehmen in der High-Tech Industrie den Zusammenhang zwischen Unternehmenswachstum und Größe des Top-Management Teams, wobei sich jedoch keine eindeutigen Zusammenhänge ergaben. In einer Untersuchung von *Feeser und Willard*[1030] konnte hingegen ein positiver Zusammenhang zwischen Größe des Vorstandes und dem Unternehmenswachstum festgestellt werden.

Aufgrund der geringen Unternehmenshistorie vieler Start-up Unternehmen kann ein großer Vorstand bzw. Aufsichtsrat, der entsprechend über hohes Wissen verfügt, eine Bedeutung für die Qualität der Unternehmensentscheidungen aufweisen.

5.4.2.4 Erfahrung des Vorstandsvorsitzenden

Ein wachsender Anteil von Literatur hat wichtige Einflüsse von Unternehmensführern auf die Strategien und die Leistung von Unternehmen identifiziert[1031]. Die Ressourcen, die Manager als Humankapital in die Firma einbringen, befinden sich in ihrer Erfahrung, Urteilsfähigkeit, Wissen und Fähigkeiten[1032]. Die Zusammensetzung und Eigenschaften des Vorstandes als endogene Faktoren des Unternehmens haben einen Einfluss auf den Wert des Unternehmens[1033]. Die Erfahrung des Vorstandsvorsitzenden gehört zu diesen Faktoren, die eine hohe Bedeutung für den Erfolg eines Unternehmens aufweisen[1034].

Zu Beginn ihrer Karriere arbeiten Manager daran, eine Strategie und die Fähigkeiten, diese umzusetzen zu erlernen und sind entsprechend experimentierfreudig. Allerdings fehlt ihnen das Wissen, um regelmäßig die besten Entscheidungen zu treffen. **Aus ressourcenbasierter Sicht befinden sich junge Vorstandsvorsitzende also in der Akkumulierungsphase** der Ressource Wissen, das noch nicht auf dem Höhepunkt ist. Ältere Vorstandsvorsitzende mit längerer Berufserfahrung hingegen besitzen bereits großes Industriewissen und fühlen sich deshalb weniger in der Pflicht, mit Produkten und Strategien zu experimentieren[1035]. Sie werden selbstzufriedener und probieren weniger neue Konzepte aus. Insgesamt wird ein Zusammenhang in Form eines inversen „U" zwischen Leistung des Unternehmens und Alter/Erfahrung des Vorstandsvorsitzenden erwartet[1036].

[1028] Vgl. Dalton, D.R., Johnson, J.L., Ellstrand, A.E., 1999, S. 674ff.

[1029] Vgl. Eisenhardt, K.M., Schoonhoven, C.B., 1990, S. 504-529.

[1030] Vgl. Feeser, H.R., Willard, G.E., 1990, S. 87-98.

[1031] Vgl. Miller, D., Shamsie, J., 2001, S. 726 und Geletkanycz, M.A., Boyd, B.K., Finkelstein, S., 2001, S. 890.

[1032] Vgl. Geletkanycz, M.A., Boyd, B.K., Finkelstein, S., 2001, S. 890.

[1033] Vgl. Filatotchev, I., Bishop, K., 2002, S. 941f.

[1034] Vgl. Filatotchev, I., Bishop, K., 2002, S. 942.

[1035] Vgl. Miller, D., Shamsie, J., 2001, S. 727ff.

[1036] Vgl. Miller, D., Shamsie, J., 2001, S. 728.

Als Besonderheit bei Unternehmen, die in einem technologischen Umfeld tätig sind, ist zudem festzustellen, dass im Verhältnis zu anderen Unternehmen vermehrt **jüngere Aufsichtsräte** bevorzugt werden, da diese eher ein **aktuelles technologisches Wissen** aufweisen als ältere Aufsichtsräte[1037]. *Schrader*[1038] geht davon aus, dass jüngere Führungskräfte zukunftsorientierter handeln.

In mehreren empirischen Studien wurde zudem ein Zusammenhang zwischen Alter und mehreren arbeitsbezogenen Einstellungen identifiziert. So wurde ein negativer Zusammenhang zwischen Alter und Risikobereitschaft ermittelt, was je nach Altershintergrund zu unterschiedlichen Einschätzungen und strategischen Entscheidungen führen kann. Beispielsweise konnte dieser Effekt bei der Einschätzung von Unternehmenskäufen durch Vorstände verschiedenen Alters empirisch gezeigt werden. Des weiteren konnte gezeigt werden, dass ältere Vorstandsvorsitzende mehr Informationen nutzten, bevor sie Entscheidungen trafen[1039]. *Schrader*[1040] konnte einen negativen Einfluss des Alters des Vorstandsvorsitzenden auf die Forschungs- sowie auf die Werbeintensität ebenso wie auf die Investitionstätigkeit nachweisen.

Daschmann[1041] kam in seiner Untersuchung zu dem Ergebnis, dass ein „hoch signifikanter" Einfluss von Unternehmenserfolg gemessen als überdurchschnittliche Rentabilität und praktische Erfahrung der Unternehmensleitung besteht[1042]. In ihrer Untersuchung konnten *Cooper/Bruno*[1043] belegen, dass Unternehmensgründer mit unternehmerischer Erfahrung eine höhere Erfolgswahrscheinlichkeit aufweisen. *Daschmann*[1044] zitiert vier weitere Untersuchungen, die einen ähnlichen Zusammenhang zwischen Erfahrung und Unternehmenserfolg belegen.

Analoge Überlegungen können zum Alter des Vorstandsvorsitzenden angestellt werden[1045]. So steht **Alter als stellvertretende Größe für Erfahrung**, wobei jedoch das technologische Verständnis i.d.R. mit zunehmenden Alter geringer ausgeprägt ist. So zeigte sich bei einer Untersuchung von *Bain & Co.*[1046], dass zur Zeit vor allem ältere Manager mit längerer Berufserfahrung von Start-ups geschätzt werden, allerdings das Durchschnittsalter von Gründern in der Untersuchung mit 33 Jahren vergleichsweise niedrig war. Dem kann aber entgegengehalten werden, dass viele für einen Vorstandsvorsitz erforderliche Fähigkeiten von generellen Eigenschaften wie Intelligenz, Verstehen von Zusammenhängen, Verhandlungsgeschick usw. abhängen, die nicht mit dem Alter zunehmen. So kann gerade bei vielen Start-up Unternehmen beobachtet werden, dass viele Vorstandsvorsitzende relativ jung sind, wohingegen bei

---

[1037] Vgl. Forbes, D.P., Milliken, F.J., 1999, S. 489 und Kotz, R., 1998, S. 26-28.
[1038] Vgl. Schrader, S., 1995, S. 215.
[1039] Vgl. Westphal, J.D., Zajac, E.J., 1995, S. 60ff.
[1040] Vgl. Schrader, S., 1995, S. 248ff.
[1041] Vgl. Daschmann, H.A., 1993, S. 160.
[1042] Praktische Erfahrung wurde dabei als Dauer der leitenden Position in Jahren gemessen.
[1043] Cooper, A.C., Bruno, A.V. 1977, S. 21 und Daschamnn, H.A., 1993, S. 93.
[1044] Vgl. Daschmann, H.A., 1993, S. 93f.
[1045] Vgl. Waldman, D.A., Ramirez, G.G., House, R.J., Puranam, P., 2001, S. 134-143.
[1046] Vgl. Bain & Company, 2001, S. 44ff.

etablierten Unternehmen das Alter der Vorstandsvorsitzenden in der Regel erheblich höher ist.

Es kann davon ausgegangen werden, dass Vorstandsvorsitzende, die ihre Aufgaben gut lösen, **länger im Amt bleiben** als solche, bei denen dies nicht gegeben ist[1047]. Zudem ist für eine erfolgreiche Unternehmensstrategie häufig eine gewisse Anzahl von Jahren erforderlich, bis diese praktisch realisiert werden können. Es wird mit einem nicht-linearen Zusammenhang zwischen Dauer der Amtsperiode eines Vorstandsvorsitzenden und Unternehmenserfolg gerechnet, da davon ausgegangen wird, dass bis zu einem bestimmten Punkt der Erfolg steigt, dann jedoch abnimmt, weil der Vorstandsvorsitzende weniger strikt wird und weniger auf externe Einflussfaktoren achtet und das Unternehmen nicht mehr ausreichend an das Umfeld anpasst[1048]. *Schrader*[1049] führt mehrere Untersuchungen an, die einen negativen Zusammenhang zwischen Unternehmenserfolg und Amtsdauer belegen.

Die Eigenschaften des Vorstandsvorsitzenden werden mit vielen Entscheidungen in einem Unternehmen in Verbindung gebracht. So ermittelte *Tihany*[1050] einen Zusammenhang zwischen niedrigem Alter, Länge der Amtsdauer und anderen Charakteristika mit dem Grad der Internationalisierung eines Unternehmens.

Bei den folgenden Hypothesen sind **keine unterschiedlichen Ergebnisse nach Geschäftsmodellen zu erwarten**, weshalb die Hypothesen für alle Unternehmen formuliert sind.

Aus den obigen Ausführungen lassen sich folgende Hypothesen zusammenfassen:

H_{GOV1}:	*Die Größe des Vorstands hat einen positiven Einfluss auf die Entschei-dungsqualität über die Verwendung von Unternehmensressourcen, was zu erhöhtem Erfolg im Electronic Commerce führt.*

H_{GOV2}:	*Die Größe des Aufsichtsrates hat einen positiven Einfluss auf die Entschei-dungsqualität über die Verwendung von Unternehmensres-sourcen und verschafft einen Zugang zu externen Ressourcen, was zu erhöhtem Erfolg im Electronic Commerce führt.*

H_{GOV3}:	*Das Alter des Vorstandsvorsitzenden hat aufgrund der dadurch vorhandenen Erfahrung (Ressource) einen positiven Einfluss auf den Erfolg im Electronic Commerce.*

[1047] Vgl. Coles, J.W., Sen, N., McWilliams, V.B., 2001, S. 23-50 und Schrader, S., 1995, S. 185.
[1048] Vgl. Coles, J.W., Sen, N., McWilliams, V.B., 2001, S. 23-50 und Miller, D., 1991, S. 34ff.
[1049] Vgl. Schrader, S., 1995, S. 175ff. und 201ff.
[1050] Vgl. Tihany, L., Daily, C.M., Dalton, D.R., Ellstrand, A.E., 2000, S. 1157-1178.

H_{GOV4}:   *Die Amtsdauer des Vorstandsvorsitzenden hat aufgrund der durch sie erworbenen Unternehmenserfahrung (Ressource) einen positiven Einfluss auf den Erfolg im Electronic Commerce.*

6. Untersuchung

6.1 Gang der Untersuchung

6.1.1 Untersuchungsgegenstand und Daten

6.1.1.1 Datenerhebung und Datenbasis

Aus Sicht der Forschungsmethodik wird in der vorliegenden Arbeit dem Postulat der theoriegeleiteten Forschung durch ein **konfirmatorisch-explikatives Forschungsdesign** Rechnung getragen. Die vorliegende Untersuchung beruht vorrangig auf der Auswertung von Sekundärdaten. Die Untersuchungsobjekte sind hierbei im Business-to-Consumer Bereich angesiedelte, börsennotierte Unternehmen aus den Ländern USA (NASDAQ, NASDAQ OTCB), Bundesrepublik Deutschland (Neuer Markt), Frankreich (Nouveau Marché) sowie Großbritannien (London Stock Exchange/Techmark). Der Analyse liegt keine Stichprobe zugrunde, sondern es handelt sich um eine **Vollerhebung.** In bezug auf eine Repräsentativität der Daten ist darauf hinzuweisen, dass diese Untersuchung keinen Anspruch auf Repräsentativität erheben kann, da nicht-börsennotierte Unternehmen im Bereich Business-to-Consumer Electronic Commerce aufgrund nicht öffentlicher Unternehmensdaten keine Betrachtung finden konnten.

Um in dieser Untersuchung berücksichtigt zu werden, muss ein Unternehmen **folgenden Anforderungen genügen:**

- Das Unternehmen muss aus den **USA oder Europa** stammen,
- An einer **Börse notiert** sein,
- **Business-to-Consumer Electronic Commerce** abwickeln.

Diese Untersuchung analysiert nur börsennotierte Unternehmen, um die Verfügbarkeit und Genauigkeit der Daten sicherzustellen. Dies führt zu gewissen **Einschränkungen** im Umfang der Analyse, da es auch private Unternehmen mit Business-to-Consumer Geschäftsmodellen gibt. Ein wichtiges Kriterium in dieser Untersuchung war jedoch dem Unternehmenswert eine entscheidende Rolle als Maßgröße des Unternehmenserfolgs einzuräumen.

Durch die Beschränkung auf börsennotierte Unternehmen kann es zu Verzerrungen der Ergebnisse kommen, da eine gewisse **„positive Selektion" stattgefunden haben könnte,** wodurch in der Datenstichprobe nur überlebende Unternehmen erfasst werden („Survival Bias")[1051]. Des weiteren könnte argumentiert werden, dass nur erfolgreiche Unternehmen auch einen Börsengang vornehmen. Dem kann jedoch entgegengehalten werden, dass viele scheinbar erfolgreiche E-Commerce Unternehmen, die nicht börsennotiert sind (z.B. Otto-Versand, Google), existieren. Außerdem ist zu beachten, dass auch unter den börsennotierten Unternehmen zahlreiche Vertreter sind, die

---

[1051] Vgl. Nicolai, A., Kieser, A., 2002, S. 585.

dauerhaft nicht erfolgreich sind (z.b. Etoys, Excite@Home, Pets.com) und es auch innerhalb der Gruppe der börsennotierten Unternehmen erfolgreiche und weniger erfolgreiche Vertreter gibt. Auch ein Teil der analysierten Unternehmen wird im Zeitverlauf wahrscheinlich nicht überleben. Letztendlich ist das Ziel jeder Arbeit der Erfolgsfaktorenforschung das Aufdecken von Gründen des Erfolges von Unternehmen. Dies ist auch auf der Basis der Betrachtung ausschließlich börsennotierter Unternehmen darstellbar, da es um die Identifikation von Erfolgsmustern geht[1052].

Für die **US-amerikanischen Anbieter** wurden ausgehend von einer Übersicht von Internet.com[1053] die im Business-to-Consumer Electronic Commerce tätigen Unternehmen identifiziert. Für **europäische Anbieter** war der Ausgangspunkt die Branchenliste zu Electronic Commerce von Onvista[1054], wodurch die börsennotierten Internet-Anbieter in Europa eingegrenzt werden konnten. Anschließend wurden die aufgeführten Anbieter durch Betrachtung ihrer Geschäftsberichte jeweils einzeln hinsichtlich ihres Geschäftsfokusses betrachtet, da viele Anbieter im Business-to-Business Bereich oder Service (Website-Gestaltung etc.) tätig sind und somit als Untersuchungsgegenstand für diese Analyse ausscheiden.

Als Erhebungsverfahren wurde in dieser Untersuchung vorrangig die Nutzung von **Sekundärdaten** gewählt. Sekundärdaten stammen häufig aus dem Unternehmen selbst, wobei dies z.b. Zahlen aus dem betrieblichen Rechnungswesen sein können. Zum Teil sind Sekundärdaten auch externe Daten aus öffentlichen Statistiken oder Datenbanken[1055]. Die Verwendung von Sekundärdaten weist gegenüber Primärdaten in Form von Umfragen einige Vorteile auf. Im Gegensatz zu Umfragen mittels Fragebögen, deren Aussagekraft stark von der Rücklaufquote abhängt, kann bei einer Sekundärdatenerhebung mit einer nahezu vollständigen Datenverfügbarkeit gerechnet werden. Im Fall der interaktiven Elemente erfolgte eine eigene Erhebung auf den Webseiten der betrachteten Unternehmen bezüglich des Vorhandenseins der betrachteten Merkmale[1056].

Bei der vorliegenden Untersuchung handelt es sich überwiegend um eine **Querschnittsanalyse**. Von einer Querschnittsanalyse wird gesprochen, wenn sowohl die Erfolgsgrößen als auch Einflussfaktoren zum gleichen Zeitpunkt erhoben werden[1057]. Die Nutzung der Querschnittsanalyse begründet sich im Fall dieser Untersuchung mit der Datenverfügbarkeit. Da viele Electronic Commerce Unternehmen erst in den

---

[1052] Vgl. Amit, R., Zott, C., 2001, S. 501f.

[1053] The Internet.com Stock List: http://www.wsrn.com/apps/internetstocklist/; die Liste unterteilt die Anbieter in folgemde Kategorien E-Tailer; Search und Portal sowie Content- und Communities.

[1054] Internet-Adresse: http://aktien.onvista.de/search.html; unter Branchen kann dort unter der Branche „Informationstechnologie" die Unterbranche „Internetkommerz" gewählt werden.

[1055] Vgl. Kube, C., 1991, S. 38.

[1056] Die Erhebung erfolgte erstmals im Januar und Februar 2001, d.h. zeitnah zum Bilanzstichtag 31.12.2000. Eine zweite Erhebung erfolgte im Juli und August 2001. Dabei wurden jedoch nur geringe Veränderungen in den vorhandenen Merkmalen ermittelt. So veränderte sich zwar häufig das Layout, Seitenaufbau und Farbgestaltung, die Funktionen blieben jedoch konstant.

[1057] Vgl. Kube, C., 1991, S. 40.

Jahren 1999 und 2000 an die Börse gegangen bzw. gegründet worden sind, bestehen keine entsprechenden Daten der Vorjahre, so dass in dieser Hinsicht aus datentechnischen Gründen eine Beschränkung auf das Jahr 2000 erfolgte (da ein Jahr als Grundlage zur Berechnung von Wachstumsraten erforderlich ist). Aus diesen Gründen scheidet auch die Durchführung einer Längsschnittanalyse aus. Hierdurch sind gewisse Restriktionen bei der Interpretation der Ergebnisse zu beachten, da die Überprüfbarkeit kausaler Zusammenhänge in den Hypothesen teilweise eingeschränkt wird. So wirken beispielsweise Ausgaben für Marketing oder Technologieentwicklung nicht vollständig in der betrachteten Zeitperiode, sondern zeigen auch in den folgenden Jahren noch Einflüsse auf die Erfolgsfaktoren. Da in dieser Arbeit die Position des Resource-Based Views zur Ressourcenakkumulierung geteilt wird, können die Ausgaben trotz der beschriebenen Einschränkungen dennoch als ein Indikator für die Investitionen in den Aufbau von Ressourcen eines Unternehmens gewertet werden.

Zur Erhebung der Daten wurden die **Geschäftsberichte** („Annual Reports") der 91 betrachteten Unternehmen ausgewertet. Die Geschäftsberichte wurden entweder direkt von der Unternehmenshomepage heruntergeladen oder beim jeweiligen Unternehmen angefordert. Bei den US-Unternehmen wurde zudem auf die **10K-Filings** bei der SEC (Zugriff über die „Edgar"-Datenbank[1058]) zurückgegriffen, die Pflichtangaben von börsennotierten Unternehmen darstellen. Die Daten in der „Edgar"-Datenbank der SEC müssen einen von der SEC vorgegebenen Standard erfüllen, so dass die Vergleichbarkeit der Daten gesichert ist[1059]. Neben der Beschreibung des Unternehmenszwecks verlangen sie auch eine strategische Einordnung der Unternehmenslage und beinhalten neben Finanzinformationen auch Angaben zu den Organen der Gesellschaft. Weitere Daten zu den US-Unternehmen entstammen der Moody´s Datenbank, für europäische Anbieter aus den Hoppenstedt- und den „Markus"-Datenbanken.

Weiterhin wurden Unternehmensporträts der Hoovers-Datenbank[1060] genutzt sowie Aktienkurse zu bestimmten Stichtagen über den Finanzinformationsdienst Datastream zusammengetragen. Weitere Informationen wurden durch Nutzung der Webseiten von Multex-Investor[1061], Onvista[1062] sowie Yahoo-Finance[1063] zusammengetragen.

Eine wichtige **Unterteilung der 91 betrachteten Unternehmen** findet nach dem **Charakter des vertriebenen Produkts** statt. Für die Geschäftsprozesse besteht ein großer Unterschied darin, ob es sich beim vertriebenen Produkt um ein **Informationsgut** oder ein **physisches Gut** handelt (erforderliche Infrastruktur, Vertrieb usw., vgl. Kapitel 3.6.2), da nur digitale bzw. digitalisierte Produkte über das Internet ausgeliefert

---

[1058] Internet-Adresse: http://www.sec.gov/edgar.shtml bzw. http://www.edgar-online.com/
[1059] Vgl. Amit, R., Zott, C., 2001, S. 502.
[1060] Internet-Adresse: http://www.hoovers.com/. Es bestehen folgende Unterkategorien: Internet Service Providers, Specialty Retail, Media - Internet and Online Content Providers, Media - Information Collection and Delivery Services.
[1061]   Internet-Adresse: http://hoovers.multexinvestor.com/Home.asp   bzw. http://yahoo.marketguide.com/ home.asp.
[1062] Internet-Adresse: http://www.onvista.de/.
[1063] Internet-Adresse: http://finance.yahoo.com/.

werden können und alle anderen Produkte in einer herkömmlichen physischen Distributionspolitik den Kunden erreichen[1064]. Aus diesem Grund sollen die Business-to-Consumer Unternehmen anhand dieses Charakteristikums in folgende zwei Gruppen eingeteilt werden:

- Unternehmen, die mit **physischen Gütern** handeln (44 Unternehmen, 48,4%).
- Unternehmen, die mit **Informationsgütern** handeln (47 Unternehmen, 51,6%).

Ein weiteres Differenzierungsmerkmal der Unternehmen ist die **Erlösstruktur**, die entweder vorrangig **direkt** oder **indirekt** sein kann (vgl. Kapitel 3.2.4). Die Einteilung in die beiden Gruppen erfolgt über den Anteil der direkten Erlöse an den Gesamterlösen des jeweiligen Unternehmens:

- Unternehmen mit überwiegend **direkten Erlösen** (Anteil direkter Erlöse >50%). Zu dieser Gruppe gehören in vorliegender Untersuchung 58 Unternehmen (63,7%).
- Unternehmen mit überwiegend **indirekten Erlösen** (Anteil direkter Erlöse <50%). Zu diesem Erlösmodell gehören in dieser Analyse 33 Unternehmen (36,3%).

Eine weitere Unterscheidung findet nach der **regionalen Herkunft der Unternehmen** statt, wobei zwischen **US-Unternehmen** sowie Anbietern aus **Europa** unterschieden wird. In der Untersuchung wurden 69 Unternehmen (75,8%) aus den USA sowie 22 Unternehmen (24,2%) aus Europa betrachtet. Wünschenswert wäre eine höhere Repräsentanz der europäischen Anbieter. Aufgrund der Verfügbarkeit der Unternehmensabschlüsse nach IAS/US-GAAP sowie der Anzahl der im Business-to-Consumer Bereich an der Börse notierten Unternehmen in den betrachteten europäischen Ländern konnte jedoch keine höhere Unternehmensanzahl betrachtet werden. Die im Verhältnis zu den USA geringere Anzahl der in Europa börsennotierten Unternehmen kann damit begründet werden, dass die Internet-Gründungswelle in Europa später als in den USA einsetzte. Demzufolge gelangten die europäischen Unternehmen erst später an die Börse. Durch die Kursverluste an den Aktienmärkten ab Mitte des Jahres 2000 gelangten danach zudem kaum noch weitere Unternehmen an die Börse. Aus diesem Grund ist die Anzahl der europäischen Unternehmen in dieser Analyse geringer als die der US-Unternehmen.

6.1.2 Sicherstellung der Vergleichbarkeit der Daten

Ein wichtiges Kriterium zur Integration von Forschungsergebnissen ist ihre **Vergleichbarkeit**, was insbesondere bei der Interpretation von Indikatoren zu beachten ist[1065]. Die in dieser Untersuchung betrachteten Unternehmen stammen alle aus demselben Tätigkeitsfeld („Business-to-Consumer Electronic Commerce") und sind auch aufgrund der Altersstruktur weitgehend vergleichbar.

[1064] Vgl. Hermanns, A., 1999, S. 96.
[1065] Vgl. Kube, C., 1991, S. 43 und Küting, K., 2000a, S. 604.

Um die Vergleichbarkeit der Ergebnisse sicherstellen zu können, ist die amerikanisch geprägte Staffelform und eine Aufstellung der Gewinn- und Verlustrechnung nach dem Umsatzkostenverfahren als Voraussetzung der Abschlüsse gewählt worden[1066].

6.1.2.1 Dauer des Geschäftsjahres

Um eine Vergleichbarkeit zwischen Geschäftsabschlüssen mit unterschiedlichem Geschäftsjahr sicherzustellen, wurden die Daten anhand von Quartalsabschlüssen jeweils auf den 31.12. als Abschlussdatum angepasst. Aufgrund der Kursschwankungen im Jahr 2000 bei den Aktienkursen wurde bei der Berechnung der relativen Marktkapitalisierung der **Mittelwert** (arithmetisches Mittel) der Marktkapitalisierungen vom 31.3.2000, 30.6.2000, 30.9.2000 und dem 31.12.2000 verwendet.

6.1.2.2 Einfluss von Wechselkursschwankungen

Die Wechselkursschwankungen des € zum US\$[1067], des GBP zum €[1068] sowie des GBP zum US\$[1069] weisen im Betrachtungszeitraum (Geschäftsjahr 2000) **keinerlei entscheidende Kursveränderungen** auf, so dass sich ein entscheidender Einfluss der Wechselkursschwankungen auf die Ergebnisse ausschließen lässt.

6.1.2.3 Vergleichbarkeit der Erfolgsindikatoren

Zur Sicherung der Vergleichbarkeit ist es wichtig, nicht auf absolute, sondern auf **relative Erfolgsmaße** zurückzugreifen. Relative Erfolgsmaße setzten dabei das betrachtete Unternehmen ins Verhältnis zu den Wettbewerbern, so dass die Wettbewerbsposition relativ zu den Konkurrenten dargestellt wird[1070]. Die Vergleichbarkeit der Erfolgsindikatoren zwischen den Unternehmen in dieser Untersuchung kann folglich durch die Verwendung von Relationsmaßen gewährleistet werden. Hierdurch können die Ergebnisse der einzelnen Unternehmen untereinander direkt verglichen werden.

6.1.2.4 Unterschiedliche Bilanzierungsrichtlinien

Die am Neuen Markt notierten Unternehmen erstellen ihre Jahresabschlüsse neben den Vorschriften nach HGB auch nach **US-GAAP oder nach IAS** (Wahlrecht), was die Vergleichbarkeit dieser Geschäftsabschlüsse zu den US-Kennzahlen sicherstellt[1071]. US-GAAP und IAS stellen international anerkannte Bilanzierungsprinzipien dar[1072]. Durch die Befreiungsregelung des § 292a HGB für Konzernabschlüsse und die

---

[1066] Vgl. Küting, K., 2000a, S. 599.

[1067] Wechselkurs vom 3. Januar 2000: € 1 = US\$ 1,0155, 2. Januar 2001: € 1 = US\$ 0,946504.

[1068] Wechselkurs vom 3. Januar 2000: GBP 1 = € 1,60217, 2. Januar 2001: GBP 1 = € 1,58235.

[1069] Wechselkurs vom 3. Januar 2000: GBP 1 = US\$ 1,627, 2. Januar 2001: GBP 1 = US\$ 1,4977.

[1070] Vgl. Arend, R.J., 2003, S. 280.

[1071] Für eine detaillierte Abgrenzung der Bilanzierungsregeln nach IAS, US-GAAP sowie HGB Vgl. Hayn, S., Waldersee, G., 2000.

[1072] Vgl. Baumeister, A., Werkmeister, C., 2001, S. 121-141.

Anforderung am Neuen Markt international zu bilanzieren, wird bereits heute von ca. 49% der am Neuen Markt notierten Unternehmen nach IAS bilanziert, die verbleibenden 51% bilanzieren nach US-GAAP[1073].

Grundsätzlich ist bei der Verwendung von US-GAAP und IAS mit einer hohen **Vergleichbarkeit der Abschlüsse** zu rechnen, da geringe Wahlrechte bestehen, die Möglichkeiten zur Gewinnsteuerung eingeschränkt sind und umfassende Informationspflichten bestehen. Aus diesem Grund gelten beide Abschlüsse als anlegerfreundlicher als der HGB-Abschluss. Zudem ist nur das Umsatzkostenverfahren erlaubt und der Spielraum bei Rückstellungen und der Ermittlung von Herstellungskosten ist im Vergleich zum HGB gering. Auch Stichprobenuntersuchungen konnten keine wesentlichen Unterschiede in der Bilanzierung nach US-GAAP und IAS ergeben, und viele Institutionen bejahen die Vergleichbarkeit von US-GAAP und IAS[1074]. Damit erfüllen Abschlüsse nach US-GAAP und IAS im Allgemeinen die in dieser Untersuchung erforderliche Vergleichbarkeit der Abschlüsse von Unternehmen aus verschiedenen Ländern.

Es ist aber auf die grundsätzliche Problematik der niedrigen Qualität einiger Abschlüsse von Unternehmen des Neuen Marktes hinzuweisen, deren Geschäftsberichte kaum den qualitativen Anforderungen einer an Investor-Relations orientierten Berichterstattung erfüllen[1075]. Da in dieser Arbeit jedoch ausschließlich auf Daten aus der Gewinn- und Verlustrechnung zurückgegriffen wird, ist von einer ausreichenden Vollständigkeit und Vergleichbarkeit (im Gegensatz zur Bilanz kaum Wahlrechte) für die in dieser Arbeit durchzuführenden Analysen auszugehen.

6.1.3 Operationalisierung des Konstrukts Unternehmenserfolg

Das Thema der Messung des Konstruktes „Unternehmenserfolg" wird kontrovers diskutiert[1076]. Insbesondere über die Frage, wie **Unternehmenserfolg** am geeignetsten **operationalisiert** werden kann, besteht in der akademischen Welt Uneinheit[1077]. Problematisiert wird hierbei die Wahl eines geeigneten Erfolgsmaßes. Vielfach wird in diesem Zusammenhang die Eignung traditioneller, objektiver Finanzindikatoren wie ROI oder Wachstum als einziges Erfolgsmaß diskutiert und die Frage gestellt, inwiefern eher subjektive Erfolgsmaße (z.B. Einschätzung des Erfolges durch das Management) verwendet werden sollten. In empirischen Untersuchungen konnte eine

---

[1073] Vgl. Ballwieser, W., 2001, S. 640-657 und Küting, K., 2000a, S. 598.

[1074] Vgl. Ballwieser, W., 2001, S. 640-657 und Fieber, R., 1996, S. 23ff.

[1075] Vgl. Küting, K., Zwirner, C., 2001, S. 5.

[1076] Zu dem Thema vgl. Helm, R., 1998, S. 225-235; Krüger, W., 1988, S. 27-43; Haedrich, G., Gussek, F., Tomczak, T., 1990, S. 213-222; Mellewigt, T., Matiaske, W., 2000, S. 125-133; Fritz, W., Förster, F., Wiedmann, K.P., Raffée, H., 1988, S. 567-586.; Gleich, R., 1997, S. 114-117; Chakravarthy, 1986, S. 437-458 und Birley, S., Westhead, P., 1990, S. 535-557.

[1077] Vgl. Lewin, A.Y., Minton, J.W., 1986, S. 514ff.; Glaister, K.W., Buckley, P.J., 1998; Chakravarthy, B., 1986 und Venkatraman, N., Ramanujam, V., 1986.

hohe positive Korrelation von den objektiven Erfolgsmaßen zu den subjektiven Erfolgsmaßen festgestellt werden[1078].

Auch über die generelle unternehmerische Zielsetzung bestehen verschiedene Auffassungen. Insbesondere die Bedeutung des Gewinnziels als übergeordnetes Ziel der Unternehmung wird dabei kritisch betrachtet[1079]. Zudem ist festzustellen, dass sich die Reihenfolge der Unternehmensziele aus Sicht des Managements im Laufe der Zeit wandelt[1080].

Die Unternehmensziele[1081] sind nicht nur ein wichtiger Ansatz, um Erfolgsfaktoren zu definieren, sondern werden teilweise selbst als Erfolgsfaktor angesehen. Bei der Untersuchung des Kriteriums „Erfolg von Electronic Commerce Anbietern" spielt aus diesem Grund das Konstrukt zur Operationalisierung eine große Rolle. Zur Operationalisierung eines Konstrukts wird empfohlen, **mehrere Erfolgsindikatoren** heranzuziehen[1082]. Bei den erhobenen Informationen lassen sich „harte" Fakten wie Umsätze, Beschäftigtenzahl, Anzahl der bearbeiteten Länder, Anzahl der Patente usw. und sogenannte „weiche" bzw. subjektive Informationen unterscheiden[1083]. Hierzu gehören beispielsweise die Beurteilung von Führungsstilen und die Motivation der Mitarbeiter.

„Performance" hat viele Ausprägungen. So bemerken *Nicolai/Kieser*[1084], ein Unternehmen könne unter Renditegesichtspunkten eine schlechte oder gar negative Performance aufweisen, aber aufgrund seiner strategisch aussichtsreichen Position über eine hohe Marktkapitalisierung verfügen. Aus diesem Grund wird in dieser Untersuchung bei der Operationalisierung des Konstrukts Unternehmenserfolg auf mehrere Dimensionen zurückgegriffen. Hierzu werden Daten aus der Rechnungslegung des Unternehmens verwendet, die vielfach in Studien der Erfolgsfaktorenforschung angewandt werden[1085].

Eine weitere Verfeinerung der **Erfolgsmaße** zur Operationalisierung des Erfolges stellen folgende **vier** Kriterien dar[1086]:

- Ökonomische Erfolgsmaße,
- Nicht-ökonomische (qualitative) Erfolgsmaße,
- Ökonomische und außerökonomische Erfolgsmaße und
- Gesamterfolgsindizes.

[1078] Vgl. Christensen, E., W., Gordon, G.G., 1999 und Glaister, K.W., Buckley, P.J., 1998.

[1079] Vgl. Heinen, 1966, S. 28ff.

[1080] Vgl. Albach, 1994, S. 11ff.

[1081] Vgl. Hoffmann, F., 1986, S. 838f. und Fritz, W., Förster, F., Wiedmann, K.P., Raffée, H., 1988, S. 567-586.

[1082] Vgl. Kube, C., 1991, S. 73.

[1083] Vgl. Simon, H., 1996, S. 15.

[1084] Vgl. Nicolai, A., Kieser, A., 2002, S. 586f.

[1085] Vgl. Hawawini, G., Subramanian, V., Verdin, P., 2003, S. 1.

[1086] Vgl. Bürkner, S., 1996, S. 16ff.

6.1.3.1.1 Ökonomische Erfolgsmaße

Die meisten Untersuchungen in der Erfolgsfaktorenforschung orientieren sich bezüglich des Erfolgsmaßes an generell gültigen, vergleichbaren, monetären Erfolgsgrößen wie Umsatz, Marktanteil, Wachstum, Rentabilität, usw.[1087]. Diese Einteilung kann weiter verfeinert werden in[1088]:

- **Ertragsorientierte Erfolgsmaße:** Messung der betrieblichen Leistung des Unternehmens (z.b. Gewinn, Rentabilität, Wertschöpfung bzw. Rohertrag).
- **Umsatzorientierte Erfolgsmaße:** Messung der an den Markt abgegebenen betrieblichen Leistung (z.b. Absatzmengen, Umsatz).
- **Marktleistungsorientierte Erfolgsmaße:** Messung der Absatzleistung im Vergleich zu den Wettbewerbern (z.b. Marktanteil).

Kritisiert wird an den ökonomischen Erfolgsmaßen, dass unternehmensspezifische Rechnungslegungen zu Verzerrungen der Ergebnisse führen können[1089]. Des weiteren wird die Fähigkeit, anhand vergangenheitsorientierter Bilanzzahlen Aussagen über den zukünftigen Unternehmenserfolg anzustellen, kritisiert[1090].

6.1.3.1.2 Nicht-ökonomische Erfolgsmaße

Dies ist beispielsweise die **subjektive Einschätzung** des Unternehmenserfolges. Als Problem wird hierbei vor allem gesehen, den Erfolg valide und reliabel zu messen. Unter **Validität** wird dabei die Möglichkeit verstanden, mit dem entsprechenden Verfahren zu messen, was es zu messen vorgibt[1091]. Unter **Reliabilität** wird die Fähigkeit der Reproduzierbarkeit der Messergebnisse bei erneuter Messung verstanden[1092]. Aufgrund dieser Gegebenheiten vertritt *Bürkner*[1093] die Auffassung, dass aufgrund von subjektiven Verzerrungen die alleinige Anwendung der nicht-ökonomischen Erfolgsmaße nicht zu empfehlen ist.

6.1.3.1.3 Ökonomische und außerökonomische Erfolgsmaße

Um die Schwächen der rein ökonomischen oder qualitativen Erfolgsmasse zu umgehen, werden neben den ökonomischen Erfolgsmaßen **zusätzlich außerökonomische Erfolgsmaße** wie Kundenzufriedenheit, Reputation oder Erfolgserwartungen angewandt[1094], weshalb diese Lösung als ein Kompromiss zwischen beiden Vorgehensweisen anzusehen ist.

6.1.3.1.4 Gesamterfolgsindizes

[1087] Vgl. Kalka, R., 1996, S. 172.

[1088] Vgl. Kube, C., 1991, S. 43, Heinen, 1966, S. 55ff.

[1089] Vgl. Fritz , W., 1995, S. 222.

[1090] Vgl. Fritz , W., 1995, S. 222 und Bürkner, S., 1996, S. 17.

[1091] Vgl. Nieschlag, R., Dichtl, E., Hörschgen, H., 1994, S. 723.

[1092] Vgl. Nieschlag, R., Dichtl, E., Hörschgen, H., 1994, S. 722.

[1093] Vgl. Bürkner, S., 1996, S. 18.

[1094] Vgl. Bürkner, S., 1996, S. 18.

Die Gesamterfolgsindizes basieren auf dem Zielansatz, wonach Unternehmenserfolg als **Erreichungsgrad der gesteckten Unternehmensziele** definiert wird[1095]. Um den Gesamtziel-Erreichungsgrad zu messen, wird dazu ein –nach Bedeutung der Ziele– gewichteter Index gebildet[1096].

Kritisiert wird bei diesem Vorgehen, dass die unternehmenspolitische Bedeutung von Unternehmenszielen unabhängig von der Zielerreichung sei, denn je wichtiger ein Ziel für ein Unternehmen sei, desto höhere Anstrengungen würde ein Unternehmen aufwenden, um dieses zu erreichen, wodurch die Wahrscheinlichkeit der Zielerreichung steige[1097]. Darin wird deshalb ein Verstoß gegen die „Multiplikativitätsprämisse" gesehen, wobei Zielerreichungsgrad und Bedeutung des Teilziels multiplikativ verknüpft sind[1098].

Nach der Erörterung der Vor- und Nachteile der einzelnen Erfolgsmaße ergibt sich, dass in der vorliegenden Untersuchung die **Anwendung ökonomischer Erfolgsindikatoren** als vorteilhaft erscheint. Als Hauptgrund hierfür ist die erforderliche Vergleichbarkeit der Unternehmen aus verschiedenen Ländern zu nennen. Des weiteren stellt das Shareholder-Value-Konzept eine wichtige Erfolgskomponente bei börsennotierten Unternehmen dar, die am geeignetsten in ökonomischen Zahlen gemessen werden kann. Die in dieser Arbeit verwendeten Erfolgsindikatoren werden nachfolgend diskutiert.

6.1.3.2 Dynamische Erfolgsindikatoren

Ein Hauptkriterium an Erfolgsindikatoren bzw. Erfolgsgrößen ist deren Eignung zur Messung der Wirkungen strategischer Erfolgspotenziale[1099]. Ein übergeordnetes Unternehmensziel ist die **Sicherung der Existenz** des Unternehmens[1100]. Dabei wird Wachstum als eine Strategie zur Überlebenssicherung für ein Unternehmen angesehen[1101]. Dieser allgemein für alle Unternehmen formulierte Grundsatz bedeutet auch für Start-up Unternehmen, dass bei Realisierung eines **Umsatzwachstums**[1102] und dem Aufbau einer gewissen **Unternehmensgröße** die höchsten Chancen bestehen, die Existenzsicherung zu erreichen.

Bei Start-up Unternehmen sind profitabilitätsbezogene Kennzahlen zur Messung des Erfolges („Performance") des Unternehmens häufig ungeeignet, da die Unternehmen häufig noch keine Gewinne erzielen. Eine Lösung dieses vielfach bei der Erforschung

---

[1095] Vgl. Raffée, H., Fritz, W., 1991, S. 1214.

[1096] Vgl. Haedrich, G., Jenner, T., 1996, S. 20 und Haedrich, G., Gussek, F., Tomczak, T., 1990, S. 213.

[1097] Vgl. Fritz , W., 1995, S. 226.

[1098] Vgl. Bürkner, S., 1996, S. 20.

[1099] Vgl. Schröder, H., 1994, S. 96f.

[1100] Vgl. Heinen, 1966, S. 70f.

[1101] Vgl. Albach, H., Bock, K., Warnke, T., 1985, S. 6.

[1102] Zu Unternehmenswachstum vgl. Küting, K., 1980, S. 36ff. und Albach, H., Bock, K., Warnke, T., 1985.

von Start-up Unternehmen auftretenden Problems ist deshalb die Verwendung von Indikatoren wie dem Umsatzwachstum oder Wachstum der Mitarbeiteranzahl[1103]. Es ist zu beachten, dass sich der Markt des Electronic Commerce im Marktstadium der Einführungs- bzw. am Anfang der Wachstumsphase befindet[1104]. Die im Internet tätigen Unternehmen sind zumeist erst wenige Jahre alt, wachsen überproportional und werden häufig auch als „Wachstumsunternehmen" bezeichnet[1105]. Dieser Begriff impliziert die Bedeutung des Wachstums in dieser ersten Phase des Unternehmenszyklus. Somit darf davon ausgegangen werden, dass **Wachstum** ein angemessener Erfolgsindikator für Unternehmen in dieser Phase des Unternehmenslebenszyklus darstellt, denn „Unternehmen, die sich den Änderungen der Umwelt nicht rechtzeitig anpassen begeben sich in die Gefahr, Marktanteile zu verlieren und so dauerhaft nicht erfolgreich am Markt bestehen zu können"[1106]. Das Wachstum eines Unternehmens wird dabei von der Verfügbarkeit freier Ressourcen begrenzt (z.B. qualifiziertes Personal)[1107].

Wachstum kann als eine Mindestanforderung an erfolgreiche Unternehmen angesehen werden. Auf der Unternehmensebene ist Wachstum ein typischer Indikator für organisatorische Effektivität und Leistungsfähigkeit[1108].

In der Forschung lassen sich zahlreiche Indikatoren zur Operationalisierung des Konstrukts Unternehmenserfolg nutzen. Dabei wird das **Wachstum einer Organisation** („Organizational Growth") als eine dynamische Maßgröße zur Erfolgsmessung betrachtet[1109]. Nachfolgend werden die beiden Kriterien Umsatzwachstum sowie Mitarbeiterwachstum erörtert.

Umsatzwachstum wird in vielen **wissenschaftlichen Untersuchungen** als ein Erfolgsmaß angewendet[1110]. Umsatzwachstum misst einen wichtigen Aspekt von Leistung („Performance") und kann auch als die Fähigkeit eines Unternehmens interpretiert werden, Produkte anzubieten, die von den Kunden nachgefragt werden[1111].

[1103] Vgl. Lee, C., Lee, K., Pennings, J.M., 2001, S. 627.

[1104] Vgl. Küting, K., 2000a, S. 601; Eine Beschreibung der einzelnen Marktphasen findet sich in Meffert, H., 1994, S. 148ff.

[1105] Vgl. Burmann, C., 2001, S. 169-188 und Küting, K., 2000a, S. 597.

[1106] Vgl. Küting, K., 2000a, S. 597 und Desmet, D., Francis, T., Hu, A., Koller, T.M., Reidel, G.A., 2001, S. 149.

[1107] Vgl. Burmann, C., 2001, S. 169-188.

[1108] Vgl. Chakravarthy, B., 1986, Brush, C.G., VanderWerf, P.A., 1992 und Chandler,G.N., Hanks, S.H., 1993.

[1109] Vgl. Weinzimmer, L.G., Nystrom, P.C., Freeman, S.J., 1998, S. 235.

[1110] Vgl. Christensen, E., W., Gordon, G.G., 1999; weitere Quellen zur Betrachtung von Umsatzwachstum als Erfolgsgröße vgl. Venkatraman, N., Ramanujam, V., 1986, S. 801-814; Steers, R.M., 1975, S. 546-558, Lenz, R.T., 1981, S. 131-154, Cooper, A.C., Gimeno-Gascon, F.J., Woo, C.Y., 1991, Eisenhardt, K.M., Schoonhoven, C.B., 1990, S. 504-529, Birley, S., Westhead, P., 1990, S. 535-557; Brush, C.G., VanderWerf, P.A., 1992, S. 157-170 und Schrader, S., 1995, S. 240.

[1111] Vgl. Kumar, K., Subramanian, R., Yauger, C., 1998, S. 201-233.

Umsatz bzw. Umsatzwachstum stellen häufig zur Erfolgsmessung verwendete Größen in der empirischen Forschung dar[1112]. So benennt *Kube*[1113] fünfzehn Studien mit umsatzorientierten Erfolgskriterien. *Fritz*[1114] konnte in seiner Arbeit u.a. die Größen „Sicherung des Unternehmensbestands", „Gewinn", „Umsatz", „Unternehmens-wachstum" und „Marktanteil" als Erfolgsgrößen ermitteln. *Klein-Blenkers*[1115] konnte bei einer Untersuchung im Facheinzelhandel die Reihenfolge (geordnet nach abnehmender Wichtigkeit) „Gewinn", „Wachstum", „Unabhängigkeit", „Sicherung des Bestands" und „Umsatz" als Unternehmensziele ermitteln. *Daschmann*[1116] identifizierte „Umsatzwachstum" als den am häufigsten verwendeten Indikator zur Erfolgsmessung bei insgesamt 75 Untersuchungen zur Erfolgsfaktorenforschung.

Auch weitere Autoren stufen Umsatzwachstum als einen entscheidenden Faktor ein, da der Lebenszyklus der jungen Internetunternehmen durch hohe Wachstumsraten und durch einen hohen Bedarf an Finanzmitteln gekennzeichnet ist[1117]. *Bain & Compa-ny*[1118] betrachten als zentrale Herausforderung der Start-ups ein möglichst hohes Wachstumstempo zu erreichen und durchzuhalten. Auch *Cohan*[1119] verwendet neben dem Erfolgsmaß „Marktkapitalisierung zu Umsatz" auch das „Umsatzwachstum" zur Abschätzung erfolgreicher Start-up Unternehmen.

Weinzimmer/Nystrom/Freeman[1120] betonen die Wichtigkeit der Konzeptualisierung von Wachstum (z.B. Umsatzwachstum oder Mitarbeiterwachstum). Dabei stellt **Umsatzwachstum eine externe Größe** und **Mitarbeiterwachstum eine interne Größe** der Dynamik eines Unternehmens dar. In ihrer Analyse von 35 Untersuchungen zu Wachstum stellten sie fest, dass über 80% der Untersuchungen nur einen Wachs-tumsindikator verwendeten, wobei dieser Indikator in über Dreiviertel der Fälle Umsatzwachstum, gefolgt von Mitarbeiterwachstum (17%) war. Im Rahmen einer multiplen Regressionsanalyse untersuchten sie die Güte der einzelnen Indikatoren, wobei Umsatzwachstum (42,8%), gefolgt von Mitarbeiterwachstum (29,2%) die höchsten Erklärungen beisteuerte. Aus ihrer Sicht erweist sich deshalb die Messung mit nur einem Wachstumsindikator als ein zu enges Messkonzept, weshalb die **Verwendung eines weiteren Indikators** neben dem Umsatzwachstum (der als ein guter Indikator sowohl für produzierendes Gewerbe als auch Serviceindustrie betrachtet wird) empfohlen wird:

- Bei **produzierenden Unternehmen** mit hohem Kapitaleinsatz sollten **Aktiva** („Assets") herangezogen werden.

[1112] Vgl. Schröder, H., 1994, S. 97; Kube, C., 1991, S. 44.
[1113] Vgl. Kube, C., 1991.
[1114] Vgl. Fritz, Förster, F., W., Raffée, H., Silberer, G., 1985, S. 375-394.
[1115] Vgl. Klein-Blenkers, F., 1972, Nr. 7 S. 69ff. und Nr. 8 S. 81f.
[1116] Vgl. Daschmann, H.A., 1993, S. 75f.
[1117] Vgl. Neubauer, F.F., 1999, S. 469.
[1118] Vgl. Bain & Company, 2001, S. 20.
[1119] Vgl. Cohan, P.S., 2000, S. 71f.
[1120] Vgl. Weinzimmer, L.G., Nystrom, P.C., Freeman, S.J., 1998.

- Bei eher arbeitsintensiven **Service-Unternehmen** wird das Wachstum der **Mitarbeiterzahl** als geeigneter Indikator empfohlen.

Da der Electronic Commerce Bereich im weiteren Sinne den Serviceunternehmen zugerechnet werden kann, empfiehlt es sich in dieser Studie, neben dem Umsatzwachstum als weiteren Wachstumsindikator das **Mitarbeiterwachstum** aufzunehmen[1121].

In einer spezifisch **auf Start-up Unternehmen bezogenen Untersuchung** von *Cox/Camp*[1122] ergab sich, dass der Erfolg sowie die Überlebenswahrscheinlichkeit von Start-ups durch anhaltendes Wachstum massiv verbessert werden konnten. Dazu untersuchten *Cox/Camp* insgesamt 672 amerikanische Unternehmen. Unternehmen mit hohen Wachstumsraten waren auch in den Bereichen Marktanteilsgewinne, Effizienz, Profitabilität und Wert führend. Dies zeigt, dass Wachstum auch bei jungen Unternehmen eine geeignete Größe zur Erfolgsmessung darstellt.

Krüger[1123] ermittelte fünf Kategorien, in die sich Erfolgsunternehmen einteilen lassen. Die wichtigste Kategorie ist hierbei „auffälliges Wachstum" (72,3%), d.h. die Unternehmen schnitten bezüglich des Wachstums besser ab als der Branchendurchschnitt. Zudem betont er, dass Erfolg- und Misserfolg in allen Branchen vorkommen, d.h. auch in Wachstumsbranchen sind Misserfolge zu beobachten, so dass sich die Unternehmen anhand dieses Kriteriums differenzieren lassen[1124].

In einer Untersuchung von *Albach/Bock/Warnke*[1125] wurden 463 mittelständische Unternehmen mit 100 bis 2.500 Beschäftigten analysiert. Dabei wurden als Merkmale einer kritischen Wachstumsschwelle der „Einbruch des Unternehmenswachstums" sowie ein „Rückgang der Rentabilität" formuliert[1126], wobei erfolgreiche mittelständische Unternehmen ein stärkeres Belegschaftswachstum sowie ein deutlich höheres Umsatzwachstum aufwiesen als nicht erfolgreiche Unternehmen bzw. der Durchschnitt aller Unternehmen[1127].

Zusammenfassend lässt sich zu den Untersuchungen von *Cox/Camp*, *Krüger* und *Albach/Bock/Warnke* die Einschätzung vornehmen, dass Umsatzwachstum und Beschäftigungswachstum einen guten Indikator für den Erfolg eines Unternehmens darstellen. Um die Robustheit der Ergebnisse sicherzustellen, werden zudem jedoch noch weitere Erfolgsindikatoren verwendet.

[1121] Die Bedeutung der Mitarbeiter für den Electronic Commerce wurde dabei unter anderem in der E-Start-Up Studie untersucht; vgl. Klandt, H., Krafft, L., 2001.
[1122] Vgl. Cox, L.W., Camp, M., 1999, S. 3.
[1123] Vgl. Krüger, W., 1988, S. 33f.
[1124] Vgl. Krüger, W., 1988, S. 33.
[1125] Albach, H., Bock, K., Warnke, T., 1985.
[1126] Vgl. Albach, H., Bock, K., Warnke, T., 1985, S. 332.
[1127] Vgl. Albach, H., Bock, K., Warnke, T., 1985, S. 329ff.

6.1.3.3 Shareholder-Value

Der Ansatz des **Wertsteigerungsmanagements** geht auf *Rappaport*[1128] zurück und stellt Managemententscheidungen in den Vordergrund, die das Ziel verfolgen sollen, eine systematische Wertsteigerung des Unternehmens als Ganzes zu verfolgen[1129]. Ob die Führungskräfte im Interesse der Eigentümer entscheiden, kann auch an der Wertänderung der Unternehmung im Verhältnis zum Wert anderer Unternehmungen gemessen werden[1130].

Neben dem Ziel der „Gewinnmaximierung" verfolgen Unternehmen als weitere Ziele „Unternehmenserhaltung" und „Wachstum", die häufig auch als Oberziele eines Unternehmens betrachtet werden[1131]. Im Rahmen des Stakeholder-Ansatzes entwickelten sich jedoch zunehmend mehrdimensionale Zielsysteme, die Zielbündel aus Sach-, Wert- und Sozialzielen in den Mittelpunkt rückten[1132]. Die Steigerung des Shareholder-Values lässt sich somit als ein Oberziel der Unternehmung betrachten[1133]. Im Sinne des Shareholder-Value Konzeptes kann eine **Marktkapitalisierung** als die zukünftig zu erwartenden Wachstums- und Gewinnchancen eines Unternehmens interpretiert werden[1134].

Mit dem Aktienkurs werden somit zukünftige Ertragserwartungen des Unternehmens honoriert, wobei sich diese Erwartungen auf verschiedene Einzelfaktoren wie Qualität der Belegschaft und des Managements, Kundenstamm, Image des Unternehmens, Produkte, Know-how usw. zurückführen lassen[1135].

Es kann also davon ausgegangen werden, dass ein wichtiges Kriterium zur **Bewertung des Erfolgs einer börsennotierten Unternehmung** die Unternehmensbewertung darstellt. Unter dem Ziel der Marktwertmaximierung wird in diesem Zusammenhang die Fähigkeit des Managements verstanden, den Marktwert des Eigenkapitals der Unternehmung zu maximieren, um auf diese Weise die Einkommensziele der Eigentümer in optimaler Weise zu erfüllen[1136].

Somit kann davon ausgegangen werden, dass bei Unternehmen innerhalb derselben Branche einige Unternehmen im Vergleich zu ihren Konkurrenzunternehmen besser bewertet werden. Offensichtlich ist der Grund, warum sich der Marktwert des einen Unternehmens besser entwickelt als der des anderen, dass diese Unternehmen hinsichtlich ihrer zukünftigen Potenziale und Fähigkeiten als überlegen angesehen werden[1137].

[1128] Vgl. Rappaport, A., 1986, S. 50f.
[1129] Vgl. Hahn, D., 1999, S. 158f.
[1130] Vgl. Glaum, M., 1996, S. 151.
[1131] Vgl. Glaum, M., 1996, S. 137.
[1132] Vgl. Glaum, M., 1996, S. 138.
[1133] Vgl. Burmann, C., 2001, S. 169-188.
[1134] Vgl. Vgl. Geyskens, I., Gielens, K., Dekimpe, M.G., 2002, S. 102-119.
[1135] Vgl. Küting, K., 2000b, S. 680 und Burmann, C., 2001, S. 169-188.
[1136] Vgl. Glaum, M., 1996, S. 151.
[1137] Vgl. Burmann, C., 2001, S. 169-188.

Zu einer vergleichbaren Einschätzung gelangen *Rudolf/Witt*[1138]: „Journalisten, Finanzanalysten, institutionelle Investoren und Kleinaktionäre informieren sich über das Unternehmen, verarbeiten die erhältlichen Informationen und treffen entsprechende Kauf- und Verkaufentscheidungen". Dabei werden als Voraussetzung informationseffiziente Märkte unterstellt. Zudem wird die Vergleichbarkeit der marktorientierten Bewertung zwischen ähnlichen, börsennotierten Unternehmen hervorgehoben[1139]. Zudem nennen sie als einen Vorteil der Bewertung durch ein **Kurs-Umsatz-Verhältnis**, das mit dieser Kennzahl auch Unternehmen miteinander verglichen werden können, die noch keine Gewinne realisieren[1140]. Da die Mehrzahl der Internet-Unternehmen gegenwärtig noch keine Gewinne aufweist und zudem der Cash-Flow negativ ist, bietet sich die Heranziehung des Kurs-Umsatz-Verhältnisses als Kennzahl an und Bewertungsmethoden wie das Kurs-Gewinn-Verhältnis oder Cash-Flow-orientierte Kennzahlen scheiden in der vorliegenden Untersuchung aus.

Definition des Kurs-Umsatz Verhältnisses[1141]:

$$Kurs - Umsatz - Verhältnis \ (KUV)$$

$$KUV = \frac{k}{u}$$

$k = aktueller \ Börsenkurs$

$u = Umsatz \ des \ Unternehmens \ pro \ Aktie$

Zusammenfassend betonen *Rudolf/Witt* folgende Vorteile der Bewertung eines Unternehmens über das Kurs-Umsatz-Verhältnis[1142]:

- **Geringe Beeinflussbarkeit** der Kennzahl durch das Unternehmen,
- Der Umsatz ist **weniger volatil** als der Gewinn eines Unternehmens und
- Anwendbarkeit der Kennzahl auch bei Unternehmen, die **Verluste** aufweisen.

Nachteil dieser Bewertungsmethode ist, dass keine Aussagen zur Ertragskraft des Unternehmens sowie zu den Wachstumschancen gemacht werden.

Aus diesem Grund werden in dieser Untersuchung mit den Größen „Profitabilität als Bruttomarge" sowie „Wachstum" weitere Dimensionen des Kriteriums Unternehmenserfolg betrachtet, um die angesprochenen Nachteile auszugleichen.

Die Reaktionen des Aktienmarktes erklären sich nach Ansicht von *Geyskens/Gielens/Dekimpe*[1143] aus dem Vergleich von Investitionskosten mit erwarteten Umsätzen, weshalb die Autoren die Aktienkursbewertung als die zur Zeit

---

[1138] Rudolf, M., Witt, P., 2002, S. 92.

[1139] Vgl. Rudolf, M., Witt, P., 2002, S. 91.

[1140] Vgl. Rudolf, M., Witt, P., 2002, S. 107f.

[1141] Vgl. Rudolf, M., Witt, P., 2002, S. 107.

[1142] Vgl. Rudolf, M., Witt, P., 2002, S. 110.

[1143] Vgl. Geyskens, I., Gielens, K., Dekimpe, M.G., 2002, S. 102-119.

am besten geeignete Methode zur Beurteilung der Leistung ("Performance") von
Internet-Unternehmen sehen.

Um den Wert der Marktkapitalisierung unter den verschiedenen Unternehmungen
vergleichen zu können, muss eine Größe gefunden werden, die den Vergleich
zwischen den verschiedenen Unternehmen erlaubt[1144]. In dieser Arbeit wird die
Marktkapitalisierung zur **Normierung** durch den Unternehmensumsatz geteilt, so dass
die Größe des Unternehmens in der ermittelten Relation nicht reflektiert wird[1145].

6.1.3.4 Profitabilität

Bei Start-up Unternehmen, die größtenteils noch negative Betriebsergebnisse
aufweisen, scheint die Verwendung des Gewinns als Erfolgsmaß nicht angebracht.
Gründungsunternehmen haben hohe Aufwendungen in den Bereichen F&E sowie für
die Markteinführung[1146], die sich in negativen Betriebsergebnissen ausdrücken. Bei der
Betrachtung des Erfolgsmaßes Profitabilität ist zudem zu beachten, dass es selbst bei
heute sehr profitablen und marktführenden Unternehmen wie AOL fünfzehn Jahre in
Anspruch nahm, bis das Unternehmen profitabel wurde[1147].

Auch *Küting*[1148] kommt zu der Einschätzung, dass finanzielle Gewinngrößen bei der
Beurteilung von jungen Unternehmen nicht sinnvoll sind, da sie keine oder nur sehr
eingeschränkte Aussagekraft hätten, weshalb **auf den finanziellen Erfolg vorgelagerte Größen** zu schauen sei.

Zu einer vergleichbaren Einschätzung der Nicht-Eignung von Gewinnkennzahlen
kommen *Geyskens/Gielens/Dekimpe*[1149], die betonen, dass diese Größen bereits die
Kosten der Investitionen reflektieren, während zukünftige Umsatzerwartungen noch
nicht enthalten sind, auch wenn bekannt sei, dass Internet-Investments sich erst in
einigen Jahren in Gewinngrößen umsetzten lassen. Diese Meinung wird auch von *Scul-
ley/Woods*[1150] geteilt.

Im Rahmen einer Untersuchung innerhalb von 18 Monaten bei über 200 Unternehmen
konnten *Agrawal/Arjona/Lemmens*[1151] feststellen, dass die erfolgreicheren Electronic
Commerce Anbieter eine **höhere "Gross Margin"** (nachfolgend auch Bruttomarge
genannt) als weniger erfolgreiche Anbieter aufwiesen[1152]. Diese Streuung zwischen

---

[1144] Zur Vergleichbarkeit solcher normierter Kennzahlen vgl. Küting, K., 2000a, S. 604.
[1145] Marktkapitalisierung in Verhältnis zu Umsatzgrössen zur Vergleichbarkeit empfiehlt auch:
Küting, K., 2000b, S. 680.
[1146] Vgl. Betsch, O., Groh, A.P., Schmidt, K., 2000, S. 2.
[1147] Vgl. Schneider, K., 2000, S. 121.
[1148] Vgl. Küting, K., 2000a, S. 603.
[1149] Vgl. Geyskens, I., Gielens, K., Dekimpe, M.G., 2002, S. 102-119.
[1150] Vgl. Sculley, A.B., Woods, W.A., 2000, S. 29.
[1151] Vgl. Agrawal, V., Arjona, L.D., Lemmens, R., 2001, S. 39.
[1152] Die Gross Margin bei den Transaktionsorientierten-Anbietern ergab eine Marge von 45,5% bei
den besten Anbietern gegenüber 18,4% bei den schlechteren Anbietern sowie bei den Content-
Anbietern eine Marge von 71,0% bei den besseren Anbietern gegenüber 36,0% bei den schlechteren
Anbietern.

den erfolgreichen und weniger erfolgreichen Anbietern desselben Geschäftsmodells lässt vermuten, dass die Gründe in der unterschiedlichen Effizienz der Unternehmen zu suchen sind. Von daher sollte die Verwendung einer Bruttomarge in der Lage sein, die unterschiedliche Leistungsfähigkeit zwischen verschiedenen Anbietern aufzudecken. Aus diesem Grund wird die Bruttomarge in dieser Untersuchung als vorgelagerte Größe zur Profitabilität betrachtet und als Erfolgsmaß verwendet.

Definition

Die **Bruttomarge** („Gross Profit Margin") ergibt sich als Umsatz abzüglich der Kosten für die Produkte („Cost of Goods Sold") geteilt durch den Umsatz. Sie ist somit ein Indikator für die Fähigkeit, die operativen Ausgaben zu decken. Die Kosten für die vertriebenen Produkte umfassen dabei alle Ausgaben, die direkt mit der Produktion der Güter oder Dienstleistungen zusammenhängen (z.b. Materialeinsatz, Arbeit, Gemeinkosten). Nicht enthalten sind Vertriebs-, allgemeine und Verwaltungskosten (Sales, General and Administrative Costs), die erst nachgelagert in der Gewinn- und Verlustrechnung subtrahiert werden.

Hinsichtlich möglicher Abweichungen der für diese Untersuchung gewählten Erfolgsmaße in bezug auf die im Electronic Commerce tätigen Unternehmen, ist auf die Arbeit von *Böing*[1153] zu verweisen, der im Rahmen seiner Unternehmensbefragung auch die wichtigsten Unternehmensziele ermittelte. Dabei wurden die **vier Faktoren** Umsatzwachstum, Gewinnerzielung, etablierte Marke sowie Unternehmenswertsteigerung von den befragten Unternehmen als die wichtigsten Ziele angesehen[1154]. Diese Ziele wiesen auch die höchsten Faktorladungen in bezug auf die Erklärung der Zielgröße „ökonomische Ziele" auf[1155].

Im Hinblick auf diese Arbeit ist festzuhalten, das drei der vier in der Arbeit von *Böing* als wichtigste Faktoren ermittelte Größen sich als Erfolgsmaßstab wiederfinden (Umsatzwachstum, Gewinnerzielung, Unternehmenswertsteigerung). Somit scheint den in dieser Arbeit gewählten Erfolgsgrößen auch im Rahmen des Zielansatzes der Unternehmen eine übergeordnete Bedeutung eingeräumt zu werden, und die Relevanz der in dieser Arbeit gewählten Erfolgsmaße wird unterstrichen.

6.1.4 Statistische Methoden

Voraussetzung für die Anwendung sämtlicher statistischer Tests ist die Erfüllung gewisser **Anforderungen**[1156]:

- Verteilungsannahmen,
- Skalierung der Daten,
- Unabhängigkeit der Daten und
- Anzahl der Beobachtungen (Stichprobenumfang).

[1153] Vgl. Böing, C., 2001, S. 112ff.
[1154] Vgl. Böing, C., 2001, S. 114ff.
[1155] Vgl. Böing, C., 2001, S. 112f.
[1156] Vgl. Bamberg, G., Baur, F., 1993, S. 185.

Aufgrund der Datenstichprobengröße von 91 Unternehmen in dieser Untersuchung ist die Anwendbarkeit der statistischen Auswertungsmethoden eingeschränkt (vgl. Kapitel 2.1.5). Aufgrund des Vollerhebungscharakters der Untersuchung lässt sich eine Vergrößerung der betrachteten Stichprobe, um Voraussetzungen zur Anwendung bestimmter statistischer Auswertungsverfahren zu schaffen, nicht erfüllen. Aus diesem Grund scheidet in der vorliegenden Untersuchung die Anwendung eines Kausalmodells aus, da die Mindestanforderungen an die Modelle nicht erfüllt werden.

Grundsätzlich wäre der Einsatz der Regressionsanalyse möglich. In der Literatur wird jedoch betont, dass die Regressionsanalyse nicht dazu geeignet ist, Korrelationen zu erklären[1157]. Außerdem wird in der vorliegenden Untersuchung das Kriterium der Unabhängigkeit der Regressoren[1158] verletzt, welches eine zentrale Voraussetzung zur Anwendung der Regressionsanalyse darstellt. Somit erscheint die Anwendung der Regressionsanalyse in dieser Untersuchung nicht angebracht.

Aus den genannten Gründen kommen in dieser Analyse **bivariate Korrelationsanalysen**[1159] zur Anwendung, deren Ergebnisse durch **Signifikanztests**[1160] (Mittelwertvergleiche) überprüft werden.

In der Erfolgsfaktorenforschung spielt das Vorliegen eines Ursache-Wirkung-Zusammenhangs zwischen den betrachteten Variablen eine zentrale Rolle[1161]. Dieser Ursache-Wirkung-Zusammenhang lässt sich durch die Anwendung der statistischen Analyse von Mittelwertunterschieden sowie der Korrelationsanalyse untersuchen. Die Ergebnisse müssen außerdem noch auf ihre Plausibilität hin geprüft werden.

Mittels der Korrelationsanalyse lassen sich sowohl Stärke als auch Richtung des Zusammenhangs zwischen zwei Variablen berechnen[1162]. Die Gewinnung von Aussagen über Erfolgszusammenhänge mit diesen Methoden findet dabei in der Wissenschaft häufige Anwendung und liefert zuverlässige Ergebnisse: „Stützt man sich dagegen auf die gewohnten betriebswirtschaftlichen Kenngrößen, so ist es schon mit univariaten und bivariaten Auswertungen möglich, Einblicke in Kategorien positiven und negativen Erfolgs zu erhalten"[1163].

Erfolgreiche und **nicht-erfolgreiche Unternehmen** unterscheidet, dass die jeweilige Unternehmung sich hinsichtlich der Erfolgsgrößen deutlich abhebt, was eine ideale Voraussetzung zur Anwendung von Mittelwertvergleichen darstellt. Bei dem Mittelwertvergleich werden die Unternehmen in zwei Gruppen eingeteilt. Eine Gruppe stellen die erfolgreichen Unternehmen dar, die andere Gruppe die nicht-erfolgreichen

---

[1157] Vgl. Schröder, H., 1994, S. 96.

[1158] Vgl. Backhaus, K., Erichson, B., Plinke, W., Weiber, R., 2000, S. 41ff.

[1159] Vgl. Bamberg, G., Baur, F., 1993, S. 35ff.

[1160] Vgl. Bamberg, G., Baur, F., 1993, S. 173ff.

[1161] Vgl. Fahrmeier, L., Künstler, R., Pigeot, I., Tutz, G., 1997, S. 147f.

[1162] Vgl. Bamberg, G., Baur, F., 1993, S. 35ff.

[1163] Krüger, W., 1988, S. 32.

Unternehmen. Anschließend werden die Mittelwerte der beiden Gruppen miteinander auf signifikante Abweichungen (α=95%) verglichen.

In der vorliegenden Arbeit wurde jeweils die Hälfte der Unternehmen einer der beiden Gruppen zugeordnet. Eine Überprüfung bei einer Aufteilung ⅓ erfolgreiche Unternehmen, ⅔ nicht-erfolgreiche Unternehmen führte weitgehend zu gleichen Ergebnissen, weshalb diese Ergebnisse in dieser Arbeit nicht vorgestellt werden.

Die Verlässlichkeit der Korrelationsanalysen und Signifikanztests zeigt sich auch in der Arbeit von *Böing*[1164], in der die Ergebnisse des Kausalmodells durch diese bestätigt werden.

In der vorliegenden Arbeit wurden sämtliche Variablen mit dem **Kolmogoroff-Smirnoff Test** auf ihre **Verteilungseigenschaften** untersucht, um passende Analysemethoden auszuwählen. Eine Normalverteilung der Variablen[1165] ergab sich nur bei den Variablen Interaktivität, Gesamtanpassung, Anteil institutionelle Anleger (in Prozent), Größe des Aufsichtsrates, Alter des Vorstandsvorsitzenden sowie Anteil der direkten Erlöse an den Gesamterlösen. Entsprechend wurden der Korrelationskoeffizient nach Bravais-Pearson oder Spearman bzw. der t-Test oder der U-Test nach Mann/Whitney gewählt. Ein Vergleich der Ergebnisse des t-Tests und des U-Tests ergab fast stets ein gleiches Ergebnis, da ab einem Stichprobenumfang größer als 30 auch der t-Test bei einer Nicht-Normalverteilung angewandt werden kann[1166], da nach *Bortz*[1167] die Verteilung der Mittelwerte der Messwertdifferenzen in eine Normalverteilung übergehen (zentraler Grenzwertsatz). Aus diesem Grund wird nachfolgend auch von der Bestätigung einer Hypothese durch den t-Test gesprochen, wenn der U-Test angewandt wird.

Bei den Mittelwertvergleichen wurden der t-Test (Normalverteilung der Daten bzw. Stichprobengröße oberhalb von 30) bzw. der Mann-Whitney U-Test[1168] (keine Normalverteilungsannahme) sowie der Korrelationskoeffizient nach Bravais-Pearson bzw. der Rang-Korrelationskoeffizient nach Spearman angewandt[1169]. Als **Kontrollvariable** wurde zudem die Unternehmensgröße aufgenommen.

Die **Korrelationsmatrix der Erfolgsmaße** (siehe Tabelle 8) ergibt einen positiven, signifikanten Zusammenhang zwischen Umsatzwachstumsrate und Mitarbeiterwachstumsrate, Mitarbeiterwachstumsrate und Bruttomarge sowie Marktkapitalisierung/Umsatz mit allen anderen drei Erfolgsmaßen.

[1164] Vgl. Böing, C., 2001, S. 109ff.

[1165] Getestet durch den Kolmogoroff-Smirnoff-Test.

[1166] Vgl. Bamberg, G., Baur, F., 1993, S. 143 u. 193.

[1167] Vgl. Bortz, J., 1999, S. 172.

[1168] Vgl. Fahrmeier, L., Künstler, R., Pigeot, I., Tutz, G., 1997, S. 421-450 und Bühl, A., Zöfel, P., 2000, S. 107 u. 310f.

[1169] Vgl. Fahrmeier, L., Künstler, R., Pigeot, I., Tutz, G., 1997, S. 135-147.

	Marktka-pita-lisierung/ Umsatz	Umsatz-wachs-tums-rate	Mitarbei-ter-wachstums-rate	Brutto-marge/ Gross Profit Margin
Marktkapitalisie-rung/Umsatz	1,000			
Umsatzwachstumsrate	,257*	1,000		
Mitarbeiterwachs-tumsrate	,393**	,641**	1,000	
Bruttomarge/Gross Profit Margin	,214*	,162	,207*	1,000

* Die Korrelation ist auf dem Niveau von 0,05 (2-seitig) signifikant.
** Die Korrelation ist auf dem Niveau von 0,01 (2-seitig) signifikant.

Tabelle 8: Korrelationsmatrix der Zieldimensionen

Als statistisches Programm zur Durchführung der Analysen wurde SPSS für Windows Version 10.0.7 (Release vom 1. Juni 2000) verwendet. SPSS bietet den Vorteil einer großen Verbreitung in Wissenschaft und Praxis und bietet als Programmpaket eine Auswahl an allen gängigen statistischen Analysemethoden[1170].

6.2 Hypothesenprüfung

Die folgenden beiden Tabellen geben einen Überblick über die Umsatz- und Mitarbeiterverteilung der analysierten Unternehmen.

Umsatz	Anzahl Unternehmen
< € 10 Mio.	19
€ 10-20 Mio.	13
€ 20-30 Mio.	10
€ 30-60 Mio.	12
€ 60-150 Mio.	12
> € 150 Mio.	25

Tabelle 9: Umsatzverteilung der analysierten Unternehmen

[1170] Vgl. Backhaus, K., Erichson, B., Plinke, W., Weiber, R., 2000, S. XXVII.

Mitarbeiteranzahl	Anzahl Unternehmen
< 100 Mitarbeiter	22
100-300 Mitarbeiter	29
300-1.000 Mitarbeiter	20
>1.000 Mitarbeiter	20

Tabelle 10: Mitarbeiteranzahl der analysierten Unternehmen

Auf den folgenden Seiten werden zunächst die Ergebnisse der statistischen Auswertungen dargestellt. Die Darstellung der Ergebnisse erfolgt zunächst **für alle Unternehmen**, danach werden Geschäftsmodelle mit **physischen Gütern** mit **Contentorientierten Geschäftsmodellen** verglichen. Abschließend wird auf Unterschiede in den Erfolgsfaktoren zwischen Unternehmen mit **direkten** und mit **indirekten Erlösmodellen** geprüft. Eine Übersicht über die Ergebnisse nach Geschäftsmodellen sind in **Tabelle 11** bis **Tabelle 13** zusammengefasst, die auf den folgenden Seiten dargestellt sind. Danach werden die Ergebnisse in bezug auf die Erfolgsmaße für jede aufgestellte Hypothese einzeln durchgegangen.

Bei der Untersuchung ergaben sich in den meisten Fällen der Anwendung der **bivariaten Korrelationsanalysen** und des **t-Tests** (Mittelwertvergleich) gleiche Ergebnisse hinsichtlich des Vorhandenseins einer statistischen Signifikanz bezüglich der untersuchten Variablen. In einigen Fällen ergab sich eine statistische Signifikanz bei einem der beiden statistischen Verfahren hinsichtlich der betrachteten Variablen, ohne dass das jeweils andere Verfahren eine statistische Signifikanz aufwies. Dies lässt sich mit dem unterschiedlichen Signifikanzniveau (t-Test mit $\alpha=95\%$, Korrelation bei Signifikanz „**" hingegen auf 90% Niveau), den Voraussetzungen der statistischen Tests (Korrelation: lineare Zusammenhänge zwischen den Variablen, Überprüfung der Linearität durch Betrachtung des Histogrammplots) und den Unterschieden in den verwendeten statistischen Messverfahren (Korrelation: Messung linearer Zusammenhänge, t-Test: Mittelwertvergleich zweier Gruppen) erklären. Um die Validität der Ergebnisse dieser Forschungsarbeit zu sichern, werden nur jene Hypothesen als bestätigt gewertet, bei denen ein **Vorliegen einer Signifikanz beider statistischer Tests** gegeben ist.

Überblick über die statistischen Zusammenhänge

ALLE UNTERNEHMEN

Untersuchungsgegenstand/Hypothese	Marktkapitalisierung gemessen am Umsatz	Umsatzwachstumsrate	Mitarbeiterwachstumsrate	Bruttomarge
Aufbau der Ressourcen und Fähigkeiten				
Sicherheit/Service			**, Sig.	
Interaktivität	**, Sig,		**, Sig.	
Community-Bildung	**, Sig.		*	Sig.
Anpassung (Gesamt)	**, Sig.	*	**, Sig.	*, Sig.
Aktienoptionen für alle Mitarbeiter			Sig.	**, Sig.
Aktienoptionen für limitierte Berechtigte				
Anzahl der Vertriebskanäle				* (neg.), Sig.
Verwendung von Online- und Offlinekanal				*, Sig.
Anteil (%) Marketingausgaben am Umsatz		*, Sig.		
Verwendung von Coupons/ Sonderangeboten auf der Webseite				
Technologie-/ Produktentwicklungsausgaben am Umsatz		*		
Anzahl Patente			*, Sig.	*, Sig.
Übertragung und Ausbau der Ressourcen und Fähigkeiten				
Internationalisierung (Anzahl Länder)	**, Sig.		**, Sig.	
Anzahl Jahre seit Unternehmensgründung		** (neg.), Sig.		*
Dauer Online-Aktivität (Jahre)		** (neg.), Sig.		**, Sig.
Neugründung/Old-Economy Unternehmen	Sig.		*	
Führende Marktposition (1 oder 2)			**, Sig.	**, Sig.
Anzahl M&A-Tätigkeit (letzte 3 Jahre)	**, Sig.			**, Sig.

Kontrolle der Ressourcen und Fähigkeiten durch Corporate Governance				
Institutionelle Anleger (Anzahl)	Sig.		**, Sig.	**, Sig.
Institutionelle Anleger (in %)		*	**, Sig.	**, Sig.
Grösse Vorstand (Anzahl Personen)			*	**, Sig.
Grösse Aufsichtsrat (Anzahl Personen)				
Alter Vorstandsvorsitzender (in Jahren)				
Amtsdauer Vorstandvorsitzender (in Jahren)				** (neg.), Sig.
Überwiegend direkte Erlöse				Sig.
Anteil direkte Erlöse (in %)				

* Die Korrelation ist auf dem Niveau von 0,05 (2-seitig) signifikant.
** Die Korrelation ist auf dem Niveau von 0,01 (2-seitig) signifikant.
Sig.: Es besteht eine statistische Signifikanz des t-Tests/U-Tests ($\alpha=95\%$)
neg.: Negativer Zusammenhang

Tabelle 11: Statistische Zusammenhänge für alle Unternehmen

CONTENT/*PHYSISCHES PRODUKT*

Untersuchungsgegenstand/Hypothese	Marktkapitalisierung gemessen am Umsatz	Umsatzwachstumsrate	Mitarbeiterwachstumsrate	Bruttomarge
Aufbau der Ressourcen und Fähigkeiten				
Sicherheit/Service		*	**, *Sig.*	*Sig.*
Interaktivität	**, **Sig.**		*/ **, *Sig.*	*, *Sig.*
Community-Bildung	**, **Sig.**			
Anpassung (Gesamt)	**, **Sig.**		*/ **, *Sig.*	*, *Sig.*
Anzahl der Vertriebskanäle			**, *Sig.*	
Verwendung von Online- und Offlinekanal			**, *Sig.*	
Anteil (%) Marketingausgaben am Umsatz				
Verwendung von Coupons/ Sonderangeboten auf der Webseite			**, *Sig.*	*, **Sig.**
Technologie/ Produktentwicklungsausgaben am Umsatz	**Sig.**	**		
Anzahl Patente			*Sig.*	

Übertragung und Ausbau der Ressourcen und Fähigkeiten				
Anzahl Jahre seit Unternehmensgründung		* (neg.)		
Dauer Online-Aktivität (Jahre)		* (neg.)/ ** (neg.), Sig.		Sig.
Neugründung/Old-Economy Unternehmen			*, Sig.	
Führende Marktposition (1 oder 2)	*, Sig.	*	**, Sig./ Sig.	*, Sig.
Internationalisierung (Anzahl Länder)	*	*	*, Sig.	
Anzahl M&A-Tätigkeit (letzte 3 Jahre)	Sig./ *		*, Sig.	**, Sig.
Kontrolle der Ressourcen und Fähigkeiten durch Corporate Governance				
Institutionelle Anleger (Anzahl)			**, Sig./ **, Sig.	*, Sig./ *, Sig.
Institutionelle Anleger (in %)	*, Sig.		**, Sig.	Sig./ **, Sig.
Grösse Vorstand (Anzahl Personen)			*	*, Sig./ *, Sig.
Grösse Aufsichtsrat (Anzahl Personen)				
Alter Vorstandsvorsitzender (in Jahren)				* (neg.)
Amtsdauer Vorstandvorsitzender (in Jahren)			*	**, Sig.
Überwiegend direkte Erlöse			**, Sig.	
Anteil direkte Erlöse (in %)			Sig.	

* Die Korrelation ist auf dem Niveau von 0,05 (2-seitig) signifikant.
** Die Korrelation ist auf dem Niveau von 0,01 (2-seitig) signifikant.
Sig.: Es besteht eine statistische Signifikanz des t-Tests/U-Tests (α=95%)
neg.: Negativer Zusammenhang
Legende: **Fettdruck: CONTENT,** *Kursivdruck: PHYSISCHES PRODUKT*

Tabelle 12: Statistische Zusammenhänge nach Charakter des Produktes (**Content**/*Physisches Produkt*)

DIREKTES/*INDIREKTES ERLÖSMODELL*

Untersuchungsgegenstand/Hypothese	Marktkapitalisierung gemessen am Umsatz	Umsatzwachstumsrate	Mitarbeiterwachstumsrate	Bruttomarge
Aufbau der Ressourcen und Fähigkeiten				
Sicherheit/Service			*	
Interaktivität	*/ **, *Sig.*		**, **Sig.**/ **	
Community-Bildung	**, *Sig.*		*	*Sig.*
Anpassung (Gesamt)	*/ **, *Sig.*	*	**, **Sig.**/ **	*
Anzahl der Vertriebskanäle				
Verwendung von Online- und Offlinekanal				
Anteil (%) Marketingausgaben am Umsatz		**, *Sig.*		
Verwendung von Coupons/ Sonderangeboten auf der Webseite				
Technolgie/Produktentwicklungsausgaben am Umsatz				**
Anzahl Patente			*, *Sig.*	**Sig.**
Übertragung und Ausbau der Ressourcen und Fähigkeiten				
Anzahl Jahre seit Unternehmensgründung		* (neg.), *Sig.*		*
Dauer Online-Aktivität (Jahre)		** (neg.), *Sig.*	**, *Sig.*	**, **Sig.**/ *Sig.*
Neugründung/Old-Economy Unternehmen			*, *Sig.*	
Führende Marktposition (1 oder 2)		**, *Sig.*	**, *Sig.*	**
Internationalisierung (Anzahl Länder)	**, **Sig.**		**, **Sig.**	
Anzahl M&A-Tätigkeit (letzte 3 Jahre)	*, **Sig.**		**	*, **Sig.**
Kontrolle der Ressourcen und Fähigkeiten durch Corporate Governance				
Institutionelle Anleger (Anzahl)	**Sig.**		**, **Sig.**/ **, *Sig.*	**, **Sig.**/ *Sig.*
Institutionelle Anleger (in %)	*Sig.*		*, **Sig.**/ *	**, **Sig.**

Grösse Vorstand (Anzahl Personen)		*Sig.*		**, Sig./*
Grösse Aufsichtsrat (Anzahl Personen)				*
Alter Vorstandsvorsitzender (in Jahren)				
Amtsdauer Vorstandvorsitzender (in Jahren)			**, *Sig.*	**, Sig./*
Überwiegend direkte Erlöse				
Anteil direkte Erlöse (in %)				

* Die Korrelation ist auf dem Niveau von 0,05 (2-seitig) signifikant.
** Die Korrelation ist auf dem Niveau von 0,01 (2-seitig) signifikant.
Sig.: Es besteht eine statistische Signifikanz des t-Tests/U-Tests ($\alpha=95\%$)
neg.: Negativer Zusammenhang
Legende: **Fettdruck: DIREKTES ERLÖSMODELL,** *Kursivdruck: INDIREKTES ERLÖSMODELL*

Tabelle 13: Statistische Zusammenhänge nach Erlösmodell (**Direkt/***Indirekt*)

6.3 Aufbau der Ressourcen und Fähigkeiten

6.3.1 Kundenbeziehung und Kundenbindung

Die Fähigkeit, die Wünsche der Kunden erfolgreich zu bedienen, ist ein wichtiges Element zum Aufbau der Ressource **Kundenbindung.** Das Vorliegen der jeweiligen Einzelelemente bei den jeweiligen Electronic Commerce Unternehmen wurde dabei durch eine Erhebung auf der Webseite des jeweiligen Unternehmens ermittelt. Die Ermittlung erfolgte erstmals im Januar und Februar 2001 und nochmals im Juli und August 2001. Dabei erwiesen sich zumeist die verwendeten Einzelelemente als konstant, auch wenn es bei Layout und Aufbau teilweise Änderungen gab. Teilweise wurden im geringerem Maße weitere Einzelelemente hinzugefügt (z.B. elektronische Postkarten zu bereits bestehenden sechs anderen Elementen). Im Fall von solchen Abweichungen wurde den im Januar und Februar 2001 erhobenen Daten der Vorzug gegeben, um die Zeitnähe zu den Finanzdaten sicherzustellen. Die Daten wurden bei den US-Anbietern mit Angaben von Bizrate.com, Shoppingspot.com und Forrester „Powerrankings" abgeglichen, die zahlreiche der geprüften Elemente für die führenden Electronic Commerce Anbieter auflisten[1171].

6.3.1.1 Kunden- und Serviceorientierung

Die **Sicherheits-/Serviceorientierung** eines Anbieters wird aus der Summe folgender Einzelkriterien ermittelt:

- Sicherheits-/Privacy-Zertifizierung der Website,
- Kundenaccount,

[1171] Internet-Adresse: http://www.bizrate.com/; http://www.shoppingspot.com/where/storeratings.htm/ und http://www.forrester.com/ER/PowerRankings/0,2141,10-1,00.html.

- Status des Auftrags/Sendungsverfolgung und
- Personalisierung des Angebots/„My Page"-Funktionen.

Die Untersuchung für alle Unternehmen ergibt dabei eine positive Korrelation zu dem Konstrukt Wachstum (Mitarbeiterwachstumsrate). Der t-Test bestätigt dieses Ergebnis.

Bei den Content-Anbietern ergibt das Kriterium Sicherheit/Service keinerlei Signifikanzen.

Bei den Anbietern mit physischen Produkten ergibt sich eine bivariate Signifikanz sowohl zur Umsatzwachstumsrate als auch zur Mitarbeiterwachstumsrate. Der t-Test bestätigt die Signifikanz zur Mitarbeiterwachstumsrate und ist zudem signifikant für die Bruttomarge. Dies verdeutlicht die Bedeutung von Sicherheit und Service bei physischen Produkten im Vergleich zu nicht-physischen Produkten. Gerade bei diesen Geschäftsmodellen, bei denen Zahlungsvorgänge und Lieferungen erfolgen, erweisen sich Service, Vertrauen und Sicherheit als wichtige Kriterien. Somit wird die Hypothese H_{SER1} bestätigt.

Bei den überwiegend direkten Erlösmodellen ergaben sich keine Zusammenhänge, bei den indirekten Erlösmodellen lediglich eine positive Korrelation zur Mitarbeiterwachstumsrate.

Dies zeigt, dass auch bei den indirekten Erlösmodellen Sicherheit und Service eine Rolle spielen, wenn auch in geringerem Maße als bei Geschäftsmodellen mit physischen Gütern. Dies bestätigt die Hypothese H_{SER2}, die eine höhere Bedeutung für physische Güter erwarten ließ.

H_{SER1}:	*Unternehmen mit einer hohen Kunden- und Serviceorientierung gelingt es besser, die Ressource Kundenbindung aufzubauen und für den unternehmerischen Erfolg des Unternehmens zu nutzen.*
H_{SER2}:	*Die Kunden- und Serviceorientierung zum Ausbau der Ressource Kunden-bindung sollte wegen der Sicherheitsaspekte und Serviceaspekte bei Anbietern physischer Güter wichtiger sein als bei Content-Anbietern.*

Ergebnis: Hypothese H_{SER1} und H_{SER2} bestätigt.

6.3.1.2 Interaktive Elemente/Informationsgehalt des Angebots
Die **interaktiven Elemente/der Informationsgehalt des Angebotes** werden als eine Summe aus folgenden **Einzelelementen** pro Anbieter gemessen:

- Hintergrundinformationen,
- Tools, Rechner, etc.,
- Wunschlisten, Erinnerungsfunktionen,

- Gewinnspiele, Spiele,
- Elektronische Postkarten,
- Newsletter-Dienst,
- Kundenbindungsprogramme und
- Angebot einer E-Mail Adresse.

Bei der Analyse aller Unternehmen erweist sich Interaktivität als ein hoch mit der Marktkapitalisierung pro Umsatz sowie Wachstum (Mitarbeiterwachstumsrate) korreliertes Element. Der t-Test bestätigt beide Korrelationen. Hypothese H_{INT} kann somit als bestätigt betrachtet werden.

Bei den Inhalte-Anbietern ist die Marktkapitalisierung pro Umsatz sowie die Mitarbeiterwachstumsrate mit der Interaktivität korreliert, wobei der t-Test die Marktkapitalisierung pro Umsatz bestätigt. Bei den Anbietern von physischen Produkten liegt zudem eine hohe Korrelation zu der Mitarbeiterwachstumsrate vor, die der t-Test bestätigt. Dies zeigt die hohe Bedeutung der Interaktivität für beide Anbieter-Gruppen.

Bei den direkten Erlösmodellen ergibt sich eine positive Korrelation mit der Marktkapitalisierung pro Umsatz und der Mitarbeiterwachstumsrate (bestätigt durch den t-Test). Bei den indirekten Erlösmodellen liegt ebenfalls eine hohe Korrelation zu der Marktkapitalisierung pro Umsatz (Bestätigung durch den t-Test) sowie der Mitarbeiterwachstumsrate vor.

Die fast durchgängige Bestätigung des Einflusses der Interaktivität des Angebotes auf die relative Marktkapitalisierung sowie das Wachstum zeigt die hohe Bedeutung dieses Kriteriums für das tatsächliche Wachstum als auch die externe Einschätzung dieses Kriteriums auf die weitere Entwicklung des Unternehmens (Marktkapitalisierung).

Es zeigt sich zudem die hohe Bedeutung des Kriteriums Interaktivität und Informationsgehalt des Angebotes, unabhängig vom Geschäfts- oder Erlösmodell.

H_{INT}:	*Unternehmen mit einem Angebot von hoher Interaktivität, Entertainment und Informationsgehalt schaffen es besser, die Ressource einer hohen Kundenbindung aufzubauen, die zu einem größeren Erfolg des Unternehmens führt.*

Ergebnis: Hypothese H_{INT} bestätigt.

6.3.1.3 Community-Bildung

Als **Community-Bildungselemente** werden folgende Elemente betrachtet:

- Chat,
- Message Boards,
- Newsgroups und

- Virtuelle Community.

Bei der Betrachtung aller Unternehmen liegt eine positive Korrelation zur Marktkapitalisierung sowie Mitarbeiterwachstumsrate vor. Der t-Test bestätigt den Einfluss auf die Marktkapitalisierung und ist zudem signifikant zur Bruttomarge. Dies weist auf die übergreifende Bedeutung von Community-Bildungselementen für alle Geschäftsmodelle hin, was die Hypothese H_{COM1} stützt.

Die Bedeutung von virtuellen Communities gerade für Inhalte-Anbieter bestätigt die Korrelation sowie Signifikanz (t-Test) mit der Marktkapitalisierung pro Umsatz, während keinerlei Korrelation oder Signifikanz der Anbieter von physischen Produkten zu Community-Elementen festgestellt werden kann. Dies unterstreicht die Bedeutung dieser Elemente gerade für Anbieter von Informationsgütern, wie bereits in Hypothese H_{COM2} vermutet worden war.

Ein vergleichbares Ergebnis ergibt sich bei Betrachtung der direkten und indirekten Erlösmodelle. Während bei den direkten Erlösmodellen keinerlei Signifikanz oder Korrelation vorliegt, weisen die indirekten Erlösmodell-Anbieter eine Korrelation zur Marktkapitalisierung pro Umsatz und zur Mitarbeiterwachstumsrate auf. Eine Signifikanz zur Marktkapitalisierung pro Umsatz und Bruttomarge zeigt der t-Test. Demnach kann davon ausgegangen werden, dass Community-Bildungselemente bei indirekten Erlösmodellen eine hohe Bedeutung aufweisen, während sie bei den direkten Erlösmodellen keine Bedeutung aufweisen. Dies kann als Bestätigung von H_{COM3} gewertet werden und lässt sich darüber erklären, dass viele indirekte Geschäftsmodelle vorrangig Content vermarkten und deshalb besonders vom Einsatz der Communities profitieren können.

Insgesamt lässt sich eine hohe Bedeutung der Community-Bildungselemente insbesondere für die Content-Anbieter sowie indirekten Erlösmodelle bezüglich Marktkapitalisierung und Wachstum als Ergebnis festhalten. Aus dem Zusammenhang zur Bruttomarge bei allen Anbietern kann gefolgert werden, dass Unternehmen mit einem höheren Einsatz an Community-Bildungselementen offensichtlich profitabler arbeiten (möglicherweise aufgrund einer erhöhten Kundenbindung) als solche, die dies nicht einsetzen.

H_{COM1}:	*Unternehmen, die Community-Bildungselemente nutzen, sind erfolgreicher als Unternehmen, die diese nicht einsetzen.*
H_{COM2}:	*Bei Content-Anbietern sind Community-Bildungselemente wichtiger als bei Anbietern physischer Güter.*
H_{COM3}:	*Bei Anbietern indirekter Erlösmodelle sind Community-Bildungselemente wichtiger als bei direkten Erlösmodellen.*

Ergebnis: Hypothese H_{COM1}, H_{COM2} und H_{COM3} bestätigt.

6.3.1.4 Gesamtanpassung an Kundenbedürfnisse

Die Anpassung an die Kundenbedürfnisse stellt ein wesentliches Element zum Aufbau der Ressource **Kundenbindung** dar. Zur Überprüfung der **Anpassung an die Kundenbedürfnisse** entlang aller Service/Sicherheitsaspekte, interaktiven und Community-Elemente wurde aus diesen Elementen durch Aufsummierung ein Gesamtwert pro Anbieter gebildet, um die Anpassung an den Kunden über alle kundenbezogenen Dimensionen hinweg zu messen. Für dieses Kriterium wurde keine eigene Hypothese aufgestellt. Die Aggregation der Teilergebnisse der Hypothesen H_{SER}, H_{INT} und H_{COM} dient aber der Bestätigung dieser Hypothesen und zeigt die Bedeutung der Anpassung an die Kundenbedürfnisse als Erfolgsfaktor des Electronic Commerce auf.

Bei der Betrachtung aller Unternehmen ergaben sich dabei positive Korrelationen zu allen vier Erfolgsmaßen. Der Signifikanztest bestätigt diese Ergebnisse größtenteils und ergab eine Signifikanz zu allen Erfolgsmaßen außer zur Umsatzwachstumsrate.

Bei den Inhalte-Anbietern ergeben sich Korrelationen zur Marktkapitalisierung (Bestätigung durch den t-Test) sowie zur Mitarbeiterwachstumsrate. Bei den Unternehmen, die physische Güter verkaufen, ergeben sich ebenfalls Korrelationen zur Mitarbeiterwachstumsrate sowie zur Bruttomarge, wobei beide Ergebnisse durch den t-Test bestätigt werden.

Eine Korrelation der Gesamtanpassung an die Kundenbedürfnisse liegt bei den direkten Erlösmodellen zur Mitarbeiterwachstumsrate vor, der t-Test bestätigt dieses Ergebnis. Die indirekten Erlösmodelle weisen bei allen vier Erfolgsmaßen eine positive Korrelation auf, wobei der Einfluss auf die Marktkapitalisierung pro Umsatz durch den t-Test unterstrichen wird.

Hieraus kann gefolgert werden, dass gerade bei den indirekten Erlösmodellen die Gesamtanpassung an die Kundenbedürfnisse eine noch höhere Rolle spielt, eventuell, weil häufig keine physischen Produkte verkauft werden, sondern das Produkt das Website-Angebot an sich ist. Während bei Verkäufen von physischen Gütern das Produkt an sich im Vordergrund steht, ist in diesem Fall also das Webseite-Angebot als Produkt an den Kunden anzupassen.

Insgesamt lässt sich festhalten, dass die Erfüllung sowohl von Sicherheit/Service, Interaktivität, Community-Bildung und Gesamtanpassung einen **sehr hohen Zusammenhang zu den Erfolgsmaßen** aufweisen. Je nach Geschäftsmodell sind hierbei die Schwerpunkte der einzelnen Elemente leicht verschieden, weisen insgesamt jedoch eine hohe Bedeutung für das Konstrukt Erfolg auf. Insbesondere das Kriterium Wachstum ist dabei bei allen Geschäftsmodellen die relevante Größe. Somit kann das Kriterium Anpassung an die Kundenbedürfnisse als entscheidend für den Unternehmenserfolg bei Electronic Commerce Anbietern gewertet werden.

6.3.2 Technologieorientierung und Innovationsfähigkeit

6.3.2.1 Produktentwicklungs- und Technologieausgaben pro Umsatz

Eine gängige Messung der Innovation eines Unternehmens besteht in der Messung der Anzahl der Patente und der Ausgaben für Forschung und Produktentwicklung als Indikator für innovative Ausrichtung[1172]. So stellen die Ausgaben für Produktentwicklung und Forschung in vielen Studien eine Annäherung an das Konstrukt Innovation dar[1173]. Auch *Burmann* kommt zu dem Ergebnis, dass die Innovationsrate teilweise über den F&E-Aufwand ermittelt werden kann[1174]. *Lee/Lee/Pennings* messen das Innovationsverhalten von Start-ups über die Anzahl der F&E Angestellten sowie Ausgaben für risikoreiche F&E Projekte, sowie die technologischen Fähigkeiten über die Anzahl der erhaltenen Patente. Zudem wurden die vom Unternehmen getätigten Ausgaben für F&E gemessen[1175]. Die Messung der Innovationsfähigkeit und technologischen Stärke eines Unternehmens über die Ausgaben für Forschung und Entwicklung nutzen u.a. auch *Anand/Delios*[1176].

Aus diesem Grund wird in dieser Arbeit die Innovationsfähigkeit eines Unternehmens über den Indikator des Anteils der **Produkt- und Technologieentwicklungsausgaben** am Umsatz gemessen, da davon ausgegangen wird, dass im sich schnell ändernden Internet-Markt dies eine Erfolgsvoraussetzung darstellt.

Bei der Betrachtung aller Unternehmen ergibt sich eine positive Korrelation zur Umsatzwachstumsrate.

Bei den Anbietern physischer Produkte ergibt sich ebenfalls eine positive Korrelation zur Umsatzwachstumsrate. Für die Inhalte-Anbieter lässt sich eine Signifikanz mit der relativen Marktkapitalisierung beobachten.

Während sich für die indirekten Erlösmodelle keinerlei statistische Zusammenhänge ableiten lassen, ergibt sich für die direkten Erlösmodelle eine positive Korrelation zur Bruttomarge.

Der Einfluss auf die Wachstumsrate lässt sich damit begründen, dass Unternehmen mit höheren Ausgaben für Produkt- und Technologieentwicklung sich eher über ein eigenes Angebot differenzieren können und ihr Angebot dementsprechend nach den Bedürfnissen der Kunden anpassen können. Des weiteren ist davon auszugehen, dass diese Anbieter technisch und mit ihrem Internetauftritt und Angebot auf dem aktuellsten Stand sind und spezifische Eigenschaften bieten. Infolgedessen sind diese Angebote attraktiver für Kunden, was sich in einem höheren Wachstum widerspiegelt.

[1172] Vgl. Balkin, B.B., Markman, G.D., Gomez-Mejia, L.R., 2000, S. 1118.
[1173] Vgl. D.W., Lumpkin, G.T., Dess, G.G., 2000, S. 1055-1085; Hitt, M.A., Hoskisson, R.E., Kim, H., 1997, S. 767-798 und Schrader, S., 1995, S. 238.
[1174] Vgl. Burmann, C., 2001, S. 169-188.
[1175] Vgl. Lee, C., Lee, K., Pennings, J.M., 2001, S. 625f.
[1176] Vgl. Anand, J., Delios, A., 2002, S. 124.

Der Zusammenhang mit der relativen Marktkapitalisierung bei den Inhalte-Anbietern könnte als Erwartung der Anleger interpretiert werden, dass Anbieter mit hohen Ausgaben für Produkt- und Technologieentwicklung auch zukünftig gerade im Content-Markt gute Wachstumschancen (Entwicklung attraktiver, innovativer Angebote) und Ambitionen zur Marktführerschaft aufweisen. Die Korrelation zur Bruttomarge bei den direkten Erlösmodellen könnte damit begründet werden, dass diese Unternehmen aufgrund des Zuschnitts des Angebots eine höhere Ausschöpfung ihrer Kundenbasis aufweisen.

6.3.2.2 Anzahl der Patente

Ein weiterer Indikator für die Innovationsfähigkeit eines Unternehmens sind die vom Unternehmen gehaltenen **Patente**[1177]. Patente stellen als geschütztes Wissen eine wichtige Voraussetzung dar, um zukünftig Umsätze zu erzielen. Außerdem signalisieren sie die technologischen Fähigkeiten eines Unternehmens und weisen auf qualifizierte Mitarbeiter eines Unternehmens hin. Des weiteren spiegeln Patente in innovationsgetriebenen Industrien die Möglichkeiten eines Unternehmens wider, zukünftige Fortschritte zu prägen und wissenschaftliche Entwicklungen wirtschaftlich umzusetzen[1178].

In diesem Zusammenhang muss jedoch darauf hingewiesen werden, dass gerade kleinere Unternehmen teilweise (aufgrund von Kosten- oder Zeitgründen bei der Anmeldung von Patenten) auf den Einsatz von Patenten verzichten. Zudem stellt es eine strategische Entscheidung eines Unternehmens dar, ob es Technologie eigenständig entwickelt oder diese extern kauft. Auch hier ist zu vermuten, dass potenziell größere Anbieter selbst Technologieentwicklung betreiben. Diese Überlegungen sind bei der Interpretation der folgenden Ergebnisse zu beachten.

Bei der Anzahl der Patente ergibt sich für alle Unternehmen eine Korrelation sowie Signifikanz (t-Test) mit der Mitarbeiterwachstumsrate sowie der Bruttomarge.

Die Inhalte-Anbieter weisen eine Signifikanz (t-Test) der Anzahl Patente mit der Wachstumsrate der Mitarbeiter auf, für die Anbieter physischer Produkte können keine Zusammenhänge identifiziert werden.

Die indirekten Erlösmodelle weisen ebenfalls einen Zusammenhang zwischen der Anzahl Patente und Mitarbeiterwachstumsrate (Korrelation, t-Test) auf. Bei den direkten Erlösmodellen ergibt sich eine Signifikanz zur Bruttomarge (t-Test).

Auch bei dieser technologieorientierten Einflussgröße ergeben sich also vorwiegend Zusammenhänge zur Wachstumsrate und des weiteren zur Marktkapitalisierung und

---

[1177] Die von den Unternehmen gehaltenen Patente wurden dabei den 10K Filings und Geschäftsberichten der Unternehmen entnommen. Zudem wurden europäische und US-amerikanische Patentdatenbanken genutzt: Patentsuche des deutschen/europäischen Patentamts, http://www.depatisnet.de/, United States Patent and Trademark Office, http://www.uspto.gov/patft/.

[1178] Vgl. Stuart, T.E., Hoang, H., Hybels, R.C., 1999.

Bruttomarge, wobei die Begründung analog zu den Produkt- und Technologieausgaben geführt werden kann.

H_{TEC1}:	*Je mehr ein Unternehmen in den Aufbau der Ressourcen Technologie, Innovation und Produktentwicklung investiert, desto erfolgreicher ist es im Electronic Commerce.*
H_{TEC2}:	*Für Content-Anbieter besitzt der Aufbau der Ressourcen Technologie- und Innovationsorientierung eine höhere Bedeutung als bei den Anbietern physischer Produkte.*

Ergebnis: Hypothese H_{TEC1} bestätigt und H_{TEC2} nicht bestätigt.

6.3.3 Markenaufbau

6.3.3.1 Marketingausgaben

In anderen Untersuchungen erwies sich der Anteil der Marketingausgaben am Umsatz bereits als ein guter Indikator, um den Aufbau der Ressource Marke zu messen.

Die Messung des Markenwertes eines Unternehmens mit Ausgaben für Werbung und Vertriebskosten wird z.B. durch *Anand/Delios* genutzt[1179]. Die Ausgaben eines Unternehmens für Marketing und Werbung messen *Lee/Lee/Pennings*, da aus ressourcenbasierter Sicht die Höhe und das richtige Timing von finanziellen Ressourcen in einer abgeschlossenen Periode einen starken Einfluss auf die Leistung („Performance") eines Unternehmens aufweist[1180].

Aus diesen Überlegungen wurde auch in dieser Arbeit die Höhe der Marketingausgaben als der **prozentuale Anteil der Marketingausgaben am Umsatz** gemessen[1181], um die Investitionen in die Ressource Marke zu ermitteln.

Ein statistischer Zusammenhang ergibt sich für alle Unternehmen zwischen dem prozentualen Anteil der Marketingausgaben am Umsatz und der Umsatzwachstumsrate (positive Korrelation sowie Signifikanz des t-Tests), was die Hypothese H_{MKT1} bestätigt.

Ein erhöhter Werbeaufwand kann demnach zur Umsatzausdehnung verwendet werden, wobei natürlich beachtet werden muss, dass er zu loyalen Kunden und Unternehmensgewinnen führen muss, um langfristige Erfolge für das Unternehmen zu realisieren. Diese Analyse zeigt jedoch, dass die hohen Werbeaufwendungen vieler Internet-Anbieter in der Anfangsphase potenziell in höhere Umsätze umgewandelt werden konnten. Dieses führt zu einem Umsatzwachstum, welches zum Aufbau einer

---

[1179] Vgl. Anand, J., Delios, A., 2002, S. 124.
[1180] Vgl. Lee, C., Lee, K., Pennings, J.M., 2001, S. 626.
[1181] Ein analoges Vorgehen verwendet z.B. Schrader, S., 1995, S. 239.

führenden Marktposition genutzt werden kann (deren Vorteile bereits in einer vorherigen Analyse identifiziert wurde).

Für die Inhalte-Anbieter und Anbieter physischer Güter konnten keine statistischen Zusammenhänge zu den Erfolgsmaßen ermittelt werden. Das gleiche Bild ergibt sich für die indirekten Erlösmodelle. Für die direkten Erlösmodelle wird der Zusammenhang zwischen Marketingausgaben und Umsatzwachstum wieder bestätigt (hohe, positive Korrelation und signifikanter t-Test).

Da die Marketingmaßnahmen i.d.R. auf den Endverbraucher ausgerichtet sind, ergibt sich somit v.a. für die direkten Erlösmodelle (die zumeist über Transaktionen an den Endverbraucher Umsätze realisieren) eine hohe Relevanz dieses Kriteriums.

H_{MKT1}:	*Unternehmen mit einem hohen Anteil von Marketing/Vertriebsausgaben am Umsatz sind erfolgreicher im Aufbau der Ressource Marke als solche mit geringerem Anteil.*

Ergebnis: Hypothese H_{MKT1} bestätigt.

6.3.3.2 Verwendung von Coupons/Sonderangeboten

Als weiteres Marketinginstrument zum Aufbau der Ressource Marke wurde neben der relativen Höhe der Marketingausgaben die Nutzung von **Coupons bzw. Sonderangeboten auf der Homepage** des Unternehmens betrachtet.

Bei der Analyse aller Unternehmen ließen sich bei diesem Marketinginstrument keine statistischen Zusammenhänge feststellen.

Bei den Inhalte-Anbietern ergab sich eine Korrelation und Signifikanz (t-Test) zur Bruttomarge. Bei den Unternehmen, die physische Güter vertreiben, konnte eine hohe Korrelation und Signifikanz zur Mitarbeiterwachstumsrate festgestellt werden.

Für die direkten und indirekten Erlösmodelle konnten keinerlei statistischen Zusammenhänge ermittelt werden.

Der Einfluss auf das Erfolgskriterium Wachstum lässt sich damit begründen, dass eine klare Positionierung der Angebote bereits auf der Homepage zu Spontankäufen führen kann und den Anbietern die Möglichkeit bietet, sich preislich zu profilieren. Gerade bei physischen Produkten ist dies besonders leicht möglich.

Der Zusammenhang zur Bruttomarge bei den Inhalte-Anbietern könnte damit erklärt werden, dass aufgrund des Informationsgutcharakters bei zunehmenden Umsätzen das Verhältnis der Fixkosten pro Einheit abnimmt, weshalb die Bruttomarge höher ist. Insofern führt eine zusätzliche Umsatzgenerierung durch solche Marketingausgaben demnach zu einer höheren Bruttomarge. Abschließend kann für dieses Kriterium jedoch nicht beurteilt werden, ob tatsächlich diese Ursache hinter der gemessenen Korrelation und Signifikanz steht.

H_{MKT2}:	**Unternehmen mit intensiver Website-Werbung mit Coupons und Sonderangeboten sind erfolgreicher im Markenaufbau als Unternehmen, die solche Methoden nicht einsetzen.**

Ergebnis: Hypothese H_{MKT2} allgemein nicht bestätigt, aber geschäftsmodellabhängig für Anbieter physischer Güter.

6.3.4 Multikanalität

6.3.4.1 Anzahl der Vertriebskanäle

Bei der Betrachtung der Multikanalität wurden **zwei** Elemente betrachtet:

* Anzahl der Vertriebskanäle und
* Vorliegen von Online- und Offlinekanal.

Die Kriterien wurden dabei anhand der Geschäftsberichte und Angaben auf den Webseiten der Unternehmen ermittelt. Außerdem wurden die Ergebnisse mit Angaben von Bizrate, Shoppingspot und Forrester abgeglichen, die Auskunft über die Vertriebskanäle einzelner Anbieter geben[1182] Im Rahmen der Auswertung ergab sich, dass beide Variablen zu identischen Ergebnissen führten, weshalb nachfolgend beide gemeinsam unter dem Schlagwort **Multikanalität** diskutiert werden.

Bei der Betrachtung aller Unternehmen ergab sich eine negative Korrelation zu der Bruttomarge, wobei der t-Test dieses Ergebnis bestätigt, weshalb die Hypothese H_{MUL1} abzulehnen ist.

Während dieses Kriterium bei den Inhalte-Anbietern nicht relevant ist, ergab sich bei den Anbietern physischer Produkte eine positive Korrelation (Bestätigung durch t-Test) zur Mitarbeiterwachstumsrate. Somit wird die Hypothese H_{MUL2} bestätigt.

Bei den direkten- und indirekten Erlösmodellen konnten keinerlei statistische Zusammenhänge identifiziert werden.

Als Ergebnis lässt sich zusammenfassen, dass für die Anbieter physischer Produkte die Vielzahl der Vertriebskanäle das Wachstum des Unternehmens fördert. Die negative Korrelation zur Bruttomarge kann als Indiz für die erhöhten Kosten durch zusätzliche Vertriebskanäle gewertet werden, die zu einer schlechteren Marge im Vergleich zu Unternehmen mit reinen Online-Vertriebskanälen führt. Außerdem konnte der

---

[1182] Internet-Adresse: http://www.bizrate.com/; http://www.shoppingspot.com/where/storeratings.htm/ und http://www.forrester.com/ER/PowerRankings/0,2141,10-1,00.html.

Geschäftsmodell-spezifische Unterschied in der Bedeutung der Anzahl der Vertriebskanäle für Content und physische Produkte aufgezeigt werden.

H_{MUL1}:	*Unternehmen mit einer höheren Anzahl an Bestellmöglichkeiten bzw. Distributionskanälen haben verbesserte Möglichkeiten zum Aufbau der Kundenbindung und sind deshalb erfolgreicher als Anbieter mit geringerer Multikanalität.*
H_{MUL2}:	*Für Anbieter physischer Güter weist das Kriterium Multikanalität eine höhere Bedeutung auf, als für Content-Anbieter.*

Ergebnis: Hypothese H_{MUL1} nicht bestätigt und H_{MUL2} bestätigt.

6.3.5 Mitarbeitermotivation

6.3.5.1 Aktienoptionsprogramme

Bei der Untersuchung des **Einsatzes von Aktienoptionen zur Mitarbeitermotivation**
wurde unterschieden, ob Aktienoptionen allen Mitarbeitern gewährt oder nur an
limitierte Berechtigte ausgegeben werden (z.b. Führungskräfte, Aufsichtsratmitglieder,
usw.), die als Hauptressourcen und Wissensträger des Unternehmens eingestuft
werden[1183].

Für den Fall der Ausgabe von **Aktienoptionen an einen limitierten Personenkreis**
ergaben sich für alle Geschäftsmodelle keinerlei Korrelationen und Signifikanzen.

Bei der Einräumung von **Aktienoptionen für alle Mitarbeiter** konnte bei der
Auswertung aller Unternehmen eine positive Korrelation zur Bruttomarge festgestellt
werden. Der Signifikanztest ergab außerdem Zusammenhänge zur Mitarbeiterwachstumsrate sowie zur Bruttomarge. Die Hypothese H_{MIT} kann demnach als bestätigt
betrachtet werden.

Somit lässt sich festhalten, dass die Unternehmen mit Aktienoptionen nur für einen
limitierten Bezugskreis im Vergleich zu denen mit Aktienoptionen für alle Mitarbeiter
deutlich schlechter abschneiden. Der positive Einfluss auf das Wachstum lässt sich
potenziell mit der höheren Mitarbeitermotivation erklären. Der Einfluss auf die
Bruttomarge könnte an den häufig geringeren laufenden Lohnkosten dieser Unternehmen liegen, weil ein niedriges Grundgehalt durch potenziell später sehr wertvolle
Aktienoptionen ausgeglichen wird. Ein weiterer Erklärungsansatz ist die potenziell
höhere Effizienz der Mitarbeiter, die selbst als Miteigentümer an dem Unternehmen
beteiligt sind.

[1183] Die erforderlichen Daten wurden den Angaben auf den Unternehmenswebseiten, aus Bilanzdatenbanken sowie den Geschäftsberichten und 10K Filings der Unternehmen entnommen., außerdem
wurden diese Daten teilweise bei den Unternehmen angefragt.

H$_{MIT}$:	*Unternehmen, die zur Motivation und Bindung der Ressource Mitarbeiter an das Unternehmen Aktienoptionsprogramme verwenden, sind erfolgreicher als Unternehmen ohne solche Aktienoptionsprogramme.*

Ergebnis: Hypothese H$_{MIT}$ bestätigt.

6.4 Übertragung und Ausbau der Ressourcen und Fähigkeiten

6.4.1 Internationalisierung

Die Verfolgung einer **Internationalisierungsstrategie**, die als wichtige Methode zur Übertragung bewährter Ressourcen auf neue Märkte ermittelt wurde, wird in dieser Analyse anhand des Indikators „Anzahl der Länder, in denen ein Unternehmen tätig ist" gemessen[1184]. Dabei wird bei Transaktionsanbietern neben einer Webpräsenz in der Landessprache eine physische Niederlassung in den Ländern vorausgesetzt, bei den Content-Anbietern aufgrund des Informationsgutcharakters der Produkte lediglich eine Webpräsenz im jeweiligen Land in der Landessprache. Eine Angabe des Anteils am Umsatz der Auslandsaktivitäten bzw. eine Aufschlüsselung nach einzelnen Ländern liegt nur bei wenigen Unternehmen vor, so dass die Annäherung über die Anzahl der Länder erfolgen muss. Dennoch stellt diese Größe eine gute Annäherung an die Existenz einer Internationalisierungsstrategie dar, da davon auszugehen ist, dass Unternehmen, die eine solche verfolgen, in mehreren Ländern tätig werden. Dies gilt insbesondere, da viele US-Anbieter sich auf die USA als Absatzmarkt beschränken.

Bei der Betrachtung aller Unternehmen ergibt sich eine hohe positive Korrelation sowie Signifikanz (t-Test) zu der Marktkapitalisierung sowie zur Mitarbeiterwachstumsrate. Dies ist eine klare Bestätigung der Hypothese H$_{ITL1}$.

Während sich für die Inhalte-Anbieter keine Zusammenhänge ergeben, können für die Anbieter physischer Produkte Korrelationen zur Marktkapitalisierung, Umsatzwachstumsrate sowie zur Mitarbeiterwachstumsrate (letztere bestätigt durch den t-Test) festgestellt werden, was die Hypothese H$_{ITL2}$ bestätigt.

Während sich bei den indirekten Erlösmodellen wie bei den Inhalte-Anbietern keine statistischen Zusammenhänge zeigen, ergeben sich bei den direkten Erlösmodellen positive Korrelationen und Signifikanzen (t-Test) zu der Marktkapitalisierung sowie Mitarbeiterwachstumsrate.

Es liegt demnach ein Zusammenhang zum Wachstum des Unternehmens sowie zur Marktkapitalisierung vor. Offenbar gelingt es den international expandierenden Unternehmen stärker, ihren Umsatz auszubauen, als den Unternehmen, die dies nicht tun. Des weiteren wird in der externen Wahrnehmung (Marktkapitalisierung) diesen

---

[1184] Die erforderlichen Daten wurden den Angaben auf den Unternehmenswebseiten, aus Bilanzdatenbanken sowie den Geschäftsberichten und 10K Filings der Unternehmen entnommen.

Unternehmen zugetraut, aus ihrer Internationalisierung eine überlegene Marktposition auszubauen. Dies könnte mit dem Besitz überlegener Ressourcen begründet werden, die in neue Märkte übertragen werden. Außerdem zeigt sich, dass die Internationalisierung bei den Unternehmen mit physischen Produkten und direkten Erlösen eine größere Rolle spielt als bei anderen Geschäftsmodellen. Dies kann damit begründet werden, dass diese Unternehmen zum Vertrieb ihrer Produkte eine gewisse Infrastruktur in den jeweiligen nationalen Märkten benötigen, so dass eine Internationalisierung bei einem Verkauf in diese Länder zwingend wird. Content-Anbieter können hingegen ihre Produkte auch ohne lokale Infrastruktur verkaufen.

H_{ITL1}:	*Unternehmen, die ihre Ressourcen durch eine Internationalisierungsstrategie in neue Märkte übertragen, sind erfolgreicher als solche, die ihre Ressourcen nicht in weiteren Märkten nutzen.*
H_{ITL2}:	*Für Anbieter physischer Güter besitzt die Übertragung der Ressourcen auf neue Märkte durch Internationalisierung eine höhere Bedeutung als für Content-Anbieter.*

Ergebnis: Hypothese H_{ITL1} und H_{ITL2} bestätigt.

6.4.2 Unternehmenskäufe und Fusionen

Die **Unternehmenskäufe und Fusionen** zum Zugang neuer Ressourcen werden in dieser Analyse durch „deren Anzahl beim betrachteten Unternehmen innerhalb der letzten drei Jahre" als Indikator gemessen[1185]. Die Anzahl wird dabei als Indikator für die Integrationsfähigkeiten des Unternehmens verwendet und gibt Auskunft darüber, wie häufig das Unternehmen diese Unternehmensstrategie zur Erlangung zusätzlicher Ressourcen anwendet.

Ein Zusammenhang der Unternehmenskäufe und Fusionen ergibt sich zur Marktkapitalisierung pro Umsatz sowie zur Bruttomarge (positive Korrelation, t-Test) für alle Unternehmen. Dies bestätigt Hypothese H_{KAU1}.

Bei den Inhalte-Anbietern ergibt sich eine Signifikanz (t-Test) zur Marktkapitalisierung. Bei den Anbietern physischer Produkte ergibt sich eine positive Korrelation zur Marktkapitalisierung sowie zur Mitarbeiterwachstumsrate und Bruttomarge (die beiden letzteren bestätigt durch den t-Test). Dies unterstreicht die Bedeutung von Unternehmenskäufen gerade für die Anbieter physischer Güter, wie in H_{KAU2} formuliert.

Bei den direkten Erlösmodellen ergeben sich Korrelationen zur Marktkapitalisierung (bestätigt durch den t-Test), Mitarbeiterwachstumsrate und Bruttomarge (Bestätigung durch t-Test). Für die indirekten Erlösmodelle konnten keinerlei statistisch signifikanten Zusammenhänge ermittelt werden. Hypothese H_{KAU3} wird hierdurch belegt.

[1185] Die erforderlichen Daten wurden den Angaben auf den Unternehmenswebseiten, aus Bilanzdatenbanken sowie den Geschäftsberichten und 10K Filings der Unternehmen entnommen.

Der Zusammenhang zur relativen Marktkapitalisierung kann damit begründet werden, dass Unternehmenskäufe ein Signal an die externen Beobachter sind, dass ein Unternehmen seine Marktposition weiterhin ausbaut, neue Ressourcen beschafft und wächst. Offensichtlich wird dies von den Anlegern als ein Indiz für die positive Entwicklung gewertet. Durch Unternehmenskäufe werden zumeist Umsätze hinzugekauft, so dass ein Zusammenhang zum Wachstum des Unternehmens keine Überraschung darstellt.

Der positive Einfluss auf die Bruttomarge könnte damit begründet werden, dass erfolgreichere Unternehmen die zugekauften Fähigkeiten optimal Einsetzen, um ihre Rentabilität zu erhöhen.

Offensichtlich ist der Effekt auf die Anbieter physischer Produkte und den direkten Erlösmodellen höher als bei anderen Geschäftsmodellen, insbesondere in bezug auf das Unternehmenswachstum und die Bruttomarge. Mögliche Erklärung ist, dass gerade bei den physischen Produkten aufgrund der erforderlichen minimalen effektiven Betriebsgröße gewisse Mindestgrößen zur wirtschaftlichen Ausübung des Geschäftsmodells erforderlich sind. Insofern ließen sich Unternehmenskäufe als weitere Schritte in Richtung dieser Mindestgröße interpretieren, was zu einer erhöhten Profitabilität führt (Skalenvorteile, Kostendegression). Außerdem erhält das kaufende Unternehmen weitere logistische und kundenbezogene Ressourcen, die offenbar gewinnbringend eingesetzt werden.

H_{KAU1}:	*Unternehmen, die sich neue Ressourcen über Unternehmenskäufe oder Fusionen beschaffen, sind erfolgreicher als solche Unternehmen, die diesen Weg der Ressourcenakkumulation nicht nutzen.*
H_{KAU2}:	*Für Unternehmen mit physischen Geschäftsmodellen sind Unternehmenskäufe und Fusionen zur Ressourcenakkumulation wichtiger als für Content-Anbieter.*
H_{KAU3}:	*Für direkte Erlösmodelle sind Unternehmenskäufe zur Ressourcenakkumulation wichtiger als für Anbieter mit indirekten Erlösmodellen.*

Ergebnis: Hypothese H_{KAU1}, H_{KAU2} und H_{KAU3} bestätigt.

6.4.3 Markteintrittszeitpunkt/First-Mover Vorteil

Der Resource-Based View lässt Wettbewerbsvorteile für First-Mover erwarten. Der **Markteintrittszeitpunkt** wird über die beiden Größen Anzahl Jahre seit Unternehmensgründung sowie **Anzahl Jahre seit Beginn der Online-Tätigkeit** des Unternehmens gemessen[1186].

Hierbei ergab sich bei Betrachtung aller Unternehmen für beide Kriterien eine negative Korrelation zur Umsatzwachstumsrate (bestätigt durch den t-Test) sowie eine positive Korrelation zur Bruttomarge.

[1186] Die erforderlichen Daten wurden den Angaben auf den Unternehmenswebseiten, aus Bilanzdatenbanken sowie den Geschäftsberichten und 10K Filings der Unternehmen entnommen.

Für die Inhalte-Anbieter ergibt sich ebenfalls eine negative Korrelation zur Umsatz-wachstumsrate für beide Kriterien sowie eine positive Signifikanz zur Bruttomarge (für Anzahl Jahre seit Beginn Online-Aktivität). Bei den Transaktions-Anbietern zeigt sich eine negative Korrelation zur Umsatzwachstumsrate (bestätigt durch den t-Test).

Bei den direkten Erlösmodellen ergeben sich für beide Kriterien negative Korrelatio-nen zur Umsatzwachstumsrate (Bestätigung durch t-Test) sowie positive Korrelationen zur Bruttomarge (bei der Anzahl Jahre seit Beginn der Online-Aktivität, bestätigt durch den t-Test). Für die indirekten Erlösmodelle ergeben sich ausschließlich bei den Jahren seit Beginn der Online-Aktivität eine positive Korrelation zur Mitarbeiterwachstumsra-te (Bestätigung durch t-Test) sowie eine Signifikanz zur Bruttomarge (t-Test).

Die teilweise Signifikanz zur Bruttomarge zeigt, dass Unternehmen mit zunehmender Dauer ihrer Tätigkeit offenbar in der Lage sind, ihre Profitabilität zu verbessern. Dieses Ergebnis bestätigt sich bei allen Geschäftsmodellen und unabhängig von der regionalen Herkunft des Unternehmens.

Überraschend ist der negative Zusammenhang zur Umsatzwachstumsrate, wohingegen parallel teilweise der Zusammenhang zur Mitarbeiterwachstumsrate positiv ausfällt. Dieses Ergebnis ist widersprüchlich und erlaubt keine eindeutige Schlussfolgerung. Bezüglich des Vorhandenseins eines First-Mover Vorteils ergeben sich demnach ebenfalls keine eindeutigen Ergebnisse, so dass das Vorhandensein eines First-Mover Vorteils anhand der Daten dieser Analyse nicht gefolgt werden kann.

H_{MAR1}:	*Ein früher Markteintritt hat einen Einfluss auf die Möglichkeiten des Ressourcenaufbaus der Anbieter und somit auf den Erfolg eines Unter-nehmens bei seiner Electronic Commerce Tätigkeit.*
H_{MAR2}:	*Ein früher Markteintritt ist bei Content-Anbietern wichtiger als bei den Anbietern physischer Güter.*
H_{MAR3}:	*Ein früher Markteintritt ist bei indirekten Erlösmodellen wichtiger als bei den direkten Erlösmodellen.*

Ergebnis: Hypothesen H_{MAR1}, H_{MAR2} und H_{MAR3} müssen aufgrund der statistischen Ergebnisse abgelehnt werden.

6.4.4 Unternehmensherkunft

Auf Basis des Resource-Based Views wäre zu erwarten, dass ein Unterschied zwischen Neugründungen und Old-Economy Ausgründungen aufgrund der vorhande-nen Unternehmensressourcen besteht[1187].

Die Herkunft des Unternehmens als **Neugründung (Start-up)** bzw. **Ausgründung** aus einem bestehenden Unternehmen ergibt bei Betrachtung aller Unternehmen eine

---

[1187] Die erforderlichen Daten wurden den Angaben auf den Unternehmenswebseiten, aus Bilanzdaten-banken sowie den Geschäftsberichten und 10K Filings der Unternehmen entnommen.

positive Korrelation zur Mitarbeiterwachstumsrate sowie eine Signifikanz des t-Tests zur relativen Marktkapitalisierung. Dies zeigt, dass die Unternehmen mit einem Ursprung in der Old-Economy Vorteile gegenüber Neugründungen aufweisen. Dies wurde in Hypothese H_{UNT1} vermutet, die somit bestätigt wird.

Bei der Betrachtung der Content-Anbieter ergeben sich keinerlei Korrelationen oder Signifikanzen, bei den Anbietern physischer Güter gibt es eine Korrelation zur Mitarbeiterwachstumsrate, die durch den t-Test bestätigt wird. In Hypothese H_{UNT2} war erwartet worden, dass die Unternehmensherkunft gerade für Unternehmen mit physischen Gütern bedeutsam ist, was sich aber nicht belegen lässt.

Ein ähnliches Bild ergibt sich bei den indirekten Erlösmodellen, die keinerlei Korrelationen oder Signifikanzen aufweisen, wohingegen bei den direkten Erlösmodellen eine positive Korrelation (Bestätigung durch t-Test) zur Mitarbeiterwachstumsrate festzustellen ist. Dies bestätigt Hypothese H_{UNT3}, die diesen Zusammenhang vermutet.

Offenbar gelingt es den Unternehmen mit dem Ursprung in der Old-Economy gerade bei den direkten Erlösmodellen sowie physischen Produkten, stärker zu wachsen als den neugegründeten Wettbewerbern. Möglicherweise ist die Ursache, dass gerade bei diesen Geschäftsmodellen eine Infrastruktur erforderlich ist und die Expertise sowie Markenbekanntheit dieser Anbieter eine Rolle spielen. Dieses Ergebnis kann als überraschend eingeschätzt werden, da prominente Vertreter der Internetbranche wie Amazon.com oder Ebay Neugründungen darstellen.

H_{UNT1}:	*Aufgrund des besseren Zugangs zu bestehenden Ressourcen weisen bestehende („Old-Economy") Unternehmen gegenüber Neugründungen einen Wettbewerbsvorteil auf.*
H_{UNT2}:	*Für Anbieter von physischen Produkten, die viele etablierte Ressourcen nutzen, spielt die Unternehmensherkunft aus der Old-Economy eine Bedeutung für den Unternehmenserfolg.*
H_{UNT3}:	*Für Anbieter von direkten Erlösmodellen, die viele etablierte Ressourcen nutzen, spielt die Unternehmensherkunft aus der Old-Economy eine Bedeutung für den Unternehmenserfolg.*

Ergebnis: Hypothese H_{UNT1} bestätigt, H_{UNT2} nicht bestätigt, und H_{HUNT3} bestätigt.

6.4.5 Führende Wettbewerbsposition

Es wurde überprüft, ob Unternehmen mit einer **führenden Marktposition** (gemessen am Umsatz in ihrem Marktsegment) im Internet-Umfeld Vorteile gegenüber ihren Wettbewerbern aufweisen, wie aus ressourcentheoretischer Sicht zu erwarten wäre.

Die Analyse aller Unternehmen ergab in dieser Hinsicht hohe positive Korrelationen zur Mitarbeiterwachstumsrate ebenso wie zur Bruttomarge. Beide Ergebnisse werden durch den Signifikanztest bestätigt. Somit lässt sich festhalten, dass Unternehmen mit einer führenden Marktposition in bezug auf Wachstum und Profitabilitätsniveau Unternehmen mit ungünstigeren Marktpositionen überlegen sind. Hypothese H_{POS1} wird durch das Ergebnis klar bestätigt.

Für die Content-Anbieter ergaben sich positive Korrelationen zu allen vier Erfolgsmaßen, die mit Ausnahme der Umsatzwachstumsrate alle durch den t-Test bestätigt werden.

Bei den Anbietern physischer Produkte hingegen ergibt sich lediglich eine Signifikanz des t-Tests zur Mitarbeiterwachstumsrate. Auch Hypothese H_{POS2} wird somit durch das Ergebnis klar bestätigt.

Offenbar ist gerade bei den Inhalte-Anbietern eine führende Marktposition besonders entscheidend. Führende Anbieter in diesem Segment können eher von Netzwerkeffekten profitieren und aufgrund ihrer führenden Marktstellung weitere Kunden anziehen. Bei den Anbietern der physischen Güter zeigt der Zusammenhang zwischen Marktposition und Wachstum ebenfalls die Bedeutung einer führenden Marktstellung, allerdings weniger ausgeprägt als bei Inhalte-Anbietern. Nischenanbieter hätten aus diesem Grund potenziell bei Inhalte-Geschäftsmodellen keine Marktchancen, bei dem Verkauf physischer Güter wäre dies hingegen eher realisierbar.

Für direkte Erlösmodelle ergibt sich ein Zusammenhang (positive Korrelation) zwischen der Marktposition und der Bruttomarge. Entsprechend kann davon ausgegangen werden, dass führende Anbieter ihre Marktposition zur Erreichung einer günstigeren Bruttomarge nutzen können. Bei den indirekten Erlösmodellen ergeben sich positive Korrelationen sowie Signifikanzen (t-Test) zur Umsatzwachstumsrate sowie zur Mitarbeiterwachstumsrate. Auch dies ist eine eindeutige Bestätigung der Hypothese H_{POS3}. Gerade bei indirekten Erlösmodellen (z.B. durch Werbung) ist offenbar eine führende Marktposition ein entscheidendes Erfolgskriterium für Wachstum. Dies kann damit erklärt werden, dass z.B. Werbung von den Auftraggebern auf führende Anbieter konzentriert wird, um möglichst viele Nutzer und Kundengruppen zu erreichen.

Insgesamt lässt sich also eine hohe Bedeutung der führenden Marktposition erkennen, was Erfahrungen in anderen Industrien bestätigt. Als überraschend ist einzuschätzen, dass die Marktführerschaft kaum Signifikanzen zur Marktkapitalisierung aufweist. Hier wäre zu vermuten gewesen, dass sich die führende Marktposition auch in einer höheren relativen Marktkapitalisierung widerspiegelt.

H_{POS1}:	*Ein Unternehmen mit der Marktposition 1 oder 2 im relevanten Teilmarkt hat Ressourcenakkumulierungsvorteile und ist deshalb erfolgreicher als ein Unternehmen mit schlechterer Marktposition.*
H_{POS2}:	*Eine führende Marktposition ist für Content Anbieter entscheidender als für Anbieter physischer Güter.*

| H$_{POS3}$: | *Eine führende Marktposition ist für Anbieter mit indirekten Geschäfts-modellen wichtiger als für Anbieter mit direkten Geschäftsmodellen.* |

Ergebnis: Hypothesen H$_{POS1}$, H$_{POS2}$ und H$_{POS3}$ klar bestätigt.

6.5 Kontrolle der Ressourcen und Fähigkeiten durch Corporate Governance

6.5.1 Corporate Governance durch Anlegerstruktur

Als **institutionelle Anleger** (z.B. Fondsanbieter, Banken, Versicherungen) wurden bei dieser Analyse Anleger mit einem gesamten Investitionsvolumen oberhalb von US$ 100 Mio. (bei allen Unternehmen, bei denen der Anleger beteiligt ist) betrachtet. Zudem ist bei dieser Analyse darauf hinzuweisen, dass aufgrund der geringen Verfügbarkeit dieser Daten für europäische Anbieter der Stichprobenumfang bei den europäischen Anbietern zu gering ist, so dass bei der Betrachtung der institutionellen Anleger die europäischen Anbieter nicht berücksichtigt werden können.

Gemessen wird der Corporate Governance Effekt anhand der **institutionellen** Anleger:

- Anzahl institutionelle Anleger beim betrachteten Unternehmen und
- Prozentualer Anteil, den alle institutionellen Anleger am betrachteten Unternehmen halten.

Die Daten stammen dabei von Onvista, Dow Jones, Thomson Financial, Yahoo Finance und aus Angaben der Unternehmen auf Webseiten, SEC-Filings und im Jahresabschluss.

6.5.1.1 Institutionelle Anleger

Für die **Anzahl der institutionellen Anleger** ließen sich Korrelationen zur Mitarbeiterwachstumsrate und Bruttomarge (Bestätigung durch den Signifikanztest) ermitteln ebenso wie eine Signifikanz zur relativen Marktkapitalisierung (t-Test).

Bei den Inhalte-Anbietern und Anbietern physischer Güter ergaben sich bei Mitarbeiterwachstumsrate und Bruttomarge positive Korrelationen sowie Signifikanzen (t-Test).

Für die direkten Erlösmodelle ergeben sich positive Korrelationen zur Mitarbeiterwachstumsrate und Bruttomarge (bestätigt durch den t-Test) sowie eine Signifikanz zur Marktkapitalisierung. Indirekte Erlösmodelle weisen eine positive Korrelation zur Mitarbeiterwachstumsrate (Bestätigung durch den t-Test) sowie eine Signifikanz (t-Test) zur Bruttomarge auf.

Die Ergebnisse werden bei Verwendung des **prozentualen Anteils des von institutionellen Investoren gehaltenen Anteils** an dem Unternehmen größtenteils bestätigt.

Für alle Unternehmen können Signifikanzen zur Umsatzwachstumsrate, Mitarbeiterwachstumsrate und Bruttomarge (letztere beide bestätigt durch den t-Test) beobachtet werden. Hierdurch wird Hypothese H_{INS} bestätigt.

Für die Inhalte-Anbieter ergeben sich Korrelationen zur Marktkapitalisierung und Mitarbeiterwachstumsrate (beide bestätigt durch den t-Test) und eine Signifikanz (t-Test) zur Bruttomarge. Die Anbieter physischer Produkte wiesen eine Korrelation zur Bruttomarge auf (Bestätigung durch den t-Test).

Direkte Erlösmodell-Unternehmen weisen sowohl positive Korrelationen als auch Signifikanzen (t-Test) zur Mitarbeiterwachstumsrate sowie Bruttomarge auf. Die indirekten Erlösmodelle haben eine Signifikanz (t-Test) zur relativen Marktkapitalisierung und eine positive Korrelation zur Mitarbeiterwachstumsrate.

Insbesondere fällt der Einfluss der institutionellen Anleger auf das Wachstum des Unternehmens und auf die Bruttomarge, in geringerem Maße auch bei der Marktkapitalisierung auf. Hieraus könnte gefolgert werden, dass Unternehmen, die durch professionelle institutionelle Anleger überwacht werden, stärker wachsen und stärker um ihre Profitabilität bemüht sind.

Allerdings ist auf den ungeklärten Ursache-Wirkung-Zusammenhang hinzuweisen. Gerade in Hinblick auf den Ursache-Wirkung-Zusammenhang ist zu beachten, dass es fraglich ist, ob Unternehmen institutionelle Anleger haben, weil sie überdurchschnittlich stark wachsen sowie eine höhere Bruttomarge besitzen oder ob gerade aufgrund des Drucks durch institutionelle Anleger Unternehmen entsprechend bessere Leistungen erbringen als Konkurrenzunternehmen. Diese Forschungsfragen sollten in weiteren Untersuchungen detaillierter analysiert werden.

| H_{INS}: | *Unternehmen mit einer Kontrolle ihrer Ressourcen durch eine hohe Anzahl von institutionellen Anlegern sind erfolgreicher.* |

Ergebnis: Hypothese H_{INS} bestätigt.

6.5.2 Bedeutung von Corporate Governance durch Vorstand und Aufsichtsrat

Gemessen wurde der Einfluss auf die Erfolgsmaße anhand folgender vier Kriterien[1188]:

- Größe des Vorstands (Anzahl Personen),
- Größe des Aufsichtsrates (Anzahl Personen),
- Alter des Vorstandsvorsitzenden (in Jahren) und

[1188] Die erforderlichen Daten wurden den Angaben auf den Unternehmenswebseiten, aus Bilanzdatenbanken, Presseartikeln sowie den Geschäftsberichten und 10K Filings der Unternehmen entnommen.

• Amtsdauer des Vorstandsvorsitzenden (in Jahren).

6.5.2.1 Größe des Vorstandes

Bei Betrachtung aller Unternehmen ergibt sich eine positive Korrelation zwischen **Größe des Vorstandes** und Mitarbeiterwachstumsrate und Bruttomarge (letzteres bestätigt durch den t-Test). H_{GOV1} wird hierdurch bestätigt.

Ein identisches Bild ergibt sich bei den Anbietern physischer Produkte. Bei den Inhalte-Anbietern liegt eine Korrelation sowie Signifikanz (t-Test) zur Bruttomarge vor.

Bei den direkten Erlösmodellen ergeben sich ebenfalls eine positive Korrelation sowie Signifikanz (t-Test) zur Bruttomarge. Bei den indirekten Erlösmodellen zeigt sich eine Korrelation zur Bruttomarge, eine Signifikanz (t-Test) ergibt sich zur Umsatzwachstumsrate.

Der Zusammenhang insbesondere zur Wachstumsrate des Unternehmens und zur Bruttomarge legt die Bestätigung der Hypothese nahe, dass eine höhere Spezialisierung des Vorstandes zu einer besseren Leistung des Unternehmens führt.

H_{GOV1}: *Die Größe des Vorstands hat einen positiven Einfluss auf die Entscheidungsqualität über die Verwendung von Unternehmensressourcen, was zu erhöhtem Erfolg im Electronic Commerce führt.*

Ergebnis: Hypothese H_{GOV1} bestätigt.

6.5.2.2 Größe des Aufsichtsrates

Bei Betrachtung der **Größe des Aufsichtsrates** ergeben sich für alle Unternehmen keine statistisch signifikanten Zusammenhänge.

Bei den Inhalte-Anbietern und Unternehmen mit physischen Gütern ergeben sich ebenfalls keinerlei Zusammenhänge.

Bei den indirekten Erlösmodellen zeigten sich keine Zusammenhänge, bei den direkten Erlösmodellen eine positive Korrelation zur Bruttomarge.

Die Korrelation zur Bruttomarge könnte Ausdruck für eine in stärkeren Maße ausgeübte Kontrollfunktion sein. Zudem kann sie als ein Beleg der ressourcentheoretischen Überlegung interpretiert werden, dass größere Aufsichtsräte mehr Kontakte zu wichtigen Ressourcen in der Außenwelt garantieren, die zu einer höheren Profitabilität des Unternehmens führen.

Insgesamt ist das Bild bei der Größe des Aufsichtsrates weniger eindeutig als bei der Größe des Vorstandes. Für die Ausnahme bei der Bruttomarge gelten die Begründungen zur Größe des Vorstandes analog. Somit muss Hypothese H_{GOV2} abgelehnt werden.

H_{GOV2}: *Die Größe des Aufsichtsrates hat einen positiven Einfluss auf die Entschei-dungsqualität über die Verwendung von Unternehmensressourcen und verschafft einen Zugang zu externen Ressourcen, was zu erhöhtem Erfolg im Electronic Commerce führt.*

Ergebnis: Hypothese H_{GOV2} nicht bestätigt.

6.5.2.3 Alter des Vorstandsvorsitzenden

Das **Alter des Vorstandsvorsitzenden** ergab für alle Unternehmen keine statistisch signifikanten Zusammenhänge.

Für die Content-Anbieter gibt es keine Signifikanzen, bei den Anbietern physischer Produkte ergibt sich eine negative Korrelation zur Bruttomarge.

Die direkten und indirekten Erlösmodelle zeigten keinerlei statistische Zusammenhänge.

Das Gesamtbild ergibt keine einheitlichen Ergebnisse. Die negativen Korrelationen zur Bruttomarge sind als ein Indiz zu sehen, dass, entgegen der These, dass ältere Vorstandsvorsitzende über mehr Erfahrung verfügen und deshalb ein Unternehmen erfolgreicher leiten, in bezug auf die Profitabilität das Gegenteil der Fall ist. Hypothese H_{GOV3} ist demnach abzulehnen.

H_{GOV3}: *Das Alter des Vorstandsvorsitzenden hat aufgrund der dadurch vorhandenen Erfahrung (Ressource) einen positiven Einfluss auf den Erfolg im Electronic Commerce.*

Ergebnis: Hypothese H_{GOV3} nicht bestätigt.

6.5.2.4 Amtsdauer des Vorstandsvorsitzenden

Die **Amtsdauer des Vorstandvorsitzenden** ergibt bei allen Unternehmen eine negative Korrelation zur Bruttomarge, die durch den t-Test bestätigt wird.

Für die Inhalte-Anbieter ergibt sich eine positive Korrelation zur Mitarbeiterwachstumsrate. Bei den Unternehmen, die physische Güter verkaufen, ergibt sich eine positive Korrelation zur Bruttomarge, die der t-Test bestätigt.

Ebenso ergibt sich bei den direkten Erlösmodellen eine positive Korrelation sowie Signifikanz (t-Test) zur Bruttomarge. Bei den indirekten Erlösmodellen liegt eine positive Korrelation zur Mitarbeiterwachstumsrate (Bestätigung durch t-Test) sowie zur Bruttomarge vor.

Der positive Zusammenhang zwischen der Amtsdauer und der Bruttomarge sowie dem Wachstum des Unternehmens kann als Indiz dafür gewertet werden, dass eine kontinuierliche Führung zu einer besseren Leistung des Unternehmens führt. Die negative Korrelation zur Bruttomarge im Fall aller Unternehmen widerspricht diesem Ergebnis. Somit ergibt sich hinsichtlich dieses Kriteriums kein eindeutiges Ergebnis. Aus diesem Grund ist die Hypothese H_{GOV4} abzulehnen.

> H_{GOV4}: *Die Amtsdauer des Vorstandsvorsitzenden hat aufgrund der durch sie erworbenen Unternehmenserfahrung (Ressource) einen positiven Einfluss auf den Erfolg im Electronic Commerce.*

Ergebnis: Hypothese H_{GOV4} nicht bestätigt.

6.6 Direkte Erlöse

Als ein weiteres Kriterium wurde untersucht, ob der **Anteil der direkten Erlöse an den Gesamterlösen** einen Einfluss auf die Erfolgsmaße aufweist. Gemessen wurde anhand des Anteils der direkten Erlöse an den Gesamterlösen sowie, ob überwiegend direkte Erlöse erzielt werden oder nicht. In der Untersuchung wurde analysiert, ob direkte oder indirekte Erlösmodelle hinsichtlich der Erfolgsindikatoren Unterschiede aufweisen. Aus diesem Grund soll hier noch der direkte Einfluss dieses Kriteriums auf die vier Erfolgsmaße untersucht werden.

6.6.1 Gesamterlöse überwiegend aus direkten Erlösen

Bei allen Unternehmen ergibt sich eine Signifikanz (t-Test) der Unternehmen mit überwiegend direkten Erlösen zur Bruttomarge.

Für die Inhalte-Anbieter ergibt sich eine positive Korrelation sowie Signifikanz (t-Test) zur Mitarbeiterwachstumsrate. Bei den Anbietern physischer Produkte ergeben sich keine statistisch signifikanten Zusammenhänge, ebenso wie bei den direkten und indirekten Erlösmodellen.

6.6.2 Anteil der direkten Erlöse an den Gesamterlösen

Bei der Messung des **Anteils der direkten Erlöse an den Gesamterlösen** ergeben sich für alle Unternehmen keine Zusammenhänge, ebenso wie bei den Anbietern physischer Güter. Für die Inhalte-Anbieter liegt eine Signifikanz (t-Test) zur Mitarbeiterwachstumsrate vor.

Eine mögliche Begründung liegt in der Fähigkeit der Unternehmen mit Content Umsätze zu realisieren. Offenbar gelingt es den Content-Anbietern mit einem höheren

Anteil an direkten Erlösen (z.B. Abonnements) besser zu wachsen als Unternehmen mit geringen direkten Erlösen.

Somit ergibt sich ein Geschäftsmodell-spezifisches Ergebnis hinsichtlich dieses Kriteriums (Relevanz für Inhalte-Anbieter).

7. Zusammenfassung und Ergebnisse

7.1 Zusammenfassung der Ergebnisse

Diese Untersuchung verfolgte das Ziel, einen **Beitrag zur Erfolgsfaktorenforschung** bei Unternehmen aus dem Bereich des Electronic Commerce zu leisten.

Hierzu wurde zunächst der **Stand der Erfolgsfaktorenforschung** dargestellt. Basierend auf dem Forschungsstand wurden die Kritik an der Erfolgsfaktorenforschung aufgezeigt sowie die Methoden der Erfolgsfaktorenforschung systematisiert. Es konnte abgeleitet werden, dass ein theoriegeleitetes, konfirmatorisches Vorgehen die höchste Eignung für das **Vorgehen** der Erfolgsfaktorenforschung aufweist. Aus diesem Grund wurde in der vorliegenden Forschungsarbeit ein konfirmatorischer, auf Hypothesen beruhender Ansatz gewählt.

Die Betrachtung der zum aktuellen Zeitpunkt **vorliegenden Forschungsarbeiten zum Business-to-Consumer Electronic Commerce** zeigte, dass gegenwärtig der Idealprozess der theoriegeleiteten, empirischen Forschung zumeist nicht eingehalten wird. Als Ausnahme wurde die Forschungsarbeit von *Böing* identifiziert, die aufgrund ihres Untersuchungsschwerpunktes jedoch einige wichtige Forschungsgebiete nicht betrachtet.

Im Folgenden erfolgte eine Darstellung der in der Untersuchung benötigten **Definitionen und Grundsätze des Electronic Commerce**, auf die in der empirischen Untersuchung zurückgegriffen wird. Ein Ergebnis hierbei ist, dass nur wenige Internet-Geschäftsmodelle völlig neue Geschäftsansätze und -systeme umfassen. Ein Schwerpunkt liegt auf der Abgrenzung der einzelnen Geschäftsmodelle und ihrer Charakteristika. Insbesondere werden die verschiedenen **Erlösmodelle** der einzelnen Geschäftsmodelle unterschieden. Eine weitere Unterscheidung erfolgt in Hinblick auf die **Eignung der einzelnen Produkte** für die jeweiligen Transaktionsphasen des Electronic Commerce, wobei zwischen physischen Gütern und Informationsgütern unterschieden wird. Hieraus ergibt sich die grundsätzliche Unterscheidung der Geschäftsmodelle hinsichtlich Erlösmodell (direkt vs. indirekt) und Eigenschaften des Produktes (physisches Gut vs. Informationsgut).

Der **allgemeine Bezugsrahmen** wurde durch die Betrachtung des Resource-Based Views als grundlegende Theorie zur Erreichung von Wettbewerbsvorteilen dargestellt. Im Zentrum des Resource-Based Views stehen die Fähigkeiten des einzelnen Unternehmens und der Einfluss des Verhaltens des Unternehmens auf den Unternehmenserfolg. Neben den grundlegenden Definitionen und möglichen Ressourcenarten wird darauf eingegangen, wie Unternehmen ihre Ressourcen zum Aufbau von Wettbewerbsvorteilen nutzen können. Der Bezugsrahmen wird weiter konkretisiert, indem die besonderen Gesetzmäßigkeiten der **Internet-Ökonomie** dargestellt werden, die für Unternehmen im Internet-Markt grundsätzliche **Rahmenbedingungen** darstellen. Auf theoretischer Basis wird geprüft, inwiefern sich diese Gesetzmäßigkeiten auf die verschiedenen Internet-Geschäftsmodelle anwenden lassen. Hierbei ergibt sich, dass die Mehrheit der Gesetzmäßigkeiten für den Großteil der Geschäftsmodelle nicht angewendet werden kann. Vielmehr ergibt sich teilweise eine hohe Relevanz konventioneller Erfolgskriterien, die von anderen Branchen her bekannt sind.

Ausgehend vom allgemeinen Bezugsrahmen, Electronic Commerce-spezifischen Herleitungen aus dem Resource-Based View und aufbauend auf dem Stand der Literatur und den Forschungsergebnissen zu Electronic Commerce erfolgte eine **Bildung von Forschungshypothesen**, wodurch der Bezugsrahmen weiter konkretisiert wurde. Des weiteren wurden Erfolgskriterien aus anderen Branchen bzw. der allgemeinen Erfolgsfaktorenforschung auf das Internet-Umfeld übertragen, um deren Relevanz für diese Branche zu überprüfen.

Die **Operationalisierung des Konstrukts „Erfolg im Electronic Commerce"** ergab, dass bei einem Vergleich von Unternehmen aus mehreren Ländern ökonomische Erfolgsgrößen aufgrund der Vergleichbarkeit eine geeignete Operationalisierungsform darstellen. Zudem wurde gezeigt, dass in der Literatur hinsichtlich der Konzeptualisierung des Konstruktes „Unternehmenserfolg" ein kontroverser Forschungsstand vorliegt. Anschließend erfolgte die Auswahl der Indikatoren zur Identifizierung des Konstrukts „Erfolg im Electronic Commerce", wobei sich ergab, dass mehrere Indikatoren gleichzeitig verwendet werden sollten. Die ausgewählten **Erfolgsindikatoren** wurden hergeleitet und ihre Eignung zur Erfolgsmessung diskutiert. Die Vergleichbarkeit der verwendeten Daten wurde durch die Verwendung von relativen Erfolgsmaßen sichergestellt. Als weiterer Faktor wurde die Vergleichbarkeit durch die Verwendung von nach US-GAAP bzw. IAS aufgestellten Jahresabschlüssen sichergestellt.

Die **empirische Überprüfung** erfolgte mittels Korrelationsanalysen und Signifikanztests, wobei die Analysen mit der Software SPSS 10.0 durchgeführt wurden. Untersuchungsgegenstand waren 91 börsennotierte Unternehmen aus den USA sowie Europa, die im Bereich des Business-to-Consumer Electronic Commerce tätig sind. Die Untersuchung erfolgte zunächst für alle Unternehmen. Anschließend erfolgte die Untersuchung gruppiert nach direkten und indirekten Erlösmodellen sowie physischen Gütern und Informationsgütern.

Wie auch in der Untersuchung von *Böing*[1189], in der sich „die vielerorts bekundeten neuen Marktgesetze der Internet-Ökonomie" nicht widerspiegelten, muss diese Aussage auch für die Ergebnisse dieser Untersuchung unterstrichen werden. Nachfolgend werden einige der wichtigsten Ergebnisse der Analyse dargestellt, wobei aufgrund der Vielzahl der Variablenkombinationen nur eine Auswahl erfolgen kann.

Als wichtige Erfolgsfaktoren erweisen sich **Interaktivität, Community-Bildung und die Gesamtanpassung an die Kundenbedürfnisse**. Diese Faktoren wirken v.a. auf die relative Marktkapitalisierung und das Unternehmenswachstum und in geringerem

---

[1189] Böing, C., S. 237.

Maße auf die Bruttomarge. Somit stellen gerade die Elemente, die den Charakter des Internets als interaktives Informationsmedium ausschöpfen, eine hohe Bedeutung für den Unternehmenserfolg bei Electronic Commerce-Anbietern dar. Hierbei sind die Schwerpunkte je nach Geschäftsmodell teilweise unterschiedlich. Während Interaktivität und Gesamtanpassung an die Kundenbedürfnisse bei allen Geschäftsmodellen entscheidend ist, ergibt sich bei Inhalte-Geschäftsmodellen sowie indirekten Erlösmodellen eine hohe Bedeutung der Community-Bildung. Die Kriterien Sicherheit und Service erweisen sich überwiegend bei physischen Produkten als wichtig. Für Online-Anbieter zeigt diese Analyse also die Bedeutung, den eigenen Internetauftritt möglichst gut an den Kunden anzupassen sowie ein vielfältiges Angebot für die Kunden anzubieten.

Die Bedeutung der **Produkt- und Technologieentwicklungsausgaben** ergibt bei allen Unternehmen und insbesondere bei den physischen Produkten einen Zusammenhang zur Umsatzwachstumsrate. Offensichtlich kann durch diese Aufwendungen ein ansprechenderes Online-Erlebnis als bei Wettbewerbern aufgebaut werden, was zu höheren Umsatzwachstumsraten führt. In bezug auf **Patente** als Kriterium für die Technologieorientierung ergeben sich teilweise Zusammenhänge zur Mitarbeiterwachstumsrate und Bruttomarge, was die Bedeutung der Technologieorientierung ebenfalls untermauert.

Die Höhe der **Marketingaufwendungen** zeigt gerade bei den physischen Gütern und den direkten Erlösmodellen einen klaren Zusammenhang zur Umsatzwachstumsrate. Bei dem Einsatz von Coupons und Sonderangeboten auf der Homepage ergibt sich für die physischen Güter ebenfalls ein Zusammenhang zur Umsatzwachstumsrate. Die hohen Marketingaufwendungen vieler Internet-Unternehmen in der Anfangsphase zeigen also hinsichtlich der Umsatzausweitung einen klaren Zusammenhang. Für die Unternehmen gilt es allerdings, langfristig eine Markenbekanntheit und -beliebtheit aufzubauen, um diese Effekte dauerhaft in unternehmerischen Erfolg umzusetzen.

Die Verfolgung einer **Multikanal-Strategie** weist bei den Anbietern physischer Produkte einen statistisch signifikanten Zusammenhang zum Wachstum des Unternehmens auf. Die Vermutung, dass Multikanal-Anbieter erfolgreicher sind als reine Online-Händler, bestätigt sich hierdurch.

In bezug auf die Mitarbeitermotivation durch den Einsatz von **Aktienoptionen** zeigt sich, dass Unternehmen mit Aktienoptionen für alle Mitarbeiter erfolgreicher sind als solche, die Aktienoptionen nur einem limitierten Personenkreis einräumen. Für Unternehmen hat dies Folgen für die Ausgestaltung ihrer Anreizsysteme, wobei nach den Ergebnissen dieser Arbeit die Ausgabe von Aktienoptionen für alle Mitarbeiter tendenziell zu bevorzugen ist.

Die Übertragung von Ressourcen und Fähigkeiten durch **Internationalisierung** erweist sich bei den Verkäufern physischer Produkte und den direkten Erlösmodellen bezüglich Marktkapitalisierung und Wachstum als relevant. Für Unternehmen bedeutet dies, dass eine Internationalisierungsstrategie neben den Umsätzen auch den Marktwert erhöhen kann.

Bei der Ressourcenakkumulierung durch **Käufe und Fusionen** zeigte sich ebenfalls die Relevanz für die physischen Güter und direkten Erlösmodelle. Neben dem Einfluss auf die Marktkapitalisierung und das Unternehmenswachstum fällt hierbei der Zusammenhang mit der Bruttomarge auf. Offensichtlich gelingt es diesen Unternehmen, durch Zukäufe ihre Gewinnposition zu verbessern (möglicherweise durch Kostendegression, Annäherung an Mindestbetriebsgrößen und durch effektive Nutzung des zugekauften Know-hows und Ressourcen).

Der **First-Mover Vorteil** kann in der vorliegenden Analyse nicht beobachtet werden. Somit ist diese populäre These abzulehnen. Gerade bei den Content-Anbietern, bei denen vielfach durch einen schnellen Markteintritt aufzubauende Netzwerkeffekte vermutet wurden, konnte keine Signifikanz festgestellt werden. Hingegen scheinen Unternehmen mit zunehmender Dauer ihrer Geschäftstätigkeit ihre Gewinnsituation verbessern zu können. Dies bedeutet für Online-Unternehmen, dass sie durch stetige Verbesserung ihrer Umsatz- und Kostenposition zunehmend profitabler werden können. Für externe Investoren kann daraus gefolgert werden, dass eine gewisse Geduld erforderlich ist, bis positive Betriebsergebnisse zu erwarten sind.

Bei Betrachtung der **Herkunft eines Unternehmens** als Neugründung oder Gründung eines Old-Economy Unternehmens ergibt sich, dass gerade bei den physischen Gütern und direkten Erlösmodellen Unternehmen mit einem Ursprung in der Old-Economy Vorteile aufweisen. Potenzielle Erklärungen sind Bekanntheit der Marke, Expertise sowie vorhandene Infrastruktur. Die bekannten Online-Unternehmen Amazon.com oder Ebay erweisen sich also als eine positive Ausnahme. Da für die Content-Anbieter und indirekten Erlösmodelle keinerlei Signifikanzen gemessen worden sind, kann davon ausgegangen werden, dass bei diesen Geschäftsmodellen die Herkunft des Unternehmens keinen Unterschied macht.

Hinsichtlich einer **führenden Marktposition** lässt sich festhalten, dass Marktführer gerade in bezug auf das Wachstum und die Bruttomarge besser positioniert sind als ihre Wettbewerber mit schlechterer Marktposition. Somit wird durch diese Untersuchung ein Ergebnis aus der Offline-Welt auch für die Online-Welt bestätigt. Für Online-Unternehmen dürfte das Ergebnis interessant sein, dass gerade bei den Content-Anbietern dieser Zusammenhang stark ist, so dass kleineren Anbietern hier kaum Chancen eingeräumt werden können. Bei physischen Produkten ist der Zusammenhang weniger stark ausgeprägt. Daraus lässt sich folgern, dass in diesem Markt auch Nischenanbieter eine Chance haben, erfolgreich zu agieren.

Hinsichtlich des **Corporate Governance durch institutionelle Investoren** kann beobachtet werden, dass ein Zusammenhang zu Wachstum, zur Bruttomarge und teilweise zur Marktkapitalisierung vorliegt. Gerade die höhere Bruttomarge könnte auf den positiven Einfluss von kontrollierenden Beobachtergruppen hinweisen. Diesem

Forschungsgebiet sollte jedoch in nachfolgenden Untersuchungen mehr Aufmerksamkeit geschenkt werden, da dieser Effekt auch auf einen ungeklärten Ursache-Wirkung-Zusammenhang zurückgeführt werden könnte.

Bei Betrachtung der **Größe des Vorstandes** ergaben sich Zusammenhänge zur Bruttomarge und teilweise zum Unternehmenswachstum. Offensichtlich führt die Spezialisierung eines Vorstandes zu besseren Ergebnissen des Unternehmens.

Bei der **Größe des Aufsichtsrates** ergaben sich bei den Anbietern physischer Produkte positive Zusammenhänge zur Bruttomarge. Eine Erklärung wäre, dass die größeren Aufsichtsräte ihre Kontakte zu Gunsten des Unternehmens einsetzen und das Unternehmen gut beraten, was zum Ausbau des Unternehmens genutzt werden kann. Insgesamt ergibt sich jedoch kein eindeutiges Ergebnis.

Bezüglich des **Alters des Vorstandsvorsitzenden** ergaben sich keine Korrelationen, woraus gefolgert werden kann, dass im technisch-dominierten Internet-Umfeld jüngere und ältere Vorstandsvorsitzende sich hinsichtlich des Erfolges ihrer Unternehmensführung nicht unterscheiden. Dieses Gebiet ist jedoch weitgehend unerforscht und bedarf gerade bei Start-up Unternehmen einer weiteren Vertiefung.

Bei der **Amtsdauer** des Vorstandsvorsitzenden zeigten sich teilweise Zusammenhänge zur Bruttomarge, woraus gefolgert werden könnte, dass die Kontinuität an der Führungsspitze sich in bessere Ergebnisse für das Unternehmen umsetzten lässt. Allerdings ist darauf hinzuweisen, dass diese Ergebnisse nicht völlig eindeutig waren.

Hinsichtlich der Bedeutung von **direkten Erlösen** ergab sich, dass gerade bei den Content-Anbietern ein Zusammenhang zum Wachstum besteht. Gerade im Content-Umfeld, in dem die Erzielung von Umsätzen häufig schwer ist, kann durch eine Erhöhung des Anteils der direkten Umsätze offensichtlich zusätzliches Wachstum erreicht werden. Dies bestätigt die Auffassung, dass sich gerade Content-Anbieter um zusätzliche Umsätze aus direkten Erlösquellen bemühen sollten.

Die **Forschungshypothesen** und die Ergebnisse (in ihrer Tendenz) sind nachfolgend dargestellt:

H_{SER1}:	*Unternehmen mit einer hohen Kunden- und Serviceorientierung gelingt es besser, die Ressource Kundenbindung aufzubauen und für den unternehmerischen Erfolg des Unternehmens zu nutzen.*
H_{SER2}:	*Die Kunden- und Serviceorientierung zum Ausbau der Ressource Kundenbindung sollte wegen der Sicherheitsaspekte und Serviceaspekte bei Anbietern physischer Güter wichtiger sein als bei Content-Anbietern.*

Ergebnis der Analyse: Hypothese H_{SER1} und H_{SER2} bestätigt.

H_{INT}:	*Unternehmen mit einem Angebot von hoher Interaktivität, Entertainment und Informationsgehalt schaffen es besser, die Ressource einer hohen Kundenbindung aufzubauen, die zu einem größeren Erfolg des Unternehmens führt.*
H_{COM1}:	*Unternehmen, die Community-Bildungselemente nutzen, sind erfolgreicher als Unternehmen, die diese nicht einsetzen.*
H_{COM2}:	*Bei Content-Anbietern sind Community-Bildungselemente wichtiger als bei Anbietern physischer Güter.*
H_{COM3}:	*Bei Anbietern indirekter Erlösmodelle sind Community-Bildungselemente wichtiger als bei direkten Erlösmodellen.*

Ergebnis der Analyse: Hypothese H_{COM1}, H_{COM2} und H_{COM3} bestätigt.

H_{TEC1}:	*Je mehr ein Unternehmen in den Aufbau der Ressourcen Technologie, Innovation und Produktentwicklung investiert, desto erfolgreicher ist es im Electronic Commerce.*
H_{TEC2}:	*Für Content-Anbieter besitzt der Aufbau der Ressourcen Technologie- und Innovationsorientierung eine höhere Bedeutung als bei den Anbietern physischer Produkte.*

Ergebnis der Analyse: Hypothese H_{TEC1} bestätigt und H_{TEC2} nicht bestätigt.

H_{MKT1}:	*Unternehmen mit einem hohen Anteil von Marketing/Vertriebsausgaben am Umsatz sind erfolgreicher im Aufbau der Ressource Marke als solche mit geringerem Anteil.*

Ergebnis der Analyse: Hypothese H_{MKT1} bestätigt.

H_{MKT2}:	*Unternehmen mit intensiver Website-Werbung mit Coupons und Sonderangeboten sind erfolgreicher im Markenaufbau als Unternehmen, die solche Methoden nicht einsetzen.*

Ergebnis der Analyse: Hypothese H_{MKT2} allgemein nicht bestätigt, aber geschäftsmodellabhängig für Anbieter physischer Güter.

H_{MUL1}:	*Unternehmen mit einer höheren Anzahl an Bestellmöglichkeiten bzw. Distributionskanälen haben verbesserte Möglichkeiten zum Aufbau der Kundenbindung und sind deshalb erfolgreicher als Anbieter mit geringerer Multikanalität.*
H_{MUL2}:	*Für Anbieter physischer Güter weist das Kriterium Multikanalität eine höhere Bedeutung auf, als für Content-Anbieter.*

Ergebnis der Analyse: Hypothese H_{MUL1} nicht bestätigt und H_{MUL2} bestätigt.

H_{MIT}:	*Unternehmen, die zur Motivation und Bindung der Ressource Mitarbeiter an das Unternehmen Aktienoptionsprogramme verwenden, sind erfolgreicher als Unternehmen ohne solche Aktienoptionsprogramme.*

Ergebnis der Analyse: Hypothese H_{MIT} bestätigt.

H_{ITL1}:	*Unternehmen, die ihre Ressourcen durch eine Internationalisierungs-strategie in neue Märkte übertragen, sind erfolgreicher als solche, die ihre Ressourcen nicht in weiteren Märkten nutzen.*
H_{ITL2}:	*Für Anbieter physischer Güter besitzt die Übertragung der Ressourcen auf neue Märkte durch Internationalisierung eine höhere Bedeutung als bei den Content-Anbietern.*

Ergebnis der Analyse: Hypothese H_{ITL1} und H_{ITL2} bestätigt.

H_{KAU1}:	*Unternehmen, die sich neue Ressourcen über Unternehmenskäufe oder Fusionen beschaffen, sind erfolgreicher als solche Unternehmen, die diesen Weg der Ressourcenakkumulation nicht nutzen.*
H_{KAU2}:	*Für Unternehmen mit physischen Geschäftsmodellen sind Unternehmenskäufe und Fusionen zur Ressourcenakkumulation wichtiger als für Content-Anbieter.*
H_{KAU3}:	*Für direkte Erlösmodelle sind Unternehmenskäufe zur Ressourcenakkumulation wichtiger als für Anbieter mit indirekten Erlösmodellen.*

Ergebnis der Analyse: Hypothese H_{KAU1}, H_{KAU2} und H_{KAU3} bestätigt.

H_{MAR1}:	*Ein früher Markteintritt hat einen Einfluss auf die Möglichkeiten des Ressourcenaufbaus der Anbieter und somit auf den Erfolg eines Unternehmens bei seiner Electronic Commerce Tätigkeit.*
H_{MAR2}:	*Ein früher Markteintritt ist bei Content-Anbietern wichtiger als bei den Anbietern physischer Güter.*
H_{MAR3}:	*Ein früher Markteintritt ist bei indirekten Erlösmodellen wichtiger als bei den direkten Erlösmodellen.*

Ergebnis der Analyse: Hypothese H_{MAR1}, H_{MAR2} und H_{MAR3} müssen aufgrund der statistischen Ergebnisse abgelehnt werden.

H_{UNT1}:	*Aufgrund des besseren Zugangs zu bestehenden Ressourcen weisen bestehende („Old-Economy") Unternehmen gegenüber Neugründungen einen Wettbewerbsvorteil auf.*
H_{UNT2}:	*Für Anbieter von physischen Produkten, die viele etablierte Ressourcen nutzen, spielt die Unternehmensherkunft aus der Old-Economy eine Bedeutung für den Unternehmenserfolg.*
H_{UNT3}:	*Für Anbieter von direkten Erlösmodellen, die viele etablierte Ressourcen nutzen, spielt die Unternehmensherkunft aus der Old-Economy eine Bedeutung für den Unternehmenserfolg.*

Ergebnis der Analyse: Hypothese H_{UNT1} bestätigt, H_{UNT2} nicht bestätigt und H_{HUNT3} bestätigt.

H_{POS1}:	*Ein Unternehmen mit der Marktposition 1 oder 2 im relevanten Teilmarkt hat Ressourcenakkumulierungsvorteile und ist deshalb erfolgreicher als ein Unternehmen mit schlechterer Marktposition.*
H_{POS2}:	*Eine führende Marktposition ist für Content Anbieter entscheidender als für Anbieter physischer Güter.*

| H_{POS3}: | *Eine führende Marktposition ist für Anbieter mit indirekten Ge-schäftsmodellen wichtiger als für Anbieter mit direkten Geschäftsmo-dellen.* |

Ergebnis der Analyse: Hypothese H_{POS1}, H_{POS2} und H_{POS3} klar bestätigt.

| H_{INS}: | *Unternehmen mit einer Kontrolle ihrer Ressourcen durch eine hohe Anzahl von institutionellen Anlegern sind erfolgreicher.* |

Ergebnis der Analyse: Hypothese H_{INS} bestätigt. Weitere Überprüfung in nachfolgenden Untersuchungen erforderlich.

| H_{GOV1}: | *Die Größe des Vorstands hat einen positiven Einfluss auf die Entschei-dungsqualität über die Verwendung von Unternehmensressourcen, was zu erhöhtem Erfolg im Electronic Commerce führt.* |

Ergebnis der Analyse: Hypothese H_{GOV1} bestätigt. Weitere Überprüfung in nachfolgenden Untersuchungen erforderlich.

| H_{GOV2}: | *Die Größe des Aufsichtsrates hat einen positiven Einfluss auf die Entschei-dungsqualität über die Verwendung von Unternehmensres-sourcen und verschafft einen Zugang zu externen Ressourcen, was zu erhöhtem Erfolg im Electronic Commerce führt.* |

Ergebnis der Analyse: Hypothese H_{GOV2} nicht bestätigt.

| H_{GOV3}: | *Das Alter des Vorstandsvorsitzenden hat aufgrund der dadurch vorhandenen Erfahrung (Ressource) einen positiven Einfluss auf den Erfolg im Electronic Commerce.* |

Ergebnis der Analyse: Hypothese H_{GOV3} nicht bestätigt.

| H_{GOV4}: | *Die Amtsdauer des Vorstandsvorsitzenden hat aufgrund der durch sie erworbenen Unternehmenserfahrung (Ressource) einen positiven Einfluss auf den Erfolg im Electronic Commerce.* |

Ergebnis der Analyse: Hypothese H_{GOV4} nicht bestätigt.

Insgesamt ergibt sich für den Großteil der Forschungshypothesen eine statistische Signifikanz (teilweise jedoch Geschäftsmodell-spezifisch eingeschränkt). Das Ergebnis kann daher als zufriedenstellend angesehen werden. Insgesamt konnte gezeigt werden, dass neben Internet-spezifischen Erfolgsfaktoren eine Vielzahl bekannter Regeln bestätigt werden konnten. Weiterer Forschungsbedarf ergibt sich hinsichtlich des Einflusses von Corporate Governance auf den Unternehmenserfolg.

7.2 Ansatzpunkte für weiterführende Forschungsarbeiten

- Die vorliegende Untersuchung nutzt Datenmaterial aus dem Jahr 2000 und weist somit einen **Querschnittscharakter** auf. Da sich die Rahmenbedingungen für Electronic Commerce Anbieter seitdem teilweise geändert haben, wäre es für zukünftige Forschungsvorhaben interessant, im Rahmen einer Längsschnittuntersuchung die Gültigkeit der abgeleiteten Ergebnisse zu überprüfen. **Längsschnittuntersuchungen** erheben die relevanten Größen nicht nur zu einem, sondern zu mehreren Zeitpunkten[1190]. So lassen sich Wirkungen strategischer Maßnahmen im Zeitablauf ermitteln, was bei Querschnittsuntersuchungen aufgrund des zeitpunktbezogenen Ermittlungsansatzes nicht möglich ist.

- In dieser Untersuchung wurden Unternehmen aus den **USA und Europa** betrachtet. Eine weitere potenzielle Analyse läge in der Betrachtung weiterer Regionen oder Länder (z.B. Asien, Skandinavien).

- Die vorliegende Untersuchung analysierte Unternehmen aus dem Bereich **Business-to-Consumer Electronic Commerce**. Eine Betrachtung der Geschäftskonstellationen Business-to-Business Electronic Commerce sowie deren Vergleich zu Business-to-Consumer Geschäftsmodellen könnte die Gemeinsamkeiten bzw. Unterschiede der Erfolgsdeterminanten dieser Geschäftsmodelle aufzeigen.

- In dieser Arbeit wurde aufbauend auf vorhandenen ersten Ergebnissen die Relevanz der Erfolgsindikatoren geprüft. Es ist jedoch möglich, dass weitere, bisher noch nicht identifizierte, **Erfolgsfaktoren** bestehen. Des weiteren ist es möglich, dass die bisher ermittelten Erfolgsfaktoren sich im Zeitablauf verändern, wenn sich der Electronic Commerce Markt aus der Anfangsphase in weitere Entwicklungsphasen bewegt.

- In dieser Arbeit wurden ausschließlich **börsennotierte Unternehmen** untersucht. Eine weitere Analysemöglichkeit bestünde in der Untersuchung nichtbörsennotierter Unternehmen aus den in dieser Arbeit betrachteten Ländern.

[1190] Vgl. Schröder, H., 1994, S. 96 und Kube, C., 1991, S. 7.

8. Literaturverzeichnis

Aaker, D., Jacobson, R., in: Asker, D., Ungeliebte Marken, in: Handelsblatt, 14.5.2001, S. 9

Abend, J.M., Tischmann, C., Drei Mega-Trends im E-Tailing – Anfang 2000, in: Ringlstetter, M.J. [Hrsg.], Clicks in E-Business: Perspektiven von Start-ups und etablierten Konzernen, Oldenbourg, München 2001, S. 61-76

Afuah, A., How much Do Your Capabilities Matter in the Face of Technological Change?, in: Strategic Management Journal, Vol. 21, No 3., 2000, S. 387-404

Agrawal, V., Arjona, L.D., Lemmens, R., E-Performance: The Path to Rational Exuberance, in: The McKinsey Quarterly, No. 1, 2001, S. 31-43

Ahlert, D., Implikationen des Electronic Commerce für die Akteure in der Wertschöpfungskette, in: Ahlert, D. et al. [Hrsg.], Internet & Co. im Handel: Strategien, Geschäftsmodelle und Erfahrungen, Springer Verlag, Berlin 2000, S. 3-25

Albach, H., Wertewandel deutscher Manager, in: Albach, H., Merkle, H.L., Jacob, A.F., Müller, H. [Hrsg.], Werte und Unternehmensziele im Wandel der Zeit, Gabler, Wiesbaden 1994, S. 1-26

Albach, H., Bock, K., Warnke, T., Kritische Wachstumsschwellen in der Unternehmensentwicklung, Schriften zur Mittelstandsforschung, Poeschel Verlag, Stuttgart 1985

Albers, S., Nur die wenigsten Internet-Händler werden hohe Gewinne erzielen, Prozessoptimierung statt hoher Marketingausgaben, in: Schmidt, H. [Hrsg.]: Die Potenziale der Internet-Ökonomie. Neue Regeln bestimmen die digitale Wirtschaft, Frankfurter Allgemeine Buch, Frankfurt am Main 2001, S. 69-74

Albers, S., Clement, M., Peters, K., Skiera, B. [Hrsg.], eCommerce, Einstieg Strategie und Umsetzung im Unternehmen, 2. Auflage, F.A.Z.-Institut für Management-, Markt- und Medieninformation GmbH, Frankfurt am Main 2000

Albers, S., Clement, M., Peters, K. [Hrsg.], Marketing mit interaktiven Medien – Strategien zum Markterfolg, 2. Auflage, IMK-Verlag, Frankfurt am Main 1999

Albers, S., Peters, K., Die Wertschöpfungskette des Handels im Zeitalter des Electronic Commerce, in: Marketing ZFP, 19. Jg., Heft 2, 1997, S. 69-80

Alvarez, S.A., Busenitz, L.W., The Entrepreneurship of Resource-Based Theory, in: Journal of Management, Vol. 27, No. 6, 2001, S. 755-775

Ambrosini, V., Bowman, C., Journal of Management Studies, Vol. 38, No. 6, 2001, S. 811-819

Amit, R., Zott, C., Value Creation in E-Business, in: Strategic Management Journal, Special Issue Strategic Entrepreneurship, Vol. 22, No. 6-7, 2001, S. 493-520

Amit, R., Schoemaker, P., Strategic Assets and Organizational Rent, Strategic Management Journal, Vol. 14, No. 1, 1993, S. 33-46

Anand, J., Delios, A., Absolute and Relative Resources as Determinants of International Acquisitions, in: Strategic Management Journal, Vol. 23, No. 3, 2002, S. 119-134

Andersen Consulting, Investitionsmodell im Internet, in: Frankfurter Allgemeine Zeitung, 14.12.1998, S. 24

Ansoff, H.I., Strategies for Diversification, in: Harvard Business Review, Vol. 35, No. 5, 1957, S. 113-124

Apitz, K., Erfolgsfaktoren von Marktführern, Verlag moderne Industrie, Landsberg am Lech 1989

Arend, R.J., Revisiting the Logical and Research Considerations of Competitive Advantage, in: Strategic Management Journal, Vol. 24, No. 3, 2003, S. 279-284

Ashwin, K., Daley, J., Taylor, C., WWW: The Race to Scale, in: The McKinsey Quarterly, No. 4, 2000, S. 21-24

Autio, E., Sapienza, H.J., Almeida, J.G., Effects of Age at Entry, Knowledge Intensity, and Imitability on International Growth, in: Academy of Management Journal, Vol. 43, No. 5, 2000, S. 909-924

Bachem, C., Erfolgsfaktoren für Online-Marketing, in: Thexis, Heft 1, 1997, S. 22-25

Backhaus, K., Erichson, B., Plinke, W., Weiber, R., Multivariate Analysemethoden: eine anwendungsorientierte Einführung, 9., überarb. und erw. Auflage, Springer Verlag, Berlin u.a. 2000

Bagozzi, R.P., Evaluating Structural Equation Models with Unobservable Variables and Measurement Error: A Comment, in: Journal of Marketing Research, Vol. 18, No. 3, 1981, S. 375-381

Bain & Company, One Economy-Studie zur E-Business Start-up Szene in Deutschland, München Mai 2000

Bain & Company, One Economy 2: Die neuen Realitäten, Zweite Studie zur E-Business Start-up Szene in Deutschland, München, März 2001

Bain & Company, Pressemitteilung zur Vorlage der Studie „One-Economy", München 26.7.2000

Balkin, B.B., Markman, G.D., Gomez-Mejia, L.R., Is the CEO pay in High-Technology Firms Related to Innovation?, in: Academy of Management Journal, Vol. 43, No. 6, December 2000, S. 1118-1129

Ballwieser, W., Konzernrechnungslegung und Wettbewerb, in: Die Betriebswirtschaft (DBW), 61. Jg., Heft 6, 2001, S. 640-657

Bamberg, G., Baur, F., Statistik, 8. Auflage, Oldenbourg, München 1993

Barney, J.B., Asset Stocks and Sustained Competitive Advantage: A Comment, in: Management Science, Vol. 35, No. 12, 1989, S. 1511-1513

Barney, J.B., Firm Resources and Sustained Competitive Advantage, in: Journal of Management, Vol. 17, No. 1, 1991, S. 99-120

Barney, J.B., Gaining and Sustaining Competitive Advantage, Addison-Wesley Publishing, Reading, Mass. 1997

Barney, J.B., Is the Resource-Based View a Useful Perspective for Strategic Management Research ? Yes.(Response to Critique of Article by Priem/Butler), Academy of Management Review, Vol. 26, No. 1, 2001a, S. 41-56

Barney, J.B., Resource-Based Theories of Competitive Advantage: A Ten-Year Retrospective on the Resource-Based View, in: Journal of Management, Vol. 27, No. 6, 2001, S. 643-650

Barney, J.B., Wright, M., Ketchen, D.J., The Resource-Based View of the Firm: Ten Years After 1991, in: Journal of Management, Vol. 27, No. 6, 2001, S. 625-641

Bauer, H.H., Grether, M., Brüsewitz, K., Der Einsatz des Internet zur Vertriebsunterstützung im vertraglichen Automobilhandel, in: Bliemel, F, Fassot, G., Theobald, A. [Hrsg.], Electronic Commerce, 3. Auflage, Gabler Wiesbaden 2000, S. 401-420

Bauer, H.H., Grether, M., Leach, L., Kundenbeziehungen über das Internet, in: Der Markt, 37. Jg., Nr. 146/147, 1998, S. 119-128

Bauer, H.H., Fischer, M., Sauer, N.E., Barrieren des elektronischen Einzelhandels, in: Zeitschrift für Betriebswirtschaft (ZfB), 70. Jg., Nr. 10, 2000, S. 1133-1156

Baum, J.R., Locke, E.A., Smith, K.G., A Multi-Dimensional Model of Venture Growth, in: Academy of Management Journal, Vol. 44, No. 2, 2001, S. 292-303

Baumeister, A., Werkmeister, C., Die Wirkung spezieller Börsenstandards am Beispiel des SMAX, in: Die Betriebswirtschaft (DBW), 61. Jg., Heft 1, 2001, S. 121-141

Baysinger, B.D., Kosnik, R.D., Turk, T.A., Effects of Board and Ownership Structure on Corporate R&D Strategy. in: Academy of Management Journal, Vol. 34, No. 1, 1991, S. 205-214.

Bechek, B., Zook, C., Das Jenga-Phänomen. Wie E-Commerce die Industrie verändert, Bain & Company, München 2000

Becker, J., Internet & Co: Historie, Technik und Geschäftsmodelle im Handel, in: Ahlert, D. et al. [Hrsg.], Internet & Co. im Handel: Strategien, Geschäftsmodelle und Erfahrungen, Springer Verlag, Berlin 2000, S. 63-94

Bergen, M., Peteraf, M.A., Competitor Identification and Competitor Analysis: A Broad-Based Managerial Approach, in: Managerial and Decision Economics, Vol. 23, No. 4-5, 2002, S. 157-169

Berryman, K., Harrington, L, Layton-Rodin, D., Rerolle, V., Electronic Commerce: Three Emerging Strategies, in: The McKinsey Quarterly, No. 1, 1998, S. 152-159

Beste, O., (Vorstandsvorsitzender Mytoys.de), in: Schaudwet, C., E-Commerce. Fremdes Terrain, Wirtschaftswoche, 5.4.2001, S. 95

Betsch, O., Groh, A.P., Schmidt, K., Gründungs- und Wachstumsfinanzierung innovativer Unternehmen, Oldenbourg, München 2000

Betz, J., Krafft, M., Die Wirkungen informations- bzw. anbahnungsbezogener Leistungen im E-Commerce auf die Kundenzufriedenheit und Kundenbindung, in: Zeitschrift für Betriebswirtschaft (ZfB), 73. Jg., Heft 2, 2003, S. 169-199

Bhise, H., Farrel, D., Miller, H., Vanier, A., Zainulbhai, A., The Duel for the Doorstep, in: The McKinsey Quarterly, No. 2, 2000, S. 33-41

Birley, S., Westhead, P., Growth and Performance Contracts between Types of Small Firms, in: Strategic Management Journal, Vol. 11, No. 7, 1990, S. 535-557

Bliemel, F, Fassot, G., Electronic Commerce und Kundenbindung, in: Bliemel, F, Fassot, G., Theobald, A. [Hrsg.], Electronic Commerce, 3. Auflage, Gabler, Wiesbaden 2000, S. 11-26

Bliemel, F., Fassot, G., Theobald, A., Einleitung–Das Phänomen Electronic Commerce, in: Bliemel, F., Fassot, G., Theobald, A. [Hrsg.], Electronic Commerce, 3. Auflage, Gabler, Wiesbaden 2000, S. 1-10

Böing, C., Erfolgsfaktoren im Business-to-Consumer E-Commerce, Diss., Gabler Verlag, Wiesbaden 2001

Bonin, F., E-Commerce – Neustart mit Bedacht, in: Der Handel, 12.2.2003, S. 40

Booz, Allen & Hamilton, Erfolgsfaktoren im E-Business – Die Strategien der Gewinner. Eine Analyse neuer Geschäftsmodelle im Internet, FAZ Institut, Frankfurt am Main 2000

Bortz, J., Statistik für Sozialwissenschaftler, 5., vollst. überarb. Auflage, Springer Verlag, Berlin 1999

Bortz, J., Döring, N., Forschungsmethoden und Evaluation, 2. Auflage, Springer Verlag, Berlin 1995

Boulding, W., Christen, M., First-Mover Disadvantage, in: Harvard Business Review, Vol. 79, No. 10, 2001, S. 20-21

Boynton, A.C., Zmud, R.W., An Assessment of critical Success Factors, in: Sloan Management Review, Vol. 25, No. 4, 1984, S. 17-27

Bresser, R.K.F., Eschen, E., Millonig, K., Internet-Banking verdirbt Filialbanken das Geschäft, in: Harvard Business Manager, 23. Jg., Nr. 3, 2001, S. 28-39

Brettel, M., Entscheidungskriterien von Venture Capitalists – Eine Empirische Analyse im internationalen Vergleich, in: Die Betriebswirtschaft (DBW), 62. Jg., Heft 3, 2002, S. 305-325

Brumagim, A.L., A Hierarchy of Corporate Resources, in: Shrivastava, P., Huff, A.S., Dutton, J.E., [Hrsg.], Advances in Strategic Management, Volume 10a, JAI Press, Greenwich, CT 1994, S. 81-112

Brush, C.G., VanderWerf, P.A., A Comparison of Methods and Sources for Obtaining Estimates of New Venture Performance, in: Journal of Business Venturing, Vol. 7, No. 2, 1992, S. 157-170

Brush, C.G., Greene, P.G., Hart, M.M., Haller, H.S., From Initial Idea to Unique Advantage: The Entrepreneurial Challenge of Constructing a Resource Base, in: Academy of Management Executive, Vol. 15, No. 1, 2001, S. 64-78

Brush, T.H., Predicted Change in Operational Synergy and Post-Acquisition Performance of Acquired Businesses, in: Strategic Management Journal, Vol. 17, No. 1, 1996, S. 1-24

Bryan, L., Fraser, J., Getting to Global, in: The McKinsey Quarterly, No. 4, 1999, S. 68-81

Brynjolfsson, E., Kahin, B., Understanding the Digital Economy: Data, Tools, Research, Massachusetts Institute of Technology, Boston, Mass. 2000, S. 99-136

Bucklin, C., Thomas-Graham, P., Webster, E., Channel-Conflict: When is it dangerous?, in: The McKinsey Quarterly, No. 3, 1997, S. 36-43

Bühl, A., Zöfel, P., SPSS Version 10. Einführung in die moderne Datenanalyse unter Windows, Addison-Wesley Verlag, München 2000

Bürkner, S., Erfolgsfaktorenforschung und Marketing-Management, Studien- und Arbeitspapiere Marketing, Nr. 16, München 1996

Burmann, C., Wissensmanagement entscheidet über den Erfolg im Internet, F.A.Z.–Serie zur Internet-Ökonomie, Teil 6, in: Frankfurter Allgemeine Zeitung, 7.12.2000, S. 31

Burmann, C., Strategische Flexibilität und Strategiewechsel in turbulenten Märkten, in: Die Betriebswirtschaft (DBW), 61. Jg., Heft 2, 2001, S. 169-188

Bushee, B., The Influence of Institutional Investors on Myopic R&D Investment, in: Accounting Review, Vol. 73, No. 3, 1998, S. 305-333

Business Wire, Dot.com Super Bowl Television Ads Drive Major Increases in Unique Visitors according to Media Metrix, 2. Februar 2000

Buzzel, R., Gale, B., Das PIMS-Programm: Strategien und Unternehmenserfolg, Gabler Verlag, Wiesbaden 1989

Cezanne, W., Allgemeine Volkswirtschaftslehre, Oldenbourg, München/Wien 1993

Chakravarthy, B., Measuring Strategic Performance, in: Strategic Management Journal, Vol. 7, No. 5, 1986, S. 437-458

Chan, K., Mauborgne, R., Strategy, Value Innovation, and the Knowledge Economy, in: Sloan Management Review, Vol. 40, No. 3, 1999, S. 41-43

Chandler, G. N., Hanks, S. H., Measuring the Performance of Emerging Businesses: A Validation Study, in: Journal of Business Venturing, Vol. 8, No. 5, 1993, S. 391-408

Christensen, E.W., Gordon, G., An Exploration of Industry, Culture and Revenue Growth, in: Organization Studies, Vol. 20, No. 3, 1999, S. 397-422

Chrubasik, B., Zimmermann, H.J., Evaluierung der Modelle zur Ermittlung strategischer Schlüsselfaktoren, in: Die Betriebswirtschaft (DBW), 47. Jg., Nr. 4, 1987, S. 426-450

Claudius, P., Runte, C., Virtuelle Communities, in: Albers, S., Clement, M., Peters, K., [Hrsg.], Marketing mit interaktiven Medien-Strategien zum Markterfolg, 2. erw. Auflage, F.A.Z.-Institut für Management-, Markt- und Medieninformationen, Frankfurt am Main 1999, S. 151-164

Clement, M., Litfin, T., Vanini, S., Ist die Pionierrolle ein Erfolgsfaktor ? Eine kritische Analyse der empirischen Forschungsergebnisse, Zeitschrift für Betriebswirtschaft (ZfB), 68. Jg., Heft 2, 1998, S. 205-226

Clement, M., Peters, K., Preiß, F.J., Electronic Commerce, in: Albers, S., Clement, M., Peters, K. [Hrsg.], Marketing mit interaktiven Medien – Strategien zum Markterfolg, F.A.Z.-Institut für Management-, Markt- und Medieninformationen, 2. erw. Auflage, Frankfurt am Main 1999, S. 49-64

Coff, R.W., Human Assets and Management Dilemmas: Coping with Hazards on the Road to Resource-Based Theory, in: Academy of Management Review, Vol. 22, No. 2, 1997, S. 374-402

Cohan, P.S., E-Profit. High pay off Strategies for capturing the E-Commerce Edge, Amacom, New York 2000

Coles, J.W., Sen, N., McWilliams, V.B., An Examination of the Relationship of Governance Mechanisms to Performance, in: Journal of Management, Vol. 27, No. 1, 2001, S. 23-50

Collis, D.J., Montgomery, C.A., Competing on Resources: Strategy in the 1990s, Harvard Business Review, Vol. 73, No. 4, 1995, S. 118-128

Collis, D.J., A Resource-Based Analysis of Global Competition: The Case of the Bearings Industry, in: Strategic Management Journal, Vol. 12, Summer Special Issue 1991, S. 49-68

Coombs, R., Metcalfe, S.J., Organizing for Innovation: Co-ordinating Distributed Innovation Capabilities, in: Foss, N. [Hrsg.], Competence, Governance and Entrepreneurship: Advances in Economic Strategy Research, Oxford 2000, S. 209-231

Cooper, A.C., Gimeno-Gascon, F.J., Woo, C.Y., A Resource-Based Prediction of New Venture Growth and Survival, in: Academy of Management Best Paper Proceedings, 1991, S. 68-72

Cooper, A.C., Bruno, A.V., Success among High-Technology Firms, in: Business Horizons, Vol. 20, No. 2, 1977, S. 16-22

Cottrell, T., Sick, G., Real Options and Follower Strategies: The Loss of Real Option Value to First Mover, in: Engineering Economist, Vol. 47, No. 3, 2002, S. 232-263

Cox, L.W., Camp, M., Survey of Innovative Practices—Executive Report, Kauffman Center for Entrepreneurial Leadership, Kansas, Missouri 1999

cPulse/Gartner Group, Customer Preference to Online or Offline Shopping, Stamford, CT, 27.1.2000, Abruf unter Internet-Adresse http://cyberatlas.internet.com/markets/retailing/article/0,,6061_519781,00.html#table

Crasselt, N., Stock-Options, in: Die Betriebswirtschaft (DBW), 60. Jg., Heft 1, 2000, S. 135-137

Dach, C., Vorteile einer Multi-Channel-Strategie: Eine nüchterne Betrachtung, in: Handel im Fokus. Mitteilungen des Instituts für Handelsforschung an der Universität zu Köln, 54. Jg., Heft 1, 2002, S. 10-23

Dalton, D.R., Johnson, J.L., Ellstrand, A.E., Number of Directors and Financial Performance: A Meta-Analysis, in: Academy of Management Journal, Vol. 42, No. 6, 1999, S. 674-686

Daniel, R.D., Management Information Crisis, in: Harvard Business Review, Vol. 39, No. 5, 1961, S. 110-121

Daschmann, H.A., Erfolgsfaktoren mittelständischer Unternehmen. Ein Beitrag zur Erfolgsfaktorenforschung, Inaugural-Dissertation zur Erlangung des Grades Doctor oeconomiae publicae an der Ludwig-Maximilians-Universität München, München 1993

Davenport, T.H., Harris, J.G., Kohli, A.K., How do They Know Their Customer so well?, in: Sloan Management Review, Vol. 42, No. 2, 2001, S. 63-73

Das, T.K., Bing-Sheng, T., A Resource-Based Theory of Strategic Alliances, in: Journal of Management, Vol. 26, No. 1, 2000, S. 31-61

Desmet, D., Francis, T., Hu, A., Koller, T.M., Reidel, G.A., Valuing Dot-Coms, in: The McKinsey Quarterly, No. 1, 2001, S. 148-157

DG Bank Research, Branchenanalyse E-Commerce im Handel, DG Bank, Frankfurt am Main, August 2000

Die Welt, E-Commerce wächst trotz Dotcom-Krise. Umsätze und Investitionen steigen, in: Die Welt, Beilage Web Welt, 16.5.2001, S. WW1

Dierickx, I., Cool, K., Asset Stock Accumulation and Sustainability of Competitive Advantage, in: Management Science, Vol. 35, No. 12, 1989, S. 1504-1511

Dörffeldt, T., Erfolgreicher PC-Direktvertrieb im Intenet–Das Beispiel der Dell Computer, in: Hermanns, A., Sauter, M. [Hrsg.], Management-Handbuch Electronic Commerce, Vahlen, München 1999, S. 405-409

Dörflein, M., Thome, R., Electronic Procurement, in: Thome, R., Schinzer, H. [Hrsg.], Electronic Commerce: Anwendungsbereiche und Potenziale der digitalen Geschäftsabwicklung,Vahlen, 2. Auflage, München 2000, S. 45-80

Downes, L., Mui, C., Unleashing the Killer App: Digital Strategies for Market Dominance, Harvard Business School Press, Boston, Mass. 1998

Dubosson-Torbay, M., Osterwalder, A., Pigneur, Y., E-Business Model Design, Classification, and Measurements, in: Thunderbird International Business Review, Vol. 44, No. 1, 2002, S. 5-23

Duhnkrack, T., Zielbildung und Zielsystem der Internationalen Unternehmung, Diss., Vandenhoeck und Ruprecht, Göttingen 1984

Earl, M., Feeny, D., Opinion: How to be a CEO for the Information Age, in: Sloan Management Review, Vol. 41, No. 2, 2000, S. 11-23

Eggers, B., E-Success durch strategisches Management, in: Eggers, B., Hoppen, G., [Hrsg.], Strategisches E-Commerce-Management, Gabler, Wiesbaden 2001, S. 3-22

Eggs, H., Vertrauen im Electronic Commerce. Herausforderungen und Lösungsansätze, Diss., Gabler, Wiesbaden 2001

Eierhoff, K., E-Commerce: Herausforderung an der Schwelle zum 21. Jahrhundert, Bericht der GfK-Jahrestagung, Nürnberg, 7. Juli 2000, S. 7-12

Eisenhardt, K.M., Martin, J.A., Dynamic Capabilities: What Are They?, in: Strategic Management Journal, Vol. 21, No. 10-11, 2000, S. 1105-1121

Eisenhardt, K.M., Schoonhoven, C.B., Organizational Growth: Linking the Founding Team, Strategy, Environment and Growth among U.S. Semiconductor Ventures 1978-1988, in: Administrative Science Quarterly, Vol. 35, No. 3, 1990, S. 504-529

Eriksen, B., Mikkelsen, J., Competitive Advantage and the Concept of Core Competence, in: Foss, N., Knudsen, C. [Hrsg.], Towards a Competence Theory of the Firm, Routledge, London, 1996, S. 54-75

Ernst, H., Erfolgsfaktoren neuer Produkte — Grundlagen für eine valide empirische Forschung, Gabler, Wiesbaden 2001

Ernst & Young, Umfrageergebnisse, in: Manager-Magazin Online, „Web-Handel - Umsatz bei Web-Firmen gering", http://www.manager-magazin.de/, Abruf vom 2.3.2001

Ernst & Young, Internet-Shopping. A New Channel Emerges. An Ernst & Young Special Report, 1997

Evans, P., Wurster, T., Getting Real about Virtual Commerce, in: Harvard Business Review, Vol. 77, No. 6, 1999, S. 85-94

Fahrmeier, L., Künstler, R., Pigeot, I., Tutz, G., Statistik—Der Weg zur Datenanalyse, Springer Verlag, Berlin/Heidelberg 1997

Fantapié Altobelli, C., Grosskopf, A.K. Online-Distribution im Consumer- und Business-to-Business-Bereich — Eine empirische Analyse am Beispiel der Informationstechnologie- und Telekommunikationsbranche, in: Der Markt, 37. Jg., Nr. 146/147, 1998, S. 146-160

Feeser, H.R., Willard, G.E., Founding Strategy and Performance: A Comparison of High and Low Growth Tech Firms, in: Strategic Management Journal, Vol. 11, No. 2, 1990, S. 87-98

Fieber, R., IAS trägt den Investoreninteressen mehr Rechnung, in: Finanz und Wirtschaft, 16. März 1996, S. 23

Filatotchev, I., Bishop, K., Board Composition, Share Ownership, and ´Underpricing´ of U.K. IPO Firms, in: Strategic Management Journal, Vol. 23, No. 10, 2002, S. 941-955

Fink, D.H., Mass Customization, in: Albers, S., Clement, M., Peters, K. [Hrsg.], Marketing mit interaktiven Medien — Strategien zum Markterfolg, 2. Auflage, Frankfurt am Main 1999, S. 137-150

Fiol, M., Revisiting an Identity-Based View of Sustainable Competitive Advantage, in: Journal of Management, Vol. 27, No. 6, 2001, S. 691-699

Fittkau, S., Maaß, H., Nutzerdaten als Basis eines erfolgreichen Online-Marketing, in: Thexis, 14. Jg., Nr. 1, 1997, S. 12-15

Forbes, D.P., Milliken, F.J., Cognition and Corporate Governance: Understanding Boards of Directors as Strategic Decision-Making Groups, in: Academy of Management Review, Vol. 24, No. 3, 1999, S. 489-505

Foss, N. [Hrsg.], Competence, Governance and Entrepreneurship: Advances in Economic Strategy Research, Oxford University Press, Oxford 2000

Foss, K., Foss, N., The Knowledge-Based Approach and Organization. Economics: How much do they really differ? And how does it matter? in: Foss, N. [Hrsg.], Competence, Governance and Entrepreneurship: Advances in Economic Strategy Research, Oxford 2000, S. 55-79

Foss, N., Mahnke, V., Advancing Research on Competence, Governance and Entrepreneurship, in: Foss, N. [Hrsg.], Competence, Governance and Entrepreneurship: Advances in Economic Strategy Research, Oxford University Press, Oxford 2000, S. 1-20

Frankfurter Allgemeine Zeitung, The Boston Consulting Group und Shop.org: Stationäre Anbieter gewinnen die Überhand über Online-Händler, Netzwirtschaft im Überblick, 31.5.2001, S. 31

Frese, E., Exzellente Unternehmungen–Konfuse Theorien. Kritisches zur Studie von Peters und Waterman, in: Die Betriebswirtschaft (DBW), 45. Jg., Nr. 5, 1985, S. 604-606

Fritz, W., Marketing-Management und Unternehmenserfolg: Grundlagen und Ergebnisse einer empirischen Untersuchung, 2. überarbeitete und ergänzte Auflage, Schäffer-Poeschel, Stuttgart 1995

Fritz, W., Förster, F., W., Raffée, H., Silberer, G., Unternehmensziele in Industrie und Handel. Eine empirische Untersuchung zu Inhalten, Bedingungen und Wirkungen von Unternehmenszielen, in: Die Betriebswirtschaft (DBW), 45 Jg., Nr. 4, 1985, S. 375-394

Fritz, W., Erfolgsfaktoren im Marketing, in: Tietz, B. [Hrsg.], Handwörterbuch des Marketing, 2., völlig neu gestaltete Auflage, Schäffer-Poeschel, Stuttgart 1995, S. 593-607

Fritz, W., Förster, F., Wiedmann, K.P., Raffée, H., Unternehmensziele und strategische Unternehmensführung, Die Betriebswirtschaft (DBW), 48. Jg., Heft 5, 1988, S. 567-586

Fritz, W., Internet Marketing und Electronic Commerce. Grundlagen-Rahmenbe-dingungen-Instrumente; mit Erfolgsbeispielen, Gabler Verlag, Wiesbaden 2000

Fritz, W., Marketing – ein Schlüsselfaktor des Unternehmenserfolges? Eine kritische Analyse vor dem Hintergrund der empirischen Erfolgsfaktorenforschung, in: Marketing ZFP, 12. Jg., Heft 2, 1990, S. 91-110

Fritz, W., Kerner, M., Könnecke, S., Online-Marketing in der Computerbranche – Eine empirische Bestandsaufnahme, in: Jahrbuch der Absatz- und Verbrauchsforschung, 44. Jg., Nr. 2, 1998, S. 151-162

Fuchs, P.H., Mifflin, K.E., Miller, D., Whitney, J.O., Strategic Integration: Competing in the Age of Capabilities, in: California Management Review, Vol. 42, No. 3, 2000, S. 118-147

Fulkerson, B., Shank, M., The New Economy Electronic Commerce, and the Rise of Mass Customization, in: Shaw, M., Blanning, R., Strader, T., Whinston, A. [Hrsg.], Handbook on Electronic Commerce, Springer Verlag 2000, S. 411-430

Garczorz, I., Krafft, M., Wie halte ich den Kunden? Kundenbindung, in: Albers, S., Clement, M., Peters, K., Skiera, B. [Hrsg.], eCommerce, Einstieg Strategie und Umsetzung im

Unternehmen, 2. Auflage, F.A.Z.-Institut für Management-, Markt- und Medieninformation GmbH, Frankfurt am Main 2000, S. 137-149

Geletkanycz, M.A., Boyd, B.K., Finkelstein, S., The Strategic Value of CEO External Directorate Networks: Implications for CEO Compensation, in: Strategic Management Journal, Vol. 22, No. 9, 2001, S. 889-898

Geyskens, I., Gielens, K., Dekimpe, M.G., The Market Valuation of Internet Channels, in: Journal of Marketing, Vol. 66, No. 2, 2002, S. 102-119

GfK Medienforschung, Auftraggebergemeinschaft GfK Online-Monitor, GfK-Online-Monitor-Ergebnisse der 7. Erhebungswelle, 2000/2001, Nürnberg, März 2001

Ghosh, S., Making Business Sense of the Internet, in: Harvard Business Review, Vol. 76, No. 2, 1998, S. 127-135

Giesel, H.B., Unternehmenswachstum und Wettbewerb, Normos Verlag, Baden-Baden 1975

Glaister, K.W., Buckley, P.J., Measures of Performance in UK International Alliances, in: Organizational Studies, Vol. 19, No. 1, 1998, S. 89-118

Glaum, M., Internationalisierung und Unternehmenserfolg, Gabler, Wiesbaden 1996

Gleich, R., Performance Measurement, in: Die Betriebswirtschaft (DBW), 57. Jg., Heft 1, 1997, S. 114-117

Glotz, P., Geleitwort, in: Eggers, B., Hoppen, G. [Hrsg.], Strategisches E-Commerce-Management, Gabler, Wiesbaden 2001

Godfrey, P.C., Hill, C.W., The Problem of Unobservables in Strategic Management Research, in: Strategic Management Journal, Vol. 16, No. 7, 1995, S. 519-533

Golder, P.N., Tellis, G.J., Pioneer Advantage: Marketing Logic or Marketing Legend, in: Journal of Marketing Research, Vol. 30, No. 2, 1993, S. 158-170

Gora, W., Mann, E., [Hrsg.], Handbuch Electronic Commerce: Kompendium zum elektronischen Handel, 2. Auflage, Springer, Berlin u.a. 2001

Göttgens, O., Erfolgsfaktoren in stagnierenden und schrumpfenden Märkten: Instrumente einer erfolgreichen Unternehmenspolitik, Gabler, Wiesbaden 1996

Gouthier, M.H.J., Schmid, S., Kunden und Kundenbeziehungen als Ressourcen von Dienstleistungsunternehmungen – Eine Analyse, in: Die Betriebswirtschaft (DBW), 61. Jg., Heft 2, 2001, S. 223-239

Grabner-Kräuter, S., Diskussionsansätze zur Erforschung von Erfolgsfaktoren, in: Journal für Betriebswirtschaft, Heft 6, 1993, S. 278-300

Grahame, R.D., Uncles, M., Do Customer Loyalty Programs really Work?, in: Sloan Management Review, Vol. 38, No. 4, 1997, S. 71-82

Grant, R.M., The Resource-Based Theory of Competitive Advantage: Implications for Strategy Formulation, in: California Management Review, Vol. 33, No. 3, 1991, S. 114-135

Green, D.H., Barclay, D.W., Ryans, A.B., Entry Strategy and Long-Term Performance: Conceptualization and Empirical Examination, in: Journal of Marketing, Vol. 59, No. 4, 1995, S. 1-16

Grünig, R., Heckner, R., Zeus, A., Methoden zur Identifikation strategischer Erfolgsfaktoren, in: Die Unternehmung, 50. Jg., Heft 1, 1996, S. 3-12

Gulati, R., Network Location and Learning: The Influence of Network Resources and Firm Capabilities on Alliance Formation, in: Strategic Management Journal, Vol. 20, No. 5, 1999, S. 397-420

Haedrich, G., Gussek, F., Tomczak, T., Instrumentelle Strategiemodelle als Komponenten im Marketingplanungsprozeß, in: Die Betriebswirtschaft (DBW), Heft 2, 1990, S. 205-222

Haedrich,G., Jenner, T., Integrativität als Brücke zwischen Einzeltransaktion und Geschäftsbeziehung, in: Marketing ZFP, 17. Jg., Heft 1, 1995, S. 37-43

Haedrich, G., Jenner, T., Strategische Erfolgsfaktoren in Konsumgütermärkten, in: Die Unternehmung, 50. Jg., Heft 1, 1996, S. 13-26

Haenecke, H., Methodenorientierte Systematisierung der Kritik an der Erfolgsfaktoren-forschung, in: Zeitschrift für Betriebswirtschaft (ZfB), 72. Jg., Heft 2, 2002, S. 165-183

Hagel, J., Armstrong, A., Net Gain – Profit im Netz. Märkte erobern mit virtuellen Communities, Gabler, Wiesbaden 1997(a)

Hagel, J., Armstrong, A., Net Gain: Expanding Markets through Virtual Communities, in: The McKinsey Quarterly, No. 1, 1997(b), S. 140-153

Hagel, J., Rayport, J.F., The coming Battle for Customer Information, in: The McKinsey Quarterly, No. 3, 1997(a), S. 64-76

Hagel, J., Rayport, J.F., The New Infomediaries, in: The McKinsey Quarterly, No. 4, 1997(b), S. 119-128

Hagel, J., Bergsma, E.E., Dheer, S., Placing your Bets on Electronic Networks, in: The McKinsey Quarterly, No. 2, 1996, S. 56-67

Hahn, D., Konzepte strategischer Führung–Entwicklungstendenzen in der Theorie und Praxis unter besonderer Berücksichtigung der Globalisierung, in: Hahn, D., Taylor, B. [Hrsg.], Strategische Unternehmensplanung – strategische Unternehmensführung: Stand und Entwicklungstendenzen, Physica-Verlag Heidelberg 1999, S. 1037-1057

Hahn, D., Taylor, B. [Hrsg.], Strategische Unternehmensplanung – strategische Unternehmensführung: Stand und Entwicklungstendenzen, Physica-Verlag Heidelberg 1999

Hahn, D., US-amerikanische Konzepte strategischer Unternehmensführung, in: Hahn, D., Taylor, B. [Hrsg.], Strategische Unternehmensplanung – strategische Unternehmensführung: Stand und Entwicklungstendenzen, Physica-Verlag Heidelberg 1999, S. 144-164

Haleblian, J., & Finkelstein, S., Top Management Team Size, CEO Dominance, and Firm Performance: The Moderating Roles of Environmental Turbulence and Discretion, in: Academy of Management Journal, Vol. 36, No. 4, 1993, S. 844-863

Hall, B., What You Need to Know about Stock Options, in: Harvard Business Review, Vol. 78, No. 2, 2000, S. 121-129

Hambrick, D., D´Aveni, R., Top Team Deterioration as Part of the Downward Spiral of large Corporate Bankruptcies, in: Management Science, Vol. 38, No. 10, 1992, S. 1445-1466

Hamel, G., Prahalad, C.K., Competing for the Future, Harvard Business School Press, Boston 1994

Hamel, G., Prahalad, C.K., Competing in the New Economy, in: Strategic Management Review, Vol. 17, No. 3, 1996, S. 237-242

Handelsblatt, Gegen den Brachentrend – Hoffnungsträger Online-Handel, Beilage Netzwert, 24.2.2003

Hanson, W.A., Principles of Internet Marketing, South-Western College Publishing, Cincinnati 2000

Hawawini, G., Subramanian, V., Verdin, P., Is Performance Driven by Industry- or Firm-Specific Factors? A New Look at the Evidence, in: Strategic Management Journal, Vol. 24, No. 1, 2003, S. 1-16

Hayn, S., Waldersee, G., IAS/US-GAAP/HGB im Vergleich: Synoptische Darstellung für den Einzel- und Konzernabschluss, 2. Auflage, Schäffer-Poeschel, Stuttgart 2000

Heckerott, B., Traditionelle Händler sind die Gewinner im E-Commerce, in: Frankfurter Allgemeine Zeitung, Netzwirtschaft im Überblick, 5.7.2001, S. 22

Heckscher, E.F., The Effect of Foreign Trade on the Distribution of Income, in: Ekonomisk Tidskrift, Vol. 21, 1919, S. 1-32

Heinemann, C., Priess, S., Erfolgsfaktoren des Electronic Commerce, in: Hermanns, A., Sauter, M. [Hrsg.], Management-Handbuch Electronic Commerce, München 1999, S. 119-128

Heinen, E., Das Zielsystem der Unternehmung – Grundlagen betriebswirtschaftlicher Entscheidungen, Gabler Verlag, Wiesbaden 1966

Helm, R., Empirische Forschung und die Erfolgsmessung von Strategien, in: Marketing ZFP, 20. Jg., Heft 4, 1998, S. 225-235

Hermanns, A., Electronic Commerce-Herausforderung für das Marketing-Management, in: Hermanns, A., Sauter, M. [Hrsg.], Management-Handbuch Electronic Commerce, Vahlen, München 1999, S. 87-100

Hermanns, A., Sauter, M., Electronic Commerce–Die Spielregeln der Neuen Medien, in: Hermanns, A., Sauter, M. [Hrsg.], Management-Handbuch Electronic Commerce, Vahlen, München 1999a, S. 3-9

Hermanns, A., Sauter, M., Electronic Electronic Commerce-Grundlagen, Potenziale, Marktteilnehmer und Transaktionen, in: Hermanns, A., Sauter, M. [Hrsg.], Management-Handbuch Electronic Commerce, Vahlen, München 1999b, S. 13-29

Hermanns, A., Riedmüller, F., Status Quo und Anwendungsperspektiven des Internets für Unternehmen. Ergebnisse einer empirischen Untersuchung unter den 1000 werbeintensivsten

Unternehmen in Deutschland, in: Jahrbuch der Absatz- und Verbrauchsforschung, 46. Jg., Nr. 1, 2000, S. 79-89

Hermanns, A., Wißmeier, U.K., Sauter, M., Wirkung von Werbung im Internet – Grundlagen, Forschungsübersicht und ausgewählte empirische Untersuchungen, in: Der Markt, 37. Jg., Nr. 146/147, 1998, S. 187-197

Hernandez, D., Nutzenspirale in der Net-Economy, in: Geffroy, E.K. [Hrsg.], Zukunft Kunde.com, Verlag Moderne Industrie, Landsberg/Lech 2001, S. 225-238

Herremans, I.M., Ryans, J.K. & Aggarwal, R., Linking Advertising and Brand Value, in: Business Horizons, Vol. 43, No. 3, 2000, S. 19-26

Herrmann, C., Sulzmaier, S., E-Marketing: Erfolgskonzepte der dritten Generation, Frankfurter Allgemeine Verlag, Frankfurt am Main 2001

Hinterhuber, H.H., Friedrich, S.A., Markt- und Ressourcenorientierte Sichtweise zur Steigerung des Unternehmenswertes, in: Hahn, D., Taylor, B. [Hrsg.], Strategische Unternehmensplanung – strategische Unternehmensführung: Stand und Entwicklungs-tendenzen, Physica-Verlag Heidelberg 1999, S. 990-1018

Hitt, M.A., Dacin, M.T., Levitas, E., Arregle, J.L., Borza, A., Partner Selection in Emerging and Developed Market Contexts: Resource-Based and Organizational Learning Perspectives, in: Academy of Management Journal, Vol. 43, No. 3, 2000, S. 449-467

Hitt, M.A., Hoskisson, R.E., Kim, H., International Diversification: Effects on Innovation and Firm Performance in Product-Diversified Firms, in: Academy of Management Journal, Vol. 40, No. 4, 1997, S. 767-798

Hitt, M.A., Ireland, R.D., Camp, S.M., Sexton, D.L., Guest Editors´ Introduction to the Special Issue Strategic Entrepreneurship: Entrepreneurial Strategies for Wealth Creation, in: Strategic Management Journal, Special Issue Strategic Entrepreneurship, Vol. 22, No. 6-7, 2001, S. 479-491

Hofacker, C.F., Internet Marketing, John Wiley & Sons, New York 2001

Hoffmann, D.L., Novak, T.P., How to Acquire Customers on the Web, in: Harvard Business Review, Vol. 78, No. 3, 2000, S. 179-188

Hoffmann, F., Kritische Erfolgsfaktoren-Erfahrungen in großen und mittelständischen Unternehmungen, in: Schmalenbachs Zeitschrift für betriebswirtschaftliche Forschung (ZfbF), 38. Jg., Heft 10, 1986, S. 831-843

Hoffmann, W.H., Schaper-Rinkel, W., Acquire or Ally? – A Strategy Framework for Deciding Between Acquisition and Cooperation, in: Management International Review, Vol. 41, No. 2, 2001, S. 131-159

Höfner, K., Schmeißer, F., Nutzen Sie die PIMS-Erkenntnisse ?, in: Marketing Journal, 17. Jg., Heft 6, 1984, S. 547

Holler, E., Anwendungsszenarien E-Commerce, in: Gora, W., Mann, E., [Hrsg.], Handbuch Electronic Commerce: Kompendium zum elektronischen Handel, 2. Auflage, Springer, Berlin u.a. 2001, S. 229-244

Hoskisson, R.E., Hitt, M.A., Wan, W. P.; Yiu,D., Theory and research in strategic management: Swings of a pendulum, in: Journal of Management, Vol. 25, No. 3, 1999, S. 417-440

Houston, M.B., Walker, B.A., Hutt, M.D., Reingen, P.H., Cross-Unit Competition for a Market Charter: The Enduring Influence of Structure, in: Journal of Marketing, Vol. 65, No. 2, 2001, S. 19-34

Huber, W., Eiserne Regeln für den E-Erfolg, in: Werben&Verkaufen, Heft 15, 2002, S. 58-59

Humm, P., Amazon Deutschland-Chef - Vor Otto und Quelle, in: Wirtschaftswoche-Online, http://www.wiwo.de/, Abruf vom 25.4.2001

i2, Corporate Overview Broschüre, Dallas 2001

Insinga, R.C., Werle, M.J., Linking Outsourcing to Business Strategy, in: Academy of Management Executive, Vol. 14, No. 4, 2000, S. 58-70

Ireland, R.D., Hitt, M.A., Camp, S.M., Sexton, D.L., Integrating Entrepreneurship Actions and Strategic Management Actions to Create Firm Wealth, in: Academy of Management Executive, Vol. 15, No. 1, 2001, S. 49-63

Johnson, R.A., Greening, D.W., The Effects of Corporate Governance and Institutional Ownership Types on Corporate Social Performance, in: Academy of Management Journal, Vol. 42, No. 5, 1999, S. 564-576

Jost, A., Kundenmanagementsteuerung, in: Bliemel, F, Fassot, G., Theobald, A. [Hrsg.], Electronic Commerce, 3. Auflage, Gabler, Wiesbaden 2000, S. 331-348

Judson, B., Kelly, K., E-Commerce–Elf Siegerstrategien für den Hyperwettbewerb, mi, Verlag moderne Industrie, Landsberg/Lech 1999

Kalakota, R., Robinson, M., e-Business: Roadmap for Success, 5. Printing, Addison-Wesley Information Technology Series, Reading, Mass. u.a. 1999

Kalka, R., Marketingerfolgsfaktoren im Facheinzelhandel, in: Der Markt, 35. Jg., Nr. 4, 1996, S. 171-180

Kassinis, G., Vafeas, N., Corporate Boards and Outside Stakeholders as Determinants of Environmental Litigation, in: Strategic Management Journal, Vol. 23, No. 5, 2002, S. 399-415

Keeney, R.L., The Value of Internet Commerce to the Customer, in: Management Science, Vol. 45, No. 4, 1999, S. 533-542

Kickul, J., Gundry, L.K., Breaking through Boundaries for Organizational Innovation: New Managerial Roles and Practices in E-Commerce Firms, in: Journal of Management, Vol. 27, No. 3, 2001, S. 347-362

Klandt, H., Krafft, L., Aktuelle Beschäftigung und Mitarbeiterbedarf bei Internet/E-Commmerce-Gründungen in Deutschland, Diskussionspapier im Rahmen der E-Startup.org Initiative, European Business School (EBS), Oestrich-Winkel, Februar 2001

Klein, P., Electronic Commerce in der Touristikbranche, in: Gora, W., Mann, E., [Hrsg.], Handbuch Electronic Commerce: Kompendium zum elektronischen Handel, 2. Auflage, Springer, Berlin u.a. 2001, S. 333-349

Klein, S., Elektronischer Handel ohne Intermediäre?, in: Ahlert, D. et al. [Hrsg.], Internet & Co. im Handel: Strategien, Geschäftsmodelle und Erfahrungen, Springer Verlag, Berlin 2000, S. 95-108

Klein, S., The Emergence of Auctions on the World Wide Web, in: Shaw, M., Blanning, R., Strader, T., Whinston, A. [Hrsg.], Handbook on Electronic Commerce, Springer, Berlin 2000, S. 627-648

Klein-Blenkers, F., Unternehmensziele im Facheinzelhandel, in: Mitteilungen des Instituts für Handelsforschung an der Universität zu Köln, Nr. 7, 1972, S. 69-75 und Nr. 8, 1972, S. 81-83

Kleindl, M., Theobald, A., Werbung im Internet, in: Bliemel, F, Fassot, G., Theobald, A. [Hrsg.], Electronic Commerce, 3. Auflage, Gabler, Wiesbaden 2000, S. 259-274

Knudsen, C., The Competence Perspective. A Historical View, in: Foss, N., Knudsen, C. [Hrsg.], Towards a Competence Theory of the Firm, Routledge, London 1996, S. S. 13-37

Knüwer, T., Müller, A., Storbeck, O., Tschüss, Sparschweine – Deutschlands Unternehmen kürzen ihre Kosten, nur ins E-Business wird weiter investiert, in: Handelsblatt, Beilage Netzwert, 11.6.2001

Kochhar, R., David, P., Institutional Investors and Firm Innovation: A Test of Competing Hypotheses, in: Strategic Management Journal, Vol. 17, No. 1, 1996, S. 73-84

Kollmann, T., Elektronische Marktplätze: Spielregeln für Betreiber virtueller Handelsräume, in: Der Markt, 37. Jg., Nr. 146/147, 1998, S. 198-203

Koogle, T., Weg von der Werbung - Tim Koogle über den Kurssturz der Yahoo-Aktie und über kostenpflichtige Internet-Angebote, in: Manager-Magazin, Nr. 3, März 2001, S. 52-56

Kotz, R., Technology Company Boards: A new Model, in: Directors and Boards, Vol. 22, No. 3, 1998, S. 26-28

Köhler, T.R., Aufbau eines digitalen Vertriebs, in: Thome, R., Schinzer, H. [Hrsg.], Electronic Commerce: Anwendungsbereiche und Potenziale der digitalen Geschäftsabwicklung, 2. Auflage, Vahlen, München 2000, S. 107-124

Krafft, M., Kundenbindung und Kundenwert, Physica-Verlag, Heidelberg 2002

Krause, J., Electronic Commerce und Online Marketing. Chancen, Risiken und Strategien, 2. Auflage, Hanser Fachbuchverlag, München 2000

Krechting, M.J., Internationales Versandhandels-Marketing: Eine empirische Analyse strategischer Erfolgsfaktoren international übertragener deutscher Marketingkonzepte, Diss, 2., überarb. Auflage, Mering: Hampp, München 1998

Krüger, W., Die Erklärung von Unternehmenserfolg: Theoretischer Ansatz und empirische Ergebnisse, in: Die Betriebswirtschaft (DBW), 48. Jg., Heft 1, 1988, S. 27-43

Krüger, W., Hier irrten Peters und Waterman—Ein Bestseller wird entzaubert, in: Harvard Manager, 11. Jg., Heft 1, 1989, S. 13-18

Kube, C., Erfolgsfaktoren in Filialsystemen. Diagnose und Umsetzung im strategischen Controlling, Diss., Gabler, Wiesbaden 1991

Kubicek, H., Heuristische Bezugsrahmen und heuristisch angelegte Forschungsdesigns als Elemente eine Konstruktionsstrategie empirischer Forschung, in: Köhler, R., [Hrsg.], Empirische und handlungstheoretische Forschungskonzeptionen in der Betriebswirtschaftslehre, Bericht über die Tagung in Aachen im März 1976, Poeschel, Stuttgart 1977

Kumar, K., Subramanian, R., Yauger, C., Examining the Market Orientation-Performance Relationship: A Context-Specific Study, in: Journal of Management, Vol. 24, No. 2, 1998, S. 201-233

Kurz, H., Determinanten der Akzeptanz von Firmenauftritten im Internet, in: Der Markt, 37. Jg., Nr. 146/147, 1998, S. 215-226

Küting, K., Möglichkeiten und Grenzen der Bilanzanalyse am Neuen Markt–Auf der Suche nach neuen Wegen der Unternehmensbeurteilung (Teil I), in: Der Finanzbetrieb, Heft 10, 2000a, S. 597-605

Küting, K., Möglichkeiten und Grenzen der Bilanzanalyse am Neuen Markt–Auf der Suche nach neuen Wegen der Unternehmensbeurteilung (Teil II), in: Der Finanzbetrieb, Heft 11, 2000b, S. 674-683

Küting, K., Unternehmerische Wachstumspolitik. Eine Analyse unternehmerischer Wachstumsentscheidungen und die Wachstumsstrategien deutscher Unternehmungen, Erich Schmidt Verlag, Berlin 1980

Küting, K., Zwirner, C., Bilanzierung und Bewertung bei Film- und Medienunternehmen des Neuen Marktes–Bestandaufnahme zwischen Theorie und Empirie, in: der Finanzbetrieb, Beilage 3 zu Heft 4, 2001, S. 4-38

Lambkin, M., Order of Entry and Performance in New Markets, in: Strategic Management Journal, Vol. 9, Special Issue on Strategy/Content, Summer 1988, S. 127-140

Lammerskötter, D., Klein, S., Neuere Entwicklungen auf elektronischen Märkten, in: Eggers, B., Hoppen, G., [Hrsg.], Strategisches E-Commerce-Management, Gabler, Wiesbaden 2001, S. 45-72

Lange, B., Bestimmung strategischer Erfolgsfaktoren und Grenzen ihrer empirischen Fundierung. Dargestellt am Beispiel der PIMS-Studie, in: Die Unternehmung, 36. Jg., Heft 1, 1982, S. 27-41

Lechler, T., Gemünden, H.G., Kausalanalyse der Wirkungsfaktoren des Projektmanagements, in: Die Betriebswirtschaft (DBW), 58. Jg., Heft 4, 1998, S. 435-451

Lee, C., Lee, K., Pennings, J.M., Internal Capabilities, External Networks, And Performance: A Study on Technology-Based Ventures, in: Strategic Management Journal, Special Issue Strategic Entrepreneurship, Vol. 22, No. 6-7, 2001, S. 615-640

Lehner, F., Lanwes, C., Hemmnisse der Internet-Nutzung für mittelständische Unternehmen, in: Zeitschrift Führung und Organisation (zfo), 67. Jg., Nr. 4, 1998, S. 213-219

Leiblein, M.J., Reuer, J.J., Dalsace, F., Do Make or Buy Decisions Matter? The Influence of Organizational Governance on Technological Performance, in: Strategic Management Journal, Vol. 23, No. 9, 2002, S. 817-833

Lenz, R.T., Determinants of Organizational Performance: An interdisciplinary Review, in: Strategic Management Journal, Vol. 2, No. 2, 1981, S. 131-154

Lewin, A.Y., Minton, J.W., Determining Organizational Effectiveness: Another Look, and an Agenda for Research, in: Management Science Vol. 32, No. 5, 1986, S. 514-538

Levitas, E., Chi, T., Rethinking Rouse and Daellenbach´s Rethinking: Isolating vs. Testing for Sources of Sustainable Competitive Advantage, in: Strategic Management Journal, Vol. 23, No. 10, 2002, S. 957-962

Lieberman, M.B., Montgomery, D.B., First Mover (Dis-) Advantages and Link with the Resource-Based View, in: Strategic Management Journal, Vol. 19, No. 12, 1998, S. 1111-1125

Lihotzky, N., Wirtz, B.W., Internetökonomie, Kundenbindung und Portalstrategien, in: Die Betriebswirtschaft (DBW), 61. Jg., Nr. 3, 2001, S. 285-305

Lingenfelder, M., Die Marketingorientierung von Vertriebsleitern als strategischer Erfolgsfaktor: eine theoretische Analyse und empirische Bestandsaufnahme in der Markenartikelindustrie, Duncker & Humblot, Berlin 1990

Lockett, A., Thompson, S., The Resource-Based View and Economics, in: Journal of Management, Vol. 27, No. 6, 2001, S. 723-754

Lopes, A.B., Galletta, D., A strategic Perspective of Internet Information Providers, in: Shaw, M., Blanning, R., Strader, T., Whinston, A. [Hrsg.], Handbook on Electronic Commerce, Springer Verlag 2000, S. 591-612

Lyon, D.W., Lumpkin, G.T., Dess, G.G., Enhancing Entrepreneurial Orientation Research: Operationalizing and Measuring a Key Strategic Decision Making Process, in: Journal of Management, Vol. 26, No. 5, 2000, S. 1055-1085

Mahoney, J., Pandian, J., The Resource-Based View within the Conversation of Strategic Management, in: Strategic Management Journal, Vol. 13, No. 5, 1992, S. 363-380

Maiwaldt, J.C., Strategische Herausforderung des Electronic Commerce für dezentrale Handelsunternehmungen, in: Ahlert, D. et al. [Hrsg.], Internet & Co. im Handel: Strategien, Geschäftsmodelle und Erfahrungen, Springer Verlag, Berlin 2000a, S. 55-61

Maiwaldt, J.C., Wandel der klassischen Handelsfunktion durch E-Commerce–Die Strategie der Douglas Holding AG, in: Müller-Hagedorn, L. [Hrsg.], Zukunftsperspektiven des E-Commerce im Handel, Deutscher Fachverlag Frankfurt am Main 2000b, S. 59-72

Manager-Magazin Online, Online-Werbung – Preisverfall bei kleinen Anbietern, http://www.manager-magazin.de/, Abruf vom 28.2.2001

Manolova, T.S., Brush, C.G., Edelman, L.F., Greene, P.G., Internationalization of Small Firms: Personal Factors Revisited, in: International Small Business Journal, Vol. 20, No. 1, 2002, S. 9-31

Marock, D., Näs, J., Strickroth, H., Internet M&A booms, in: The McKinsey Quarterly, No. 4, 2000, S. 18-21

Martinez, R.J., Levitas, E., The Valuation of Goods: A Resource-Based Perspective, in: International Journal of Organizational Analysis, Vol. 10, No. 1, 2002, S. 76-97

Mattes, F., Management by Internet: Internet Einsatz aus der Management Perspektive, Franzis Verlag, Feldkirchen 1997

Mattmüller, R. [Hrsg.], Versandhandelsmarketing – Vom Katalog zum Internet, Deutscher Fachverlag, Frankfurt am Main 1999

Mattmüller, R., Hauser, T., Typologie und Bedeutung des Versandhandels, in: Mattmüller, R. [Hrsg.], Versandhandelsmarketing – Vom Katalog zum Internet, Deutscher Fachverlag, Frankfurt am Main 1999, S. 15-32

Matusik, S.F., An Empirical Investigation of Firm Public and Private Knowledge, in: Strategic Management Journal, Vol. 23, No. 5, 2002, S. 457-467

McEvily, S.K., Chhakravarthy, B., The Persistence of Knowledge-Based Advantage: An Empirical Test for Product Performance and Technological Knowledge, in: Strategic Management Journal, Vol. 23, No. 4, 2002, S. 285-305

McGee, J., Sammut Bonnici, T.A., Network Industries in the New Economy, in: European Business Journal, Vol. 14, No. 3, 2002, S. 116-132

McKinsey & Co./ MMXI Europe, gemeinsame Presseerklärung: Surfen oder Schnuppern, wer nutzt das Internet wofür, Düsseldorf/Nürnberg, 9.11.2000

McNulty, T., Pettigrew, A., Strategists on the Board, in: Organization Studies, Vol. 20, No. 1, 1999, S. 47-74

Medien aktuell, 256 Mio. Euro Online-Werbung 2002, 27.1.2003, S. 19

Meffert, H., Erfolgsfaktoren im Business-to-Consumer E-Commerce, Bericht der GfK-Jahrestagung, Nürnberg, 7. Juli 2000a, S. 74-95

Meffert, H., Herausforderungen an das Marketing durch interaktive Medien, in: Ahlert, D. et al. [Hrsg.], Internet & Co. im Handel: Strategien, Geschäftsmodelle, Erfahrungen, Springer Verlag, Berlin 2000b, S. 125-143

Meffert, H., Marketing-Management: Analyse, Strategie, Implementierung, Gabler Verlag, Wiesbaden 1994

Meffert, H., Bolz, J., Internationales Marketing-Management, 3. überarbeitete und ergänzte Auflage, Kohlhammer, Stuttgart u.a. 1998

Mehler-Bicher, A., Borgman, H., Electronic Commerce – eine zukunftsträchtige Distributionsform?, in: Mattmüller, R. [Hrsg.], Versandhandelsmarketing – Vom Katalog zum Internet, Deutscher Fachverlag, Frankfurt am Main 1999, S. 51-82

Mei-Pochtler, A., Rasch, S., E-Commerce in Deutschland: Vom Goldrausch zur Goldgewinnung, The Boston Consulting Group, München Oktober 1999

Mei-Pochtler, A., Rißmann, M., Der Internet-Handel nimmt Konturen an, in: Horizont, Nr. 47, 20.11.1997, S. 38

Mellewigt, T., Matiaske, W., Zur Messung des Unternehmens- und Kooperationserfolges, in: Die Betriebswirtschaft (DBW), 60. Jg., Heft 1, 2000, S. 125-133

Miller, D., Shamsie, J., The Resource-Based View of the Firm in two Environments: The Hollywood Film Studios from 1936 to 1965, in: Academy of Management Journal, Vol. 39, No. 3, 1996, S. 519-543

Miller, D., Shamsie, J., Strategic Responses to Three Kinds of Uncertainty: Product Line Simplicity at the Hollywood Film Studies, in: Journal of Management, Vol. 25, No. 1, 1999, S. 97-116

Miller, D., Shamsie, J., Learning Across the Life Cycle: Experimentation and Performance among the Hollywood Studio Heads, in: Strategic Management Journal, Vol. 22, No. 8, 2001, S. 725-745

Miller, D., Stale in the Saddle: CEO Tenure and the Match between Organization and Environment, in: Management Science, Vol. 37, No. 1, 1991, S. 34-52

Mitra, D., Golder, P.N., Whose Culture Matters? Near-Market Knowledge and its Impact on Foreign Market Entry Timing, in: Journal of Marketing Research, Vol. 39, No. 3, S. 350- 366

Montealegre, R., Four Visions of E-Commerce in Latin America in the year 2010, in: Thunderbird International Business Review, Vol. 43, No. 6, 2001, S. 717-735

Moschella, D., Web Competition May Look Frithingly Familiar, in: Computerworld 32, 9.11.1998, S. 34

Müller-Hagedorn, L., Dach, C., Hudetz, K., Kaapke, A., E-Commerce im Handel: Zentrale Problemfelder, in: Müller-Hagedorn, L. [Hrsg.], Zukunftsperspektiven des E-Commerce im Handel, Deutscher Fachverlag Frankfurt am Main 2000, S. 11-48

Müller-Hagedorn, L., Greune, M., Erfolgsfaktorenforschung und Betriebsvergleich im Handel, in: Mitteilungen des Instituts für Handelsforschung an der Universität zu Köln, 44. Jg., 1992, S. 121-131

Müller-Hagedorn, L., Zur Abgrenzung von E-Commerce: Definitorische Anmerkungen, in: Müller-Hagedorn, L. [Hrsg.], Zukunftsperspektiven des E-Commerce im Handel, Deutscher Fachverlag Frankfurt am Main 2000, S. 49-58

Müller-Stewens, G., Spickers, J., Deiss, C., Mergers and Acquisitions. Markttendenzen und Beraterprofile, Schäffer-Poeschel, Stuttgart 1999

Münch, J., Personal und Organisation als unternehmerische Erfolgsfaktoren, Neres Verlag, Hochheim am Main 1997

Nachtmann, M., Elektronischer Geschäftsverkehr im Einzelhandel, in: Gora, W., Mann, E., [Hrsg.], Handbuch Electronic Commerce: Kompendium zum elektronischen Handel, 2. Auflage, Springer, Berlin u.a. 2001, S. 293-308

Nagel, K., Die Sechs Erfolgsfaktoren des Unternehmens, Verlag moderne Industrie, Landsberg/Lech 1986

Neubauer, F.F., Das PIMS-Programm und Portfolio Management, in: Hahn, D., Taylor, B. [Hrsg.], Strategische Unternehmensplanung – strategische Unternehmensführung: Stand und Entwicklungstendenzen, Physica-Verlag Heidelberg 1999, S. 469-496

Nieschlag, R., Dichtl, E., Hörschgen, H., Marketing, 17. neu bearbeitete Auflage, Duncker und Humblot, Berlin 1994

Nicolai, A., Kieser, A., Trotz eklatanter Erfolglosigkeit – Die Erfolgsfaktorenforschung weiter auf Erfolgskurs, in: Die Betriebswirtschaft (DBW), 62. Jg., Heft 6, 2002, S. 579-596

O'Connor, J., Eamonn, G., Creating Value through E-Commerce, Financial Times Pitman Publishing/Prentice Hall, London 1998

Oliver, C., Sustainable Competitive Advantage: Combining Institutional and Resource-Based Views, in: Strategic Management Journal, Vol. 18, No. 9, 1997, S. 697-713

Palombo, P., Theobald, A., Electronic Shopping – Das Versandhaus Quelle auf dem Weg in das Zeitalter der elektronischen Medien, in: Bliemel, F, Fassot, G., Theobald, A. [Hrsg.], Electronic Commerce, 3. Auflage, Gabler, Wiesbaden 2000, S. 389-400

Parthiban, D., Hitt, M.A., Insead, J.G., The Influence of Activism by Institutional Investors on R&D, in: Academy of Management Journal, Vol. 44, No. 1, 2001, S. 144-157

Patt, P.J., Strategische Erfolgsfaktoren im Einzelhandel: Eine empirische Analyse am Beispiel des Bekleidungseinzelhandels, Diss., Lang, Frankfurt am Main u.a. 1988

Paul, C., Runte, M., Wie ziehe ich den Kunden an? Virtuelle Communities, in: Albers, S., Clement, M., Peters, K., Skiera, B. [Hrsg.], eCommerce, Einstieg Strategie und Umsetzung im Unternehmen, 2. Auflage, F.A.Z.-Institut für Management-, Markt- und Medieninformation GmbH, Frankfurt am Main 2000, S. 123-136

Pecaut, D., Silverstein, M., Stanger, P., Winning the Online Customer – Insides into Online Consumer Behavior, The Boston Consulting Group, Boston, Mass., März 2000

Penrose, E.T., The Theory of the Growth of the Firm, Third Edition, Oxford University Press, New York 1995, in: Zack, M.H. [Hrsg.], Knowledge and Strategy, Butterworth-Heinemann, Woburn, Mass., 1999, S. 63-67

Pauschert, T., Navigation im Netz: Der Weg zur E-Commerce Site, Bericht der GfK-Jahrestagung, Nürnberg, 7. Juli 2000, S. 40-58

Peppers, D., Rogers, M., Enterprise One to One: Tools for Competing in the Interactive Edge, Bantam Doubleday Dell, New York, NY u.a. 1997

Peppers, D., Rogers, M., The One to One Future. Building Relationships one Customer at a time, Currency Doubleday, New York, NY u.a. 1993

Peteraf, M.A., The Cornerstones of Competitive Advantage: A Resource-Based View, in: Strategic Management Journal, Vol. 14, No. 3, 1993, S. 179-191

Peters, T.J., Waterman, R.H., In Search of Excellence: Lessons from America's Best-Run Companies, Harper & Row, New York, NY u.a., 1982

Peters, T.J., Waterman, R.H., Auf der Suche nach Spitzenleistungen: was man von den bestgeführten US-Unternehmen lernen kann, Verlag moderne Industrie, Landsberg/Lech 1984

Peterson, R.A., Balasubramanian, S., Bronnenberg, B., Exploring the Implications of the Internet for Consumer Marketing, in: Journal of the Academy of Marketing Science, Vol. 25, No. 4, 1997, S. 329-346

Pettigrew, A.M., Woodman, R.W., Cameron, K.S., Studying Organizational Change and Development: Challenges for Future Research, in: Academy of Management Journal, Vol. 44, No. 4, 2001, S. 697-713

Picot, A., Neuburger, R., Grundsätze und Leitlinien der Internet-Ökonomie, in: Eggers, B., Hoppen, G., [Hrsg.], Strategisches E-Commerce-Management, Gabler, Wiesbaden 2001, S. 23-44

Picot, A., Reichwald, R., Wigand, R.T., Die grenzenlose Unternehmung: Information, Organisation und Management, 3. überarbeitete Auflage, Gabler Verlag, Wiesbaden 1998

Picot, A., Reichwald, R., Wigand, R.T., Die grenzenlose Unternehmung: Information, Organisation und Management, 4. Auflage, Gabler Verlag, Wiesbaden 2001

Piller, F., Schoder, D., Mass Customization und Electronic Commerce. Eine empirische Einschätzung zur Umsetzung in deutschen Unternehmen, in: Zeitschrift für Betriebswirtschaft (ZfB), 69. Jg., Heft 10, 1999, S. 1111-1136

Pölert, A., Eignung verschiedener Produkte und Leistungen für E-Commerce, in: Ringlstetter, M.J. [Hrsg.], Clicks in E-Business: Perspektiven von Start-ups und etablierten Konzernen, Oldenbourg, München 2001, S. 45-60

Porter, M.E., Competitive Strategy, The Free Press, New York, NY, 1980

Porter, M.E., Strategy and the Internet, in: Harvard Business Review, Vol. 79, No. 3, 2001, S. 63-78

Porter, M.E., Towards a Dynamic Theory of Strategy, in: Rumelt, R.P., Schendel, D.E., Teece, D.J. [Hrsg.], Fundamental Issues in Strategy, Harvard Business School Press, Boston, Mass., 1994, S. 423-462

Porter, M.E., Wettbewerbsvorteile – Spitzenleistungen erreichen und behaupten, 5. Auflage, Campus Verlag, Frankfurt am Main 1999

Porter Liebeskind, J., Knowledge, Strategy, and the Theory of the Firm, in: Strategic Management Journal, Vol. 17, Winter Special Issue, 1996, S. 93-107

Prahalad, C.K., Hamel, G., The Core Competence of the Corporation, in: Harvard Business Review, Vol. 68, No. 3, 1990, S. 79-91

Prahalad, C.K., Ramaswamy, V., Co-Opting Customer Competence, in: Harvard Business Review, Vol. 78, No. 1, 2000, S. 79-87

Preis, A., Die MOP-Formel: Erfolgsstrategien für dynamische Unternehmer, Gabler, Wiesbaden 1994

Preiß, F.J., Strategische Erfolgsfaktoren im Software-Marketing, Diss., Verlag Peter Lang, Frankfurt am Main 1992

Preißl, B., Haas, H., E-Commerce – Erfolgsfaktoren von Online-Shopping in den USA und Deutschland, Duncker und Humblot, Berlin 1999

Priem, R., Butler, J., Is the Resource-Based View a Useful Perspective for Strategic Management Research ?, in: Academy of Management Review, Vol. 26, No. 1, 2001, S. 22-40

Prussog, C., E-Procurement: Kosten senken, Potenziale Nutzen, in: Welt am Sonntag, Beilage Webwirtschaft, 17.12.2000

Puscher, F., Klebstoff für Besucher. Wichtiger als einmalige Umsatzorientierung ist die langfristige Kundenbindung, in: Internet World, Nr. 8, August 2000, S. 86-88

Quelch, J.A., Klein, L.R., The Internet and International Marketing, in: Sloan Management Review, Vol. 37, No. 3, 1996, S. 60-75

Quiring, L., Backmann, C., Virtuelles-Kaufhaus.de – Ein Start-up zwischen Technik und Geschäftsidee, in: Ringlstetter, M.J. [Hrsg.], Clicks in E-Business: Perspektiven von Start-ups und etablierten Konzernen, Oldenbourg, München 2001, S. 93-116

Raffée, H., Fritz, W., Die Führungskonzeption erfolgreicher und weniger erfolgreicher Industrieunternehmen im Vergleich, in: Zeitschrift für Betriebswirtschaft (ZfB), 61. Jg., Heft 11, 1991, S. 1211-1226

Ranft, A.L., O'Neill, H.M., Board Composition and High-flying Founders: Hints of trouble to come?, in: Academy of Management Executive, Vol. 15, No. 1, 2001, S. 126-138

Rangan, S., Adner, R., Profits and the Internet: Seven Misconceptions, in: Sloan Management Review, Vol. 42, No. 4, 2001, S. 44-53

Rappaport, A., Creating Shareholder Value – The New Standard for Business Performance, The Free Press, New York/London 1986

Rasch, S., Lintner, A., The Multichannel Consumer. The Need to integrate Online and Offline Channels in Europe, The Boston Consulting Group, Boston Juli 2001

Rebstock, M., Electronic Commerce, in: Die Betriebswirtschaft (DBW), 58 Jg., Nr. 2, 1998, S. 265-267

Reed, R., DeFillipi, R.J., Causal Ambiguity, Barriers to Imitation, and Sustainable Competitive Advantage, in: Academy of Management Review, Vol. 15, No. 1, 1990, S. 88-102

Reichard, C., One-to-One Marketing im Internet: Erfolgreiches E-Business für Finanzdienstleister, Gabler, Wiesbaden 2000

Reichheld, F.F., Schefter, P., Warum Kundentreue auch im Internet zählt, in: Harvard Business Manager, Heft 1, 2001, S. 70-80

Reinartz, W.J., Kumar, V., On the profitability of long-life customers in noncontractual setting: An empirical investigation and implications for Marketing, Journal of Marketing, Vol. 64, No.4, 200, S. 17-35

Reinartz, W.J., Kumar, V., The mismanagement of customer loyalty, in: Harvard Business Review, Vol. 80, No. 7, 2002, S. 86-94

Reinking, G., Covisint Europe geht nach Amsterdam, in: Financial Times Deutschland, Rubrik Industrie, 9.3.2001, S. 9

Ricardo, D., Principles of Political Economy and Taxation, Dent & Dutton, London 1973; Originalquelle: John Murray, London 1817

Ringlstetter, M.J. [Hrsg.], Clicks in E-Business: Perspektiven von Start-ups und etablierten Konzernen, Oldenbourg, München 2001

Ringlstetter, M.J., Oelert, J., Perspektiven des E-Business, in: Ringlstetter, M.J. [Hrsg.], Clicks in E-Business: Perspektiven von Start-ups und etablierten Konzernen, Oldenbourg, München 2001, S. 3-44

Robertson, P., Competences, Transaction Costs and Competitive Strategy, in: Foss, N., Knudsen, C. [Hrsg.], Towards a Competence Theory of the Firm, Routledge, London 1996, S. 75-96

Röder, H., Electronic Commerce und One to One-Marketing, in: Bliemel, F., Fassot, G., Theobald, A. [Hrsg.], Electronic Commerce, 3. Auflage, Gabler, Wiesbaden 2000, S. 145-158

Roth, K., Managing international Interdependence: CEO Characteristics in a Resource-Based Framework, in: Academy of Management Journal, Vol. 38, No. 1, 1995, S. 200-231

Rouse, M.J., Daellenbach, U.S., Rethinking Research Methods for the Resource-Based Perspective: Isolating the Sources of Sustainable Competitive Advantage, in: Strategic Management Journal, Vol. 20, No. 5, 1999, S. 487-494

Rouse, M.J., Daellenbach, U.S., More Thinking on Research Methods for the Resource-Based Perspective, in: Strategic Management Journal, Vol. 23, No. 10, 2002, S. 963-967

Rudolf, M., Witt, P., Bewertung von Wachstumsunternehmen. Traditionelle und innovative Methoden im Vergleich, Gabler Verlag, Wiesbaden 2002

Rudolph, H., Erfolgsfaktoren japanischer Großunternehmen. Die Bedeutung von Wettbewerb und individuellen Leistungsanreizen, Campus Verlag, Frankfurt am Main 1996

Rumelt, R.P., Towards a Strategic Theory of the Firm, in: Lamb, R., [Hrsg.], Competitive Strategic Management, Englewood Cliffs/New Jersey 1984, S. 556-570

Rumelt, R.P., Schendel, D.E., Teece, D.J., Fundamental Issues in Strategy, Harvard Business School Press, Boston, Mass., 1994

Sanders, G., Carpenter, M.A., Internationalization and Firm Governance: The Roles of CEO Compensation and Board Structure, in: Academy of Management Journal, Vol. 41, No. 2, 1998, S. 158-178

Saracevic, A.T., Riepl, L., Unter Geiern, in: Business 2.0, Januar 2001, S. 109-114

Sarkar, M. Butler, B., Steinfield, C., Cybermediaries in Electronic Marketspace: Towards Theory Building, in: Journal of Business Research, Vol. 41, No. 3, 1998, S. 215-221

Sarkar, M., Butler, B., Steinfeld, C., Intermediaries and Cybermediaries: a continuing Role for mediating Players in the Electronic Marketplace, in: Journal of Computer-mediated communication, Special Issue on Electronic Commerce, Vol. 1, No. 3, 1995

Sauter, M., Chancen, Risiken und strategische Herausforderungen des Electronic Commerce, in: Hermanns, A., Sauter, M. [Hrsg.], Management-Handbuch Electronic Commerce, Vahlen, München 1999, S. 101-117

Schaudwet, C., Holzner, M., Fremdes Terrain – Onlinehändler drängen in die reale Welt-mit Läden und Bestellkatalogen wollen sie dem Konkurs entgehen, in: Wirtschaftswoche, Nr. 15, 5.4.2001, S. 92-95

Schiff, L., Getting There from Here: Keys to Success in E-Business, in: Accounting Today, Vol. 14, No. 8, 2000, S. 24-25

Schinzer, H., Böhnlein, C., Supply Chain Management, in: Thome, R., Schinzer, H. [Hrsg.], Electronic Commerce: Anwendungsbereiche und Potenziale der digitalen Geschäftsabwicklung, 2. Auflage, Vahlen, München 2000, S. 27-44

Schinzer, H., Steinacker, B., Virtuelle Gemeinschaften, in: Thome, R., Schinzer, H. [Hrsg.], Electronic Commerce: Anwendungsbereiche und Potenziale der digitalen Geschäftsabwicklung, 2. Auflage, Vahlen, München 2000, S. 81-106

Schinzer, H., Thome, R., Anwendungsbereiche und Potenziale, in: Thome, R., Schinzer, H. [Hrsg.], Electronic Commerce: Anwendungsbereiche und Potenziale der digitalen Geschäftsabwicklung, 2. Auflage, Vahlen, München 2000, S. 1-26

Schlömer, T., E-Commerce ist tot – es lebe der I-Commerce, in: Geffroy, E.K. [Hrsg.], Zukunft Kunde.com, Verlag Moderne Industrie, Landsberg/Lech 2001, S. 177-198

Schmid, B., Elektronische Märkte, in: Wirtschaftsinformatik, Nr. 5, 1993, S. 465-480

Schmid, B., Elektronische Märkte – Merkmale, Organisation und Potenziale, in: Hermanns, A., Sauter, M. [Hrsg.], Management-Handbuch Electronic Commerce, Vahlen, München 1999, S. 31-48

Schmidt, I., Döbler, T., Schenk, M., E-Commerce: A Platform for Integrated Marketing, Lit Verlag, Münster 2000

Schneider, D., E-Shopping: Erfolgsstrategien im Electronic Commerce: Marken schaffen, Shops gestalten, Kunden binden, Gabler Verlag, Wiesbaden 1999

Schneider, K., Geschäftsmodelle in der Internet-Ökonomie, in: Ahlert, D. et al. [Hrsg.], Internet & Co. im Handel: Strategien, Geschäftsmodelle und Erfahrungen, Springer Verlag, Berlin 2000, S. 109-124

Schnetkamp, G., Aktuelle und zukünftige Erfolgsfaktoren des Electronic Shopping, in: Ahlert, D. et al. [Hrsg.], Internet & Co. im Handel: Strategien, Geschäftsmodelle und Erfahrungen, Springer Verlag, Berlin, 2000, S. 29-54

Schoch, R., E-Commerce. Wo steht die Schweiz heute im internationalen Vergleich?, in: Thexis, 17. Jg., Nr. 3, 2000, S. 53-57

Schögel, M., Birkhofer, B., Tomczak, T., E-Commerce im Distributionsmanagement. Status Quo und Entwicklungstendenzen, in: Thexis 2000/2, St. Gallen 2000

Schoppe, S.G., Moderne Theorie der Unternehmung, Oldenbourg, München 1995

Schrader, S., Spitzenführungskräfte, Unternehmensstrategie und Unternehmenserfolg, Mohr, Tübingen 1995

Schröder, H., Erfolgsfaktorenforschung im Handel. Stand der Forschung und kritische Würdigung der Ergebnisse, in: Marketing ZFP, 16. Jg., Heft 2, 1994, S. 89-105

Schubert, S., Jäger des doppelten Patents, in: Handelsblatt, Beilage Netzwert, 30.4.2001

Sculley, A.B., Woods, W.A., B2B Exchanges: The killer Application in the Business-to-Business Internet Revolution, Isipublications, Hong Kong u.a. 2000

Seibert, S., Strategische Erfolgsfaktoren in mittleren Unternehmen. Untersucht am Beispiel der Fördertechnikindustrie, Diss., Lang Verlag, Frankfurt am Main 1987

Seidensticker, F.J., New Economy – Wahn oder Wirklichkeit ? Eine Analyse der E-Business Revolution, in: Datenverarbeitung, Steuern, Wirtschaft, Recht (DSWR), Heft 1-2, 2001, S. 2-5

Shankar, V., Bayus, B.L., Network Effects and Competition: An Empirical Analysis of the Home Video Game Industry, in: Strategic Management Journal, Vol. 24, No. 4, 2003, S. 375-384

Shapiro, C., Varian, H., Information Rules – A Strategic Guide to the Network Economy, Harvard Business School Press, Boston, Mass. 1998

Shaw, M., Blanning, R., Strader, T., Whinston, A. [Hrsg.], Handbook on Electronic Commerce, Springer, Berlin 2000

Silverstein, M., Stanger, P., Abdelmessih, N., The next Chapter in Business-to-Consumer E-Commerce-Advantage Incumbent, The Boston Consulting Group, Boston, Mass., März 2001

Silverstein, M., Stanger, P., Greenly, R., Rubin, E., The State of Online Retailing 4.0, The Boston Consulting Group/Shop.org , Boston, Mass. u.a., Mai 2001

Simon, H., Die heimlichen Gewinner: Die Erfolgsstrategien unbekannter Weltmarktführer (Hidden Champions), Campus Verlag, Frankfurt a.M. 1996

Smith, M.D., Bailey, J., Brynjolfsson, E., Understanding Digital Markets: Review and Assessment, in: Brynjolfsson, E., Kahin, B. [Hrsg.], Understanding the Digital Economy: Data, Tools, Research, Massachusetts Institute of Technology, Boston, Mass. 2000, S. 99-136

Smith, K.G., Ferrier, W.J., Grimm, C.M., King of the Hill: Dethroning the Industry Leader, in: Academy of Management Executive, Vol. 15, No. 2, 2001, S. 59-70

Somm, F., Virtuelle Communities, in: Krause, J. [Hrsg.], Electronic Commerce und Online-Marketing. Chancen, Risiken und Strategien, München/Wien 1999, S. 22-24

Sonje, D., Quality.com – Qualitätsmanagement von Internetangeboten, in: Geffroy, E.K. [Hrsg.], Zukunft Kunde.com, Verlag Moderne Industrie, Landsberg/Lech 2001, S. 109-126

Sonntagszeitung, E-Commerce: Kluft wächst, Zürich 13.5.2001, S. 91

Steers, R.M., Problems in the Measurement of Organizational Effectiveness, in: Administrative Science Quarterly, Vol. 20, No. 3, 1975, S. 546-558

Steiger, M., Corporate Governance durch institutionelle Investoren, in: M&A Review, Heft 3, 2002, S. 120-125

Steinle, C., Kirschbaum, J., Kirschbaum, V., Erfolgreich überlegen. Erfolgsfaktoren und ihre Gestaltung in der Praxis, Frankfurter Allgemeine Zeitung/Edition Blickbuch Wirtschaft, Frankfurt am Main 1996

Steinle, C., Strategisches Management von E-Commerce-Geschäften, in: Eggers, B., Hoppen, G., [Hrsg.], Strategisches E-Commerce-Management, Gabler, Wiesbaden 2001, S. 329-360

Stoi, R., Controlling von Intangibles. Identifikation und Steuerung der immateriellen Wertreiber, in: Controlling, 15. Jg., Heft 3/4, 2003, S. 175-183

Strauß, R.E., Schoder, D., „e-Reality 2000 – Electronic Commerce von der Vision zur Realität. Status, Entwicklung, Problemstellungen, Erfolgsfaktoren sowie Management-Implikationen des Electronic Commerce.", Consulting Partner Group, Frankfurt am Main Oktober 2000a

Strauß, R.E., Schoder, D., Wie werden die Produkte den Kunden angepaßt? Massenhafte Individualisierung, in: Albers, S., Clement, M., Peters, K., Skiera, B. [Hrsg.], eCommerce, Einstieg Strategie und Umsetzung im Unternehmen, 2. Auflage, F.A.Z.-Institut für Management-, Markt- und Medieninformation GmbH, Frankfurt am Main 2000b, S. 111-121

Strauß, R.E., Schoder, D., eReality. Das e-Business-Bausteinkonzept. Strategien und Erfolgsfaktoren für das e-Business-Management, F.A.Z.-Institut für Management-, Markt- und Medieninformationen, Frankfurt am Main 2002

Stuart, T.E., Hoang, H., Hybels, R.C., Interorganizational Endorsements and the Performance of Entrepreneurial Ventures, in: Administrative Science Quarterly, Vol. 44, No. 2, 1999, S. 315-349

Subramaniam, M., Venkatraman, N., The Influence of Leveraging Tacit Overseas Knowledge for Global New Product Development Capability: An Empirical Examination, in: Hitt, M.A., Clifford, P.G., Nixon, R.D., Coyne, K.P. [Hrsg.], Dynamic Strategy Resources, Wiley, Chichester, 1999, S. 373-401

Tapscott, D., Rethinking Strategy in a Networked World, in: Strategy and Business, No. 24, 2001, S. 1-8

Tapscott, D., The Digital Economy: Promise and Peril in the Age of Networked Intelligence, McGraw-Hill, New York, NY u.a. 1996

Teece, D.J., Pisano, G., Shuen, A., Dynamic Capabilities and Strategic Management, in: Strategic Management Journal, Vol. 18, No. 7, 1997, S. 509-533

The Boston Consulting Group, The State of Online Retailing III, Boston, Mass. u.a., 2000

Thome, R., Schinzer, H. [Hrsg.], Electronic Commerce: Anwendungsbereiche und Potenziale der digitalen Geschäftsabwicklung, 2. Auflage, Vahlen, München 2000

Thome, R., Schinzer, H., Anwendungsbereich und Potenziale, in: Thome, R., Schinzer, H. [Hrsg.], Electronic Commerce: Anwendungsbereiche und Potenziale der digitalen Geschäftsabwicklung, 2. Auflage, Vahlen, München 2000, S. 1-25

Thurow, L., Building New Businesses, Rede anlässlich des McKinsey Alumni-Events, Köln, 28.4.2001

Tihany, L., Daily, C.M., Dalton, D.R., Ellstrand, A.E., Composition of Top Management Team and Firm International Diversification, in: Journal of Management, Vol. 26, No. 6, 2000, S. 1157-1178

Timmers, P., Electronic Commerce: Strategies and Models for Business-to-Business Trading, John Wiley & Sons, Chichester u.a. 2000

Tiwana, A., Modes of E-Business Innovation and Structural Disruptions in Firm Know-ledge, in: Knowledge and Process Management, Vol. 9, No. 1, 2002, S. 34-42

Tomczak, T., Forschungsmethoden in der Marketingwissenschaft. Ein Plädoyer für den qualitativen Forschungsansatz, in: Marketing ZFP, 14. Jg., Heft 2, 1992, S. 77-87

Tomczak, T., Schögel, M., Birkhofer, B., Online-Distribution als innovativer Absatzkanal, in: Bliemel, F., Fassot, G., Theobald, A. [Hrsg.], Electronic Commerce, 3. Auflage, Gabler, Wiesbaden 2000, S. 219-238

Toporowski, W., Auswirkungen von E-Commerce auf den Einzelhandel, in: Müller-Hagedorn, L. [Hrsg.], Zukunftsperspektiven des E-Commerce im Handel, Deutscher Fachverlag, Frankfurt am Main 2000, S. 73-122

Trommsdorf, V., Konsumentenverhalten, 2. überarbeitete Auflage, Kohlhammer, Stuttgart 1993

Valentin, E.K., SWOT Analysis from a Resource-Based View, in: Journal of Marketing Theory and Practice, Vol. 9, No. 2, 2001, S. 46-54

Varianini, V., Vaturi, D., Marketing Lessons from E-Failures, in: The McKinsey Quarterly, No. 4, 2000, S. 86-97

Venkatraman, N., Five Steps to a Dot.Com Strategy: How to Find your Footing on the Web, in: Sloan Management Review, Vol. 41, No. 3, 2000, S. 15-28

Venkatraman, N., Ramanujam, V., Measurement of Business Performance in Strategy Research: A Comparison of Approaches, in: Academy of Management Review, Vol. 11, No. 4, 1986, S. 801-814

von Reibnitz A. [Hrsg.], Online-Werbung. Fakten und Perspektiven, VDZ Verband Deutscher Zeitschriftenverleger, Berlin Mai 2002

Waldman, D.A., Ramirez, G.G., House, R.J., Puranam, P., Does Leadership Matter? CEO Leadership Attributes and Profitability under Conditions of Perceived Environmental Uncertainty, in: Academy of Management Journal, Vol. 44, No. 1, 2001, S. 134-143

Wamser, C., Der Electronic Marketing Mix – mit interaktiven Medien zum Markterfolg, in: Wamser, C., Fink, D., [Hrsg.], Marketing-Management mit Multimedia: Neue Medien, neue Märkte, neue Chancen, Wiesbaden 1997, S. 29-40

Wamser, C., Electronic Commerce: Grundlagen und Perspektiven, Vahlen, München 2000

Weiber, R., Kollmann, T., Interactive-Marketing – von der medialen Massen – zur multimedialen Einzelkommunikation, in: Link, J., Brändli, D., Schleunig, C., Kehl, R., E. [Hrsg.], Handbuch Database Marketing, Ettlingen 1997, S. 533-555

Weiber, R., Kollmann, T., Wertschöpfungsprozesse und Wettbewerbsvorteile im Marketspa-ce, in: Bliemel, F., Fassot, G., Theobald, A. [Hrsg.], Electronic Commerce, 3. Auflage, Gabler, Wiesbaden 2000, S. 47-62

Weinzimmer, L.G., Nystrom, P.C., Freeman, S.J., Measuring Organizational Growth: Issues, Consequences and Guidelines, in: Journal of Management, Volume 24, No. 2, 1998, S. 235-262

Wernerfelt, B., A Resource-Based View of the Firm, in: Strategic Management Journal, Vol. 5, No. 2, 1984, S. 171-180

Westphal, J.D., Zajac, E.J., Who shall Govern? CEO/Board Power, Demographic Similarity, and New Director Selection, in: Administrative Science Quarterly, Vol. 40, No. 1, 1995, S. 60-83

Wick, D., Kaiser, S., Cassiopeia – Communities als Erfolgsfaktor im E-Business, in: Ringlstetter, M.J. [Hrsg.], Clicks in E-Business: Perspektiven von Start-ups und etablierten Konzernen, Oldenbourg, München 2001, S. 77-92

Wigand, R., Picot, A., Reichwald, R., Information, Organization and Management, John Wiley & Sons, New York, NY 1997

Wigand, R., Benjamin, R.I., Electronic Commerce: Effects on Electronic Markets, in: Journal of Computer-mediated communication, Special Issue on Electronic Commerce, Vol. 1, No. 3, 1995a

Wigand, R., Benjamin, R.I., Electronic Markets and Virtual Value Chains on the Information Superhighway, in: Sloan Management Review, Vol. 36, No. 2, 1995b, S. 62-72

Willcocks, L.P., Plant. R., Pathways to E-Business Leadership: Getting from Bricks to Clicks, in: Sloan Management Review, Vol. 42, No. 3, 2001, S. 50-59

Williamson, O.E., Strategy Research: Governance and Competence Perspectives, in: Strategic Management Journal, Vol. 20, No. 12, 1999, S. 1087-1108

Wirtz, B.W., Der virtuelle Kunde im Internet ist flüchtig, F.A.Z.-Serie zur Internet-Ökonomie, Teil 7, in: Frankfurter Allgemeine Zeitung, 14.12.2000a, Seite 31

Wirtz, B.W., E-Commerce: Die Zukunft ihres Unternehmens von @ bis z, in: Mittelstandsschriftenreihe der Deutschen Bank, Frankfurt am Main 2000b

Wirtz, B.W., Electronic Business, Gabler, Wiesbaden 2000c

Wirtz, B.W., Rekonfigurationsstrategien und multiple Kundenbindung in multimedialen Informations- und Kommunikationsmärkten, in: Schmalenbachs Zeitschrift für betriebswirtschaftliche Forschung (ZfbF), 52. Jg., Heft 5, 2000d, S. 290-306

Wirtz, B.W., Krol, B., Stand und Entwicklungsperspektiven der Forschung zum Electronic Commerce, in: Jahrbuch der Absatz- und Verbrauchsforschung, 46. Jg., Nr. 4, 2001, S. 332-365

Wißmeier, U.K., Electronic Commerce und Internationalisierung–Weltweiter Vertrieb über das Internet, in: Hermanns, A., Sauter, M. [Hrsg.], Management-Handbuch Electronic Commerce, Vahlen, München 1999, S. 157-171

Wißmeier, U.K., Internationales Marketing im Internet, in: Jahrbuch der Absatz- und Verbrauchsforschung, Nr. 2, 1997, S. 189-213

Wörtler, M. Rasch, S., Rennsaison: B2B-E-Commerce in Deutschland, The Boston Consulting Group, München, August 2000

Wohlgemuth, A.C., Die klippenreiche Suche nach Erfolgsfaktoren, in: Die Unternehmung, 42. Jg., Heft 2, 1989, S. 89-111

Wright, P.M., Dunford, B.B., Snell, S.A., Human Resources and the Resource Based View of the Firm, in: Journal of Management, Vol. 27, No. 6, 2001, S. 701-721

Zack, M.H., Knowledge and Strategy, Butterworth-Heinemann, Woburn, Mass. 1999

Zahra, S.A., Neubaum, D.O., Huse, M., Entrepreneurship in Medium-Sized Companies: Exploring the Effects of Ownership and Governance Systems, in: Journal of Management, Vol. 26, No. 5, 2000, S. 947-976

Zahra, S.A., Nielsen, A.P., Sources of Capabilities, Integration and Technology Commercialization, in: Strategic Management Journal, Vol. 23, No. 5, 2002, S. 377-398

Zerdick, A. et al., Economics – Strategies for the Digital Marketplaces (European Communication Council Report), Springer Verlag, Berlin u.a. 2000

Übersicht über zitierte Internetseiten:

http://aktien.onvista.de/search.html

http://www.amazon.de/, Abruf vom 24. April 2001

http://www.bizrate.com/

http://www.bol.de/, Abruf vom 24. April 2001

http://www.edgar-online.com/

http://finance.yahoo.com/

http://hoovers.multexinvestor.com/Home.asp

http://www.audi.de/, Abruf vom 10. Februar 2001

http://www.depatisnet.de/

http://www.dkv.de/, Abruf vom 20. April 2001

http://www.edgar-online.com/

http://www.forrester.com/ER/PowerRankings/0,2141,10-1,00.html

http://www.haribo.de/, Abruf vom 10. Februar 2001

http://www.hoovers.com/

http://hoovers.multexinvestor.com/Home.asp

http://www.klm.de/, Abruf vom 20. April 2001

http://www.lufthansa.com/dlh/de/htm/fokus/e_business/vertrieb.html, Lufthansa Website, 20.2.2001

http://www.mediantis.de/, Abruf vom 24. April 2001

http://www.milka.de/, Abruf vom 10. Februar 2001

http://www.onvista.de/

http://www.roco.de/, Abruf vom 20. Juni 2001

http://www.sec.gov/edgar.shtml

http://www.shoppingspot.com/where/storeratings.htm/

http://www.stollwerck.de/, Abruf vom 20. Juni 2001

http://www.uspto.gov/patft/, United States Patent and Trademark Office

http://yahoo.marketguide.com/home.asp

http://www.wsrn.com/apps/internetstocklist/, The Internet.com Stock List

9. Anhang

Abkürzung in Tabellen für Korrelationsanalysen	Erfolgsvariable
EV 1	Sicherheit/Service
EV 2	Interaktivität
EV 3	Community-Bildung
EV 4	Coupons/Sonderangebote auf Homepage
EV 5	Anpassung (Gesamt)
EV 6	Anzahl Patente
EV 7	Anzahl institutionelle Anleger
EV 8	Anteil (%) institutionelle Anleger
EV 9	Anzahl Analysten
EV 10	Alter CEO
EV 11	Anzahl Amtsjahre CEO
EV 12	Vorstandsgröße
EV 13	Aufsichtsratsgröße
EV 14	Anzahl Jahre seit Unternehmensgründung
EV 15	Dauer Online-Aktivität (Jahre)
EV 16	Anzahl der Vertriebskanäle
EV 17	Verwendung von Online- und Offline Kanal
EV 18	Anteil direkte Erlöse an Gesamterlösen
EV 19	Überwiegend direkte Erlöse
EV 20	Internationalisierung (Anzahl Länder)
EV 21	Old Economy/Start-up Unternehmen
EV 22	Anzahl M&A (letzte 3 Jahre)
EV 23	Aktienoptionen (alle Mitarbeiter)
EV 24	Aktienoptionen (limitierte Berechtigte)
EV 25	Führende Marktposition (1 oder 2)
EV 26	Anteil (%) Marketingausgaben am Umsatz
EV 27	Anteil (%) Technologieausgaben am Umsatz
Abkürzung in Tabellen für Korrelationsanalysen	**Erfolgsmaß**
EM 1	Marktkapitalisierung/ Umsatz
EM 2	Umsatzwachstumsrate
EM 3	Mitarbeiterwachstumsrate
EM 4	Bruttomarge

9.1 Statistische Auswertungen für alle Unternehmen

9.1.1 Korrelationsanalysen für alle Unternehmen

Erfolgs-variable	EV 1	EV 2	EV 3	EV 5	EV 23	EV 24	EM 1	EM 2	EM 3	EM 4
EV 1	1,000	,498**	,072	,700**	,277**	-,082	,057	,143	,290**	,152
EV 2	,498**	1,000	,562**	,927**	,169	,015	,379**	,202	,441**	,149
EV 3	,072	,562**	1,000	,638**	,093	,173	,310**	,096	,214*	,200
EV 5	,700**	,927**	,638**	1,000	,235*	,026	,362**	,213*	,432**	,221*
EV 23	,277**	,169	,093	,235*	1,000	,160	-,020	,143	,166	,285**
EV 24	-,082	,015	,173	,026	,160	1,000	,080	-,063	,002	,196
EM 1	,057	,379**	,310**	,362**	-,020	,080	1,000	,257*	,393**	,214*
EM 2	,143	,202	,096	,213*	,143	-,063	,257*	1,000	,641**	,162
EM 3	,290**	,441**	,214*	,432**	,166	,002	,393**	,641**	1,000	,207*
EM 4	,152	,149	,200	,221*	,285**	,196	,214*	,162	,207*	1,000

Erfolgs-variable	EV 16	EV 17	EV 26	EV 4	EV 27	EV 6	EM 1	EM 2	EM 3	EM 4
EV 16	1,000	,994**	-,267*	,367**	-,244*	-,149	-,183	-,026	,163	-,224*
EV 17	,994**	1,000	-,260*	,379**	-,229*	-,154	-,170	-,027	,159	-,223*
EV 26	-,267*	-,260*	1,000	-,059	,530**	-,044	,145	,246*	,044	,114
EV 4	,367**	,379**	-,059	1,000	-,018	,002	-,032	,123	,206	,070
EV 27	-,244*	-,229*	,530**	-,018	1,000	,059	-,011	,247*	-,193	,219
EV 6	-,149	-,154	-,044	,002	,059	1,000	,163	,143	,254*	,265*
EM 1	-,183	-,170	,145	-,032	-,011	,163	1,000	,257*	,393**	,214*
EM 2	-,026	-,027	,246*	,123	-,027	,143	,257*	1,000	,641**	,162
EM 3	,163	,159	,044	,206	-,193	,254*	,393**	,641**	1,000	,207*
EM 4	-,224*	-,223*	,114	,070	,219	,265*	,214*	,162	,207*	1,000

** Die Korrelation ist auf dem Niveau von 0,01 (2-seitig) signifikant.
* Die Korrelation ist auf dem Niveau von 0,05 (2-seitig) signifikant.

Korrelationsmatrix: Aufbau der Ressourcen und Fähigkeiten

Erfolgs-variable	EV 14	EV 15	EV 21	EV 25	EV 20	EV 22	EM 1	EM 2	EM 3	EM 4
EV 14	1,000	,649**	-,077	,073	,097	,160	-,061	-,301**	,028	,244*
EV 15	,649**	1,000	,009	,255*	,211*	,272**	,048	-,359**	,088	,347**
EV 21	-,077	,009	1,000	,235*	,147	,126	,160	,088	,253*	-,026
EV 25	,073	,255*	,235*	1,000	,429**	,176	,175	,193	,360**	,294**
EV 20	,097	,211*	,147	,429**	1,000	,419**	,326**	,149	,376**	,201
EV 22	,160	,272**	,126	,176	,419**	1,000	,295**	,025	,204	,283**
EM 1	-,061	,048	,160	,175	,326**	,295**	1,000	,257*	,393**	,214*
EM 2	-,301**	-,359**	,088	,193	,149	,025	,257*	1,000	,641**	,162
EM 3	-,028	,088	,253*	,360**	,376**	,204	,393**	,641**	1,000	,207*
EM 4	,244*	,347**	-,026	,294**	,201	,283**	,214*	,162	,207*	1,000

** Die Korrelation ist auf dem Niveau von 0,01 (2-seitig) signifikant.
* Die Korrelation ist auf dem Niveau von 0,05 (2-seitig) signifikant.

Korrelationsmatrix: Übertragung und Ausbau der Ressourcen und Fähigkeiten

EV	EV 9	EV 7	EV 8	EV 12	EV 13	EV 10	EV 11	EM 1	EM 2	EM 3	EM 4
EV 9	1,000	,885**	,688**	,603**	,462**	,115	,220*	,306**	,241*	,489**	,237*
EV 7	,885**	1,000	,768**	,730**	,575**	,149	,275*	,192	,209	,518**	,398**
EV 8	,688**	,768**	1,000	,528**	,503**	-,013	,432**	,180	,266*	,383**	,416**
EV 12	,603**	,730**	,528**	1,000	,641**	,162	,161	,109	,049	,222*	,402**
EV 13	,462**	,575**	,503**	,641**	1,000	,079	,180	,023	,015	,095	,174
EV 10	,115	,149	-,013	,162	,079	1,000	-,067	-,144	-,089	-,014	-,159
EV 11	,220*	,275*	,432**	,161	,180	-,067	1,000	-,042	-,020	,152	,370**
EM 1	,306**	,192	,180	,109	,023	-,144	-,042	1,000	,257*	,393**	,214*
EM 2	,241*	,209	,266*	,049	,015	-,089	-,020	,257*	1,000	,641**	,162
EM 3	,489**	,518**	,383**	,222*	,095	-,014	,152	,393**	,641*	1,000	,207*
EM 4	,237*	,398**	,416**	,402**	,174	-,159	,370**	,214*	,162	,207*	1,000

** Die Korrelation ist auf dem Niveau von 0,01 (2-seitig) signifikant.
* Die Korrelation ist auf dem Niveau von 0,05 (2-seitig) signifikant.

Korrelationsmatrix: Kontrolle der Ressourcen und Fähigkeiten durch Corporate Governance

Erfolgsvariable	EV 18	EV 19	EM 1	EM 2	EM 3	EM 4
EV 18	1,000	,702**	,027	-,115	,037	-,061
EV 19	,702**	1,000	-,133	,001	,120	-,218*
EM 1	,027	-,133	1,000	,257*	,393**	,214*
EM 2	-,115	,001	,257*	1,000	,641**	,162
EM 3	,037	,120	,393**	,641**	1,000	,207*
EM 4	-,061	-,218*	,214*	,162	,207*	1,000

** Die Korrelation ist auf dem Niveau von 0,01 (2-seitig) signifikant.
* Die Korrelation ist auf dem Niveau von 0,05 (2-seitig) signifikant.
Korrelationsmatrix: Direkte Erlöse

9.1.2 Signifikanztests für alle Unternehmen

9.1.2.1 Ergebnisse des U-Tests für alle Unternehmen

Marktkapitalisierung pro Umsatz

Erfolgsvariable	Mann-Whitney U	Wilcoxon W	Z	Asymp. Sig. (2-seitig)
Sicherheit/Service	1002,500	2083,500	-,266	,790
Interaktivität	640,000	1721,000	-3,182	**,001**
Community-Bildung	738,500	1819,500	-2,685	**,007**
Coupons/Sonderangebote auf Homepage	885,500	1920,500	-1,384	,166
Anpassung (Gesamt)	668,000	1749,000	-2,932	**,003**
Anzahl Patente	885,000	1966,000	-1,536	,124
Anzahl institutionelle Anleger	450,500	1311,500	-1,510	,131
Anteil (%) institutionelle Anleger	452,000	1355,000	-1,631	,103
Anzahl Analysten	689,000	1770,000	-2,773	**,006**
Alter CEO	711,000	1572,000	-1,030	,303
Anzahl Amtsjahre CEO	903,000	1849,000	-,545	,586
Vorstandsgröße	945,000	2026,000	-,719	,472
Aufsichtsratsgröße	1013,500	2048,500	-,172	,863
Anzahl Jahre seit Unternehmensgründung	949,500	1984,500	-,685	,493
Dauer Online-Aktivität (Jahre)	979,000	2014,000	-,275	,784
Anzahl der Vertriebskanäle	901,000	1936,000	-1,220	,222
Verwendung von Online- und Offline Kanal	900,000	1935,000	-1,239	,215
Anteil direkte Erlöse an Gesamterlösen	511,500	946,500	-,139	,889
Überwiegend direkte Erlöse	867,500	1902,500	-1,597	,110
Internationalisierung (Anzahl Länder)	745,000	1826,000	-2,495	**,013**
Old Economy/Start-up Unternehmen	872,000	1953,000	-2,013	**,044**
Anzahl M&A (letzte 3 Jahre)	652,000	1733,000	-3,069	**,002**
Aktienoptionen (alle Mitarbeiter)	954,000	2035,000	-,748	,455
Aktienoptionen (limitierte Berechtigte)	968,500	2049,500	-1,144	,253
Führende Marktposition (1 oder 2)	866,500	1947,500	-1,572	,116
Anteil (%) Marketingausgaben am Umsatz	916,000	1997,000	-,418	,676
Anteil (%) Technologieausgaben am Umsatz	593,000	1259,000	-,985	,325

Umsatzwachstumsrate

Erfolgsvariable	Mann-Whitney U	Wilcoxon W	Z	Asymp. Sig. (2-seitig)
Sicherheit/Service	875,500	1956,500	-1,304	,192
Interaktivität	939,000	2020,000	-,773	,439
Community-Bildung	1033,000	2114,000	-,018	,986
Coupons/Sonderangebote auf Homepage	866,000	1947,000	-1,565	,118
Anpassung (Gesamt)	902,000	1983,000	-1,062	,288
Anzahl Patente	959,000	2040,000	-,778	,436
Anzahl institutionelle Anleger	498,000	1318,000	-,998	,318
Anteil (%) institutionelle Anleger	503,000	1323,000	-1,152	,249
Anzahl Analysten	859,000	1940,000	-1,411	,158
Alter CEO	721,000	1624,000	-,927	,354
Anzahl Amtsjahre CEO	960,000	1950,000	-,068	,946
Vorstandsgröße	946,500	2027,500	-,707	,480
Aufsichtsratsgröße	926,000	2007,000	-,872	,383
Anzahl Jahre seit Unternehmensgründung	772,500	1807,500	-2,103	**,035**
Dauer Online-Aktivität (Jahre)	621,500	1656,500	-3,205	**,001**
Anzahl der Vertriebskanäle	943,500	1978,500	-,755	,450
Verwendung von Online- und Offline Kanal	945,000	1980,000	-,744	,457
Anteil direkte Erlöse an Gesamterlösen	470,000	998,000	-,763	,445
Überwiegend direkte Erlöse	975,000	2056,000	-,572	,567
Internationalisierung (Anzahl Länder)	1010,000	2091,000	-,215	,830
Old Economy/Start-up Unternehmen	1008,500	2089,500	-,327	,743
Anzahl M&A (letzte 3 Jahre)	945,500	1980,500	-,717	,473
Aktienoptionen (alle Mitarbeiter)	908,500	1989,500	-1,168	,243
Aktienoptionen (limitierte Berechtigte)	1010,500	2045,500	-,421	,673
Führende Marktposition (1 oder 2)	957,500	2038,500	-,723	,470
Anteil (%) Marketingausgaben am Umsatz	666,500	1701,500	-2,513	**,012**
Anteil (%) Technologieausgaben am Umsatz	669,000	1335,000	-,162	,871

Mitarbeiterwachstumsrate

Erfolgsvariable	Mann-Whitney U	Wilcoxon W	Z	Asymp. Sig. (2-seitig)
Sicherheit/Service	752,500	1833,500	-2,310	**,021**
Interaktivität	667,500	1748,500	-2,960	**,003**
Community-Bildung	930,000	2011,000	-,951	,342
Coupons/Sonderangebote auf Homepage	911,500	1992,500	-1,144	,253
Anpassung (Gesamt)	664,500	1745,500	-2,960	**,003**
Anzahl Patente	817,500	1898,500	-2,228	**,026**
Anzahl institutionelle Anleger	257,500	1077,500	-3,923	**,000**
Anteil (%) institutionelle Anleger	376,000	1196,000	-2,660	**,008**
Anzahl Analysten	483,500	1564,500	-4,420	**,000**
Alter CEO	775,500	1678,500	-,411	,681
Anzahl Amtsjahre CEO	838,500	1873,500	-1,089	,276
Vorstandsgröße	805,500	1886,500	-1,833	,067
Aufsichtsratsgröße	947,500	2028,500	-,700	,484
Anzahl Jahre seit Unternehmensgründung	1002,000	2037,000	-,264	,791
Dauer Online-Aktivität (Jahre)	967,500	2002,500	-,369	,712
Anzahl der Vertriebskanäle	901,000	1936,000	-1,220	,222
Verwendung von Online- und Offline Kanal	900,000	1935,000	-1,239	,215
Anteil direkte Erlöse an Gesamterlösen	513,500	1009,500	-,178	,859
Überwiegend direkte Erlöse	929,500	2010,500	-1,006	,315
Internationalisierung (Anzahl Länder)	716,500	1797,500	-2,740	**,006**
Old Economy/Start-up Unternehmen	917,500	1998,500	-1,451	,147
Anzahl M&A (letzte 3 Jahre)	891,000	1972,000	-1,154	,248
Aktienoptionen (alle Mitarbeiter)	817,500	1898,500	-2,008	**,045**
Aktienoptionen (limitierte Berechtigte)	1014,000	2095,000	-,361	,718
Führende Marktposition (1 oder 2)	684,500	1765,500	-3,270	**,001**
Anteil (%) Marketingausgaben am Umsatz	824,000	1859,000	-1,198	,231
Anteil (%) Technologieausgaben am Umsatz	649,000	1352,000	-,384	,701

Bruttomarge

Erfolgsvariable	Mann-Whitney U	Wilcoxon W	Z	Asymp. Sig. (2-seitig)
Sicherheit/Service	884,000	1965,000	-1,235	,217
Interaktivität	816,000	1897,000	-1,764	,078
Community-Bildung	775,500	1856,500	-2,350	**,019**
Coupons/Sonderangebote auf Homepage	1022,000	2057,000	-,120	,904
Anpassung (Gesamt)	751,500	1832,500	-2,265	**,024**
Anzahl Patente	768,000	1849,000	-2,735	**,006**
Anzahl institutionelle Anleger	310,000	871,000	-3,414	**,001**
Anteil (%) institutionelle Anleger	276,500	871,500	-3,945	**,000**
Anzahl Analysten	748,000	1829,000	-2,300	**,021**
Alter CEO	765,000	1755,000	-,465	,642
Anzahl Amtsjahre CEO	640,500	1630,500	-2,765	**,006**
Vorstandsgröße	564,500	1645,500	-3,758	**,000**
Aufsichtsratsgröße	834,500	1915,500	-1,604	,109
Anzahl Jahre seit Unternehmensgründung	870,000	1951,000	-1,322	,186
Dauer Online-Aktivität (Jahre)	593,000	1628,000	-3,439	**,001**
Anzahl der Vertriebskanäle	805,500	1840,500	-2,266	**,023**
Verwendung von Online- und Offline Kanal	810,000	1845,000	-2,231	**,026**
Anteil direkte Erlöse an Gesamterlösen	400,000	1141,000	-1,509	,131
Überwiegend direkte Erlöse	685,500	1720,500	-3,332	**,001**
Internationalisierung (Anzahl Länder)	834,000	1915,000	-1,729	,084
Old Economy/Start-up Unternehmen	1016,000	2051,000	-,235	,814
Anzahl M&A (letzte 3 Jahre)	636,500	1717,500	-3,194	**,001**
Aktienoptionen (alle Mitarbeiter)	817,500	1898,500	-2,008	**,045**
Aktienoptionen (limitierte Berechtigte)	923,000	2004,000	-1,926	,054
Führende Marktposition (1 oder 2)	821,000	1902,000	-1,997	**,046**
Anteil (%) Marketingausgaben am Umsatz	793,000	1828,000	-1,457	,145
Anteil (%) Technologieausgaben am Umsatz	542,500	1283,500	-1,531	,126

9.1.2.2 Ergebnisse des t-Tests für alle Unternehmen

Marktkapitalisierung pro Umsatz

Erfolgsvariable		Levene's Test auf Gleichheit der Varianzen		t-test auf Gleichheit der Mittelwerte		
		F	Sig.	t	df	Sig. (2-seitig)
Sicherheit/Service	Varianzen sind gleich	2,756	,100	-,157	89	,876
	Varianzen sind nicht gleich			-,156	85,606	,876
Interaktivität	Varianzen sind gleich	2,373	,127	-3,195	89	,002
	Varianzen sind nicht gleich			-3,187	83,852	**,002**
Community-Bildung	Varianzen sind gleich	30,489	,000	-3,074	89	,003
	Varianzen sind nicht gleich			-3,062	78,784	**,003**
Coupons/Sonderange-bote auf Homepage	Varianzen sind gleich	4,097	,046	1,392	89	,168
	Varianzen sind nicht gleich			1,392	88,960	,167
Anpassung (Gesamt)	Varianzen sind gleich	4,160	,044	-2,717	89	,008
	Varianzen sind nicht gleich			-2,709	82,850	**,008**
Anzahl Patente	Varianzen sind gleich	3,616	,060	-1,169	89	,246
	Varianzen sind nicht gleich			-1,161	63,733	,250
Anzahl institutionelle Anleger	Varianzen sind gleich	20,869	,000	-3,079	67	,003
	Varianzen sind nicht gleich			-2,662	32,198	**,012**
Anteil (%) institutionel-le Anleger	Varianzen sind gleich	3,910	,052	-2,115	68	**,038**
	Varianzen sind nicht gleich			-1,965	43,737	,056
Anzahl Analysten	Varianzen sind gleich	25,534	,000	-3,478	89	,001
	Varianzen sind nicht gleich			-3,455	64,607	**,001**
Alter CEO	Varianzen sind gleich	,649	,423	,897	79	,373
	Varianzen sind nicht gleich			,896	78,691	,373
Anzahl Amtsjahre CEO	Varianzen sind gleich	,878	,351	-,247	86	,806
	Varianzen sind nicht gleich			-,244	62,924	,808
Vorstandsgröße	Varianzen sind gleich	1,622	,206	-1,138	89	,258
	Varianzen sind nicht gleich			-1,135	83,706	,260
Aufsichtsratsgröße	Varianzen sind gleich	2,433	,122	-,013	89	,990
	Varianzen sind nicht gleich			-,013	86,119	,990
Anzahl Jahre seit Unternehmensgründung	Varianzen sind gleich	,243	,623	,164	89	,870
	Varianzen sind nicht gleich			,163	77,768	,871
Dauer Online-Aktivität (Jahre)	Varianzen sind gleich	2,466	,120	-,482	88	,631
	Varianzen sind nicht gleich			-,482	84,442	,631
Anzahl der Vertriebska-näle	Varianzen sind gleich	3,684	,058	1,119	88	,266
	Varianzen sind nicht gleich			1,119	85,766	,266
Verwendung von Onl-ine- und Offline Kanal	Varianzen sind gleich	6,350	,014	1,243	88	,217
	Varianzen sind nicht gleich			1,243	85,569	,217
Anteil direkte Erlöse an Gesamterlösen	Varianzen sind gleich	2,137	,149	-,206	63	,838
	Varianzen sind nicht gleich			-,202	55,353	,840
Überwiegend direkte Erlöse	Varianzen sind gleich	8,316	,005	1,611	89	,111
	Varianzen sind nicht gleich			1,609	87,724	,111

Erfolgsvariable		Levene's Test auf Gleichheit der Varianzen		t-test auf Gleichheit der Mittelwerte		
		F	Sig.	t	df	Sig. (2-seitig)
Internationalisierung	Varianzen sind gleich	32,638	,000	-3,356	89	,001
(Anzahl Länder)	Varianzen sind nicht gleich			-3,323	49,061	,002
Old Economy/Start-up	Varianzen sind gleich	19,253	,000	-2,049	89	,043
Unternehmen	Varianzen sind nicht gleich			-2,040	75,688	,045
Anzahl M&A (letzte 3	Varianzen sind gleich	30,306	,000	-3,632	89	,000
Jahre)	Varianzen sind nicht gleich			-3,604	58,605	,001
Aktienoptionen (alle	Varianzen sind gleich	1,620	,206	-,746	89	,458
Mitarbeiter)	Varianzen sind nicht gleich			-,746	88,999	,458
Aktienoptionen	Varianzen sind gleich	5,555	,021	-1,146	89	,255
(limitierte Berechtigte)	Varianzen sind nicht gleich			-1,151	78,299	,253
Führende Marktposition	Varianzen sind gleich	5,981	,016	-1,585	89	,116
(1 oder 2)	Varianzen sind nicht gleich			-1,584	88,338	,117
Anteil (%) Marketing-	Varianzen sind gleich	3,966	,050	-1,193	86	,236
ausgaben am Umsatz	Varianzen sind nicht gleich			-1,140	41,588	,261
Anteil (%) Technologie-	Varianzen sind gleich	,883	,351	-,123	72	,902
ausgaben am Umsatz	Varianzen sind nicht gleich			-,122	65,788	,903

Umsatzwachstumsrate

Erfolgsvariable		Levene's Test auf Gleichheit der Varianzen		t-test auf Gleichheit der Mittelwerte		
		F	Sig.	t	df	Sig. (2-seitig)
Sicherheit/Service	Varianzen sind gleich	,008	,928	-1,184	89	,240
	Varianzen sind nicht gleich			-1,184	88,775	,240
Interaktivität	Varianzen sind gleich	1,053	,308	-,598	89	,551
	Varianzen sind nicht gleich			-,597	85,903	,552
Community-Bildung	Varianzen sind gleich	,251	,618	-,081	89	,936
	Varianzen sind nicht gleich			-,081	88,727	,936
Copons/Sonderangebote	Varianzen sind gleich	4,420	,038	-1,578	89	,118
auf Homepage	Varianzen sind nicht gleich			-1,577	88,557	,118
Anpassung (Gesamt)	Varianzen sind gleich	1,165	,283	-,836	89	,405
	Varianzen sind nicht gleich			-,835	87,451	,406
Anzahl Patente	Varianzen sind gleich	2,829	,096	,811	89	,419
	Varianzen sind nicht gleich			,818	59,574	,417
Anzahl institutionelle	Varianzen sind gleich	3,103	,083	,402	67	,689
Anleger	Varianzen sind nicht gleich			,440	61,970	,661
Anteil (%) institutionel-	Varianzen sind gleich	,070	,792	-,820	68	,415
le Anleger	Varianzen sind nicht gleich			-,821	62,995	,415
Anzahl Analysten	Varianzen sind gleich	6,164	,015	,374	89	,709
	Varianzen sind nicht gleich			,376	76,024	,708

Erfolgsvariable		Levene's Test auf Gleichheit der Varianzen		t-test auf Gleichheit der Mittelwerte		
		F	Sig.	t	df	Sig. (2-seitig)
Alter CEO	Varianzen sind gleich	,293	,590	,980	79	,330
	Varianzen sind nicht gleich			,975	75,892	,333
Anzahl Amtsjahre CEO	Varianzen sind gleich	3,108	,081	,978	86	,331
	Varianzen sind nicht gleich			,978	56,769	,332
Vorstandsgröße	Varianzen sind gleich	,721	,398	-,340	89	,735
	Varianzen sind nicht gleich			-,341	87,285	,734
Aufsichtsratsgröße	Varianzen sind gleich	1,334	,251	-,937	89	,351
	Varianzen sind nicht gleich			-,936	86,479	,352
Anzahl Jahre seit	Varianzen sind gleich	2,092	,152	1,956	89	,054
Unternehmensgründung	Varianzen sind nicht gleich			1,967	70,846	,053
Dauer Online-Aktivität	Varianzen sind gleich	,806	,372	3,461	88	**,001**
(Jahre)	Varianzen sind nicht gleich			3,461	84,726	,001
Anzahl der Vertriebska-	Varianzen sind gleich	1,774	,186	-,743	88	,459
näle	Varianzen sind nicht gleich			-,743	86,531	,459
Verwendung von	Varianzen sind gleich	2,221	,140	-,742	88	,460
Online- und Offline Kanal	Varianzen sind nicht gleich			-,742	87,129	,460
Anteil direkte Erlöse an	Varianzen sind gleich	6,287	,015	,720	63	,474
Gesamterlösen	Varianzen sind nicht gleich			,722	60,883	,473
Überwiegend direkte	Varianzen sind gleich	1,267	,263	-,570	89	,570
Erlöse	Varianzen sind nicht gleich			-,570	88,987	,570
Internationalisierung	Varianzen sind gleich	,314	,576	-,361	89	,719
(Anzahl Länder)	Varianzen sind nicht gleich			-,360	82,242	,720
Old Economy/Start-up	Varianzen sind gleich	,425	,516	-,326	89	,745
Unternehmen	Varianzen sind nicht gleich			-,325	88,365	,746
Anzahl M&A (letzte 3	Varianzen sind gleich	,874	,352	-,066	89	,947
Jahre)	Varianzen sind nicht gleich			-,066	81,646	,947
Aktienoptionen (alle	Varianzen sind gleich	2,859	,094	-1,170	89	,245
Mitarbeiter)	Varianzen sind nicht gleich			-1,171	88,994	,245
Aktienoptionen	Varianzen sind gleich	,708	,402	,419	89	,676
(limitierte Berechtigte)	Varianzen sind nicht gleich			,419	86,688	,676
Führende Marktposition	Varianzen sind gleich	1,813	,182	-,721	89	,473
(1 oder 2)	Varianzen sind nicht gleich			-,721	88,765	,473
Anteil (%) Marketing-	Varianzen sind gleich	2,907	,092	,757	86	,451
ausgaben am Umsatz	Varianzen sind nicht gleich			,774	44,940	,443
Anteil (%) Technologie-	Varianzen sind gleich	6,782	,011	-1,361	72	,178
ausgaben am Umsatz	Varianzen sind nicht gleich			-1,385	52,891	,172

Mitarbeiterwachstumsrate

Erfolgsvariable		Levene's Test auf Gleichheit der Varianzen		t-test auf Gleichheit der Mittelwerte		
		F	Sig.	t	df	Sig. (2-seitig)
Sicherheit/Service	Varianzen sind gleich	2,487	,118	-2,255	89	,027
	Varianzen sind nicht gleich			-2,249	83,168	,027
Interaktivität	Varianzen sind gleich	1,553	,216	-2,774	89	,007
	Varianzen sind nicht gleich			-2,769	85,789	,007
Community-Bildung	Varianzen sind gleich	3,080	,083	-1,034	89	,304
	Varianzen sind nicht gleich			-1,033	87,536	,304
Coupons/Sonderangebote auf Homepage	Varianzen sind gleich	3,143	,080	-1,146	89	,255
	Varianzen sind nicht gleich			-1,145	88,707	,255
Anpassung (Gesamt)	Varianzen sind gleich	1,552	,216	-2,794	89	,006
	Varianzen sind nicht gleich			-2,789	86,317	,007
Anzahl Patente	Varianzen sind gleich	1,156	,285	,328	89	,744
	Varianzen sind nicht gleich			,330	64,145	,742
Anzahl institutionelle Anleger	Varianzen sind gleich	19,141	,000	-3,806	67	,000
	Varianzen sind nicht gleich			-3,368	33,823	,002
Anteil (%) institutionelle Anleger	Varianzen sind gleich	4,844	,031	-2,987	68	,004
	Varianzen sind nicht gleich			-2,817	46,889	,007
Anzahl Analysten	Varianzen sind gleich	2,071	,154	-2,714	89	,008
	Varianzen sind nicht gleich			-2,710	87,095	,008
Alter CEO	Varianzen sind gleich	,120	,730	,359	79	,721
	Varianzen sind nicht gleich			,358	78,007	,721
Anzahl Amtsjahre CEO	Varianzen sind gleich	,201	,655	-,935	86	,353
	Varianzen sind nicht gleich			-,924	65,694	,359
Vorstandsgröße	Varianzen sind gleich	,206	,651	-1,768	89	,081
	Varianzen sind nicht gleich			-1,766	88,234	,081
Aufsichtsratsgröße	Varianzen sind gleich	,305	,582	-,515	89	,608
	Varianzen sind nicht gleich			-,516	88,691	,607
Anzahl Jahre seit Unternehmensgründung	Varianzen sind gleich	,176	,676	,211	89	,833
	Varianzen sind nicht gleich			,211	82,151	,834
Dauer Online-Aktivität (Jahre)	Varianzen sind gleich	,230	,633	-,241	88	,810
	Varianzen sind nicht gleich			-,241	87,598	,810
Anzahl der Vertriebskanäle	Varianzen sind gleich	3,684	,058	-1,119	88	,266
	Varianzen sind nicht gleich			-1,119	85,766	,266
Verwendung von Online- und Offline Kanal	Varianzen sind gleich	6,350	,014	-1,243	88	,217
	Varianzen sind nicht gleich			-1,243	85,569	,217
Anteil direkte Erlöse an Gesamterlösen	Varianzen sind gleich	8,202	,006	-,021	63	,984
	Varianzen sind nicht gleich			-,021	59,619	,983
Überwiegend direkte Erlöse	Varianzen sind gleich	3,736	,056	-1,006	89	,317
	Varianzen sind nicht gleich			-1,006	88,864	,317
Internationalisierung (Anzahl Länder)	Varianzen sind gleich	2,162	,145	-1,650	89	,103
	Varianzen sind nicht gleich			-1,651	88,799	,102

Erfolgsvariable		Levene's Test auf Gleichheit der Varianzen		t-test auf Gleichheit der Mittelwerte		
		F	Sig.	t	df	Sig. (2-seitig)
Old Economy/Start-up	Varianzen sind gleich	9,108	,003	-1,460	89	,148
Unternehmen	Varianzen sind nicht gleich			-1,456	81,508	,149
Anzahl M&A (letzte 3	Varianzen sind gleich	,922	,340	-,901	89	,370
Jahre)	Varianzen sind nicht gleich			-,900	86,927	,371
Aktienoptionen (alle	Varianzen sind gleich	4,532	,036	-2,043	89	,044
Mitarbeiter)	Varianzen sind nicht gleich			-2,045	88,906	**,044**
Aktienoptionen	Varianzen sind gleich	,520	,473	-,359	89	,720
(limitierte Berechtigte)	Varianzen sind nicht gleich			-,360	88,137	,720
Führende Marktposition	Varianzen sind gleich	12,238	,001	-3,464	89	,001
(1 oder 2)	Varianzen sind nicht gleich			-3,459	86,562	**,001**
Anteil (%) Marketing-	Varianzen sind gleich	2,875	,094	,858	86	,394
ausgaben am Umsatz	Varianzen sind nicht gleich			,877	44,961	,385
Anteil (%) Technologie-	Varianzen sind gleich	,645	,425	-,275	72	,784
ausgaben am Umsatz	Varianzen sind nicht gleich			-,275	68,016	,784

Bruttomarge

Erfolgsvariable		Levene's Test auf Gleichheit der Varianzen		t-test auf Gleichheit der Mittelwerte		
		F	Sig.	t	df	Sig. (2-seitig)
Sicherheit/Service	Varianzen sind gleich	,128	,721	-1,184	89	,240
	Varianzen sind nicht gleich			-1,182	85,602	,241
Interaktivität	Varianzen sind gleich	1,190	,278	-1,591	89	,115
	Varianzen sind nicht gleich			-1,588	86,533	,116
Community-Bildung	Varianzen sind gleich	12,272	,001	-2,536	89	,013
	Varianzen sind nicht gleich			-2,529	83,723	**,013**
Coupons/Sonderange-	Varianzen sind gleich	,057	,812	,120	89	,905
bote auf Homepage	Varianzen sind nicht gleich			,120	88,969	,905
Anpassung (Gesamt)	Varianzen sind gleich	4,393	,039	-2,115	89	,037
	Varianzen sind nicht gleich			-2,108	81,899	**,038**
Anzahl Patente	Varianzen sind gleich	3,732	,057	-1,241	89	,218
	Varianzen sind nicht gleich			-1,232	63,758	,222
Anzahl institutionelle	Varianzen sind gleich	13,776	,000	-2,788	67	,007
Anleger	Varianzen sind nicht gleich			-2,876	47,882	**,006**
Anteil (%) institutionel-	Varianzen sind gleich	4,003	,049	-4,005	68	,000
le Anleger	Varianzen sind nicht gleich			-4,051	60,926	**,000**
Anzahl Analysten	Varianzen sind gleich	5,613	,020	-2,142	89	,035
	Varianzen sind nicht gleich			-2,135	81,217	**,036**

Erfolgsvariable		Levene's Test auf Gleichheit der Varianzen		t-test auf Gleichheit der Mittelwerte		
		F	Sig.	t	df	Sig. (2-seitig)
Alter CEO	Varianzen sind gleich	,998	,321	,309	79	,758
	Varianzen sind nicht gleich			,312	78,430	,756
Anzahl Amtsjahre CEO	Varianzen sind gleich	,783	,379	-2,017	86	,047
	Varianzen sind nicht gleich			-2,017	65,014	,048
Vorstandsgröße	Varianzen sind gleich	3,286	,073	-3,844	89	,000
	Varianzen sind nicht gleich			-3,834	83,603	,000
Aufsichtsratsgröße	Varianzen sind gleich	2,476	,119	-1,452	89	,150
	Varianzen sind nicht gleich			-1,455	86,477	,149
Anzahl Jahre seit Unternehmensgründung	Varianzen sind gleich	1,112	,295	-,452	89	,652
	Varianzen sind nicht gleich			-,451	84,361	,653
Dauer Online-Aktivität (Jahre)	Varianzen sind gleich	,156	,694	-3,756	88	,000
	Varianzen sind nicht gleich			-3,756	85,423	,000
Anzahl der Vertriebskanäle	Varianzen sind gleich	18,210	,000	2,288	88	,025
	Varianzen sind nicht gleich			2,288	75,253	,025
Verwendung von On-line- und Offline Kanal	Varianzen sind gleich	23,061	,000	2,283	88	,025
	Varianzen sind nicht gleich			2,283	80,020	,025
Anteil direkte Erlöse an Gesamterlösen	Varianzen sind gleich	2,951	,091	1,480	63	,144
	Varianzen sind nicht gleich			1,417	46,805	,163
Überwiegend direkte Erlöse	Varianzen sind gleich	24,826	,000	3,538	89	,001
	Varianzen sind nicht gleich			3,529	83,876	,001
Internationalisierung (Anzahl Länder)	Varianzen sind gleich	1,622	,206	-1,260	89	,211
	Varianzen sind nicht gleich			-1,261	88,767	,210
Old Economy/Start-up Unternehmen	Varianzen sind gleich	,218	,641	,233	89	,816
	Varianzen sind nicht gleich			,234	88,956	,816
Anzahl M&A (letzte 3 Jahre)	Varianzen sind gleich	1,463	,230	-2,065	89	,042
	Varianzen sind nicht gleich			-2,065	88,999	,042
Aktienoptionen (alle Mitarbeiter)	Varianzen sind gleich	4,532	,036	-2,043	89	,044
	Varianzen sind nicht gleich			-2,045	88,906	,044
Aktienoptionen (limitierte Berechtigte)	Varianzen sind gleich	18,189	,000	-1,956	89	,054
	Varianzen sind nicht gleich			-1,971	61,929	,053
Führende Marktposition (1 oder 2)	Varianzen sind gleich	7,877	,006	-2,031	89	,045
	Varianzen sind nicht gleich			-2,029	88,029	,045
Anteil (%) Marketing-ausgaben am Umsatz	Varianzen sind gleich	2,797	,098	,852	86	,397
	Varianzen sind nicht gleich			,871	45,059	,388
Anteil (%) Technologie-ausgaben am Umsatz	Varianzen sind gleich	,193	,662	-,628	72	,532
	Varianzen sind nicht gleich			-,625	67,590	,534

9.2 Analyse der Content-Anbieter

9.2.1 Korrelationsanalysen für Content-Anbieter

Erfolgsva-riable	EV 1	EV 2	EV 3	EV 5	EV 23	EV 24	EM 1	EM 2	EM 3	EM 4
EV 1	1,000	,471**	,269	,703**	,259	-,204	,063	,061	,223	,244
EV 2	,471**	1,000	,656**	,917**	,010	,033	,489**	,075	,357*	-,015
EV 3	,269	,656**	1,000	,756**	,167	,169	,393**	,099	,234	-,004
EV 5	,703**	,917**	,756**	1,000	,158	-,016	,435**	,119	,352*	,123
EV 23	,259	,010	,167	,158	1,000	,157	,019	,009	,035	,384**
EV 24	-,204	,033	,169	-,016	,157	1,000	,065	-,076	,000	,250
EM 1	,063	,489**	,393**	,435**	,019	,065	1,000	,385**	,415**	,158
EM 2	,061	,075	,099	,119	,009	-,076	,385**	1,000	,653**	,282
EM 3	,223	,357*	,234	,352*	,035	,000	,415**	,653**	1,000	,278
EM 4	,244	-,015	-,004	,123	,384**	,250	,158	,282	,278	1,000

Erfolgsvari-able	EV 26	EV 4	EV 27	EV 6	EM 1	EM 2	EM 3	EM 4
EV 26	1,000	,015	,618**	-,086	,022	,114	-,139	-,063
EV 4	,015	1,000	,232	,170	-,049	,028	-,067	,305*
EV 27	,618**	,232	1,000	,079	-,194	,052	-,230	,062
EV 6	-,086	,170	,079	1,000	,129	,132	,248	,267
EM 1	,022	-,049	-,194	,129	1,000	,385**	,415**	,158
EM 2	,114	,028	,052	,132	,385**	1,000	,653**	,282
EM 3	-,139	-,067	-,230	,248	,415**	,653**	1,000	,278
EM 4	-,063	,305*	,062	,267	,158	,282	,278	1,000

** Die Korrelation ist auf dem Niveau von 0,01 (2-seitig) signifikant.
* Die Korrelation ist auf dem Niveau von 0,05 (2-seitig) signifikant.
Korrelationsmatrix: Aufbau der Ressourcen und Fähigkeiten (2/2)

Er-folgs-vari-able	EV 14	EV 15	EV 21	EV 25	EV 20	EV 22	EM 1	EM 2	EM 3	EM 4
EV 14	1,000	,711**	-,303*	,043	,183	,088	-,285	-,356*	,040	,126
EV 15	,711**	1,000	-,112	,237	,230	,138	-,172	-,331*	,150	,234
EV 21	-,303*	-,112	1,000	,130	,131	,216	,263	,109	,150	-,175
EV 25	,043	,237	,130	1,000	,401**	,217	,310*	,313*	,437**	,356*
EV 20	,183	,230	,131	,401**	1,000	,446**	,279	-,001	,213	,130
EV 22	,088	,138	,216	,217	,446**	1,000	,217	-,073	-,033	-,047
EM 1	-,285	-,172	,263	,310*	,279	,217	1,000	,385**	,415**	,158
EM 2	-,356*	-,331*	,109	,313*	-,001	-,073	,385**	1,000	,653**	,282
EM 3	,040	,150	,150	,437**	,213	-,033	,415**	,653**	1,000	,278
EM 4	,126	,234	-,175	,356*	,130	-,047	,158	,282	,278	1,000

** Die Korrelation ist auf dem Niveau von 0,01 (2-seitig) signifikant.
* Die Korrelation ist auf dem Niveau von 0,05 (2-seitig) signifikant.
Korrelationsmatrix: Übertragung und Ausbau der Ressourcen und Fähigkeiten

EV	EV 9	EV 7	EV 8	EV 12	EV 13	EV 10	EV 11	EM 1	EM 2	EM 3	EM 4
EV 9	1,000	,852*	,634**	,468**	,323*	,096	,197	,393**	,203	,491**	,134
EV 7	,852**	1,000	,771**	,645**	,373*	,144	,278	,199	,201	,582**	,416*
EV 8	,634**	,771*	1,000	,471**	,382*	,118	,319	,396*	,172	,502**	,324
EV 12	,468**	,645*	,471**	1,000	,592**	,222	,142	,065	,066	,068	,337*
EV 13	,323*	,373*	,382*	,592**	1,000	,094	,152	-,011	-,007	-,026	-,017
EV 10	,096	,144	,118	,222	,094	1,000	,106	-,284	-,207	-,111	-,159
EV 11	,197	,278	,319	,142	,152	,106	1,000	-,020	-,085	,338*	,264
EM 1	,393**	,199	,396*	,065	-,011	-,284	-,020	1,000	,385**	,415**	,158
EM 2	,203	,201	,172	,066	-,007	-,207	-,085	,385**	1,000	,653**	,282
EM 3	,491**	,582*	,502**	,068	-,026	-,111	,338*	,415**	,653**	1,000	,278
EM 4	,134	,416*	,324	,337*	-,017	-,159	,264	,158	,282	,278	1,000

** Die Korrelation ist auf dem Niveau von 0,01 (2-seitig) signifikant.
* Die Korrelation ist auf dem Niveau von 0,05 (2-seitig) signifikant.
Korrelationsmatrix: Kontrolle der Ressourcen und Fähigkeiten durch Corporate Governance

Erfolgsvariable	EV 18	EV 19	EM 1	EM 2	EM 3	EM 4
EV 18	1,000	,700**	,103	,163	,261	,042
EV 19	,700**	1,000	,155	,093	,399**	-,007
EM 1	,103	,155	1,000	,385**	,415**	,158
EM 2	,163	,093	,385**	1,000	,653**	,282
EM 3	,261	,399**	,415**	,653**	1,000	,278
EM 4	,042	-,007	,158	,282	,278	1,000

** Die Korrelation ist auf dem Niveau von 0,01 (2-seitig) signifikant.
* Die Korrelation ist auf dem Niveau von 0,05 (2-seitig) signifikant.
Korrelationsmatrix: Direkte Erlöse

9.2.2 Signifikanztests für Content-Anbieter

9.2.2.1 Ergebnisse des U-Tests für Content-Anbieter

Marktkapitalisierung pro Umsatz

Erfolgsvariable	Mann-Whitney U	Wilcoxon W	Z	Asymp. Sig. (2-seitig)
Sicherheit/Service	235,000	425,000	-,702	,483
Interaktivität	128,000	318,000	-3,040	,002
Community-Bildung	145,500	335,500	-2,803	,005
Coupons/Sonderangebote auf Homepage	248,500	654,500	-,490	,624
Anpassung (Gesamt)	131,500	321,500	-2,933	,003
Anzahl Patente	208,500	398,500	-1,426	,154
Anzahl institutionelle Anleger	103,000	274,000	-1,415	,157
Anteil (%) institutionelle Anleger	76,000	247,000	-2,347	,019
Anzahl Analysten	153,000	343,000	-2,463	,014
Alter CEO	134,000	459,000	-1,766	,077
Anzahl Amtsjahre CEO	237,000	643,000	-,340	,733
Vorstandsgröße	253,000	443,000	-,283	,777
Aufsichtsratsgröße	247,000	653,000	-,416	,678
Anzahl Jahre seit Unternehmensgründung	201,500	607,500	-1,420	,156
Dauer Online-Aktivität (Jahre)	240,000	646,000	-,572	,568
Anzahl der Vertriebskanäle	266,000	672,000	,000	1,000
Verwendung von Online- und Offline Kanal	266,000	672,000	,000	1,000
Anteil direkte Erlöse an Gesamterlösen	180,000	316,000	-,725	,468
Überwiegend direkte Erlöse	246,000	417,000	-,164	,870
Internationalisierung (Anzahl Länder)	184,500	374,500	-1,939	,052
Old Economy/Start-up Unternehmen	213,500	403,500	-1,748	,080
Anzahl M&A (letzte 3 Jahre)	170,000	360,000	-2,095	,036
Aktienoptionen (alle Mitarbeiter)	240,000	430,000	-,652	,514
Aktienoptionen (limitierte Berechtigte)	252,000	442,000	-1,214	,225
Führende Marktposition (1 oder 2)	151,500	341,500	-2,982	,003
Anteil (%) Marketingausgaben am Umsatz	227,000	578,000	-,460	,646
Anteil (%) Technologieausgaben am Umsatz	117,000	370,000	-1,983	,047

Umsatzwachstumsrate

Erfolgsvariable	Mann-Whitney U	Wilcoxon W	Z	Asymp. Sig. (2-seitig)
Sicherheit/Service	259,500	559,500	-,367	,714
Interaktivität	262,500	538,500	-,292	,770
Community-Bildung	254,500	554,500	-,491	,623
Coupons/Sonderangebote auf Homepage	261,000	561,000	-,412	,680
Anpassung (Gesamt)	263,500	563,500	-,268	,789
Anzahl Patente	236,500	536,500	-,961	,336
Anzahl institutionelle Anleger	123,500	313,500	-,659	,510
Anteil (%) institutionelle Anleger	133,000	323,000	-,330	,742
Anzahl Analysten	252,000	552,000	-,514	,608
Alter CEO	147,000	400,000	-1,623	,105
Anzahl Amtsjahre CEO	261,500	537,500	-,066	,947
Vorstandsgröße	226,000	526,000	-1,069	,285
Aufsichtsratsgröße	244,000	544,000	-,687	,492
Anzahl Jahre seit Unternehmensgründung	192,000	468,000	-1,815	,069
Dauer Online-Aktivität (Jahre)	185,500	461,500	-1,953	,051
Anzahl der Vertriebskanäle	276,000	552,000	,000	1,000
Verwendung von Online- und Offline Kanal	276,000	552,000	,000	1,000
Anteil direkte Erlöse an Gesamterlösen	190,500	400,500	-,743	,457
Überwiegend direkte Erlöse	241,500	517,500	-,612	,540
Internationalisierung (Anzahl Länder)	248,000	524,000	-,654	,513
Old Economy/Start-up Unternehmen	274,000	574,000	-,065	,948
Anzahl M&A (letzte 3 Jahre)	230,000	506,000	-,986	,324
Aktienoptionen (alle Mitarbeiter)	258,000	558,000	-,443	,658
Aktienoptionen (limitierte Berechtigte)	264,000	540,000	-1,022	,307
Führende Marktposition (1 oder 2)	236,500	536,500	-1,010	,313
Anteil (%) Marketingausgaben am Umsatz	168,000	468,000	-1,911	,056
Anteil (%) Technologieausgaben am Umsatz	141,000	351,000	-1,377	,169

Mitarbeiterwachstumsrate

Erfolgsvariable	Mann-Whitney U	Wilcoxon W	Z	Asymp. Sig. (2-seitig)
Sicherheit/Service	229,000	460,000	-,983	,326
Interaktivität	227,500	458,500	-,989	,323
Community-Bildung	266,500	497,500	-,149	,881
Coupons/Sonderangebote auf Homepage	245,000	596,000	-,773	,439
Anpassung (Gesamt)	223,000	454,000	-1,076	,282
Anzahl Patente	184,000	415,000	-2,178	,029
Anzahl institutionelle Anleger	59,000	212,000	-2,947	,003
Anteil (%) institutionelle Anleger	80,500	233,500	-2,205	,027
Anzahl Analysten	133,500	364,500	-3,002	,003
Alter CEO	180,500	505,500	-,522	,602
Anzahl Amtsjahre CEO	176,500	386,500	-1,866	,062
Vorstandsgröße	247,000	478,000	-,559	,576
Aufsichtsratsgröße	262,500	613,500	-,227	,821
Anzahl Jahre seit Unternehmensgründung	234,000	465,000	-,847	,397
Dauer Online-Aktivität (Jahre)	235,000	466,000	-,825	,410
Anzahl der Vertriebskanäle	273,000	624,000	,000	1,000
Verwendung von Online- und Offline Kanal	273,000	624,000	,000	1,000
Anteil direkte Erlöse an Gesamterlösen	137,500	290,500	-1,922	,055
Überwiegend direkte Erlöse	169,000	379,000	-2,444	,015
Internationalisierung (Anzahl Länder)	234,500	465,500	-,904	,366
Old Economy/Start-up Unternehmen	263,000	614,000	-,329	,742
Anzahl M&A (letzte 3 Jahre)	236,000	587,000	-,797	,425
Aktienoptionen (alle Mitarbeiter)	245,500	476,500	-,681	,496
Aktienoptionen (limitierte Berechtigte)	262,500	613,500	-,899	,369
Führende Marktposition (1 oder 2)	165,000	396,000	-2,776	,005
Anteil (%) Marketingausgaben am Umsatz	233,000	533,000	-,432	,666
Anteil (%) Technologieausgaben am Umsatz	166,000	397,000	-,648	,517

Bruttomarge

Erfolgsvariable	Mann-Whitney U	Wilco-xon W	Z	Asymp. Sig. (2-seitig)
Sicherheit/Service	170,500	275,500	-1,469	,142
Interaktivität	216,500	321,500	-,343	,732
Community-Bildung	212,000	317,000	-,474	,635
Coupons/Sonderangebote auf Homepage	163,500	268,500	-2,026	,043
Anpassung (Gesamt)	189,000	294,000	-,983	,326
Anzahl Patente	172,000	277,000	-1,570	,116
Anzahl institutionelle Anleger	48,500	93,500	-2,500	,012
Anteil (%) institutionelle Anleger	54,500	99,500	-2,265	,024
Anzahl Analysten	201,500	306,500	-,690	,490
Alter CEO	142,500	187,500	-,047	,962
Anzahl Amtsjahre CEO	160,000	251,000	-1,341	,180
Vorstandsgröße	145,000	250,000	-2,010	,044
Aufsichtsratsgröße	225,500	330,500	-,129	,897
Anzahl Jahre seit Unternehmensgründung	173,000	278,000	-1,370	,171
Dauer Online-Aktivität (Jahre)	128,500	233,500	-2,418	,016
Anzahl der Vertriebskanäle	231,000	792,000	,000	1,000
Verwendung von Online- und Offline Kanal	231,000	792,000	,000	1,000
Anteil direkte Erlöse an Gesamterlösen	148,500	644,500	-,629	,529
Überwiegend direkte Erlöse	180,500	741,500	-1,005	,315
Internationalisierung (Anzahl Länder)	203,500	308,500	-,702	,483
Old Economy/Start-up Unternehmen	216,500	777,500	-,518	,604
Anzahl M&A (letzte 3 Jahre)	226,500	331,500	-,105	,916
Aktienoptionen (alle Mitarbeiter)	150,000	255,000	-2,180	,029
Aktienoptionen (limitierte Berechtigte)	214,500	319,500	-1,535	,125
Führende Marktposition (1 oder 2)	159,000	264,000	-2,012	,044
Anteil (%) Marketingausgaben am Umsatz	174,000	670,000	-1,054	,292
Anteil (%) Technologieausgaben am Umsatz	134,000	512,000	-,852	,394

9.2.2.2 Ergebnisse des t-Tests für Content-Anbieter

Marktkapitalisierung pro Umsatz

Erfolgsvariable		Levene's Test auf Gleichheit der Varianzen		t-test auf Gleichheit der Mittelwerte		
		F	Sig.	t	df	Sig. (2-seitig)
Sicherheit/Service	Varianzen sind gleich	,891	,350	-,678	45	,501
	Varianzen sind nicht gleich			-,700	42,688	,487
Interaktivität	Varianzen sind gleich	,257	,615	-3,140	45	,003
	Varianzen sind nicht gleich			-3,283	43,800	,002
Community-Bildung	Varianzen sind gleich	5,019	,030	-3,022	45	,004
	Varianzen sind nicht gleich			-3,181	44,262	,003
Coupons/Sonderangebote auf Homepage	Varianzen sind gleich	,889	,351	,485	45	,630
	Varianzen sind nicht gleich			,478	36,669	,636
Anpassung (Gesamt)	Varianzen sind gleich	2,169	,148	-2,863	45	,006
	Varianzen sind nicht gleich			-3,043	44,765	,004
Anzahl Patente	Varianzen sind gleich	6,247	,016	-1,409	45	,166
	Varianzen sind nicht gleich			-1,708	27,977	,099
Anzahl institutionelle Anleger	Varianzen sind gleich	14,873	,001	-2,475	32	,019
	Varianzen sind nicht gleich			-2,350	17,154	,031
Anteil (%) institutionelle Anleger	Varianzen sind gleich	,916	,346	-2,342	32	,026
	Varianzen sind nicht gleich			-2,297	26,973	,030
Anzahl Analysten	Varianzen sind gleich	29,908	,000	-3,199	45	,003
	Varianzen sind nicht gleich			-3,790	32,666	,001
Alter CEO	Varianzen sind gleich	,244	,624	1,628	39	,112
	Varianzen sind nicht gleich			1,607	30,726	,118
Anzahl Amtsjahre CEO	Varianzen sind gleich	1,437	,237	-,491	44	,626
	Varianzen sind nicht gleich			-,586	35,982	,562
Vorstandsgröße	Varianzen sind gleich	,581	,450	-,744	45	,461
	Varianzen sind nicht gleich			-,769	42,753	,446
Aufsichtsratsgröße	Varianzen sind gleich	1,100	,300	,439	45	,662
	Varianzen sind nicht gleich			,442	39,545	,661
Anzahl Jahre seit Unternehmensgründung	Varianzen sind gleich	,508	,480	,315	45	,754
	Varianzen sind nicht gleich			,350	43,360	,728
Dauer Online-Aktivität (Jahre)	Varianzen sind gleich	1,607	,211	,374	45	,711
	Varianzen sind nicht gleich			,398	44,866	,692
Anteil direkte Erlöse an Gesamterlösen	Varianzen sind gleich	,003	,955	-,696	40	,490
	Varianzen sind nicht gleich			-,694	31,545	,493
Überwiegend direkte Erlöse	Varianzen sind gleich	,108	,744	-,162	44	,872
	Varianzen sind nicht gleich			-,162	36,568	,872
Internationalisierung (Anzahl Länder)	Varianzen sind gleich	17,168	,000	-2,335	45	,024
	Varianzen sind nicht gleich			-2,780	31,687	,009
Old Economy/Start-up Unternehmen	Varianzen sind gleich	18,638	,000	-1,789	45	,080
	Varianzen sind nicht gleich			-2,002	42,656	,052
Anzahl M&A (letzte 3 Jahre)	Varianzen sind gleich	24,895	,000	-2,711	45	,009
	Varianzen sind nicht gleich			-3,158	36,075	,003

Erfolgsvariable		Levene's Test auf Gleichheit der Varianzen		t-test auf Gleichheit der Mittelwerte		
		F	Sig.	t	df	Sig. (2-seitig)
Aktienoptionen (alle	Varianzen sind gleich	,259	,613	-,648	45	,520
Mitarbeiter)	Varianzen sind nicht gleich			-,646	38,335	,522
Aktienoptionen	Varianzen sind gleich	6,679	,013	-1,220	45	,229
(limitierte Berechtigte)	Varianzen sind nicht gleich			-1,000	18,000	,331
Führende Marktposition	Varianzen sind gleich	42,282	,000	-3,284	45	,002
(1 oder 2)	Varianzen sind nicht gleich			-3,582	44,734	,001
Anteil (%) Marketing-	Varianzen sind gleich	,240	,627	-,053	43	,958
ausgaben am Umsatz	Varianzen sind nicht gleich			-,052	36,402	,959
Anteil (%) Technologie-	Varianzen sind gleich	,083	,775	,827	37	,413
ausgaben am Umsatz	Varianzen sind nicht gleich			,817	32,856	,420

Umsatzwachstumsrate

Erfolgsvariable		Levene's Test auf Gleichheit der Varianzen		t-test auf Gleichheit der Mittelwerte		
		F	Sig.	t	df	Sig. (2-seitig)
Sicherheit/Service	Varianzen sind gleich	,573	,453	-,308	45	,759
	Varianzen sind nicht gleich			-,309	44,808	,759
Interaktivität	Varianzen sind gleich	,066	,799	,311	45	,758
	Varianzen sind nicht gleich			,310	44,709	,758
Community-Bildung	Varianzen sind gleich	,002	,968	-,488	45	,628
	Varianzen sind nicht gleich			-,488	44,945	,628
Coupons/Sonderan-	Varianzen sind gleich	,663	,420	-,408	45	,685
gebote auf Homepage	Varianzen sind nicht gleich			-,408	44,509	,685
Anpassung (Gesamt)	Varianzen sind gleich	,014	,908	-,070	45	,944
	Varianzen sind nicht gleich			-,070	44,929	,944
Anzahl Patente	Varianzen sind gleich	1,651	,205	,592	45	,557
	Varianzen sind nicht gleich			,602	29,507	,552
Anzahl institutionelle	Varianzen sind gleich	4,585	,040	,655	32	,517
Anleger	Varianzen sind nicht gleich			,709	26,361	,485
Anteil (%) institutionel-	Varianzen sind gleich	,588	,449	,190	32	,851
le Anleger	Varianzen sind nicht gleich			,195	31,998	,847
Anzahl Analysten	Varianzen sind gleich	5,168	,028	,571	45	,571
	Varianzen sind nicht gleich			,576	39,887	,568
Alter CEO	Varianzen sind gleich	,113	,739	1,602	39	,117
	Varianzen sind nicht gleich			1,586	36,122	,121
Anzahl Amtsjahre CEO	Varianzen sind gleich	1,588	,214	,835	44	,408
	Varianzen sind nicht gleich			,835	27,006	,411
Vorstandsgröße	Varianzen sind gleich	,631	,431	-,671	45	,506
	Varianzen sind nicht gleich			-,674	43,906	,504
Aufsichtsratsgröße	Varianzen sind gleich	,216	,644	-,630	45	,532
	Varianzen sind nicht gleich			-,629	44,205	,532

Erfolgsvariable		Levene's Test auf Gleichheit der Varianzen		t-test auf Gleichheit der Mittelwerte		
		F	Sig.	t	df	Sig. (2-seitig)
Anzahl Jahre seit	Varianzen sind gleich	2,204	,145	1,569	45	,124
Unternehmensgründung	Varianzen sind nicht gleich			1,591	32,800	,121
Dauer Online-Aktivität	Varianzen sind gleich	1,463	,233	2,155	45	,037
(Jahre)	Varianzen sind nicht gleich			2,167	42,931	,036
Anteil direkte Erlöse an	Varianzen sind gleich	,221	,641	-,694	40	,492
Gesamterlösen	Varianzen sind nicht gleich			-,692	39,104	,493
Überwiegend direkte	Varianzen sind gleich	1,411	,241	-,608	44	,546
Erlöse	Varianzen sind nicht gleich			-,608	43,848	,546
Internationalisierung	Varianzen sind gleich	,475	,494	-,100	45	,921
(Anzahl Länder)	Varianzen sind nicht gleich			-,099	40,353	,922
Old Economy/Start-up	Varianzen sind gleich	,017	,898	-,065	45	,949
Unternehmen	Varianzen sind nicht gleich			-,065	44,831	,949
Anzahl M&A (letzte 3	Varianzen sind gleich	2,033	,161	-,134	45	,894
Jahre)	Varianzen sind nicht gleich			-,133	38,216	,895
Aktienoptionen (alle	Varianzen sind gleich	,398	,531	-,439	45	,663
Mitarbeiter)	Varianzen sind nicht gleich			-,439	44,942	,663
Aktienoptionen	Varianzen sind gleich	4,585	,038	1,022	45	,312
(limitierte Berechtigte)	Varianzen sind nicht gleich			1,000	22,000	,328
Führende Marktposition	Varianzen sind gleich	3,386	,072	-1,010	45	,318
(1 oder 2)	Varianzen sind nicht gleich			-1,008	44,243	,319
Anteil (%) Marketing-	Varianzen sind gleich	,194	,662	-,620	43	,538
ausgaben am Umsatz	Varianzen sind nicht gleich			-,634	41,410	,529
Anteil (%) Technologie-	Varianzen sind gleich	7,426	,010	-1,621	37	,114
ausgaben am Umsatz	Varianzen sind nicht gleich			-1,595	26,121	,123

Mitarbeiterwachstumsrate

Erfolgsvariable		Levene's Test auf Gleichheit der Varianzen		t-test auf Gleichheit der Mittelwerte		
		F	Sig.	t	df	Sig. (2-seitig)
Sicherheit/Service	Varianzen sind gleich	2,048	,159	-,927	45	,359
	Varianzen sind nicht gleich			-,951	44,976	,347
Interaktivität	Varianzen sind gleich	,072	,790	-,776	45	,442
	Varianzen sind nicht gleich			-,785	44,325	,437
Community-Bildung	Varianzen sind gleich	,185	,669	-,145	45	,886
	Varianzen sind nicht gleich			-,145	43,344	,885
Coupons/Sonderan-	Varianzen sind gleich	2,251	,141	,770	45	,445
gebote auf Homepage	Varianzen sind nicht gleich			,760	40,499	,452
Anpassung (Gesamt)	Varianzen sind gleich	,107	,745	-,821	45	,416
	Varianzen sind nicht gleich			-,825	43,740	,414
Anzahl Patente	Varianzen sind gleich	,533	,469	,142	45	,888

Erfolgsvariable		Levene's Test auf Gleichheit der Varianzen		t-test auf Gleichheit der Mittelwerte		
		F	Sig.	t	df	Sig. (2-seitig)
	Varianzen sind nicht gleich			,132	26,157	,896
Anzahl institutionelle	Varianzen sind gleich	14,534	,001	-2,674	32	,012
Anleger	Varianzen sind nicht gleich			-2,674	18,349	,015
Anteil (%) institutionel-	Varianzen sind gleich	4,821	,035	-2,440	32	,020
le Anleger	Varianzen sind nicht gleich			-2,440	24,075	,022
Anzahl Analysten	Varianzen sind gleich	,310	,580	-1,755	45	,086
	Varianzen sind nicht gleich			-1,765	43,820	,085
Alter CEO	Varianzen sind gleich	1,555	,220	,206	39	,838
	Varianzen sind nicht gleich			,215	36,376	,831
Anzahl Amtsjahre CEO	Varianzen sind gleich	,689	,411	-1,444	44	,156
	Varianzen sind nicht gleich			-1,595	33,830	,120
Vorstandsgröße	Varianzen sind gleich	,007	,932	-,665	45	,510
	Varianzen sind nicht gleich			-,666	43,202	,509
Aufsichtsratsgröße	Varianzen sind gleich	,001	,975	,264	45	,793
	Varianzen sind nicht gleich			,263	42,039	,794
Anzahl Jahre seit	Varianzen sind gleich	,218	,643	-,587	45	,560
Unternehmensgründung	Varianzen sind nicht gleich			-,618	41,586	,540
Dauer Online-Aktivität	Varianzen sind gleich	,526	,472	-,522	45	,604
(Jahre)	Varianzen sind nicht gleich			-,513	39,007	,611
Anteil direkte Erlöse an	Varianzen sind gleich	4,378	,043	-2,019	40	,050
Gesamterlösen	Varianzen sind nicht gleich			-2,127	39,404	,040
Überwiegend direkte	Varianzen sind gleich	23,894	,000	-2,595	44	,013
Erlöse	Varianzen sind nicht gleich			-2,708	43,837	,010
Internationalisierung	Varianzen sind gleich	,083	,774	-,502	45	,618
(Anzahl Länder)	Varianzen sind nicht gleich			-,489	37,255	,628
Old Economy/Start-up	Varianzen sind gleich	,421	,520	,325	45	,746
Unternehmen	Varianzen sind nicht gleich			,322	41,130	,749
Anzahl M&A (letzte 3	Varianzen sind gleich	,513	,477	,171	45	,865
Jahre)	Varianzen sind nicht gleich			,173	44,626	,863
Aktienoptionen (alle	Varianzen sind gleich	,369	,546	-,677	45	,502
Mitarbeiter)	Varianzen sind nicht gleich			-,676	42,657	,503
Aktienoptionen	Varianzen sind gleich	3,491	,068	,897	45	,375
(limitierte Berechtigte)	Varianzen sind nicht gleich			1,000	25,000	,327
Führende Marktposition	Varianzen sind gleich	24,616	,000	-3,010	45	,004
(1 oder 2)	Varianzen sind nicht gleich			-3,121	44,281	,003
Anteil (%) Marketing-	Varianzen sind gleich	,701	,407	,502	43	,618
ausgaben am Umsatz	Varianzen sind nicht gleich			,490	34,961	,627
Anteil (%) Technologie-	Varianzen sind gleich	,042	,838	,192	37	,849
ausgaben am Umsatz	Varianzen sind nicht gleich			,192	35,475	,849

Bruttomarge

Erfolgsvariable		Levene's Test auf Gleichheit der Varianzen		t-test auf Gleichheit der Mittelwerte		
		F	Sig.	t	df	Sig. (2-seitig)
Sicherheit/Service	Varianzen sind gleich	2,319	,135	-1,410	45	,165
	Varianzen sind nicht gleich			-1,572	31,894	,126
Interaktivität	Varianzen sind gleich	2,114	,153	-,102	45	,919
	Varianzen sind nicht gleich			-,112	30,600	,912
Community-Bildung	Varianzen sind gleich	2,445	,125	-,458	45	,649
	Varianzen sind nicht gleich			-,481	27,519	,635
Coupons/Sonderangebote auf Homepage	Varianzen sind gleich	38,567	,000	-2,100	45	,041
	Varianzen sind nicht gleich			-2,631	41,829	,012
Anpassung (Gesamt)	Varianzen sind gleich	5,311	,026	-,692	45	,493
	Varianzen sind nicht gleich			-,825	37,724	,414
Anzahl Patente	Varianzen sind gleich	3,865	,055	-1,159	45	,253
	Varianzen sind nicht gleich			-1,769	33,853	,086
Anzahl institutionelle Anleger	Varianzen sind gleich	8,961	,005	-1,867	32	,071
	Varianzen sind nicht gleich			-3,075	26,270	,005
Anteil (%) institutionelle Anleger	Varianzen sind gleich	4,226	,048	-2,258	32	,031
	Varianzen sind nicht gleich			-3,195	30,857	,003
Anzahl Analysten	Varianzen sind gleich	,195	,661	-,640	45	,525
	Varianzen sind nicht gleich			-,662	26,530	,514
Alter CEO	Varianzen sind gleich	3,436	,071	-,285	39	,777
	Varianzen sind nicht gleich			-,363	20,288	,720
Anzahl Amtsjahre CEO	Varianzen sind gleich	,910	,345	-1,145	44	,259
	Varianzen sind nicht gleich			-1,652	43,461	,106
Vorstandsgröße	Varianzen sind gleich	,223	,639	-1,809	45	,077
	Varianzen sind nicht gleich			-1,812	24,657	,082
Aufsichtsratsgröße	Varianzen sind gleich	1,802	,186	-,119	45	,906
	Varianzen sind nicht gleich			-,106	19,558	,917
Anzahl Jahre seit Unternehmensgründung	Varianzen sind gleich	,001	,973	-,569	45	,572
	Varianzen sind nicht gleich			-,641	32,776	,526
Dauer Online-Aktivität (Jahre)	Varianzen sind gleich	1,118	,296	-2,484	45	,017
	Varianzen sind nicht gleich			-2,830	33,693	,008
Anteil direkte Erlöse an Gesamterlösen	Varianzen sind gleich	,027	,870	,709	40	,482
	Varianzen sind nicht gleich			,687	16,650	,502
Überwiegend direkte Erlöse	Varianzen sind gleich	2,077	,157	1,005	44	,320
	Varianzen sind nicht gleich			,959	20,102	,349
Internationalisierung (Anzahl Länder)	Varianzen sind gleich	,615	,437	,135	45	,893
	Varianzen sind nicht gleich			,112	17,390	,912
Old Economy/Start-up Unternehmen	Varianzen sind gleich	,991	,325	,514	45	,610
	Varianzen sind nicht gleich			,482	21,476	,635
Anzahl M&A (letzte 3 Jahre)	Varianzen sind gleich	,892	,350	,230	45	,819
	Varianzen sind nicht gleich			,202	19,042	,842

Erfolgsvariable		Levene's Test auf Gleichheit der Varianzen		t-test auf Gleichheit der Mittelwerte		
		F	Sig.	t	df	Sig. (2-seitig)
Aktienoptionen (alle	Varianzen sind gleich	1,209	,277	-2,277	45	,028
Mitarbeiter)	Varianzen sind nicht gleich			-2,316	25,534	,029
Aktienoptioncn	Varianzen sind gleich	11,410	,002	-1,559	45	,126
(limitierte Berechtigte)	Varianzen sind nicht gleich			-1,000	13,000	,336
Führende Marktposition	Varianzen sind gleich	29,569	,000	-2,084	45	,043
(1 oder 2)	Varianzen sind nicht gleich			-2,379	33,872	,023
Anteil (%) Marketing-	Varianzen sind gleich	1,519	,224	,981	43	,332
ausgaben am Umsatz	Varianzen sind nicht gleich			,854	18,807	,404
Anteil (%) Technologie-	Varianzen sind gleich	2,553	,119	1,127	37	,267
ausgaben am Umsatz	Varianzen sind nicht gleich			,978	15,851	,343

9.3 Analyse der Anbieter physischer Güter

9.3.1 Korrelationsanalysen für Anbieter physischer Güter

Er-folgsva-riable	EV 1	EV 2	EV 3	EV 5	EV 23	EV 24	EM 1	EM 2	EM 3	EM 4
EV 1	1,000	,678**	,167	,852**	,294	,062	,222	,298*	,460**	,293
EV 2	,678**	1,000	,412**	,928**	,380*	-,032	,272	,280	,472**	,238
EV 3	,167	,412**	1,000	,512**	,060	,039	,106	,052	,139	,225
EV 5	,852**	,928**	,512**	1,000	,358*	,008	,289	,288	,491**	,299*
EV 23	,294	,380*	,060	,358*	1,000	,208	-,040	,288	,257	,193
EV 24	,062	-,032	,039	,008	,208	1,000	-,031	-,104	-,083	,005
EM 1	,222	,272	,106	,289	-,040	-,031	1,000	,113	,349*	,145
EM 2	,298*	,280	,052	,288	,288	-,104	,113	1,000	,591**	,021
EM 3	,460**	,472**	,139	,491**	,257	-,083	,349*	,591**	1,000	,041
EM 4	,293	,238	,225	,299*	,193	,005	,145	,021	,041	1,000

Er-folgsva-riable	EV 16	EV 17	EV 26	EV 4	EV 27	EV 6	EM 1	EM 2	EM 3	EM 4
EV 16	1,000	,960**	-,213	,307*	-,225	,020	-,051	,021	,391**	-,057
EV 17	,960**	1,000	-,193	,357*	-,218	,003	-,004	,022	,396**	-,067
EV 26	-,213	-,193	1,000	,058	,259	-,082	,069	,339*	,129	,162
EV 4	,307*	,357*	,058	1,000	-,039	,049	,178	,280	,573**	,051
EV 27	-,225	-,218	,259	-,039	1,000	,072	-,005	,012	-,195	,266
EV 6	,020	,003	-,082	,049	,072	1,000	,048	,083	,177	,114
EM 1	-,051	-,004	,069	,178	-,005	,048	1,000	,113	,349*	,145
EM 2	,021	,022	,339*	,280	,012	,083	,113	1,000	,591**	,021
EM 3	,391**	,396**	,129	,573**	-,195	,177	,349*	,591**	1,000	,041
EM 4	-,057	-,067	,162	,051	,266	,114	,145	,021	,041	1,000

** Die Korrelation ist auf dem Niveau von 0,01 (2-seitig) signifikant.
* Die Korrelation ist auf dem Niveau von 0,05 (2-seitig) signifikant.
Korrelationsmatrix: Aufbau der Ressourcen und Fähigkeiten

Er-folgs-va-riable	EV 14	EV 15	EV 21	EV 25	EV 20	EV 22	EM 1	EM 2	EM 3	EM 4
EV 14	1,000	,597**	,143	,143	,018	,199	,093	-,273	-,079	,341*
EV 15	,597**	1,000	,122	,323*	,184	,294	,139	-,429**	,003	,315*
EV 21	,143	,122	1,000	,352*	,176	,072	,100	,056	,360*	,105
EV 25	,143	,323*	,352*	1,000	,513**	,248	,104	,119	,358*	,331*
EV 20	,018	,184	,176	,513**	1,000	,445**	,370*	,303*	,543**	,214
EV 22	,199	,294	,072	,248	,445**	1,000	,324*	,078	,379*	,483**
EM 1	,093	,139	,100	,104	,370*	,324*	1,000	,113	,349*	,145
EM 2	-,273	-,429**	,056	,119	,303*	,078	,113	1,000	,591**	,021
EM 3	-,079	,003	,360*	,358*	,543**	,379*	,349*	,591**	1,000	,041
EM 4	,341*	,315*	,105	,331*	,214	,483**	,145	,021	,041	1,000

** Die Korrelation ist auf dem Niveau von 0,01 (2-seitig) signifikant.
* Die Korrelation ist auf dem Niveau von 0,05 (2-seitig) signifikant.
Korrelationsmatrix: Übertragung und Ausbau der Ressourcen und Fähigkeiten

EV	EV 9	EV 7	EV 8	EV 12	EV 13	EV 10	EV 11	EM 1	EM 2	EM 3	EM 4
EV 9	1,000	,931**	,752**	,752**	,654**	,077	,158	,147	,245	,446**	,199
EV 7	,931**	1,000	,762**	,822**	,749**	,092	,281	,112	,193	,443**	,349*
EV 8	,752**	,762**	1,000	,613**	,619**	-,147	,545**	,032	,319	,280	,472**
EV 12	,752**	,822**	,613**	1,000	,644**	,044	,111	,036	,004	,306*	,383*
EV 13	,654**	,749**	,619**	,644**	1,000	-,019	,194	,009	,021	,160	,293
EV 10	,077	,092	-,147	,044	-,019	1,000	-,340*	-,127	-,059	-,001	-,362*
EV 11	,158	,281	,545**	,111	,194	-,340*	1,000	-,147	,066	-,131	,445**
EM 1	,147	,112	,032	,036	,009	-,127	-,147	1,000	,113	,349*	,145
EM 2	,245	,193	,319	,004	,021	-,059	,066	,113	1,000	,591**	,021
EM 3	,446**	,443**	,280	,306*	,160	-,001	-,131	,349*	,591**	1,000	,041
EM 4	,199	,349*	,472**	,383*	,293	-,362*	,445**	,145	,021	,041	1,000

** Die Korrelation ist auf dem Niveau von 0,01 (2-seitig) signifikant.
* Die Korrelation ist auf dem Niveau von 0,05 (2-seitig) signifikant.

Korrelationsmatrix: Kontrolle der Ressourcen und Fähigkeiten durch Corporate Governance

Erfolgsvariable	EV 18	EM 1	EM 2	EM 3	EM 4
EV 18	1,000	,254	-,324	-,005	-,093
EM 1	,254	1,000	,113	,349*	,145
EM 2	-,324	,113	1,000	,591**	,021
EM 3	-,005	,349*	,591**	1,000	,041
EM 4	-,093	,145	,021	,041	1,000

** Die Korrelation ist auf dem Niveau von 0,01 (2-seitig) signifikant.
* Die Korrelation ist auf dem Niveau von 0,05 (2-seitig) signifikant.

Korrelationsmatrix: Direkte Erlöse

9.3.2 Signifikanztests für Anbieter physischer Güter

9.3.2.1 Ergebnisse des U-Tests für Anbieter physischer Güter

Marktkapitalisierung pro Umsatz

Erfolgsvariable	Mann-Whitney U	Wilco-xon W	Z	Asymp. Sig. (2-scitig)
Sicherheit/Service	205,500	583,500	-,602	,547
Interaktivität	184,500	562,500	-1,111	,267
Community-Bildung	228,500	606,500	-,036	,971
Coupons/Sonderangebote auf Homepage	206,500	359,500	-,651	,515
Anpassung (Gesamt)	187,500	565,500	-1,020	,308
Anzahl Patente	222,500	375,500	-,283	,777
Anzahl institutionelle Anleger	128,000	404,000	-,348	,728
Anteil (%) institutionelle Anleger	140,000	218,000	-,134	,893
Anzahl Analysten	188,500	566,500	-1,005	,315
Alter CEO	185,000	321,000	-,193	,847
Anzahl Amtsjahre CEO	165,500	285,500	-,991	,322
Vorstandsgröße	226,000	379,000	-,086	,932
Aufsichtsratsgröße	216,000	369,000	-,329	,742
Anzahl Jahre seit Unternehmensgründung	227,500	605,500	-,049	,961
Dauer Online-Aktivität (Jahre)	208,000	559,000	-,331	,741
Anzahl der Vertriebskanäle	215,500	368,500	-,151	,880
Verwendung von Online- und Offline Kanal	214,500	367,500	-,186	,852
Anteil direkte Erlöse an Gesamterlösen	63,000	154,000	-,131	,895
Überwiegend direkte Erlöse	216,000	369,000	-1,260	,208
Internationalisierung (Anzahl Länder)	170,500	548,500	-1,527	,127
Old Economy/Start-up Unternehmen	201,000	579,000	-1,084	,278
Anzahl M&A (letzte 3 Jahre)	151,000	529,000	-1,931	,053
Aktienoptionen (alle Mitarbeiter)	208,500	586,500	-,594	,552
Aktienoptionen (limitierte Berechtigte)	222,500	600,500	-,284	,777
Führende Marktposition (1 oder 2)	213,500	366,500	-,447	,655
Anteil (%) Marketingausgaben am Umsatz	206,000	584,000	-,251	,802
Anteil (%) Technologieausgaben am Umsatz	225,000	603,000	-,111	,911

Umsatzwachstumsrate

Erfolgsvariable	Mann-Whitney U	Wil-coxon W	Z	Asymp. Sig. (2-seitig)
Sicherheit/Service	177,500	430,500	-1,576	,115
Interaktivität	192,500	445,500	-1,190	,234
Community-Bildung	223,000	476,000	-,665	,506
Coupons/Sonderangebote auf Homepage	176,000	429,000	-1,819	,069
Anpassung (Gesamt)	191,500	444,500	-1,195	,232
Anzahl Patente	241,000	494,000	-,039	,969
Anzahl institutionelle Anleger	124,500	355,500	-,759	,448
Anteil (%) institutionelle Anleger	118,500	349,500	-1,253	,210
Anzahl Analysten	176,500	429,500	-1,564	,118
Alter CEO	192,500	402,500	-,203	,839
Anzahl Amtsjahre CEO	211,000	442,000	-,244	,807
Vorstandsgröße	239,000	492,000	-,072	,943
Aufsichtsratsgröße	216,000	469,000	-,617	,537
Anzahl Jahre seit Unternehmensgründung	190,000	443,000	-1,232	,218
Dauer Online-Aktivität (Jahre)	127,500	380,500	-2,576	,010
Anzahl der Vertriebskanäle	202,500	433,500	-,768	,443
Verwendung von Online- und Offline Kanal	204,000	435,000	-,757	,449
Anteil direkte Erlöse an Gesamterlösen	33,000	88,000	-2,102	,036
Überwiegend direkte Erlöse	231,000	484,000	-1,000	,317
Internationalisierung (Anzahl Länder)	194,500	447,500	-1,197	,231
Old Economy/Start-up Unternehmen	231,000	484,000	-,407	,684
Anzahl M&A (letzte 3 Jahre)	242,000	495,000	,000	1,000
Aktienoptionen (alle Mitarbeiter)	198,000	451,000	-1,212	,225
Aktienoptionen (limitierte Berechtigte)	242,000	495,000	,000	1,000
Führende Marktposition (1 oder 2)	242,000	495,000	,000	1,000
Anteil (%) Marketingausgaben am Umsatz	156,500	387,500	-1,811	,070
Anteil (%) Technologieausgaben am Umsatz	230,000	483,000	-,289	,773

Mitarbeiterwachstumsrate

Erfolgsvariable	Mann-Whitney U	Wil-coxon W	Z	Asymp. Sig. (2-seitig)
Sicherheit/Service	117,500	442,500	-2,960	,003
Interaktivität	114,500	439,500	-2,985	,003
Community-Bildung	221,500	546,500	-,565	,572
Coupons/Sonderangebote auf Homepage	132,500	457,500	-2,921	,003
Anpassung (Gesamt)	109,500	434,500	-3,057	,002
Anzahl Patente	230,500	555,500	-,278	,781
Anzahl institutionelle Anleger	67,500	343,500	-2,454	,014
Anteil (%) institutionelle Anleger	103,500	379,500	-1,517	,129
Anzahl Analysten	112,500	437,500	-3,013	,003
Alter CEO	185,500	338,500	-,274	,784
Anzahl Amtsjahre CEO	192,000	345,000	-,536	,592
Vorstandsgröße	164,500	489,500	-1,758	,079
Aufsichtsratsgröße	187,500	512,500	-1,198	,231
Anzahl Jahre seit Unternehmensgründung	190,500	380,500	-1,124	,261
Dauer Online-Aktivität (Jahre)	200,500	390,500	-,689	,491
Anzahl der Vertriebskanäle	149,000	449,000	-2,142	,032
Verwendung von Online- und Offline Kanal	148,000	448,000	-2,259	,024
Anteil direkte Erlöse an Gesamterlösen	24,000	45,000	-2,002	,045
Überwiegend direkte Erlöse	228,000	553,000	-,872	,383
Internationalisierung (Anzahl Länder)	114,000	439,000	-3,141	,002
Old Economy/Start-up Unternehmen	172,000	497,000	-2,449	,014
Anzahl M&A (letzte 3 Jahre)	150,000	475,000	-2,116	,034
Aktienoptionen (alle Mitarbeiter)	154,500	479,500	-2,309	,021
Aktienoptionen (limitierte Berechtigte)	224,500	549,500	-,518	,604
Führende Marktposition (1 oder 2)	163,500	488,500	-2,032	,042
Anteil (%) Marketingausgaben am Umsatz	151,000	451,000	-1,884	,060
Anteil (%) Technologieausgaben am Umsatz	227,000	552,000	-,255	,799

Bruttomarge

Erfolgsvariable	Mann-Whitney U	Wil-coxon W	Z	Asymp. Sig. (2-tailed)
Sicherheit/Service	99,500	627,500	-2,537	,011
Interaktivität	128,500	656,500	-1,714	,087
Community-Bildung	171,000	699,000	-,825	,409
Coupons/Sonderangebote auf Homepage	190,000	268,000	-,062	,951
Anpassung (Gesamt)	108,000	636,000	-2,231	,026
Anzahl Patente	165,500	693,500	-1,171	,242
Anzahl institutionelle Anleger	71,000	371,000	-2,171	,030
Anteil (%) institutionelle Anleger	43,000	368,000	-3,250	,001
Anzahl Analysten	126,500	654,500	-1,756	,079
Alter CEO	114,000	192,000	-1,595	,111
Anzahl Amtsjahre CEO	100,000	596,000	-2,057	,040
Vorstandsgröße	91,500	619,500	-2,692	,007
Aufsichtsratsgröße	142,500	670,500	-1,319	,187
Anzahl Jahre seit Unternehmensgründung	180,500	708,500	-,306	,760
Dauer Online-Aktivität (Jahre)	134,000	630,000	-1,442	,149
Anzahl der Vertriebskanäle	184,500	262,500	-,045	,964
Verwendung von Online- und Offline Kanal	183,000	679,000	-,094	,925
Anteil direkte Erlöse an Gesamterlösen	48,000	76,000	-,566	,571
Überwiegend direkte Erlöse	186,000	714,000	-,612	,540
Internationalisierung (Anzahl Länder)	131,500	659,500	-1,711	,087
Old Economy/Start-up Unternehmen	190,000	718,000	-,083	,934
Anzahl M&A (letzte 3 Jahre)	79,000	607,000	-3,039	,002
Aktienoptionen (alle Mitarbeiter)	150,000	678,000	-1,299	,194
Aktienoptionen (limitierte Berechtigte)	178,000	706,000	-,621	,535
Führende Marktposition (1 oder 2)	136,000	664,000	-1,711	,087
Anteil (%) Marketingausgaben am Umsatz	123,000	619,000	-1,706	,088
Anteil (%) Technologieausgaben am Umsatz	145,500	673,500	-1,256	,209

9.3.2.2 Ergebnisse des t-Tests für Anbieter physischer Güter

Marktkapitalisierung pro Umsatz

Erfolgsvariable		Levene's Test auf Gleichheit der Varianzen		t-test auf Gleichheit der Mittelwerte		
		F	Sig.	t	df	Sig. (2-seitig)
Sicherheit/Service	Varianzen sind gleich	2,258	,140	-,391	42	,697
	Varianzen sind nicht gleich			-,367	27,448	,716
Interaktivität	Varianzen sind gleich	,555	,460	-,983	42	,331
	Varianzen sind nicht gleich			-,944	29,706	,353
Community-Bildung	Varianzen sind gleich	,448	,507	-,256	42	,799
	Varianzen sind nicht gleich			-,246	30,070	,807
Coupons/Sonderangebote auf Homepage	Varianzen sind gleich	1,017	,319	,646	42	,522
	Varianzen sind nicht gleich			,640	33,003	,527
Anpassung (Gesamt)	Varianzen sind gleich	1,330	,255	-,761	42	,451
	Varianzen sind nicht gleich			-,727	29,181	,473
Anzahl Patente	Varianzen sind gleich	1,695	,200	,608	42	,546
	Varianzen sind nicht gleich			,727	35,719	,472
Anzahl institutionelle Anleger	Varianzen sind gleich	5,077	,031	-1,581	33	,123
	Varianzen sind nicht gleich			-1,299	13,976	,215
Anteil (%) institutionelle Anleger	Varianzen sind gleich	3,171	,084	-,583	34	,564
	Varianzen sind nicht gleich			-,504	15,671	,621
Anzahl Analysten	Varianzen sind gleich	1,083	,304	-,997	42	,325
	Varianzen sind nicht gleich			-,955	29,486	,347
Alter CEO	Varianzen sind gleich	,017	,897	,047	38	,962
	Varianzen sind nicht gleich			,047	30,641	,963
Anzahl Amtsjahre CEO	Varianzen sind gleich	3,204	,081	1,249	40	,219
	Varianzen sind nicht gleich			1,467	39,995	,150
Vorstandsgröße	Varianzen sind gleich	,134	,716	-,043	42	,966
	Varianzen sind nicht gleich			-,042	32,007	,967
Aufsichtsratsgröße	Varianzen sind gleich	1,491	,229	,074	42	,941
	Varianzen sind nicht gleich			,069	26,621	,945
Anzahl Jahre seit Unternehmensgründung	Varianzen sind gleich	,083	,774	,141	42	,888
	Varianzen sind nicht gleich			,147	38,318	,884
Dauer Online-Aktivität (Jahre)	Varianzen sind gleich	2,077	,157	-,419	41	,677
	Varianzen sind nicht gleich			-,407	30,750	,687
Anzahl der Vertriebskanäle	Varianzen sind gleich	,006	,938	,124	41	,902
	Varianzen sind nicht gleich			,123	33,830	,903
Verwendung von Online- und Offline Kanal	Varianzen sind gleich	,086	,771	,184	41	,855
	Varianzen sind nicht gleich			,184	34,139	,855

Erfolgsvariable		Levene's Test auf Gleichheit der Varianzen		t-test auf Gleichheit der Mittelwerte		
		F	Sig.	t	df	Sig. (2-seitig)
Anteil direkte Erlöse an	Varianzen sind gleich	1,605	,219	-,480	21	,636
Gesamterlösen	Varianzen sind nicht gleich			-,497	20,999	,624
Überwiegend direkte	Varianzen sind gleich	7,331	,010	1,269	42	,211
Erlöse	Varianzen sind nicht gleich			1,000	16,000	,332
Internationalisierung	Varianzen sind gleich	20,138	,000	-2,341	42	,024
(Anzahl Länder)	Varianzen sind nicht gleich			-1,973	19,269	,063
Old Economy/Start-up	Varianzen sind gleich	4,673	,036	-1,086	42	,284
Unternehmen	Varianzen sind nicht gleich			-1,012	26,756	,320
Anzahl M&A (letzte 3	Varianzen sind gleich	1,738	,195	-1,614	42	,114
Jahre)	Varianzen sind nicht gleich			-1,524	27,962	,139
Aktienoptionen (alle	Varianzen sind gleich	1,441	,237	-,590	42	,559
Mitarbeiter)	Varianzen sind nicht gleich			-,594	34,874	,557
Aktienoptionen	Varianzen sind gleich	,323	,573	-,281	42	,780
(limitierte Berechtigte)	Varianzen sind nicht gleich			-,286	36,369	,776
Führende Marktposition	Varianzen sind gleich	,706	,405	,443	42	,660
(1 oder 2)	Varianzen sind nicht gleich			,443	34,254	,660
Anteil (%) Marketing-	Varianzen sind gleich	7,175	,011	-1,397	41	,170
ausgaben am Umsatz	Varianzen sind nicht gleich			-1,067	15,011	,303
Anteil (%) Technologie-	Varianzen sind gleich	3,358	,074	-,990	42	,328
ausgaben am Umsatz	Varianzen sind nicht gleich			-,816	18,077	,425

Umsatzwachstumsrate

Erfolgsvariable		Levene's Test auf Gleichheit der Varianzen		t-test auf Gleichheit der Mittelwerte		
		F	Sig.	t	df	Sig. (2-seitig)
Sicherheit/Service	Varianzen sind gleich	,485	,490	-1,406	42	,167
	Varianzen sind nicht gleich			-1,406	41,752	,167
Interaktivität	Varianzen sind gleich	7,126	,011	-1,367	42	,179
	Varianzen sind nicht gleich			-1,367	34,303	,181
Community-Bildung	Varianzen sind gleich	,397	,532	,422	42	,675
	Varianzen sind nicht gleich			,422	41,952	,675
Coupons/Sonderan-	Varianzen sind gleich	4,800	,034	-1,871	42	,068
gebote auf Homepage	Varianzen sind nicht gleich			-1,871	41,488	,068
Anpassung (Gesamt)	Varianzen sind gleich	2,483	,123	-1,218	42	,230
	Varianzen sind nicht gleich			-1,218	38,302	,231
Anzahl Patente	Varianzen sind gleich	1,540	,222	,592	42	,557
	Varianzen sind nicht gleich			,592	31,247	,558
Anzahl institutionelle	Varianzen sind gleich	,022	,883	-,163	33	,871
Anleger	Varianzen sind nicht gleich			-,176	32,976	,861
Anteil (%) institutionel-	Varianzen sind gleich	,248	,622	-1,365	34	,181
le Anleger	Varianzen sind nicht gleich			-1,311	25,618	,201

Erfolgsvariable		Levene's Test auf Gleichheit der Varianzen		t-test auf Gleichheit der Mittelwerte		
		F	Sig.	t	df	Sig. (2-seitig)
Anzahl Analysten	Varianzen sind gleich	,427	,517	-,204	42	,839
	Varianzen sind nicht gleich			-,204	34,072	,840
Alter CEO	Varianzen sind gleich	,002	,967	-,116	38	,908
	Varianzen sind nicht gleich			-,116	37,864	,908
Anzahl Amtsjahre CEO	Varianzen sind gleich	3,841	,057	,519	40	,607
	Varianzen sind nicht gleich			,519	33,244	,607
Vorstandsgröße	Varianzen sind gleich	2,551	,118	,345	42	,731
	Varianzen sind nicht gleich			,345	39,610	,732
Aufsichtsratsgröße	Varianzen sind gleich	,760	,388	-,767	42	,447
	Varianzen sind nicht gleich			-,767	39,099	,448
Anzahl Jahre seit Unternehmensgründung	Varianzen sind gleich	,425	,518	1,140	42	,261
	Varianzen sind nicht gleich			1,140	39,945	,261
Dauer Online-Aktivität (Jahre)	Varianzen sind gleich	1,550	,220	2,888	41	,006
	Varianzen sind nicht gleich			2,875	38,968	,007
Anzahl der Vertriebskanäle	Varianzen sind gleich	,049	,826	-,741	41	,463
	Varianzen sind nicht gleich			-,742	40,999	,462
Verwendung von Online- und Offline Kanal	Varianzen sind gleich	,108	,744	-,754	41	,455
	Varianzen sind nicht gleich			-,754	40,926	,455
Anteil direkte Erlöse an Gesamterlösen	Varianzen sind gleich	,014	,906	1,477	21	,155
	Varianzen sind nicht gleich			1,484	19,874	,153
Überwiegend direkte Erlöse	Varianzen sind gleich	4,410	,042	-1,000	42	,323
	Varianzen sind nicht gleich			-1,000	21,000	,329
Internationalisierung (Anzahl Länder)	Varianzen sind gleich	,531	,470	-,856	42	,397
	Varianzen sind nicht gleich			-,856	38,919	,397
Old Economy/Start-up Unternehmen	Varianzen sind gleich	,658	,422	-,403	42	,689
	Varianzen sind nicht gleich			-,403	41,440	,689
Anzahl M&A (letzte 3 Jahre)	Varianzen sind gleich	,038	,847	,044	42	,965
	Varianzen sind nicht gleich			,044	41,970	,965
Aktienoptionen (alle Mitarbeiter)	Varianzen sind gleich	3,200	,081	-1,219	42	,230
	Varianzen sind nicht gleich			-1,219	41,791	,230
Aktienoptionen (limitierte Berechtigte)	Varianzen sind gleich	,000	1,000	,000	42	1,000
	Varianzen sind nicht gleich			,000	42,000	1,000
Führende Marktposition (1 oder 2)	Varianzen sind gleich	,000	1,000	,000	42	1,000
	Varianzen sind nicht gleich			,000	42,000	1,000
Anteil (%) Marketingausgaben am Umsatz	Varianzen sind gleich	3,734	,060	,867	41	,391
	Varianzen sind nicht gleich			,846	20,190	,407
Anteil (%) Technologieausgaben am Umsatz	Varianzen sind gleich	1,073	,306	-,523	42	,604
	Varianzen sind nicht gleich			-,523	27,732	,605

Mitarbeiterwachstumsrate

Erfolgsvariable		Levene's Test auf Gleichheit der Varianzen		t-test auf Gleichheit der Mittelwerte		
		F	Sig.	t	df	Sig. (2-seitig)
Sicherheit/Service	Varianzen sind gleich	,150	,700	-3,109	42	,003
	Varianzen sind nicht gleich			-3,076	37,278	,004
Interaktivität	Varianzen sind gleich	3,763	,059	-3,444	42	,001
	Varianzen sind nicht gleich			-3,291	31,111	,002
Community-Bildung	Varianzen sind gleich	3,555	,066	-,837	42	,407
	Varianzen sind nicht gleich			-,800	31,110	,430
Coupons/Sonderangebote auf Homepage	Varianzen sind gleich	14,605	,000	-3,224	42	,002
	Varianzen sind nicht gleich			-3,353	41,998	,002
Anpassung (Gesamt)	Varianzen sind gleich	2,475	,123	-3,428	42	,001
	Varianzen sind nicht gleich			-3,287	31,737	,002
Anzahl Patente	Varianzen sind gleich	2,565	,117	,729	42	,470
	Varianzen sind nicht gleich			,815	30,738	,421
Anzahl institutionelle Anleger	Varianzen sind gleich	3,583	,067	-2,487	33	,018
	Varianzen sind nicht gleich			-2,063	14,236	,058
Anteil (%) institutionelle Anleger	Varianzen sind gleich	,888	,353	-1,679	34	,102
	Varianzen sind nicht gleich			-1,547	19,661	,138
Anzahl Analysten	Varianzen sind gleich	1,532	,223	-1,872	42	,068
	Varianzen sind nicht gleich			-1,841	36,214	,074
Alter CEO	Varianzen sind gleich	1,543	,222	,595	38	,555
	Varianzen sind nicht gleich			,622	37,980	,538
Anzahl Amtsjahre CEO	Varianzen sind gleich	6,295	,016	1,230	40	,226
	Varianzen sind nicht gleich			1,400	35,646	,170
Vorstandsgröße	Varianzen sind gleich	1,412	,241	-1,784	42	,082
	Varianzen sind nicht gleich			-1,751	35,896	,088
Aufsichtsratsgröße	Varianzen sind gleich	,732	,397	-,829	42	,412
	Varianzen sind nicht gleich			-,847	41,310	,402
Anzahl Jahre seit Unternehmensgründung	Varianzen sind gleich	5,070	,030	1,519	42	,136
	Varianzen sind nicht gleich			1,622	40,125	,113
Dauer Online-Aktivität (Jahre)	Varianzen sind gleich	,322	,573	,664	41	,511
	Varianzen sind nicht gleich			,670	39,912	,507
Anzahl der Vertriebskanäle	Varianzen sind gleich	,044	,835	-2,070	41	,045
	Varianzen sind nicht gleich			-2,058	37,807	,047
Verwendung von Online- und Offline Kanal	Varianzen sind gleich	,057	,812	-2,381	41	,022
	Varianzen sind nicht gleich			-2,384	38,910	,022
Anteil direkte Erlöse an Gesamterlösen	Varianzen sind gleich	6,633	,018	,417	21	,681
	Varianzen sind nicht gleich			,644	20,877	,527
Überwiegend direkte Erlöse	Varianzen sind gleich	3,291	,077	-,869	42	,390
	Varianzen sind nicht gleich			-1,000	24,000	,327
Internationalisierung (Anzahl Länder)	Varianzen sind gleich	13,666	,001	-2,982	42	,005
	Varianzen sind nicht gleich			-2,705	22,924	,013
Old Economy/Start-up Unternehmen	Varianzen sind gleich	41,794	,000	-2,609	42	,013

Erfolgsvariable		Levene's Test auf Gleichheit der Varianzen		t-test auf Gleichheit der Mittelwerte		
		F	Sig.	t	df	Sig. (2-seitig)
	Varianzen sind nicht gleich			-2,365	22,814	,027
Anzahl M&A (letzte 3	Varianzen sind gleich	,812	,373	-1,722	42	,092
Jahre)	Varianzen sind nicht gleich			-1,679	34,744	,102
Aktienoptionen (alle	Varianzen sind gleich	10,168	,003	-2,438	42	,019
Mitarbeiter)	Varianzen sind nicht gleich			-2,503	41,656	,016
Aktienoptionen	Varianzen sind gleich	1,099	,300	-,514	42	,610
(limitierte Berechtigte)	Varianzen sind nicht gleich			-,526	41,497	,602
Führende Marktposition	Varianzen sind gleich	,408	,526	-2,113	42	,041
(1 oder 2)	Varianzen sind nicht gleich			-2,101	38,062	,042
Anteil (%) Marketing-	Varianzen sind gleich	2,629	,113	,737	41	,466
ausgaben am Umsatz	Varianzen sind nicht gleich			,829	23,366	,416
Anteil (%) Technologie-	Varianzen sind gleich	1,001	,323	-,658	42	,514
ausgaben am Umsatz	Varianzen sind nicht gleich			-,593	22,063	,559

Bruttomarge

Erfolgsvariable		Levene's Test auf Gleichheit der Varianzen		t-test auf Gleichheit der Mittelwerte		
		F	Sig.	t	df	Sig. (2-seitig)
Sicherheit/Service	Varianzen sind gleich	,554	,461	-2,580	42	,013
	Varianzen sind nicht gleich			-2,518	18,922	,021
Interaktivität	Varianzen sind gleich	,097	,757	-1,757	42	,086
	Varianzen sind nicht gleich			-1,833	21,573	,081
Community-Bildung	Varianzen sind gleich	4,613	,038	-1,044	42	,302
	Varianzen sind nicht gleich			-,882	15,081	,391
Coupons/Sonderangebote auf Homepage	Varianzen sind gleich	,014	,906	,061	42	,952
	Varianzen sind nicht gleich			,060	19,264	,953
Anpassung (Gesamt)	Varianzen sind gleich	,117	,734	-2,312	42	,026
	Varianzen sind nicht gleich			-2,254	18,880	,036
Anzahl Patente	Varianzen sind gleich	,738	,395	,375	42	,710
	Varianzen sind nicht gleich			,512	40,110	,611
Anzahl institutionelle Anleger	Varianzen sind gleich	3,537	,069	-1,813	33	,079
	Varianzen sind nicht gleich			-1,453	12,612	,171
Anteil (%) institutionelle Anleger	Varianzen sind gleich	,718	,403	-3,785	34	,001
	Varianzen sind nicht gleich			-3,447	15,741	,003
Anzahl Analysten	Varianzen sind gleich	3,321	,076	-1,607	42	,116
	Varianzen sind nicht gleich			-1,359	15,099	,194
Alter CEO	Varianzen sind gleich	,583	,450	1,579	38	,123
	Varianzen sind nicht gleich			1,708	25,156	,100
Anzahl Amtsjahre CEO	Varianzen sind gleich	,346	,560	-1,057	40	,297
	Varianzen sind nicht gleich			-1,313	28,637	,200
Vorstandsgröße	Varianzen sind gleich	1,789	,188	-2,770	42	,008
	Varianzen sind nicht gleich			-2,521	16,803	,022
Aufsichtsratsgröße	Varianzen sind gleich	4,802	,034	-1,016	42	,316
	Varianzen sind nicht gleich			-1,310	35,855	,198
Anzahl Jahre seit Unternehmensgründung	Varianzen sind gleich	11,172	,002	,701	42	,487
	Varianzen sind nicht gleich			,966	40,601	,340
Dauer Online-Aktivität (Jahre)	Varianzen sind gleich	,023	,880	-1,571	41	,124
	Varianzen sind nicht gleich			-1,572	20,079	,132
Anzahl der Vertriebskanäle	Varianzen sind gleich	,228	,635	,124	41	,902
	Varianzen sind nicht gleich			,128	21,373	,900
Verwendung von Online- und Offline Kanal	Varianzen sind gleich	,012	,914	-,093	41	,927
	Varianzen sind nicht gleich			-,092	19,571	,928
Anteil direkte Erlöse an Gesamterlösen	Varianzen sind gleich	5,339	,031	-,481	21	,636
	Varianzen sind nicht gleich			-,630	20,836	,536
Überwiegend direkte Erlöse	Varianzen sind gleich	1,578	,216	-,608	42	,547
	Varianzen sind nicht gleich			-1,000	31,000	,325
Internationalisierung (Anzahl Länder)	Varianzen sind gleich	2,950	,093	-1,673	42	,102
	Varianzen sind nicht gleich			-1,519	16,726	,148

Erfolgsvariable		Levene's Test auf Gleichheit der Varianzen		t-test auf Gleichheit der Mittelwerte		
		F	Sig.	t	df	Sig. (2-seitig)
Old Economy/Start-up Unternehmen	Varianzen sind gleich	,027	,871	-,082	42	,935
	Varianzen sind nicht gleich			-,080	18,897	,937
Anzahl M&A (letzte 3 Jahre)	Varianzen sind gleich	1,223	,275	-2,703	42	,010
	Varianzen sind nicht gleich			-2,542	17,726	,021
Aktienoptionen (alle Mitarbeiter)	Varianzen sind gleich	9,349	,004	-1,310	42	,197
	Varianzen sind nicht gleich			-1,381	22,072	,181
Aktienoptionen (limitierte Berechtigte)	Varianzen sind gleich	1,714	,198	-,616	42	,541
	Varianzen sind nicht gleich			-,689	25,239	,497
Führende Marktposition (1 oder 2)	Varianzen sind gleich	,283	,598	-1,751	42	,087
	Varianzen sind nicht gleich			-1,750	19,790	,096
Anteil (%) Marketing-ausgaben am Umsatz	Varianzen sind gleich	1,174	,285	,499	41	,620
	Varianzen sind nicht gleich			,800	31,502	,430
Anteil (%) Technologie-ausgaben am Umsatz	Varianzen sind gleich	4,307	,044	-1,432	42	,160
	Varianzen sind nicht gleich			-,939	11,684	,367

9.4 Analyse der indirekten Erlösmodelle

9.4.1 Korrelationsanalysen für indirekte Erlösmodelle

Er-folgs-va-riable	EV 1	EV 2	EV 3	EV 5	EV 23	EV 24	EM 1	EM 2	EM 3	EM 4
EV 1	1,000	,572**	,437*	,762**	,180	,	,123	,289	,437*	,328
EV 2	,572**	1,000	,617**	,923**	,059	,	,577**	,328	,457**	,213
EV 3	,437*	,617**	1,000	,784**	,266	,	,461**	,269	,345*	,287
EV 5	,762**	,923**	,784**	1,000	,182	,	,515**	,389*	,506**	,350*
EV 23	,180	,059	,266	,182	1,000	,	-,064	,019	,174	,161
EV 24	,	,	,	,	,	,	,	,	,	,
EM 1	,123	,577**	,461**	,515**	-,064	,	1,000	,351*	,368*	,235
EM 2	,289	,328	,269	,389*	,019	,	,351*	1,000	,728**	,534**
EM 3	,437*	,457**	,345*	,506**	,174	,	,368*	,728**	1,000	,555**
EM 4	,328	,213	,287	,350*	,161	,	,235	,534**	,555**	1,000

** Die Korrelation ist auf dem Niveau von 0,01 (2-seitig) signifikant.
* Die Korrelation ist auf dem Niveau von 0,05 (2-seitig) signifikant.

Erfolgsvariable	EV 26	EV 4	EV 27	EV 6	EM 1	EM 2	EM 3	EM 4
EV 26	1,000	,100	,429*	-,101	,196	-,017	,010	,106
EV 4	,100	1,000	,291	,177	,054	,195	,039	,327
EV 27	,429*	,291	1,000	-,071	-,174	-,189	-,356	-,073
EV 6	-,101	,177	-,071	1,000	,054	,274	,435*	,230
EM 1	,196	,054	-,174	,054	1,000	,351*	,368*	,235
EM 2	-,017	,195	-,189	,274	,351*	1,000	,728**	,534**
EM 3	,010	,039	-,356	,435*	,368*	,728**	1,000	,555**
EM 4	,106	,327	-,073	,230	,235	,534**	,555**	1,000

** Die Korrelation ist auf dem Niveau von 0,01 (2-seitig) signifikant.
* Die Korrelation ist auf dem Niveau von 0,05 (2-seitig) signifikant.
Korrelationsmatrix: Aufbau der Ressourcen und Fähigkeiten

Er-folgsva-riable	EV 14	EV 15	EV 21	EV 25	EV 20	EV 22	EM 1	EM 2	EM 3	EM 4
EV 14	1,000	,579**	-,282	,021	,151	,207	-,256	-,041	,210	,211
EV 15	,579**	1,000	,046	,323	,248	,223	,015	,044	,467**	,273
EV 21	-,282	,046	1,000	,167	,136	,229	,198	,132	,157	-,050
EV 25	,021	,323	,167	1,000	,322	,299	,250	,533**	,614**	,297
EV 20	,151	,248	,136	,322	1,000	,400*	,186	,109	,282	,194
EV 22	,207	,223	,229	,299	,400*	1,000	,286	,065	,040	,135
EM 1	-,256	,015	,198	,250	,186	,286	1,000	,351*	,368*	,235
EM 2	-,041	,044	,132	,533**	,109	,065	,351*	1,000	,728**	,534**
EM 3	,210	,467**	,157	,614**	,282	,040	,368*	,728**	1,000	,555**
EM 4	,211	,273	-,050	,297	,194	,135	,235	,534**	,555**	1,000

** Die Korrelation ist auf dem Niveau von 0,01 (2-seitig) signifikant.
* Die Korrelation ist auf dem Niveau von 0,05 (2-seitig) signifikant.
Korrelationsmatrix: Übertragung und Ausbau der Ressourcen und Fähigkeiten

EV	EV 9	EV 7	EV 8	EV 12	EV 13	EV 10	EV 11	EM 1	EM 2	EM 3	EM 4
EV 9	1,000	,796**	,553**	,604**	,415*	,179	,139	,298	,355*	,514**	,218
EV 7	,796**	1,000	,703**	,671**	,558**	,185	,200	,168	,331	,610**	,345
EV 8	,553**	,703**	1,000	,459*	,579**	,064	,271	,399	,274	,479*	,206
EV 12	,604**	,671**	,459*	1,000	,663**	,176	-,146	,266	,408*	,314	,354*
EV 13	,415*	,558**	,579**	,663**	1,000	,122	-,009	,038	,180	,155	,063
EV 10	,179	,185	,064	,176	,122	1,000	-,116	-,354	-,139	-,183	-,306
EV 11	,139	,200	,271	-,146	-,009	-,116	1,000	,052	,204	,484**	,425*
EM 1	,298	,168	,399	,266	,038	-,354	,052	1,000	,351*	,368*	,235
EM 2	,355*	,331	,274	,408*	,180	-,139	,204	,351*	1,000	,728**	,534**
EM 3	,514**	,610**	,479*	,314	,155	-,183	,484**	,368*	,728**	1,000	,555**
EM 4	,218	,345	,206	,354*	,063	-,306	,425*	,235	,534**	,555**	1,000

** Die Korrelation ist auf dem Niveau von 0,01 (2-seitig) signifikant.
* Die Korrelation ist auf dem Niveau von 0,05 (2-seitig) signifikant.
Korrelationsmatrix: Kontrolle der Ressourcen und Fähigkeiten durch Corporate Governance

Erfolgsvari-able	EV 18	EM 1	EM 2	EM 3	EM 4
EV 18	1,000	,003	,336	,103	,103
EM 1	,003	1,000	,351*	,368*	,235
EM 2	,336	,351*	1,000	,728**	,534**
EM 3	,103	,368*	,728**	1,000	,555**
EM 4	,103	,235	,534**	,555**	1,000

** Die Korrelation ist auf dem Niveau von 0,01 (2-seitig) signifikant.
* Die Korrelation ist auf dem Niveau von 0,05 (2-seitig) signifikant.
Korrelationsmatrix: Direkte Erlöse

9.4.2 Signifikanztests für indirekte Erlösmodelle

9.4.2.1 Ergebnisse des U-Tests für indirekte Erlösmodelle

Marktkapitalisierung pro Umsatz

Erfolgsvariable	Mann-Whitney U	Wilcoxon W	Z	Asymp. Sig. (2-seitig)
Sicherheit/Service	114,500	205,500	-,603	,546
Interaktivität	55,500	146,500	-2,795	,005
Community-Bildung	71,500	162,500	-2,315	,021
Coupons/Sonderangebote auf Homepage	126,000	336,000	-,208	,835
Anpassung (Gesamt)	62,500	153,500	-2,505	,012
Anzahl Patente	115,000	206,000	-,680	,497
Anzahl institutionelle Anleger	58,000	136,000	-,810	,418
Anteil (%) institutionelle Anleger	41,000	119,000	-1,791	,073
Anzahl Analysten	96,500	187,500	-1,247	,212
Alter CEO	57,500	210,500	-1,383	,167
Anzahl Amtsjahre CEO	110,500	188,500	-,374	,708
Vorstandsgröße	108,000	199,000	-,814	,415
Aufsichtsratsgröße	129,000	339,000	-,037	,970
Anzahl Jahre seit Unternehmensgründung	107,000	317,000	-,864	,388
Dauer Online-Aktivität (Jahre)	124,000	215,000	-,225	,822
Anzahl der Vertriebskanäle	130,000	340,000	,000	1,000
Verwendung von Online- und Offline Kanal	130,000	340,000	,000	1,000
Anteil direkte Erlöse an Gesamterlösen	70,000	125,000	-,960	,337
Überwiegend direkte Erlöse	130,000	340,000	,000	1,000
Internationalisierung (Anzahl Länder)	115,500	206,500	-,606	,544
Old Economy/Start-up Unternehmen	107,500	198,500	-1,240	,215
Anzahl M&A (letzte 3 Jahre)	95,000	186,000	-1,299	,194
Aktienoptionen (alle Mitarbeiter)	121,500	331,500	-,366	,715
Aktienoptionen (limitierte Berechtigte)	130,000	340,000	,000	1,000
Führende Marktposition (1 oder 2)	91,500	182,500	-1,736	,082
Anteil (%) Marketingausgaben am Umsatz	114,000	205,000	-,120	,904
Anteil (%) Technologieausgaben am Umsatz	61,000	197,000	-1,625	,104

Umsatzwachstumsrate

Erfolgsvariable	Mann-Whitney U	Wilcoxon W	Z	Asymp. Sig. (2-seitig)
Sicherheit/Service	98,000	269,000	-1,413	,158
Interaktivität	112,000	283,000	-,847	,397
Community-Bildung	104,000	275,000	-1,204	,229
Coupons/Sonderangebote auf Homepage	105,000	276,000	-1,531	,126
Anpassung (Gesamt)	95,000	266,000	-1,457	,145
Anzahl Patente	101,500	272,500	-1,490	,136
Anzahl institutionelle Anleger	45,500	150,500	-1,437	,151
Anteil (%) institutionelle Anleger	52,000	157,000	-1,055	,292
Anzahl Analysten	99,500	270,500	-1,297	,195
Alter CEO	66,000	186,000	-1,173	,241
Anzahl Amtsjahre CEO	91,500	244,500	-1,377	,169
Vorstandsgröße	66,500	237,500	-2,489	,013
Aufsichtsratsgröße	97,000	268,000	-1,387	,165
Anzahl Jahre seit Unternehmensgründung	135,000	255,000	,000	1,000
Dauer Online-Aktivität (Jahre)	131,500	251,500	-,129	,897
Anzahl der Vertriebskanäle	135,000	255,000	,000	1,000
Verwendung von Online- und Offline Kanal	135,000	255,000	,000	1,000
Anteil direkte Erlöse an Gesamterlösen	63,500	168,500	-1,586	,113
Überwiegend direkte Erlöse	135,000	255,000	,000	1,000
Internationalisierung (Anzahl Länder)	124,500	295,500	-,431	,667
Old Economy/Start-up Unternehmen	130,500	301,500	-,243	,808
Anzahl M&A (letzte 3 Jahre)	128,000	248,000	-,255	,799
Aktienoptionen (alle Mitarbeiter)	129,000	300,000	-,253	,800
Aktienoptionen (limitierte Berechtigte)	135,000	255,000	,000	1,000
Führende Marktposition (1 oder 2)	85,500	256,500	-2,191	,028
Anteil (%) Marketingausgaben am Umsatz	97,000	268,000	-,801	,423
Anteil (%) Technologieausgaben am Umsatz	93,000	171,000	-,139	,889

Mitarbeiterwachstumsrate

Erfolgsvariable	Mann-Whitney U	Wilcoxon W	Z	Asymp. Sig. (2-seitig)
Sicherheit/Service	96,000	286,000	-1,424	,155
Interaktivität	95,500	285,500	-1,391	,164
Community-Bildung	111,500	301,500	-,841	,400
Coupons/Sonderangebote auf Homepage	132,500	322,500	-,026	,979
Anpassung (Gesamt)	89,500	279,500	-1,596	,111
Anzahl Patente	86,500	276,500	-2,083	,037
Anzahl institutionelle Anleger	31,500	151,500	-2,150	,032
Anteil (%) institutionelle Anleger	48,500	168,500	-1,134	,257
Anzahl Analysten	67,500	257,500	-2,411	,016
Alter CEO	70,000	175,000	-1,021	,307
Anzahl Amtsjahre CEO	70,000	241,000	-2,154	,031
Vorstandsgröße	100,000	290,000	-1,208	,227
Aufsichtsratsgröße	120,500	310,500	-,460	,646
Anzahl Jahre seit Unternehmensgründung	91,000	281,000	-1,560	,119
Dauer Online-Aktivität (Jahre)	76,500	266,500	-2,095	,036
Anzahl der Vertriebskanäle	133,000	238,000	,000	1,000
Verwendung von Online- und Offline Kanal	133,000	238,000	,000	1,000
Anteil direkte Erlöse an Gesamterlösen	93,500	213,500	-,184	,854
Überwiegend direkte Erlöse	133,000	238,000	,000	1,000
Internationalisierung (Anzahl Länder)	102,500	292,500	-1,260	,208
Old Economy/Start-up Unternehmen	124,000	229,000	-,491	,624
Anzahl M&A (letzte 3 Jahre)	131,000	321,000	-,073	,941
Aktienoptionen (alle Mitarbeiter)	101,000	291,000	-1,361	,173
Aktienoptionen (limitierte Berechtigte)	133,000	238,000	,000	1,000
Führende Marktposition (1 oder 2)	61,500	251,500	-3,188	,001
Anteil (%) Marketingausgaben am Umsatz	112,000	302,000	-,081	,935
Anteil (%) Technologieausgaben am Umsatz	60,000	138,000	-1,671	,095

Bruttomarge

Erfolgsvariable	Mann-Whitney U	Wilcoxon W	Z	Asymp. Sig. (2-seitig)
Sicherheit/Service	72,500	117,500	-1,516	,130
Interaktivität	79,500	124,500	-1,173	,241
Community-Bildung	62,000	107,000	-1,997	,046
Coupons/Sonderangebote auf Homepage	76,500	121,500	-1,797	,072
Anpassung (Gesamt)	62,500	107,500	-1,852	,064
Anzahl Patente	81,500	126,500	-1,318	,188
Anzahl institutionelle Anleger	24,500	45,500	-1,970	,049
Anteil (%) institutionelle Anleger	30,500	51,500	-1,568	,117
Anzahl Analysten	80,000	125,000	-1,144	,253
Alter CEO	45,000	55,000	-,068	,945
Anzahl Amtsjahre CEO	56,000	92,000	-1,763	,078
Vorstandsgröße	63,500	108,500	-1,807	,071
Aufsichtsratsgröße	82,000	127,000	-1,061	,289
Anzahl Jahre seit Unternehmensgründung	71,000	116,000	-1,525	,127
Dauer Online-Aktivität (Jahre)	57,500	102,500	-2,078	,038
Anzahl der Vertriebskanäle	108,000	408,000	,000	1,000
Verwendung von Online- und Offline Kanal	108,000	408,000	,000	1,000
Anteil direkte Erlöse an Gesamterlösen	43,500	64,500	-1,261	,207
Überwiegend direkte Erlöse	108,000	408,000	,000	1,000
Internationalisierung (Anzahl Länder)	89,500	134,500	-,848	,396
Old Economy/Start-up Unternehmen	97,500	142,500	-,635	,525
Anzahl M&A (letzte 3 Jahre)	82,500	127,500	-1,038	,299
Aktienoptionen (alle Mitarbeiter)	88,500	133,500	-,920	,357
Aktienoptionen (limitierte Berechtigte)	108,000	408,000	,000	1,000
Führende Marktposition (1 oder 2)	75,000	120,000	-1,633	,102
Anteil (%) Marketingausgaben am Umsatz	97,000	350,000	-,087	,931
Anteil (%) Technologieausgaben am Umsatz	62,000	272,000	-,915	,360

9.4.2.2 Ergebnisse des t-Tests für indirekte Erlösmodelle

Marktkapitalisierung pro Umsatz

Erfolgsvariable		Levene's Test auf Gleichheit der Varianzen		t-test auf Gleichheit der Mittelwerte		
		F	Sig.	t	df	Sig. (2-seitig)
Sicherheit/Service	Varianzen sind gleich	,147	,704	-,547	31	,588
	Varianzen sind nicht gleich			-,558	27,450	,581
Interaktivität	Varianzen sind gleich	,441	,511	-3,084	31	,004
	Varianzen sind nicht gleich			-3,060	25,106	,005
Community-Bildung	Varianzen sind gleich	,896	,351	-2,469	31	,019
	Varianzen sind nicht gleich			-2,540	28,143	,017
Coupons/Sonderangebote auf Homepage	Varianzen sind gleich	,165	,688	,205	31	,839
	Varianzen sind nicht gleich			,202	24,530	,842
Anpassung (Gesamt)	Varianzen sind gleich	,413	,525	-2,537	31	,016
	Varianzen sind nicht gleich			-2,616	28,315	,014
Anzahl Patente	Varianzen sind gleich	3,742	,062	-1,010	31	,320
	Varianzen sind nicht gleich			-1,228	22,357	,232
Anzahl institutionelle Anleger	Varianzen sind gleich	11,810	,002	-1,927	22	,067
	Varianzen sind nicht gleich			-1,927	11,386	,079
Anteil (%) institutionelle Anleger	Varianzen sind gleich	2,733	,113	-2,124	22	,045
	Varianzen sind nicht gleich			-2,124	18,067	,048
Anzahl Analysten	Varianzen sind gleich	17,976	,000	-2,056	31	,048
	Varianzen sind nicht gleich			-2,490	22,887	,020
Alter CEO	Varianzen sind gleich	1,596	,218	1,425	25	,167
	Varianzen sind nicht gleich			1,332	15,421	,202
Anzahl Amtsjahre CEO	Varianzen sind gleich	,889	,353	-,500	30	,621
	Varianzen sind nicht gleich			-,522	26,355	,606
Vorstandsgröße	Varianzen sind gleich	,099	,755	-1,065	31	,295
	Varianzen sind nicht gleich			-1,109	28,992	,277
Aufsichtsratsgröße	Varianzen sind gleich	,082	,777	,245	31	,808
	Varianzen sind nicht gleich			,238	23,177	,814
Anzahl Jahre seit Unternehmensgründung	Varianzen sind gleich	,027	,870	1,195	31	,241
	Varianzen sind nicht gleich			1,126	20,773	,273
Dauer Online-Aktivität (Jahre)	Varianzen sind gleich	,331	,569	-,163	31	,872
	Varianzen sind nicht gleich			-,168	28,345	,868
Anteil direkte Erlöse an Gesamterlösen	Varianzen sind gleich	1,265	,271	-1,052	26	,303
	Varianzen sind nicht gleich			-1,197	25,485	,242
Internationalisierung (Anzahl Länder)	Varianzen sind gleich	8,010	,008	-1,421	31	,165
	Varianzen sind nicht gleich			-1,729	22,316	,098
Old Economy/Start-up Unternehmen	Varianzen sind gleich	8,295	,007	-1,251	31	,220
	Varianzen sind nicht gleich			-1,378	30,980	,178
Anzahl M&A (letzte 3 Jahre)	Varianzen sind gleich	13,166	,001	-1,821	31	,078
	Varianzen sind nicht gleich			-2,136	26,854	,042

Erfolgsvariable		Levene's Test auf Gleichheit der Varianzen		t-test auf Gleichheit der Mittelwerte		
		F	Sig.	t	df	Sig. (2-seitig)
Aktienoptionen (alle	Varianzen sind gleich	,535	,470	,361	31	,721
Mitarbeiter)	Varianzen sind nicht gleich			,361	25,939	,721
Führende Marktposition	Varianzen sind gleich	15,626	,000	-1,796	31	,082
(1 oder 2)	Varianzen sind nicht gleich			-1,917	30,420	,065
Anteil (%) Marketing-	Varianzen sind gleich	,054	,819	-,180	29	,859
ausgaben am Umsatz	Varianzen sind nicht gleich			-,172	21,679	,865
Anteil (%) Technologie-	Varianzen sind gleich	1,063	,312	1,382	26	,179
ausgaben am Umsatz	Varianzen sind nicht gleich			1,268	15,402	,224

Umsatzwachstumsrate

Erfolgsvariable		Levene's Test auf Gleichheit der Varianzen		t-test auf Gleichheit der Mittelwerte		
		F	Sig.	t	df	Sig. (2-seitig)
Sicherheit/Service	Varianzen sind gleich	,363	,551	-1,386	31	,176
	Varianzen sind nicht gleich			-1,385	29,851	,176
Interaktivität	Varianzen sind gleich	,678	,417	-,706	31	,485
	Varianzen sind nicht gleich			-,690	26,223	,496
Community-Bildung	Varianzen sind gleich	,004	,952	-1,210	31	,235
	Varianzen sind nicht gleich			-1,212	30,129	,235
Coupons/Sonderangebote	Varianzen sind gleich	10,695	,003	-1,565	31	,128
auf Homepage	Varianzen sind nicht gleich			-1,509	23,528	,145
Anpassung (Gesamt)	Varianzen sind gleich	,930	,342	-1,211	31	,235
	Varianzen sind nicht gleich			-1,191	27,285	,244
Anzahl Patente	Varianzen sind gleich	,002	,969	-,166	31	,869
	Varianzen sind nicht gleich			-,166	30,066	,869
Anzahl institutionelle	Varianzen sind gleich	,176	,679	-,278	22	,784
Anleger	Varianzen sind nicht gleich			-,304	21,075	,764
Anteil (%) institutionelle	Varianzen sind gleich	,941	,343	-1,025	22	,317
Anleger	Varianzen sind nicht gleich			-,969	15,391	,348
Anzahl Analysten	Varianzen sind gleich	,064	,802	-,797	31	,432
	Varianzen sind nicht gleich			-,802	30,579	,429
Alter CEO	Varianzen sind gleich	,014	,906	1,142	25	,264
	Varianzen sind nicht gleich			1,139	23,443	,266
Anzahl Amtsjahre CEO	Varianzen sind gleich	3,662	,065	-1,604	30	,119
	Varianzen sind nicht gleich			-1,565	24,039	,131
Vorstandsgröße	Varianzen sind gleich	,009	,924	-2,341	31	,026
	Varianzen sind nicht gleich			-2,339	29,873	,026
Aufsichtsratsgröße	Varianzen sind gleich	,067	,797	-1,466	31	,153
	Varianzen sind nicht gleich			-1,446	27,935	,159
Anzahl Jahre seit	Varianzen sind gleich	,010	,921	,300	31	,766
Unternehmensgründung	Varianzen sind nicht gleich			,307	30,893	,761

Erfolgsvariable		Levene's Test auf Gleichheit der Varianzen		t-test auf Gleichheit der Mittelwerte		
		F	Sig.	t	df	Sig. (2-seitig)
Dauer Online-Aktivität (Jahre)	Varianzen sind gleich	,693	,411	,167	31	,869
	Varianzen sind nicht gleich			,168	30,645	,868
Anteil direkte Erlöse an Gesamterlösen	Varianzen sind gleich	,738	,398	-1,617	26	,118
	Varianzen sind nicht gleich			-1,617	22,672	,120
Internationalisierung (Anzahl Länder)	Varianzen sind gleich	3,876	,058	-1,096	31	,281
	Varianzen sind nicht gleich			-1,039	20,317	,311
Old Economy/Start-up Unternehmen	Varianzen sind gleich	,229	,636	-,240	31	,812
	Varianzen sind nicht gleich			-,238	28,976	,813
Anzahl M&A (letzte 3 Jahre)	Varianzen sind gleich	1,748	,196	-,506	31	,616
	Varianzen sind nicht gleich			-,487	23,231	,631
Aktienoptionen (alle Mitarbeiter)	Varianzen sind gleich	,244	,625	-,250	31	,805
	Varianzen sind nicht gleich			-,250	30,024	,804
Führende Marktposition (1 oder 2)	Varianzen sind gleich	10,886	,002	-2,339	31	,026
	Varianzen sind nicht gleich			-2,276	25,406	,032
Anteil (%) Marketingausgaben am Umsatz	Varianzen sind gleich	2,272	,143	,332	29	,742
	Varianzen sind nicht gleich			,372	24,913	,713
Anteil (%) Technologieausgaben am Umsatz	Varianzen sind gleich	1,189	,286	,537	26	,596
	Varianzen sind nicht gleich			,582	24,164	,566

Mitarbeiterwachstumsrate

Erfolgsvariable		Levene's Test auf Gleichheit der Varianzen		t-test auf Gleichheit der Mittelwerte		
		F	Sig.	t	df	Sig. (2-seitig)
Sicherheit/Service	Varianzen sind gleich	1,062	,311	-1,230	31	,228
	Varianzen sind nicht gleich			-1,179	23,272	,250
Interaktivität	Varianzen sind gleich	1,036	,317	-1,133	31	,266
	Varianzen sind nicht gleich			-1,081	22,742	,291
Community-Bildung	Varianzen sind gleich	,008	,929	-,839	31	,408
	Varianzen sind nicht gleich			-,841	28,497	,407
Coupons/Sonderangebote auf Homepage	Varianzen sind gleich	,003	,960	-,025	31	,980
	Varianzen sind nicht gleich			-,025	27,902	,980
Anpassung (Gesamt)	Varianzen sind gleich	1,415	,243	-1,292	31	,206
	Varianzen sind nicht gleich			-1,237	23,169	,228
Anzahl Patente	Varianzen sind gleich	11,922	,002	-1,837	31	,076
	Varianzen sind nicht gleich			-1,582	13,537	,137
Anzahl institutionelle Anleger	Varianzen sind gleich	10,065	,004	-2,343	22	,029
	Varianzen sind nicht gleich			-1,851	8,638	,099
Anteil (%) institutionelle Anleger	Varianzen sind gleich	5,185	,033	-1,322	22	,200
	Varianzen sind nicht gleich			-1,160	11,313	,270

Erfolgsvariable		Levene's Test auf Gleichheit der Varianzen		t-test auf Gleichheit der Mittelwerte		
		F	Sig.	t	df	Sig. (2-seitig)
Anzahl Analysten	Varianzen sind gleich	2,497	,124	-1,834	31	,076
	Varianzen sind nicht gleich			-1,732	21,604	,097
Alter CEO	Varianzen sind gleich	,815	,375	,976	25	,338
	Varianzen sind nicht gleich			,981	24,969	,336
Anzahl Amtsjahre CEO	Varianzen sind gleich	2,579	,119	-2,359	30	,025
	Varianzen sind nicht gleich			-2,272	23,228	,033
Vorstandsgröße	Varianzen sind gleich	,000	,991	-1,071	31	,292
	Varianzen sind nicht gleich			-1,076	28,620	,291
Aufsichtsratsgröße	Varianzen sind gleich	,001	,971	-,191	31	,850
	Varianzen sind nicht gleich			-,194	29,440	,848
Anzahl Jahre seit Unternehmensgründung	Varianzen sind gleich	,913	,347	-,812	31	,423
	Varianzen sind nicht gleich			-,873	30,088	,390
Dauer Online-Aktivität (Jahre)	Varianzen sind gleich	,530	,472	-2,177	31	,037
	Varianzen sind nicht gleich			-2,206	29,422	,035
Anteil direkte Erlöse an Gesamterlösen	Varianzen sind gleich	,112	,740	-,407	26	,688
	Varianzen sind nicht gleich			-,403	24,393	,690
Internationalisierung (Anzahl Länder)	Varianzen sind gleich	,385	,540	-,761	31	,453
	Varianzen sind nicht gleich			-,782	30,441	,440
Old Economy/Start-up Unternehmen	Varianzen sind gleich	,990	,327	,485	31	,631
	Varianzen sind nicht gleich			,495	30,094	,624
Anzahl M&A (letzte 3 Jahre)	Varianzen sind gleich	,205	,654	-,226	31	,823
	Varianzen sind nicht gleich			-,224	27,133	,825
Aktienoptionen (alle Mitarbeiter)	Varianzen sind gleich	3,801	,060	-1,380	31	,177
	Varianzen sind nicht gleich			-1,400	29,483	,172
Führende Marktposition (1 oder 2)	Varianzen sind gleich	13,302	,001	-3,799	31	,001
	Varianzen sind nicht gleich			-3,553	20,542	,002
Anteil (%) Marketing-ausgaben am Umsatz	Varianzen sind gleich	1,927	,176	,549	29	,587
	Varianzen sind nicht gleich			,637	27,394	,529
Anteil (%) Technologie-ausgaben am Umsatz	Varianzen sind gleich	,953	,338	1,265	26	,217
	Varianzen sind nicht gleich			1,359	24,852	,186

Bruttomarge

Erfolgsvariable		Levene's Test auf Gleichheit der Varianzen		t-test auf Gleichheit der Mittelwerte		
		F	Sig.	t	df	Sig. (2-seitig)
Sicherheit/Service	Varianzen sind gleich	2,818	,103	-1,315	31	,198
	Varianzen sind nicht gleich			-1,573	21,693	,130
Interaktivität	Varianzen sind gleich	,884	,354	-,958	31	,345
	Varianzen sind nicht gleich			-1,078	18,627	,295
Community-Bildung	Varianzen sind gleich	2,242	,144	-2,075	31	,046
	Varianzen sind nicht gleich			-2,288	17,742	,035

Erfolgsvariable		Levene's Test auf Gleichheit der Varianzen		t-test auf Gleichheit der Mittelwerte		
		F	Sig.	t	df	Sig. (2-seitig)
Coupons/Sonderangebote auf Homepage	Varianzen sind gleich	40,244	,000	-1,866	31	,072
	Varianzen sind nicht gleich			-3,077	23,000	,005
Anpassung (Gesamt)	Varianzen sind gleich	2,509	,123	-1,570	31	,127
	Varianzen sind nicht gleich			-1,886	21,919	,073
Anzahl Patente	Varianzen sind gleich	2,635	,115	-,913	31	,369
	Varianzen sind nicht gleich			-1,417	28,585	,167
Anzahl institutionelle Anleger	Varianzen sind gleich	4,385	,048	-1,381	22	,181
	Varianzen sind nicht gleich			-2,366	18,850	,029
Anteil (%) institutionelle Anleger	Varianzen sind gleich	4,251	,051	-1,682	22	,107
	Varianzen sind nicht gleich			-2,372	18,957	,028
Anzahl Analysten	Varianzen sind gleich	1,306	,262	-1,140	31	,263
	Varianzen sind nicht gleich			-1,269	18,148	,220
Alter CEO	Varianzen sind gleich	,638	,432	-,103	25	,919
	Varianzen sind nicht gleich			-,110	4,368	,917
Anzahl Amtsjahre CEO	Varianzen sind gleich	3,446	,073	-1,896	30	,068
	Varianzen sind nicht gleich			-2,514	22,617	,020
Vorstandsgröße	Varianzen sind gleich	,363	,551	-1,236	31	,226
	Varianzen sind nicht gleich			-1,057	11,174	,313
Aufsichtsratsgröße	Varianzen sind gleich	,447	,509	-1,099	31	,280
	Varianzen sind nicht gleich			-1,011	12,440	,331
Anzahl Jahre seit Unternehmensgründung	Varianzen sind gleich	1,808	,188	-,335	31	,740
	Varianzen sind nicht gleich			-,249	9,514	,808
Dauer Online-Aktivität (Jahre)	Varianzen sind gleich	,978	,330	-2,088	31	,045
	Varianzen sind nicht gleich			-2,404	19,688	,026
Anteil direkte Erlöse an Gesamterlösen	Varianzen sind gleich	,790	,382	-1,040	26	,308
	Varianzen sind nicht gleich			-,959	7,215	,369
Internationalisierung (Anzahl Länder)	Varianzen sind gleich	2,422	,130	,484	31	,632
	Varianzen sind nicht gleich			,355	9,395	,730
Old Economy/Start-up Unternehmen	Varianzen sind gleich	1,885	,180	-,629	31	,534
	Varianzen sind nicht gleich			-,696	17,893	,495
Anzahl M&A (letzte 3 Jahre)	Varianzen sind gleich	,081	,778	-,513	31	,611
	Varianzen sind nicht gleich			-,448	11,494	,662
Aktienoptionen (alle Mitarbeiter)	Varianzen sind gleich	,337	,566	-,918	31	,366
	Varianzen sind nicht gleich			-,891	13,638	,388
Führende Marktposition (1 oder 2)	Varianzen sind gleich	24,148	,000	-1,679	31	,103
	Varianzen sind nicht gleich			-2,019	21,961	,056
Anteil (%) Marketing-ausgaben am Umsatz	Varianzen sind gleich	2,608	,117	,780	29	,442
	Varianzen sind nicht gleich			,613	10,012	,554
Anteil (%) Technologie-ausgaben am Umsatz	Varianzen sind gleich	3,632	,068	1,370	26	,182
	Varianzen sind nicht gleich			,973	7,882	,360

9.5 Analyse der direkten Erlösmodelle

9.5.1 Korrelationsanalysen für direkte Erlösmodelle

Erfolgs-variable	EV 1	EV 2	EV 3	EV 5	EV 23	EV 24	EM 1	EM 2	EM 3	EM 4
EV 1	1,000	,541**	,012	,738**	,351**	-,036	,093	,092	,186	,170
EV 2	,541**	1,000	,516**	,937**	,218	-,021	,276*	,156	,458**	,077
EV 3	,012	,516**	1,000	,542**	-,032	,131	,191	,028	,239	,062
EV 5	,738**	,937**	,542**	1,000	,262*	-,002	,287*	,137	,406**	,109
EV 23	,351**	,218	-,032	,262*	1,000	,198	-,012	,209	,173	,350**
EV 24	-,036	-,021	,131	-,002	,198	1,000	,055	-,081	,040	,160
EM 1	,093	,276*	,191	,287*	-,012	,055	1,000	,199	,441**	,188
EM 2	,092	,156	,028	,137	,209	-,081	,199	1,000	,603**	-,058
EM 3	,186	,458**	,239	,406**	,173	,040	,441**	,603**	1,000	,051
EM 4	,170	,077	,062	,109	,350**	,160	,188	-,058	,051	1,000

Erfolgs-variable	EV 16	EV 17	EV 26	EV 4	EV 27	EV 6	EM 1	EM 2	EM 3	EM 4
EV 16	1,000	,981**	-,228	,307*	-,264	-,171	-,174	-,039	,144	-,168
EV 17	,981**	1,000	-,217	,334*	-,229	-,183	-,150	-,040	,136	-,172
EV 26	-,228	-,217	1,000	,009	,550**	-,022	,081	,350**	,132	,081
EV 4	,307*	,334*	,009	1,000	-,062	-,050	,023	,101	,243	,095
EV 27	-,264	-,229	,550**	-,062	1,000	,084	,052	,033	-,052	,386**
EV 6	-,171	-,183	-,022	-,050	,084	1,000	,205	,074	,172	,223
EM 1	-,174	-,150	,081	,023	,052	,205	1,000	,199	,441**	,188
EM 2	-,039	-,040	,350**	,101	,033	,074	,199	1,000	,603**	-,058
EM 3	,144	,136	,132	,243	-,052	,172	,441**	,603**	1,000	,051
EM 4	-,168	-,172	,081	,095	,386**	,223	,188	-,058	,051	1,000

** Die Korrelation ist auf dem Niveau von 0,01 (2-seitig) signifikant.
* Die Korrelation ist auf dem Niveau von 0,05 (2-seitig) signifikant.
Korrelationsmatrix: Aufbau der Ressourcen und Fähigkeiten

Er-folgs-vari-able	EV 14	EV 15	EV 21	EV 25	EV 20	EV 22	EM 1	EM 2	EM 3	EM 4
EV 14	1,000	,693**	,011	,100	,060	,178	,040	-,394**	-,131	,303*
EV 15	,693**	1,000	-,024	,247	,186	,266*	,064	-,512**	-,056	,393**
EV 21	,011	-,024	1,000	,284*	,162	,095	,138	,055	,320*	-,061
EV 25	,100	,247	,284*	1,000	,500**	,191	,176	,039	,200	,340**
EV 20	,060	,186	,162	,500**	1,000	,484**	,433**	,170	,453**	,183
EV 22	,178	,266*	,095	,191	,484**	1,000	,298*	,010	,352**	,265*
EM 1	,040	,064	,138	,176	,433**	,298*	1,000	,199	,441**	,188
EM 2	-,394**	-,512**	,055	,039	,170	,010	,199	1,000	,603**	-,058
EM 3	-,131	-,056	,320*	,200	,453**	,352**	,441**	,603**	1,000	,051
EM 4	,303*	,393**	-,061	,340**	,183	,265*	,188	-,058	,051	1,000

** Die Korrelation ist auf dem Niveau von 0,01 (2-seitig) signifikant.
* Die Korrelation ist auf dem Niveau von 0,05 (2-seitig) signifikant.
Korrelationsmatrix: Übertragung und Ausbau der Ressourcen und Fähigkeiten

EV	EV 9	EV 7	EV 8	EV 12	EV 13	EV 10	EV 11	EM 1	EM 2	EM 3	EM 4
EV 9	1,000	,926**	,764**	,616**	,499**	,082	,255	,322*	,194	,480**	,195
EV 7	,926**	1,000	,796**	,766**	,592**	,114	,290	,200	,152	,470**	,416**
EV 8	,764**	,796**	1,000	,584**	,491**	-,081	,484**	,112	,266	,348*	,525**
EV 12	,616**	,766**	,584**	1,000	,637**	,151	,339*	,052	-,137	,192	,441**
EV 13	,499**	,592**	,491**	,637**	1,000	,029	,314*	,047	-,071	,069	,259*
EV 10	,082	,114	-,081	,151	,029	1,000	-,042	-,072	-,068	,081	-,213
EV 11	,255	,290	,484**	,339*	,314*	-,042	1,000	-,067	-,104	-,019	,397**
EM 1	,322*	,200	,112	,052	,047	-,072	-,067	1,000	,199	,441**	,188
EM 2	,194	,152	,266	-,137	-,071	-,068	-,104	,199	1,000	,603**	-,058
EM 3	,480**	,470**	,348*	,192	,069	,081	-,019	,441**	,603**	1,000	,051
EM 4	,195	,416**	,525**	,441**	,259*	-,213	,397**	,188	-,058	,051	1,000

** Die Korrelation ist auf dem Niveau von 0,01 (2-seitig) signifikant.
* Die Korrelation ist auf dem Niveau von 0,05 (2-seitig) signifikant.

Korrelationsmatrix: Kontrolle der Ressourcen und Fähigkeiten durch Corporate Governance

Erfolgsvariable	EV 18	EM 1	EM 2	EM 3	EM 4
EV 18	1,000	,109	-,388*	-,328*	-,134
EM 1	,109	1,000	,199	,441**	,188
EM 2	-,388*	,199	1,000	,603**	-,058
EM 3	-,328*	,441**	,603**	1,000	,051
EM 4	-,134	,188	-,058	,051	1,000

** Die Korrelation ist auf dem Niveau von 0,01 (2-seitig) signifikant.
* Die Korrelation ist auf dem Niveau von 0,05 (2-seitig) signifikant.
Korrelationsmatrix: Direkte Erlöse

9.5.2 Signifikanztests für direkte Erlösmodelle

9.5.2.1 Ergebnisse des U-Tests für direkte Erlösmodelle

Marktkapitalisierung pro Umsatz

Erfolgsvariable	Mann-Whitney U	Wilco-xon W	Z	Asymp. Sig. (2-seitig)
Sicherheit/Service	388,000	949,000	-,397	,691
Interaktivität	309,000	870,000	-1,654	,098
Community-Bildung	360,500	921,500	-1,043	,297
Coupons/Sonderangebote auf Homepage	360,500	685,500	-,948	,343
Anpassung (Gesamt)	307,500	868,500	-1,660	,097
Anzahl Patente	351,500	912,500	-1,276	,202
Anzahl institutionelle Anleger	182,000	617,000	-1,187	,235
Anteil (%) institutionelle Anleger	209,000	674,000	-,715	,474
Anzahl Analysten	248,500	809,500	-2,599	,009
Alter CEO	334,000	634,000	-,453	,651
Anzahl Amtsjahre CEO	329,000	605,000	-,852	,394
Vorstandsgröße	404,000	965,000	-,135	,893
Aufsichtsratsgröße	400,000	725,000	-,198	,843
Anzahl Jahre seit Unternehmensgründung	398,500	723,500	-,221	,825
Dauer Online-Aktivität (Jahre)	398,000	723,000	-,033	,974
Anzahl der Vertriebskanäle	366,500	691,500	-,632	,527
Verwendung von Online- und Offline Kanal	365,500	690,500	-,664	,507
Anteil direkte Erlöse an Gesamterlösen	155,000	345,000	-,495	,621
Überwiegend direkte Erlöse	412,500	737,500	,000	1,000
Internationalisierung (Anzahl Länder)	236,000	797,000	-2,948	,003
Old Economy/Start-up Unternehmen	351,000	912,000	-1,540	,124
Anzahl M&A (letzte 3 Jahre)	251,000	812,000	-2,575	,010
Aktienoptionen (alle Mitarbeiter)	348,500	909,500	-1,166	,243
Aktienoptionen (limitierte Berechtigte)	383,000	944,000	-,821	,412
Führende Marktposition (1 oder 2)	360,500	921,500	-,948	,343
Anteil (%) Marketingausgaben am Umsatz	392,000	692,000	-,065	,948
Anteil (%) Technologieausgaben am Umsatz	246,000	456,000	-,311	,756

Umsatzwachstumsrate

Erfolgsvariable	Mann-Whitney U	Wilcoxon W	Z	Asymp. Sig. (2-seitig)
Sicherheit/Service	387,000	793,000	-,530	,596
Interaktivität	392,500	798,500	-,435	,663
Community-Bildung	384,500	849,500	-,706	,480
Coupons/Sonderangebote auf Homepage	378,000	784,000	-,759	,448
Anpassung (Gesamt)	401,500	807,500	-,290	,772
Anzahl Patente	411,500	876,500	-,176	,860
Anzahl institutionelle Anleger	238,500	589,500	-,195	,845
Anteil (%) institutionelle Anleger	232,500	583,500	-,610	,542
Anzahl Analysten	372,000	778,000	-,754	,451
Alter CEO	354,000	732,000	-,182	,856
Anzahl Amtsjahre CEO	331,500	766,500	-,997	,319
Vorstandsgröße	353,500	818,500	-1,044	,297
Aufsichtsratsgröße	419,000	825,000	-,016	,987
Anzahl Jahre seit Unternehmensgründung	267,500	732,500	-2,391	,017
Dauer Online-Aktivität (Jahre)	184,500	649,500	-3,588	,000
Anzahl der Vertriebskanäle	376,500	754,500	-,535	,593
Verwendung von Online- und Offline Kanal	378,000	756,000	-,516	,606
Anteil direkte Erlöse an Gesamterlösen	87,500	258,500	-2,581	,010
Überwiegend direkte Erlöse	420,000	885,000	,000	1,000
Internationalisierung (Anzahl Länder)	410,500	875,500	-,157	,875
Old Economy/Start-up Unternehmen	410,000	816,000	-,248	,804
Anzahl M&A (letzte 3 Jahre)	373,500	838,500	-,735	,463
Aktienoptionen (alle Mitarbeiter)	349,000	755,000	-1,282	,200
Aktienoptionen (limitierte Berechtigte)	409,000	874,000	-,303	,762
Führende Marktposition (1 oder 2)	378,000	843,000	-,759	,448
Anteil (%) Marketingausgaben am Umsatz	236,500	614,500	-2,693	,007
Anteil (%) Technologieausgaben am Umsatz	252,000	462,000	-,178	,859

Mitarbeiterwachstumsrate

Erfolgsvariable	Mann-Whitney U	Wil-coxon W	Z	Asymp. Sig. (2-seitig)
Sicherheit/Service	310,500	688,500	-1,738	,082
Interaktivität	232,500	610,500	-2,951	,003
Community-Bildung	367,500	745,500	-1,015	,310
Coupons/Sonderangebote auf Homepage	363,500	741,500	-,995	,320
Anpassung (Gesamt)	245,000	623,000	-2,723	,006
Anzahl Patente	356,500	734,500	-1,288	,198
Anzahl institutionelle Anleger	109,000	434,000	-3,223	,001
Anteil (%) institutionelle Anleger	153,500	478,500	-2,405	,016
Anzahl Analysten	180,500	558,500	-3,745	,000
Alter CEO	335,000	686,000	-,503	,615
Anzahl Amtsjahre CEO	382,500	817,500	-,150	,881
Vorstandsgröße	326,000	704,000	-1,454	,146
Aufsichtsratsgröße	374,000	752,000	-,699	,484
Anzahl Jahre seit Unternehmensgründung	341,000	837,000	-1,217	,224
Dauer Online-Aktivität (Jahre)	358,500	854,500	-,726	,468
Anzahl der Vertriebskanäle	359,000	710,000	-,828	,408
Verwendung von Online- und Offline Kanal	358,000	709,000	-,863	,388
Anteil direkte Erlöse an Gesamterlösen	101,500	272,500	-2,149	,032
Überwiegend direkte Erlöse	418,500	914,500	,000	1,000
Internationalisierung (Anzahl Länder)	272,500	650,500	-2,421	,015
Old Economy/Start-up Unternehmen	326,000	704,000	-2,299	,022
Anzahl M&A (letzte 3 Jahre)	310,500	688,500	-1,709	,087
Aktienoptionen (alle Mitarbeiter)	334,500	712,500	-1,520	,129
Aktienoptionen (limitierte Berechtigte)	397,000	775,000	-,594	,553
Führende Marktposition (1 oder 2)	328,500	706,500	-1,628	,103
Anteil (%) Marketingausgaben am Umsatz	282,000	633,000	-1,939	,053
Anteil (%) Technologieausgaben am Umsatz	218,000	449,000	-,983	,326

Bruttomarge

Erfolgsvariable	Mann-Whitney U	Wilcoxon W	Z	Asymp. Sig. (2-seitig)
Sicherheit/Service	289,500	992,500	-1,653	,098
Interaktivität	328,000	1031,000	-,996	,319
Community-Bildung	375,500	1078,500	-,269	,788
Coupons/Sonderangebote auf Homepage	376,500	1079,500	-,225	,822
Anpassung (Gesamt)	313,000	1016,000	-1,230	,219
Anzahl Patente	279,000	982,000	-2,360	,018
Anzahl institutionelle Anleger	117,000	495,000	-2,922	,003
Anteil (%) institutionelle Anleger	77,500	483,500	-3,930	,000
Anzahl Analysten	259,500	962,500	-2,107	,035
Alter CEO	302,000	533,000	-,790	,429
Anzahl Amtsjahre CEO	211,500	877,500	-2,573	,010
Vorstandsgröße	180,000	883,000	-3,403	,001
Aufsichtsratsgröße	311,500	1014,500	-1,256	,209
Anzahl Jahre seit Unternehmensgründung	331,000	1034,000	-,937	,349
Dauer Online-Aktivität (Jahre)	226,000	892,000	-2,560	,010
Anzahl der Vertriebskanäle	324,000	555,000	-1,049	,294
Verwendung von Online- und Offline Kanal	328,500	559,500	-,980	,327
Anteil direkte Erlöse an Gesamterlösen	141,500	277,500	-,827	,408
Überwiegend direkte Erlöse	388,500	619,500	,000	1,000
Internationalisierung (Anzahl Länder)	278,500	981,500	-1,893	,058
Old Economy/Start-up Unternehmen	352,000	583,000	-,942	,346
Anzahl M&A (letzte 3 Jahre)	256,000	959,000	-2,177	,030
Aktienoptionen (alle Mitarbeiter)	289,500	992,500	-1,859	,063
Aktienoptionen (limitierte Berechtigte)	344,000	1047,000	-1,276	,202
Führende Marktposition (1 oder 2)	284,500	987,500	-1,953	,051
Anteil (%) Marketingausgaben am Umsatz	313,000	979,000	-1,075	,282
Anteil (%) Technologieausgaben am Umsatz	146,000	611,000	-2,172	,030

9.5.2.2 Ergebnisse des t-Tests für direkte Erlösmodelle

Marktkapitalisierung pro Umsatz

Erfolgsvariable		Levene's Test auf Gleichheit der Varianzen		t-test auf Gleichheit der Mittelwerte		
		F	Sig.	t	df	Sig. (2-seitig)
Sicherheit/Service	Varianzen sind gleich	4,523	,038	-,236	56	,815
	Varianzen sind nicht gleich			-,227	43,400	,822
Interaktivität	Varianzen sind gleich	3,320	,074	-1,628	56	,109
	Varianzen sind nicht gleich			-1,549	40,608	,129
Community-Bildung	Varianzen sind gleich	13,744	,000	-1,461	56	,150
	Varianzen sind nicht gleich			-1,387	39,985	,173
Coupons/Sonderangebote auf Homepage	Varianzen sind gleich	1,029	,315	,947	56	,348
	Varianzen sind nicht gleich			,943	51,073	,350
Anpassung (Gesamt)	Varianzen sind gleich	3,726	,059	-1,413	56	,163
	Varianzen sind nicht gleich			-1,352	41,811	,184
Anzahl Patente	Varianzen sind gleich	2,351	,131	-,953	56	,344
	Varianzen sind nicht gleich			-,870	31,801	,391
Anzahl institutionelle Anleger	Varianzen sind gleich	8,692	,005	-2,328	43	,025
	Varianzen sind nicht gleich			-1,913	18,546	,071
Anteil (%) institutionelle Anleger	Varianzen sind gleich	3,597	,064	-1,386	44	,173
	Varianzen sind nicht gleich			-1,217	21,842	,236
Anzahl Analysten	Varianzen sind gleich	9,538	,003	-2,772	56	,008
	Varianzen sind nicht gleich			-2,591	36,542	,014
Alter CEO	Varianzen sind gleich	,000	,995	,177	52	,861
	Varianzen sind nicht gleich			,175	47,545	,862
Anzahl Amtsjahre CEO	Varianzen sind gleich	1,173	,284	-,309	54	,759
	Varianzen sind nicht gleich			-,272	27,802	,787
Vorstandsgröße	Varianzen sind gleich	1,622	,208	-,536	56	,594
	Varianzen sind nicht gleich			-,518	44,014	,607
Aufsichtsratsgröße	Varianzen sind gleich	3,006	,088	-,168	56	,867
	Varianzen sind nicht gleich			-,161	41,329	,873
Anzahl Jahre seit Unternehmensgründung	Varianzen sind gleich	1,115	,295	-,429	56	,669
	Varianzen sind nicht gleich			-,401	36,178	,691
Dauer Online-Aktivität (Jahre)	Varianzen sind gleich	2,520	,118	-,291	55	,772
	Varianzen sind nicht gleich			-,281	43,434	,780
Anzahl der Vertriebska- näle	Varianzen sind gleich	,359	,551	,567	55	,573
	Varianzen sind nicht gleich			,570	52,635	,571
Verwendung von Online- und Offline Kanal	Varianzen sind gleich	1,763	,190	,661	55	,512
	Varianzen sind nicht gleich			,664	52,777	,509
Anteil direkte Erlöse an Gesamterlösen	Varianzen sind gleich	6,655	,014	-1,149	35	,258
	Varianzen sind nicht gleich			-1,171	24,938	,253
Internationalisierung (Anzahl Länder)	Varianzen sind gleich	40,965	,000	-3,663	56	,001
	Varianzen sind nicht gleich			-3,253	27,197	,003

Erfolgsvariable		Levene's Test auf Gleichheit der Varianzen		t-test auf Gleichheit der Mittelwerte		
		F	Sig.	t	df	Sig. (2-seitig)
Old Economy/Start-up	Varianzen sind gleich	10,366	,002	-1,559	56	,125
Unternehmen	Varianzen sind nicht gleich			-1,477	39,649	,147
Anzahl M&A (letzte 3	Varianzen sind gleich	14,170	,000	-2,856	56	,006
Jahre)	Varianzen sind nicht gleich			-2,594	30,912	,014
Aktienoptionen (alle	Varianzen sind gleich	2,604	,112	-1,170	56	,247
Mitarbeiter)	Varianzen sind nicht gleich			-1,176	52,743	,245
Aktienoptionen	Varianzen sind gleich	2,865	,096	-,818	56	,417
(limitierte Berechtigte)	Varianzen sind nicht gleich			-,850	55,996	,399
Führende Marktposition	Varianzen sind gleich	1,029	,315	-,947	56	,348
(1 oder 2)	Varianzen sind nicht gleich			-,943	51,073	,350
Anteil (%) Marketing-	Varianzen sind gleich	5,450	,023	-1,270	55	,209
ausgaben am Umsatz	Varianzen sind nicht gleich			-1,080	23,060	,291
Anteil (%) Technologie-	Varianzen sind gleich	3,494	,068	-,768	44	,447
ausgaben am Umsatz	Varianzen sind nicht gleich			-,724	30,107	,474

Umsatzwachstumsrate

Erfolgsvariable		Levene's Test auf Gleichheit der Varianzen		t-test auf Gleichheit der Mittelwerte		
		F	Sig.	t	df	Sig. (2-seitig)
Sicherheit/Service	Varianzen sind gleich	1,130	,292	-,404	56	,688
	Varianzen sind nicht gleich			-,405	56,000	,687
Interaktivität	Varianzen sind gleich	,594	,444	-,274	56	,785
	Varianzen sind nicht gleich			-,275	55,884	,784
Community-Bildung	Varianzen sind gleich	1,040	,312	,643	56	,523
	Varianzen sind nicht gleich			,641	54,698	,524
Coupons/Sonderangebote	Varianzen sind gleich	1,126	,293	-,756	56	,453
auf Homepage	Varianzen sind nicht gleich			-,755	55,531	,453
Anpassung (Gesamt)	Varianzen sind gleich	,045	,833	-,156	56	,877
	Varianzen sind nicht gleich			-,156	55,980	,876
Anzahl Patente	Varianzen sind gleich	3,927	,052	,970	56	,336
	Varianzen sind nicht gleich			,942	31,618	,354
Anzahl institutionelle	Varianzen sind gleich	3,908	,054	,780	43	,439
Anleger	Varianzen sind nicht gleich			,860	38,371	,395
Anteil (%) institutionelle	Varianzen sind gleich	,684	,413	-,340	44	,736
Anleger	Varianzen sind nicht gleich			-,345	42,902	,732
Anzahl Analysten	Varianzen sind gleich	13,606	,001	1,149	56	,255
	Varianzen sind nicht gleich			1,122	36,135	,269
Alter CEO	Varianzen sind gleich	,350	,556	,402	52	,689
	Varianzen sind nicht gleich			,402	50,514	,689
Anzahl Amtsjahre CEO	Varianzen sind gleich	4,773	,033	1,610	54	,113
	Varianzen sind nicht gleich			1,562	30,534	,129

Erfolgsvariable		Levene's Test auf Gleichheit der Varianzen		t-test auf Gleichheit der Mittelwerte		
		F	Sig.	t	df	Sig. (2-seitig)
Vorstandsgröße	Varianzen sind gleich	2,919	,093	1,304	56	,198
	Varianzen sind nicht gleich			1,290	48,782	,203
Aufsichtsratsgröße	Varianzen sind gleich	1,087	,302	-,026	56	,979
	Varianzen sind nicht gleich			-,026	55,635	,979
Anzahl Jahre seit	Varianzen sind gleich	2,990	,089	2,074	56	,043
Unternehmensgründung	Varianzen sind nicht gleich			2,034	40,466	,049
Dauer Online-Aktivität	Varianzen sind gleich	1,692	,199	4,148	55	,000
(Jahre)	Varianzen sind nicht gleich			4,072	45,826	,000
Anzahl der Vertriebska-	Varianzen sind gleich	,480	,491	-,528	55	,599
näle	Varianzen sind nicht gleich			-,530	54,924	,598
Verwendung von Online-	Varianzen sind gleich	1,035	,313	-,513	55	,610
und Offline Kanal	Varianzen sind nicht gleich			-,514	54,726	,609
Anteil direkte Erlöse an	Varianzen sind gleich	,283	,598	2,213	35	,034
Gesamterlösen	Varianzen sind nicht gleich			2,203	33,529	,035
Internationalisierung	Varianzen sind gleich	3,216	,078	,820	56	,416
(Anzahl Länder)	Varianzen sind nicht gleich			,810	47,653	,422
Old Economy/Start-up	Varianzen sind gleich	,243	,624	-,246	56	,807
Unternehmen	Varianzen sind nicht gleich			-,247	55,996	,806
Anzahl M&A (letzte 3	Varianzen sind gleich	,032	,858	,217	56	,829
Jahre)	Varianzen sind nicht gleich			,219	55,586	,828
Aktienoptionen (alle	Varianzen sind gleich	1,664	,202	-1,290	56	,202
Mitarbeiter)	Varianzen sind nicht gleich			-1,288	55,381	,203
Aktienoptionen	Varianzen sind gleich	,365	,548	,301	56	,765
(limitierte Berechtigte)	Varianzen sind nicht gleich			,302	55,970	,764
Führende Marktposition	Varianzen sind gleich	1,126	,293	,756	56	,453
(1 oder 2)	Varianzen sind nicht gleich			,755	55,531	,453
Anteil (%) Marketing-	Varianzen sind gleich	3,395	,071	,774	55	,442
ausgaben am Umsatz	Varianzen sind nicht gleich			,734	26,362	,469
Anteil (%) Technologie-	Varianzen sind gleich	11,555	,001	-1,637	44	,109
ausgaben am Umsatz	Varianzen sind nicht gleich			-1,836	29,923	,076

Mitarbeiterwachstumsrate

Erfolgsvariable		Levene's Test auf Gleichheit der Varianzen		t-test auf Gleichheit der Mittelwerte		
		F	Sig.	t	df	Sig. (2-seitig)
Sicherheit/Service	Varianzen sind gleich	1,721	,195	-1,670	56	,101
	Varianzen sind nicht gleich			-1,696	55,616	,096
Interaktivität	Varianzen sind gleich	1,798	,185	-2,788	56	,007
	Varianzen sind nicht gleich			-2,815	56,000	,007
Community-Bildung	Varianzen sind gleich	6,383	,014	-1,179	56	,243
	Varianzen sind nicht gleich			-1,201	55,167	,235

Erfolgsvariable		Levene's Test auf Gleichheit der Varianzen		t-test auf Gleichheit der Mittelwerte		
		F	Sig.	t	df	Sig. (2-seitig)
Coupons/Sonderangebote auf Homepage	Varianzen sind gleich	1,294	,260	-,995	56	,324
	Varianzen sind nicht gleich			-,993	54,452	,325
Anpassung (Gesamt)	Varianzen sind gleich	,676	,414	-2,640	56	,011
	Varianzen sind nicht gleich			-2,660	55,934	,010
Anzahl Patente	Varianzen sind gleich	6,426	,014	1,109	56	,272
	Varianzen sind nicht gleich			1,042	28,544	,306
Anzahl institutionelle Anleger	Varianzen sind gleich	8,701	,005	-2,983	43	,005
	Varianzen sind nicht gleich			-2,771	25,511	,010
Anteil (%) institutionelle Anleger	Varianzen sind gleich	1,825	,184	-2,593	44	,013
	Varianzen sind nicht gleich			-2,514	34,688	,017
Anzahl Analysten	Varianzen sind gleich	,617	,435	-2,030	56	,047
	Varianzen sind nicht gleich			-2,025	54,347	,048
Alter CEO	Varianzen sind gleich	,633	,430	-,250	52	,803
	Varianzen sind nicht gleich			-,249	50,410	,804
Anzahl Amtsjahre CEO	Varianzen sind gleich	,004	,951	-,193	54	,848
	Varianzen sind nicht gleich			-,197	44,390	,845
Vorstandsgröße	Varianzen sind gleich	,405	,527	-1,448	56	,153
	Varianzen sind nicht gleich			-1,464	55,994	,149
Aufsichtsratsgröße	Varianzen sind gleich	,373	,544	-,544	56	,589
	Varianzen sind nicht gleich			-,542	53,960	,590
Anzahl Jahre seit Unternehmensgründung	Varianzen sind gleich	,068	,796	,628	56	,533
	Varianzen sind nicht gleich			,642	54,197	,524
Dauer Online-Aktivität (Jahre)	Varianzen sind gleich	1,195	,279	,837	55	,406
	Varianzen sind nicht gleich			,824	49,160	,414
Anzahl der Vertriebskanäle	Varianzen sind gleich	,645	,425	-,750	55	,456
	Varianzen sind nicht gleich			-,754	54,229	,454
Verwendung von Online- und Offline Kanal	Varianzen sind gleich	2,845	,097	-,861	55	,393
	Varianzen sind nicht gleich			-,866	54,274	,390
Anteil direkte Erlöse an Gesamterlösen	Varianzen sind gleich	9,902	,003	,435	35	,666
	Varianzen sind nicht gleich			,445	22,881	,661
Internationalisierung (Anzahl Länder)	Varianzen sind gleich	6,220	,016	-2,035	56	,047
	Varianzen sind nicht gleich			-2,094	52,100	,041
Old Economy/Start-up Unternehmen	Varianzen sind gleich	35,421	,000	-2,392	56	,020
	Varianzen sind nicht gleich			-2,510	42,041	,016
Anzahl M&A (letzte 3 Jahre)	Varianzen sind gleich	2,018	,161	-1,476	56	,145
	Varianzen sind nicht gleich			-1,518	52,262	,135
Aktienoptionen (alle Mitarbeiter)	Varianzen sind gleich	1,537	,220	-1,538	56	,130
	Varianzen sind nicht gleich			-1,534	54,227	,131
Aktienoptionen (limitierte Berechtigte)	Varianzen sind gleich	1,410	,240	-,590	56	,557
	Varianzen sind nicht gleich			-,583	50,738	,563
Führende Marktposition (1 oder 2)	Varianzen sind gleich	2,832	,098	-1,653	56	,104
	Varianzen sind nicht gleich			-1,659	55,560	,103

Erfolgsvariable		Levene's Test auf Gleichheit der Varianzen		t-test auf Gleichheit der Mittelwerte		
		F	Sig.	t	df	Sig. (2-seitig)
Anteil (%) Marketingausgaben am Umsatz	Varianzen sind gleich	3,708	,059	,879	55	,383
	Varianzen sind nicht gleich			,805	25,310	,428
Anteil (%) Technologieausgaben am Umsatz	Varianzen sind gleich	1,192	,281	-,733	44	,468
	Varianzen sind nicht gleich			-,751	43,538	,457

Bruttomarge

Erfolgsvariable		Levene's Test auf Gleichheit der Varianzen		t-test auf Gleichheit der Mittelwerte		
		F	Sig.	t	df	Sig. (2-seitig)
Sicherheit/Service	Varianzen sind gleich	1,219	,274	-1,586	56	,118
	Varianzen sind nicht gleich			-1,490	34,586	,145
Interaktivität	Varianzen sind gleich	,254	,616	-,985	56	,329
	Varianzen sind nicht gleich			-,951	37,494	,348
Community-Bildung	Varianzen sind gleich	1,049	,310	-,415	56	,680
	Varianzen sind nicht gleich			-,400	37,310	,691
Coupons/Sonderangebote auf Homepage	Varianzen sind gleich	,217	,643	-,223	56	,824
	Varianzen sind nicht gleich			-,223	41,556	,824
Anpassung (Gesamt)	Varianzen sind gleich	2,603	,112	-1,346	56	,184
	Varianzen sind nicht gleich			-1,247	33,185	,221
Anzahl Patente	Varianzen sind gleich	4,031	,050	-1,236	56	,222
	Varianzen sind nicht gleich			-1,006	23,768	,325
Anzahl institutionelle Anleger	Varianzen sind gleich	9,709	,003	-2,586	43	,013
	Varianzen sind nicht gleich			-2,260	21,839	,034
Anteil (%) institutionelle Anleger	Varianzen sind gleich	2,705	,107	-4,453	44	,000
	Varianzen sind nicht gleich			-4,104	27,156	,000
Anzahl Analysten	Varianzen sind gleich	3,913	,053	-1,873	56	,066
	Varianzen sind nicht gleich			-1,721	32,397	,095
Alter CEO	Varianzen sind gleich	,257	,614	,538	52	,593
	Varianzen sind nicht gleich			,526	39,498	,602
Anzahl Amtsjahre CEO	Varianzen sind gleich	1,616	,209	-2,095	54	,041
	Varianzen sind nicht gleich			-1,695	22,568	,104
Vorstandsgröße	Varianzen sind gleich	9,383	,003	-4,165	56	,000
	Varianzen sind nicht gleich			-3,641	28,267	,001
Aufsichtsratsgröße	Varianzen sind gleich	3,752	,058	-,977	56	,333
	Varianzen sind nicht gleich			-1,076	53,412	,287
Anzahl Jahre seit Unternehmensgründung	Varianzen sind gleich	,257	,614	-,863	56	,392
	Varianzen sind nicht gleich			-,753	28,102	,458
Dauer Online-Aktivität (Jahre)	Varianzen sind gleich	,270	,606	-2,925	55	,005
	Varianzen sind nicht gleich			-2,731	33,945	,010
Anzahl der Vertriebskanäle	Varianzen sind gleich	2,717	,105	1,080	55	,285
	Varianzen sind nicht gleich			1,135	48,421	,262

Erfolgsvariable		Levene's Test auf Gleichheit der Varianzen		t-test auf Gleichheit der Mittelwerte		
		F	Sig.	t	df	Sig. (2-seitig)
Verwendung von Online- und Offline Kanal	Varianzen sind gleich	4,302	,043	,980	55	,332
	Varianzen sind nicht gleich			1,000	44,664	,323
Anteil direkte Erlöse an Gesamterlösen	Varianzen sind gleich	4,125	,050	-,320	35	,751
	Varianzen sind nicht gleich			-,350	30,159	,729
Internationalisierung (Anzahl Länder)	Varianzen sind gleich	10,283	,002	-2,345	56	,023
	Varianzen sind nicht gleich			-2,022	27,264	,053
Old Economy/Start-up Unternehmen	Varianzen sind gleich	4,014	,050	,941	56	,351
	Varianzen sind nicht gleich			1,015	51,265	,315
Anzahl M&A (letzte 3 Jahre)	Varianzen sind gleich	,555	,459	-1,362	56	,179
	Varianzen sind nicht gleich			-1,372	42,645	,177
Aktienoptionen (alle Mitarbeiter)	Varianzen sind gleich	6,940	,011	-1,901	56	,062
	Varianzen sind nicht gleich			-1,949	44,807	,058
Aktienoptionen (limitierte Berechtigte)	Varianzen sind gleich	7,996	,006	-1,283	56	,205
	Varianzen sind nicht gleich			-1,474	55,919	,146
Führende Marktposition (1 oder 2)	Varianzen sind gleich	,184	,670	-2,004	56	,050
	Varianzen sind nicht gleich			-1,989	40,720	,053
Anteil (%) Marketing- ausgaben am Umsatz	Varianzen sind gleich	1,630	,207	,646	55	,521
	Varianzen sind nicht gleich			,843	36,352	,405
Anteil (%) Technologie- ausgaben am Umsatz	Varianzen sind gleich	6,174	,017	-1,487	44	,144
	Varianzen sind nicht gleich			-1,263	20,234	,221

Peter Lang · Europäischer Verlag der Wissenschaften

Michael Kuhlbrodt

Die Finanzierung von Start-ups aus Bankensicht

Ein Anwendungsfall strukturierter Finanzierungen

Frankfurt am Main, Berlin, Bern, Bruxelles, New York, Oxford, Wien, 2003.
XXVI, 382 S., zahlr. Abb. und Tab.
Europäische Hochschulschriften: Reihe 5, Volks- und Betriebswirtschaft.
Bd. 3021
ISBN 3-631-51446-8 · br. € 68.50*

Die betriebswirtschaftliche Erforschung von Unternehmensgründungen erfreut sich in den letzten Jahren einer steigenden Beliebtheit. Gerne wird dabei von Wissenschaft und Praxis eine Zurückhaltung des Bankensystems bei Start-up-Finanzierungen konstatiert und auf ein (zu) vorsichtiges Taktieren bei Finanzierungsentscheidungen hingewiesen. Der Autor greift diesen Vorwurf auf und analysiert, welcher Möglichkeitsbereich sich Banken bei der Finanzierung von Start-up-Unternehmen eröffnet. Den Schwerpunkt der Arbeit bildet die Entwicklung eines Phasenmodells für derartige strukturierte Finanzierungen, das die bankbetrieblichen Risiken und Chancen von der Sondierungs- bis zur Betreuungsphase abbildet. Anhand eines Beispiels werden insbesondere die quantitativen Aspekte detailliert dargestellt.

Aus dem Inhalt: Finanzwirtschaftliche Funktionen von Kreditinstituten · Charakterisierung strukturierter Finanzierungen · Charakterisierung von Start-ups im Kontext lebenszyklusorientierter Ansätze zur Beschreibung von Unternehmensentwicklungen · Phasenorientierte Betrachtung einer Start-up-Finanzierung aus Bankensicht · Anforderungen an Banken im Geschäftsfeld strukturierter Finanzierungen und Besonderheiten bei Start-up-Finanzierungen · Chancen und Risikenverteilung aus Bankensicht · Beispielfall

Frankfurt am Main · Berlin · Bern · Bruxelles · New York · Oxford · Wien
Auslieferung: Verlag Peter Lang AG
Moosstr. 1, CH-2542 Pieterlen
Telefax 00 41 (0) 32 / 376 17 27

*inklusive der in Deutschland gültigen Mehrwertsteuer
Preisänderungen vorbehalten
Homepage http://www.peterlang.de

WHU

Excellence in Management Education

Wissenschaftliche Hochschule
für Unternehmensführung
– Otto-Beisheim-Hochschule –

Otto Beisheim
Graduate School of Management

0 5. Jan. 2005

WHU • Burgplatz 2 • D-56179 Vallendar

Herrn
Prof. Dr. Detlef Schoder
Universität zu Köln
Seminar für Wirtschaftsinformatik, insbesondere
Informationsmanagement
Pohligstr. 1

50969 Köln

Vallendar, 04.01.2005

Dissertation von Herrn Thomas Kowallik

Lieber Detlef,

Elisabeth Pirsch

Studentische Angelegenheiten

Herr Thomas Kowallik hat seine Dissertation veröffentlicht.

Anbei erhältst du das für deine Unterlagen bestimmte Exemplar.

Mit besten Grüßen

Prof. Dr. Markus Rudolf
Vorsitzender des Promotionsausschusses

Anlage

Burgplatz 2
D-56179 Vallendar
Germany
Fon ++049 (0)261-6509-514
Fax ++049 (0)261-6509-519
epirsch@whu.edu

Staatlich anerkannte
wissenschaftliche Hochschule
in freier Trägerschaft

Träger: Stiftung
Wissenschaftliche Hochschule
für Unternehmensführung

Burgplatz 2
D-56179 Vallendar
Germany
Fon ++49 (0)261-65 09-0
Fax ++49 (0)261-65 09-509
whu@whu.edu
www.whu.edu

Bankverbindung:
Sparkasse Koblenz
Konto-Nr.: 94102
BLZ 570 501 20
IBAN:
DE 85 570 501 20 0000094102